남도묵향

송강에서 고산까지
남도묵향

초판 1쇄 펴낸 날 | 2013년 8월 30일

지은이 | 이원구
펴낸이 | 이금석
기획·편집 | 박수진
디자인 | 김현진, 아이디어 스토리지
마케팅 | 곽순식, 김선곤
물류지원 | 현란
펴낸곳 | 도서출판 무한
등록일 | 1993년 4월 2일
등록번호 | 제3-468호
주소 | 서울 마포구 서교동 469-19
전화 | 02)322-6144
팩스 | 02)325-6143
홈페이지 | www.muhan-book.co.kr
e-mail | muhanbook7@naver.com
가격 30,000원
ISBN 978-89-5601-315-2 (13900)

잘못된 책은 교환해 드립니다.

南道墨香

月山 李進國(泰信)

月岳:成月山

南浦 李義碩

舞鶴 金貞愛

송강에서
고산까지

끝없는 도전이라고나 할까? 내일 모레가 고희인데 또 다시 학문을 하겠다고 고전번역학과 석박사 통합과정에 입학한 지도 벌써 3년이라는 세월이 흘렀다. 처음 내가 결심을 하고 입학을 하였을 때와 달리 막상 학교에 다녀보니 전공하지 않은 부분을 다시 공부한다는 것이 무척 어렵다는 것을 알게 되었다. 물론 자연과학을 공부했던 내가 인문학의 어려운 장벽을 넘기가 쉽지는 않으리라고 생각했지만 예상보다 힘들다. 이 나이에 하루에 5~6시간 정도 수업을 받는다는 것이 육체적으로도 어렵다. 누가 시켜서 하는 것도 아니고 내가 좋아서 하는 학문이기 때문에 열과 성을 다해서 공부할 수밖에…… 아마 내가 초등학교에 입학해서 대학 과정을 마친 중에 이번이 가장 열심히 공부한 것이 아닌가 싶다. 뒤늦게 시작한 공부이니 그래도 무엇인가 목표가 있어야 하지 않겠는가. 그리하여 성산을 중심으로 한 정자와 호남 지방의 명소 몇 곳의 현판과 풍경을 있는 그대로 살펴보고자 했다. 그 첫 번째 정자가 면앙정이다. 이 정자에 오르면 송순의 회방연이 아련히 떠오른다. 그 때 송순의 나의 87세, 과거에 급제한 지 예순돌이 되는 해를 기념하며 선조(선조1년, 1579)가 당시 홍문관 교지 자리에 있던 송강 정철을 시켜 어사화와 어사주를 내려보내 축하와 격려를 했던 것이다. 전라도 관찰사를 비롯해 고을 원님들과 호남의 문인들이 모두 모여 큰 잔치를 벌였다. 잔치가 끝날 무렵 송순이 기분 좋게 거나하게 취하자, 댁으로 모시기 위해 정철, 기대승, 고경명, 임제가 나서서 '남여(藍輿)'라는 의자처럼 생긴 가마에 스승을 태우고 앞뒤 두 명씩 멜빵을 걸었으니, 이 광경을 지켜본 모든 이가 흐뭇해하고 부러워했으리라. 수백 년이 지난 오늘 그 모습과 자태를 생각하니 감개무량하지 않을 수 없다. 성산권의 정자에는 이러한 추억들이 포도송이처럼 알알이 박혀 있다. 식영정이며 소쇄원이며 송강정이며 이 모두가 우리의 맥과 흔적이 머물러 있는 곳이다. 그리하여 우리 문화권 속에 있는 정자에는 어떠한 현판이 걸려 있고 몇 개가 걸려 있는지, 언제 훼손될지 모르는 이 현판과 정자를 글로 사진으로 기록해 놓고 싶어서 정자 속으로 들어가 본 것이다. 한 가지 아쉬움이 있다면 현판의 글씨를 모두 다 완역할 수 없었고, 완역을 했다하더라도 한문의 번역은 읽는 사람에 따라 의미를 다르게 볼 수 있기 때문에 완벽할 수 없다는 점이다. 그리하여 정자마다 현판의 모습을 사진으로 남기는 데 중점을 두었고 이 글을 해석하거나 풀이하는 데는 소홀한 면이 있다. 그러나 앞에서도 언급했지만 정자문화 속에 묻혀있는 보물인 현판이 지금의 상태 그대로 사진으로나마 보존될 수 있게 하는 데 목적을 두었기 때문에, 현판에 나와 있는 한자(漢字)의 해독이 완벽하지 못함을 아쉬워하며, 앞으로 학문이 더 성숙하면 좀더 나은 증보판을 만들어볼까 생각한다. 이번 기회에 우리 문학사의 금자탑이라고 할 수 있는 송강과 고산이 영면하고 있는 곳을 찾아서 인사도 드리고, 실학의 선구자였던 다산 정약용 선생의 묘소까지 참배할 수 있어 마음 속 흐뭇함을 느낀다. 앞으로 더욱 열정을 가지고 우리 문학의 산실이었던 송강과 고산 문학에 대하여 연구하고 심취하여 후학으로서 부끄럽지 않도록 노력해 보려고 한다. 더불어 이 책을 만드는 데 도움을 주신 이덕현 선생님, 김광민 선생님, 이상호 선생님, 무한출판사 손호근 사장, 박수진 편집자, 박철 사진작가, 직원 최연진 양과 도움을 주신 모든 분들께 진심으로 감사를 드린다.

2012년 無公山房에서

雲谷 李元求 識

송강에서
고산까지

목 차

성산의 식영정 전경

식영정

息影亭

  식영정은 원래 16세기 중반 서하당栖霞堂 김성원金成遠이 스승이자 장인인 석천 임억령林億齡을 위해 지은 정자라고 한다. 식영정이라는 이름은 임억령이 지었는데 '그림자가 쉬고 있는 정자'라는 뜻이다.
  정자의 규모는 정면 2칸, 측면 2칸이고 단층 팔작지붕이며, 온돌방과 대청이 절반씩 차지한다. 가운데에 방을 배치하는 일반 정자들과 달리 한쪽 귀퉁이에 방을 두고, 앞면과 옆면을 마루로 깐 것이 특이하다. 자연석 기단 위에 두리기둥圓柱을 세운 굴도리 5량의 헛집구조이다.

 식영정 옆 노송(老松)

【 식영정 】
息 影 亭

高臥竹林間　대숲에 높이 누우니
고 와 죽 림 간

亭臨瑞石山　정자는 서석산(무등산)을 향했네
정 림 서 석 산

無心雲出峀　무심하게 구름은 피어 오른데
무 심 운 출 수

何以主人閒　어찌 주인은 한가한가
하 이 주 인 한

歌隱 老夫　가은 노부[정민회] 지음
가 은 노 부

　우리 선인들의 지혜와 해학을 현대에 사는 우리들이 이해하기는 쉽지가 않을 것입니다. 주위의 경치가 너무 아름다워서 그림자마저 쉬어갈 수 있는 곳이라 해서 그림자가 머물다 가는 정자라고 했답니다.

　그림자가 머물려면 태양이 움직이지 않아야 합니다. 얼마나 아름다운 경치에 매료되어 흘러가는 시간마저도 잡아 놓고 싶었던지 한려하고 수려한 이곳에 정자를 지어 그 이름을 '식영정息影亭'이라 불렀다고 하네요.

次

次

新交傾蓋庶頻上眉家
亭溪壓軸鴒鷺松萬近
日星清心風北壑醒酒
月前庭端石雲相換仙
翁夜叩扃

鼈溪

素靖季子　先祖生字峯陽有號
孔子寺逮至一家歷了忘詩板
乃兵燹以煅造壬午華有之
歸乃且經素淳世界窩以來
後之名徵的別而畵之以家
年業之誌

歲丙戊再周石又
涅和同師夏日淨

次 차운함
차

新交傾蓋舊 신 교 경 개 구	頻上習家亭 빈 상 습 가 정	처음 사귀어도 오랜 벗 같아[1]	습씨[2]의 정자에 자주 올랐네
溪壓親鷗鷺 계 압 친 구 로	松高近日星 송 고 근 일 성	시내 가까워 물새들과 친하고	높다란 소나무 하늘에 닿을 듯하네
淸心風北壑 청 심 풍 북 학	醒酒月前庭 성 주 월 전 정	북쪽 골 부는 바람에 마음 맑아지고	앞뜰 비친 달에 술을 깨네
瑞石雲相接 서 석 운 상 접	仙翁夜叩扃 선 옹 야 고 경	서석산에 구름 걸렸는데	신선이 밤에 문을 두드리네
	龍溪　용계 지음 용 계		

---

1) 오랜 벗 같아[傾蓋舊] : 길가에서 처음 만나 수레 덮개를 기울이고 잠깐 이야기하는 사이에 오랜 벗처럼 여기게 된다는 말로, 한 번 만나자마자 의기투합하여 지기(知己)로 받아들이는 것을 가리킨다. 《사기(史記)》 권83 〈추양열전(鄒陽列傳)〉에 "흰머리가 되도록 오래 사귀었어도 처음 만난 사이처럼 생소하기만 하고, 수레 덮개를 기울이고 잠깐 이야기하면서도 오랜 옛 친구를 대하는 것처럼 느껴진다는 속담이 있는데, 이것은 무슨 뜻이겠는가. 바로 상대방을 알고 모르는 차이를 말해 주는 것이다.[諺曰 有白頭如新 傾蓋如故 何則 知與不知也]"라는 말이 나온다.

2) 습씨(習氏) : 양양 지방의 호족(豪族)이었던 습욱(習郁)을 가리킨다. 그의 저택과 정원이 화려했고, 특히 물고기를 기르던 못이 유명하여 습가지(習家池), 고양지(高陽池)로 불렸다. 산간이 양양의 수령으로 있을 때 자주 찾아가 노닐다가 번번이 만취해서 부축을 받고 돌아온 고사가 있다. 《晉書 卷43 山濤列傳 山簡》

당시 사람들은 임억령, 김성원, 고경명^{高敬命}, 정철 네 사람을 '식영정 사선^{四仙}'
이라 불렀는데, 이들이 성산의 경치 좋은 20곳을 택하여 20수씩 모두 80수의 식
영정이십영^{息影亭二十詠}을 지은 것은 유명한 이야기이다. 이 식영정이십영은 후
에 정철의 《성산별곡》의 밑바탕이 되었다.

【 식영정기 】

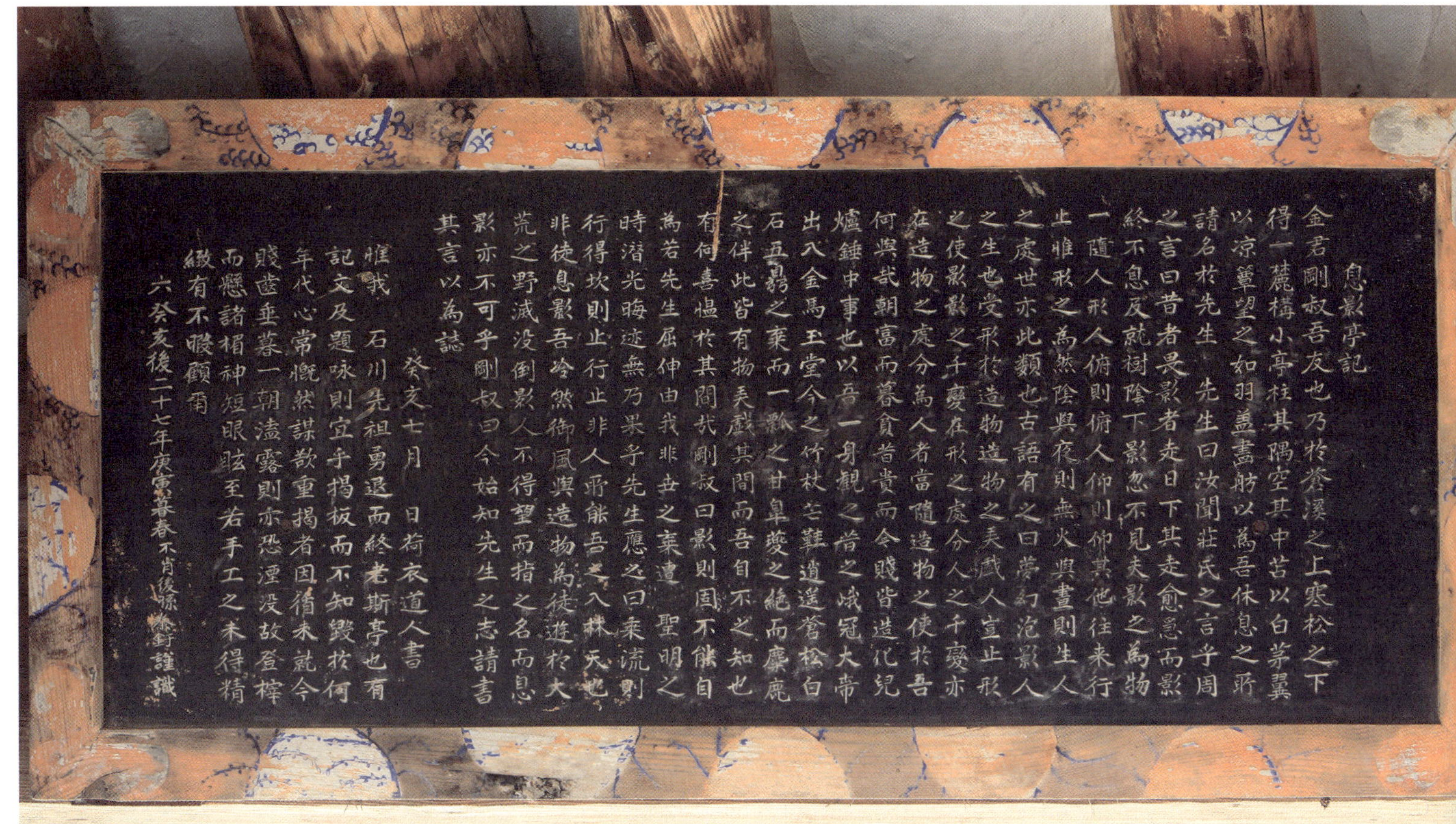

息影亭記
金君剛叔吾友也乃扵蒼溪之上寒松之下
得一麓搆小亭柱其隅空其中苫以白茅盖
以凉簟望之如羽翼盖畫舫以爲吾休息之所
請名扵先生先生曰汝聞莊氏之言乎周
之言曰昔者畏影者走日下其走愈急而影
終不息及就樹陰下影忽不見夫影之爲物
一隨人形人俯則俯人仰則仰其他往來行
止惟形之爲然陰與夜則無火與晝則生人
之處世亦此類也古語有之曰夢幻泡影人
之生也受形扵造物造物之美藏人之宣止形
之使影影之千變在形之處分人之千變亦
在造物之處分爲人者當隨造物之使扵吾
何與哉朝富而暮貧昔貴而今賤皆造化兒
爐錘中事也以吾一身觀之昔之峨冠大帝
出入金馬玉堂今之竹杖芒鞋逍遙蒼松白
石五鬣之東而一瓢之甘皐夐之絶而麋鹿
之伴此皆有物戲其間而吾自不之知也
有何喜慍扵其間哉剛叔曰影則固不能自
爲若先生屈伸由我非亘之親逢聖明之
時潛光晦迹無乃果予先生應之曰乘流則
行得坎則止行止非人所能吾又入林天也
非徒息影吾岭然御風與造物爲徒遊扵大
荒之野滅没倒影人不得望而指之名而息
影亦不可乎剛叔曰今始知先生之志請書
其言以爲誌
癸亥七月日荷衣道人書
惟我石川先祖勇退而終老斯亭也有
記文及題咏則宜于揭板而不知毀扵何
年代心常慨然謀欲重揭者因循未就今
賤齒垂暮一朝瀘露則亦恐湮没故登榟
而懸諸楣神短眼眩至若手工之未得精
緻有不暇顧焉
六癸亥後二十七年庚寅暮春不肖後孫參奉謹識

息影亭記

金君剛叔吾友也乃於蒼溪之上寒松之下得一麓構小亭柱其隅空其中苫以白茅翼以凉
簟望之如羽盖畫舫以爲吾休息之所請名於先生 先生曰汝聞莊氏之言乎周之言曰昔者
畏影者走日下其走愈急而影終不息及就樹陰下影忽不見夫影之爲物一隨人形人俯則
俯人仰則仰其他往來行止惟形之爲然陰與夜則無火與晝則生人之處世亦此類也古語
有之曰夢幻泡影人之生也受形於造物造物之弄戲人豈止形之使影影之千變在形之處
分人之千變亦在造物之處分爲人者當隨造物之使於吾何與哉朝富而暮貧昔貴而今賤
皆造化兒爐錘中事也以吾一身觀之昔之峨冠大帶出入金馬玉堂今之竹杖芒鞋逍遙蒼
松白石五鼎之棄而一瓢之甘皐夔之絶而麋鹿之伴此皆有物弄戲其間而吾自不之知也
有何喜慍於其間哉剛叔曰影則固不能自爲若先生屈伸由我非世之棄遭 聖明之時潛光
晦迹無乃果乎先生應之曰乘流則行得坎則止行止非人所能吾之入林天也非徒息影吾
冷然御風與造物爲徒遊於大荒之野滅沒倒影人不得望而指之名而息影亦不可乎剛叔
曰今始知先生之志請書其言以爲誌
癸亥七月 日荷衣道人書
　　惟我 石川先祖勇退而終老斯亭也有記文及題咏則宜乎揭板而不知毀於何年代心常
　　慨然謀歎重揭者因循未就今賤齒垂暮一朝溘露則亦恐湮沒故登梓而懸諸楣神短眼
　　眩至若手工之未得精緻有不暇顧爾
　　六癸亥後二十七年庚寅暮春不肖後孫泰釬謹識

식영정기

　김군 강숙은 나의 벗이다. 푸른 시내 위와 서늘한 소나무 아래에 한 산자락을 얻어 조그만 정자를 지었는데 그 모퉁이에 기둥을 세우고 가운데는 비워 흰 띠로 덮고 대나무 자리를 둘렀다. 바라보면 깃 일산을 세운 그림 배와 같은데 우리가 휴식하는 장소로 삼고는 선생에게 정자의 이름을 지어달라고 요청했다.

　선생이 말하기를 "그대는 장자의 말을 들었는가? 장주가 말하길 '옛날에 그림자를 두려워하는 사람이 있었다. 낮에 달려가는데 더욱 빨리 달리는데도 그림자가 쉬지 않았다. 나무 그늘 밑에 이르자 그림자가 문득 보이지 않았다.'고 하였다. 대저 그림자는 한결같이 사람의 모습을 따르니 사람이 숙이면 그림자도 숙이고 사람이 쳐다보면 그림자도 쳐다본다. 그밖에 왕래와 행지^{行止}가 오직 모습이 그렇게 한 것이다. 그늘이나 밤에는 그림자가 없어지고 불빛이나 낮에는 그림자가 생기니 사람의 처세도 역시 이와 같다. 옛말에 '(이 세상의 모든 현상은) 꿈과 같고 허깨비와 같고 물거품과 같고 그림자와 같다'[1]고 하였다. 사람이 태어남에 조물주에게서 형상을 받으니 조물주가 사람을 희롱함이 어찌 모습이 그림자를 부리는 데 그치겠는가. 그림자가 천 번 변하는 것은 모습의 처분에 달렸고, 사람이 천 번 변하는 것도 조물주의 처분에 달렸다. 사람은 마땅히 조물주가 시키는 대로 따를 뿐이니 나에게 무엇을 허여하겠는가. 아침엔 부유했다가 저녁에 가난해지고, 예전엔 귀했다가 지금은 천해진 것이 모두 조물주의 노추^{鑪錘}[2] 가운데의 일이다. 내 한 몸으로 보면, 예전에는 높은 관과 큰 띠로 금마옥당^{金馬玉堂}[3] 에 출입하였으나 지금은 대지팡이와 짚신으로 푸른 솔과 흰 돌에 소요한다. 오정^{五鼎}[4]을 버리고 일표^{一瓢}[5]를 달게 여기며, 고요^{皐陶}와 기^夔를 끊고 사슴을 벗하니 이것은 모두 조물주가 희롱한 것인데 내가 알지 못하는 것이다. 그러니 그 사이

1) 《금강반야바라밀경(金剛般若波羅蜜經)》에, "일체유위의 법칙은 꿈과 같고 허깨비와 같고 물거품과 같고 그림자와 같으며, 이슬과 같고 또한 번개와도 같나니, 응당 이와 같이 관찰해야 한다.[一切有爲法 如夢幻泡影 如露亦如電 應作如是觀]" 라고 하였음.

2) 노추(鑪錘) : 노추는 화로와 도가니로, 흔히 천지자연의 조화를 비유하는 말로 쓰이는데, 여기서는 인간사를 주관한다는 뜻으로 쓰였다. 《장자(莊子)》〈대종사(大宗師)〉에, "무장(無莊)이 그의 아름다움을 잃고, 거량(據梁)이 그의 힘을 잃고, 황제(黃帝)가 그의 앎을 잃은 것은 모두가 노추의 사이에 있을 뿐이다." 하였다.

3) 금마옥당(金馬玉堂) : 원래 한(漢) 나라 때 글 잘짓는 신하들이 황제의 부름을 기다리던 궁중의 금마문(金馬門)과 옥당서(玉堂署)를 가리키는데, 후대에는 한림원(翰林院)의 학사(學士)를 가리키게 되었다.

4) 오정(五鼎) : 소·양·돼지·물고기·순록을 담아 제사지내는 다섯 개의 솥을 말하는데, 전하여 높은 작위에 있는 사람의 미식(美食)의 뜻으로 쓰인다.

5) 일표(一瓢) : 하나의 표주박으로, 빈한한 삶을 뜻한다. 공자가 제자 안연(顔淵)을 칭찬하여 "어질다, 안회여. 한 그릇의 밥과 한 표주박의 마실 것으로 누항(陋巷)에 사는 것을, 다른 사람들은 그 근심을 견뎌 내지 못하는데 안회는 그 즐거움을 바꾸지 않으니, 어질다, 안회여.[賢哉回也 一簞食 一瓢飮 在陋巷 人不堪其憂 回也不改其樂 賢哉回也]"라 하였다. 《論語 雍也》

에 무슨 기쁨과 성냄이 있겠는가."라고 하였다. 강숙이 말하기를 "그림자는 진실로 내 마음대로 할 수 없지만, 선생같은 분은 굴신屈伸, 출처(出處)이 나로 말미암은 것이지 세상이 버린 것이 아닙니다. 태평한 시대를 만났는데도 빛을 감추고 자취를 숨기는 것은 너무 과단한 것이 아닙니까?"라고 하니, 선생이 대답하였다. "흐름을 타면 행하고 구덩이를 만나면 그치니 행함과 그침은 사람의 능한 바가 아니다. 내가 산림에 들어온 것은 운명이니 한갓 그림자를 쉬게 하려는 것이 아니다. 내 기분좋게 바람을 타고 조물주와 함께 대황大荒의 들에 노닐며 그림자마저 없애 사람들이 바라보고 가리키지 못하게 하리라. 정자의 이름을 '식영息影'이라 함이 또한 옳지 않겠는가?" 그러자 강숙이 말하기를 "이제야 선생의 뜻을 처음으로 알았으니 청컨대 그 말씀을 써서 기문으로 하겠습니다."라고 하였다.

　계해년(1563, 명종 18) 칠월 일에 하의도인이 씀

　우리 석천 선조께서 벼슬에서 과감히 물러나 마침내 이 정자에서 늙으셨다. 기문과 제영이 있으면 마땅히 현판에 게재해야 할 것인데 어느 연대에 훼손된 줄 몰라 마음이 항상 슬펐다. 잘 베껴서 다시 거는 것을 꾀하였으나 그럭저럭하다가 이루지 못했는데 내 나이가 늙어 하루 아침에 갑자기 죽으면 없어져버릴까 걱정되어 등재登梓하여 문에 걸었다. 그러나 정신이 온전치 못하고 눈이 어질하여 솜씨가 정성스럽지 못한 것들은 돌아볼 겨를이 없었다.

　계해년(1563)이 여섯 번 지나고 27년 후 경인년(1950) 늦봄에 불초후손 태우泰釪가 삼가 기록함.

장서각 옆문

息影亭重修記

息影亭卽故林石川遺址也石川當明廟乙巳加
士禍將仕絕意遊宦退歸南中搆一小亭於昌平
湿山之下扁以息影住記以見志庭之北有栖霞堂
舊基又有芳草洲叢薇灘鸕鶿巖琴軒月戶等
諸勝景與河西霽峯及我松江先祖杖屨相逐於一洞
一洞之中其遺蹟歷歷至今人能傳誦松石遺稿中
亦載息影亭雜詠有身藏子其典實確乎平遠及
萬石蒼岩石山翁作卧宋等句其訓詠尚風遠
探之意可以像想矣今其子姓零替止有外裔若干
人不能保守舊業轉輾爲他人物余族姪濟河橋
其前賢遺址设爲田父野老之居遂買取而重修
之邀余仕記余謂甫能慕前賢之遺躅占舊地而
修葺之其志可尚然但知爱其泉石園林之勝而不
蓋其諸賢文章德業之懿則不裦於取其末而遺
五木于地靈人傑古語可徵山川阮無古今之異前
人材豈有今昔之殊今亦能述詩一時作行
无講那以友輔仁之訓居古人之所居行古人之
使吾文章德業播詠於後人之口亦發谷之親善
則豈不休哉豈不偉哉

崇禎後癸卯季春生員新寗病翁

息影亭重修記

息影亭卽故林石川遺址也石川當明廟乙巳知士禍將作絶意游宦退歸南中構一小亭於
昌平星山之下扁以息影作記以見志亭之北有棲霞堂舊基又有芳草洲紫薇灘鸕鶿巖琴
軒月戶等諸勝景與河西霽峯及我松江先祖杖屨相從於一洞之中其遺蹟歷歷至今人能
傳誦松江遺稿中亦載息影亭雜詠有身藏子眞曲手理邵平瓜及萬古蒼苔石山翁作臥床
等句其諷詠高風遠操之意可以像想矣今其子姓零替只有外裔若干人不能保守舊業轉
輾爲他人物余族姪敏河惜其前賢遺址沒爲田父野老之居遂買取而重修之邀余作記余
謂爾能慕前賢之遺躅占舊址而修葺之其志可尚然但知愛其泉石園林之勝而不慕其諸
賢文章德業之懿則不幾於取其末而遺其本乎地靈人傑古語可徵山川旣無古今之異則
人材豈有今昔之殊今爾亦能延訪一時修行之士講服以友輔仁之訓居古人之所居行古
人之所行使吾文章德業播詠於後人之口亦猶今之視昔則豈不休哉豈不偉哉

崇禎後癸卯季春上浣薪島病累識

식영정중수기

식영정은 바로 옛 임석천林石川, 임억령의 유지遺址이다. 석천이 명종 을사년에 사화가 일어날 것을 알고 벼슬할 뜻을 버리고 호남으로 돌아왔다. 창평 성산 아래에 조그만 정자를 지어 '식영息影'이라 편액을 하고 기문을 지어 자기의 뜻을 밝혔다.

정자의 북쪽에 서하당의 옛터가 있고, 또 방초주芳草洲·자미탄紫薇灘·노자암鸕鷀巖·금헌琴軒·월호月戶 등 여러 절경이 있다. 하서와 제봉 그리고 우리 송강 선조가 한 동네에서 교유하였는데 그분들의 유적이 뚜렷하여 지금까지도 사람들이 전하여 외우고 있다. 《송강유고》에도 〈식영정잡영〉이 실려 있으니, '몸을 자진子眞1)의 골짝에 감추고 손수 소평邵平의 오이2)를 길렀네. [身藏子眞曲, 手理邵平瓜.]'와 '만고에 푸른 이끼 낀 돌을 산옹이 와상으로 삼았구려.[萬古蒼苔石, 山翁作臥床.]' 등의 시구가 있는데 그 시의 고상한 풍치와 원대한 지조의 뜻을 상상할 수 있다.

지금은 그 자손들이 쇠락하고 다만 외손 몇 사람만 남아 구업을 지키지 못하다가 점차로 남의 손에 넘어갔다. 내 조카 민하敏河, 1671~1754(현종 12~영조 30)가 전현의 유지遺址가 매몰되어 전부田父와 시골 노인의 거처가 된 것을 애석하게 여겨 드디어 이곳을 사들여 중수하고 나에게 기문을 지어달라고 하였다. 내가 말하기를 "네가 능히 전현의 끼친 발자취를 사모하여 옛터를 사서 중수하니 그 뜻이 가상하다. 그러나 다만 그 자연과 원림의 아름다운 것만 알고 그

제현諸賢의 문장과 덕업의 아름다움을 사모하지 않는다면 그 지엽을 취하고 근본을 버리는 것에 가까울 것이다. 인걸人傑은 지령地靈3)이라는 옛말을 징험할 수 있으니, 산천이 이미 예나 지금이나 다름이 없다면 인재가 어찌 지금과 옛날의 다름이 있겠는가. 이제 네가 또한 한때의 수행하는 선비들을 맞아들여 벗으로써 인을 돕는다는 교훈을 강론하고 실천하고, 옛사람이 거처한 곳에 거처하고 옛사람이 행한 것을 행하며, 우리의 문장과 덕업을 후세 사람들의 입에 전파하여 외우게 하여 지금 옛날을 보는 것과 같이 하면 어찌 아름답고 위대하지 않겠느냐."라고 하였다.

숭정 후 계묘년1723 늦봄 상완에 신도薪島에서 병루病累, 정호(鄭澔, 1648~1736)가 기록하다.

---

1) 자진(子眞) : 한(漢) 나라 정박(鄭樸)의 호이다. 성제(成帝) 때 대장군 왕봉(王鳳)의 초빙에도 응하지 않은 채 곡구(谷口)에 집을 짓고 살면서 곡구자진(谷口子眞)이라고 호를 지은 뒤 수묵(守默)하며 수도(修道)하였다. 정자진(鄭子眞)으로 널리 알려졌다. 《漢書 卷72, 高士傳中》

2) 소평(邵平)의 오이 : 소평은 진(秦)나라 때 일찍이 동릉후(東陵侯)에 봉해졌었는데, 진나라가 멸망한 뒤에는 스스로 평민의 신분이 되어 장안성(長安城) 동문(靑門) 밖에 오이를 심고 가꾸며 조용히 은거했던바, 특히 그 오이가 맛이 좋기로 유명하여 당시 사람들로부터 동릉과(東陵瓜)라고 일컬어졌다.《史記 卷53 蕭相國世家》

3) 인걸(人傑)은 지령(地靈) : 당나라 왕발(王勃)의 〈등왕각서(滕王閣序)〉에 "걸출한 인물이 나오는 것은 그 땅이 신령스럽기 때문이다.〔人傑地靈〕"라는 말이 나온다.

식영정과 서하당 주위의 가을 풍경

식영정의 내부구조

당시 사람들은 임억령, 김성원, 고경명高敬命, 정철 네 사람을 '식영정 사선四仙'이라 불렀는데, 이들이 성산의 경치 좋은 20곳을 택하여 20수씩 모두 80수의 〈식영정이십영息影亭二十詠〉을 지은 것은 유명한 이야기이다. 이 〈식영정이십영〉은 후에 정철의 《성산별곡》의 밑바탕이 되었다.

대부분의 정자는 단출한 마루와 방으로 이뤄져있는 것이 특징이다. 식영정도 예외는 아니다. 정면 2칸 측면 2칸이고 단층 팔작지붕이며 온돌방과 대청이 절반씩 차지한다. 대부분의 정자들은 한가운데 방을 배치하는데 여기서는 한쪽 귀퉁이에 방을 두고 앞면과 옆면을 마루로 깐 것이 특색이다. 자연석 기단위에 두리기둥을 세운 굴도리 5량의 헛집 구조다.

식영정봉차주인정달부민하

息影亭奉次主人鄭達夫敏河

息影亭奉次主人鄭達夫敏河 식영정에서 주인 정달부민하의 시에 삼가 차운함
식 영 정 봉 차 주 인 정 달 부 민 하

君簫何似我歌聲 그대의 퉁소 어찌하여 내 노랫소리와 같은고
군 소 하 사 아 가 성

息影亭高山水淸 식영정 높고 자연은 맑은데
식 영 정 고 산 수 청

恐有俗人來竊聽 속인이 와서 몰래 듣고는
공 유 속 인 래 절 청

曲中流入世間情 곡조에 속세의 정 들일까 걱정스러워
곡 중 유 입 세 간 정

丙辰臘冬退漁金鎭商 병진년(1736) 섣달 겨울에 퇴어 김진상 지음
병 진 납 동 퇴 어 김 진 상

幾年南北阻音聲 남북으로 소식 끊긴 지 몇 해던가
기 년 남 북 조 음 성

此日相逢雪月淸 오늘 서로 만나니 눈 내린 달 맑도다
차 일 상 봉 설 월 청

我弄玉簫君和昌 내 옥소를 불 테니 그대 화창하게
아 롱 옥 소 군 화 창

風流今屬兩家情 풍류가 이제야 양가의 정에 속하네
풍 류 금 속 양 가 정

敏河 민하 지음
민 하

歌 先祖關東別曲五世孫敏河 선조의 관동별곡을 노래함.
가 선 조 관 동 별 곡 오 세 손 민 하 　5세손 민하

高臥雲林送百年 운림[1]에 높이 누워 백년을 보내니
고 와 운 림 송 백 년

不知人世有眞仙 인간 세상 모르는 참 신선일세
부 지 인 세 유 진 선

閒來詠罷關東曲 한가로이 관동별곡 읊고 나니
한 래 영 파 관 동 곡

萬二千峰列眼前 금강산 만이천봉이 눈앞에 펼쳐지네
만 이 천 봉 열 안 전

1) 운림(雲林) : 구름이 끼어 있는 숲인데, 처사(處士)가 은둔(隱遁)하고 있는 곳을 말한다.

息影亭二十詠

飄空亂絮彈嶠脩眉歛濃淡摠相宜
詩材多不厭　瑞石閒雲

映日光搖練湎虛界作銀夜來堪畫處
孤渡月中人　滄溪白波

在藻相忘水跳波逆上灘俯看風定處
濠上意俱閑　水檻觀魚

越石初劉蘿青門學種瓜間君治小圃
幽興動烟簑　陽坡種瓜

隱隱山銜月冷冷露滴梧胎仙冠爲側
此景汝知夫　碧梧凉月

六出漫松頂瓊瑰亂倒傾開窓白頭仰
飛屑醉魂驚　蒼松晴雪

鶴髮暎蒼龜風竿抽素鱗二松誰對樹
烟雨摠宜人　釣臺雙松

白日喧雷雨顛風皺釣船村翁傳恠事
石竇老蛟眠　環碧靈湫

松影低寒水松根絡古磯寒蓬載琴鶴
如月小舟飛　松潭泛舟

輕飈吹葉葉濃影布床散髮蒼苔上
被襟滿磬凉　石亭納凉

獨樹全迷頂遙山淡抹腰洞門深不見
歸鶴失危巢　鶴洞尋烟

牧牛在前郊短簑烟草東迎風一笛豪

寺在烟蘿外林深晝日曛溪橋飛一錫
絕勝師裏指　短橋歸僧

西日照盧蕬蒼巖趍去蛄巖　白沙睡鴨

斜陽風度行雲一雲眠處亭上勾垂成

嶺風吹繞繞沙雨洗 [illegible]

瞥眼度 [illegible]

天姿元富貴寧待日邊栽夾岸紅霞漲
漁郎恐眼猜　紫薇灘

人到路應迷崇桃滿樹齊四圍紅錦障
細綠縈雲迴崇樹齊　桃花徑

沙汀眠芳草興 [illegible]　芳草洲

燒痕嫩綠香風傳谷口

葉卷花明照夜齊　芙蓉塘

乘月弓彎袖訪耶溪

窈窕洞仙遊依然壺裏創名之者誰
荷衣老居士　仙遊洞

寄峯　髙敬命　題

息影亭二十詠 식영정 이십영
식 영 정 이 십 영

飄空亂絮彈　어지러운 솜 허공에 나부끼고
표 공 란 서 탄

釋嶠脩眉斂　긴 눈썹 뾰족산에 놓였네
석 교 수 미 렴

濃淡摠相宜　짙고 묽은 빛 잘 어울려
농 담 총 상 의

詩材多不厭　시 재료 많아 싫지가 않네
시 재 다 불 염

瑞石閑雲　서석산의 한가한 구름
서 석 한 운

暎日光搖練　햇살 받은 물빛 명주를 흔드는 듯
영 일 광 요 련

涵虛界作銀　허공에 잠겨 은세계 이뤘네
함 허 계 작 은

夜來堪畫處　밤 되자 화폭에 담을 만하여
야 래 감 화 처

孤渡月中人　외로이 달빛에 건너가네
고 도 월 중 인

滄溪白波　창계의 흰 물결
창 계 백 파

在藻相忘水　마름풀에 있어 물을 잊다가
재 조 상 망 수

跳波逆上灘　물을 박차고 여울을 거슬러 오르네
도 파 역 상 탄

俯看風定處　바람 잔 곳 굽어보니
부 간 풍 정 처

濠上意俱閑　호상의 뜻이 모두 한가로워
호 상 의 구 한

水檻觀魚　물 난간에서 물고기를 구경함
수 함 관 어

越石初劉藿　돌 치우고 풀 베며
월 석 초 유 곽

靑門學種瓜　청문[1]에서 오이 심기를 배우네
청 문 학 종 과

聞君治小圃　　그대 작은 채소밭 가꾼다니
문 군 치 소 포

幽興動煙簑　　그윽한 흥취 도롱이에 일렁이리
유 흥 동 연 사

陽坡種瓜　　양파에 오이를 심음
양 파 종 과

隱隱山銜月　　은은하게 산은 달을 머금고
은 은 산 함 월

泠泠露滴梧　　냉냉하게 이슬이 오동을 적시네
냉 랭 로 적 오

胎仙冠爲側　　태선2)의 관 기울었으니
태 선 관 위 측

此景汝知夫　　이 광경을 너는 알리라
차 경 여 지 부

碧梧凉月　　벽오동의 서늘한 달
벽 오 량 월

六出漫松頂　　눈 내려 소나무 덮으니
육 출 만 송 정

瓊瑰亂倒傾　　구슬이 어지러이 거꾸로 쏟아지네
경 괴 란 도 경

開窓白頭仰　　창문 열고 흰머리 들고
개 창 백 두 앙

飛屑醉魂驚　　날리는 가루에 취한 넋 놀라네
비 설 취 혼 경

蒼松晴雪　　푸른 솔에 갠 눈
창 송 청 설

鶴髮映蒼鬣　　흰머리 푸른 잎을 비추고
학 발 영 창 렵

風竿抽素鱗　　대나무로 물고기 낚네
풍 간 추 소 린

二松誰對樹　　두 그루 솔 누가 마주 심었나
이 송 수 대 수

煙雨摠宜人　　안개와 비 모두 사람 뜻에 알맞네
연 우 총 의 인

釣臺雙松　　조대의 두 그루 솔
조 대 쌍 송

白日喧雷雨　한낮에 뇌우 요란한데
백 일 훤 뢰 우

顚風簸釣船　거센 바람 낚싯배를 뒤집을 듯
전 풍 파 조 선

村翁傳怪事　시골 노인 괴상한 이야기 전하길
촌 옹 전 괴 사

石竇老蛟眠　바위 구멍에 늙은 교룡 잠잔다네
석 두 로 교 면

環碧靈湫　환벽당의 영추
환 벽 영 추

松影低寒水　솔그림자 찬물에 낮게 드리우고
송 영 저 한 수

松根絡古磯　솔뿌리는 바위에 엉겼네
송 근 락 고 기

褰篷載琴鶴　봉창(蓬窓) 걷고 거문고와 학 싣고
건 봉 재 금 학

如月小舟飛　달 같은 배 내달리네
여 월 소 주 비

松潭泛舟　송담에 배를 띄움
송 담 범 주

輕颸吹葉葉　잎사귀마다 가벼운 바람 불고
경 시 취 엽 엽

濃影布床床　평상마다 짙은 그림자 펼쳤네
농 영 포 상 상

散髮蒼苔上　푸른 이끼 위에 머리를 날리며
산 발 창 태 상

被襟滿壑凉　온 골짜기 서늘한 바람에 옷깃 헤치네
피 금 만 학 량

石亭納凉　석정의 서늘함
석 정 납 량

獨樹全迷頂　우뚝 선 나무 꼭대기가 희미하고
독 수 전 미 정

遙山淡抹腰　먼 산 옅게 허리를 둘렀네
요 산 담 말 요

洞門深不見　골짝 어귀 깊어 보이지 않으니
동 문 심 불 견

歸鶴失危巢　돌아가는 학 둥지를 잃었네
귀 학 실 위 소

鶴洞暮煙　학동의 저문 연기
학 동 모 연

牧牛在前郊 기르는 소 앞 들에 있는데
목 우 재 전 교

短簑煙草裏 안개 긴 풀섶에 짧은 도롱이 입었네
단 사 연 초 리

迎風一笛豪 바람 맞아 한 피리 호방하니
영 풍 일 적 호

絶勝師襄指 사양[3]의 솜씨보다 훨씬 낫네
절 승 사 양 지

平郊牧笛 편평한 들판에 목동의 피리
평 교 목 적

寺在煙蘿外 연라 밖에 절 있으니
사 재 연 라 외

林深畏日曛 숲 깊은데 해 저물까 걱정이네
임 심 외 일 훈

溪橋飛一錫 시냇가 다리에 석장 짚은 스님
계 교 비 일 석

瞥眼度行雲 별안간 구름을 지나가네
별 안 도 행 운

短橋歸僧 단교에 돌아가는 스님
단 교 귀 승

蘋風吹纚纚 바람은 마름풀에 솔솔 불어오고
빈 풍 취 사 사

沙雨洗娟娟 비는 모래를 곱게 씻었네
사 우 세 연 연

浴罷還相並 목욕을 마치자 서로 어울려
욕 파 환 상 병

斜陽一霎眠 석양에 잠깐 졸고 있구나
사 양 일 삽 면

白沙睡鴨 흰 모래밭에 조는 물오리
백 사 수 압

西日照盧玆 서녘 해 가마우지 비추니
서 일 조 로 자

蒼巖晒翅處 푸른 바위에서 날개를 말리네
창 암 쇄 시 처

亭上句垂成 정자에서 노자 시구[4] 이루니
정 상 구 수 성

人驚遠飛去 사람에 놀라 멀리 날아가네
인 경 원 비 거

盧玆巖 노자암
노 자 암

天姿元富貴　천연의 자태 원래 부귀하니
천 자 원 부 귀

寧待日邊栽　어찌 양지에 심기를 기다리랴
영 대 일 변 재

夾岸紅霞漲　두 언덕에 붉은 노을 넘치니
협 안 홍 하 창

漁郎恐眼猜　어부는 아마 눈을 의심하리
어 랑 공 안 시

紫薇灘 자미탄
자 미 탄

細線縈雲逈　좁은 길 구름 속에 멀고
세 선 영 운 형

崇桃滿樹齊　복사꽃 나무마다 활짝 폈네
숭 도 만 수 제

四圍紅錦障　사방을 붉은 비단으로 감싸니
사 위 홍 금 장

人到路應迷　찾아오는 이 길을 헤매리
인 도 로 응 미

桃花徑 복사꽃 핀 길
도 화 경

燒痕回嫩綠　태운 자리에 보드라운 싹 돋아
소 흔 회 눈 록

芳嶼草綿綿　꽃다운 섬 온통 풀밭이네
방 서 초 면 면

醉後爲茵臥　술 취해 깔고 누우니
취 후 위 인 와

沙禽傍岸眠　물새도 언덕 가에 졸고 있네
사 금 방 안 면

芳草洲 방초주
방 초 주

葉卷弓彎袖　말린 잎 활 당기는 소매 같은데
엽 권 궁 만 수

花明照夜齊　활짝 핀 꽃 밤을 밝히네
화 명 조 야 제

香風傳谷口　향기론 바람 곡구[5]에 전하니
향 풍 전 곡 구

乘月訪耶溪　달빛 타고 야계[6]를 찾으리
승 월 방 야 계

芙蓉塘 부용당
부 용 당

窈窕洞仙遊
요 조 동 선 유
依然玉壺裏
의 연 옥 호 리
創名之者誰
창 명 지 자 수
荷衣老居士
하 의 로 거 사

그윽한 골짜기에 신선 노니는데

의연히 옥 호리병[7] 속이네

마을 이름 누가 지었나

하의거사라네

仙遊洞 선유동
선 유 동

霽峯 高敬命 題　제봉 고경명 지음
제 봉 고 경 명 제

1) 청문(靑門) : 도성의 동쪽 문을 말한다. 진(秦)나라 때 소평(召平)이 동릉후(東陵侯)로 있다가 진나라가 망한 뒤 포의(布衣)를 입고 지내면서 장안성(長安城)의 동쪽에다가 참외를 심었는데, 맛이 아주 좋았으므로 사람들이 이를 '동릉의 참외'라 하였다. 이런 연유로 소평과 (召平瓜)는 훗날 가난한 생활에 만족하며 은거한다는 의미로 주로 쓰인다. 《史記 卷53 蕭相國世家》

2) 태선(胎仙) : 학(鶴)의 별칭이다. 학은 본디 선금(仙禽)이란 칭호가 있고, 또 다른 조류와는 달리 새끼를 태생(胎生)한다는 전설이 있기 때문에 한 말이다.

3) 사양(師襄) : 춘추(春秋) 때 노(魯)의 악관(樂官)이다. 《논어(論語)》〈미자(微子)〉에 "경쇠를 치는 양(襄)은 바다로 들어갔다." 하였고, 《가어(家語)》〈악변(樂辯)〉에는 "공자(孔子)가 사양자(師襄子)에게 거문고를 배웠다." 하였다.

4) 노자 시구 : 노자는 노자라고 하는 물새 모양을 한 좋은 술잔 이름인데, 이백(李白)의 〈양양가(襄陽歌)〉에, "노자표와 앵무배로, 백 년이라 삼만 육천 일에, 하루에도 삼백 잔씩을 반드시 기울이리.[鸕鷀杓 鸚鵡杯 百年三萬六千日 一日須傾三百杯]" 라고 하였다.

5) 곡구(谷口) : 지명으로 은자가 사는 곳을 뜻한다. 서한(西漢)의 정박(鄭樸)은 자가 자진(子眞)인데, 성제(成帝) 때에 외척 대신(外戚大臣) 왕봉(王鳳)이 예의를 다해 초빙해도 응하지 않고 곡구에서 살면서 호를 곡구자진(谷口子眞)이라고 하였다. 《漢書 卷72 王貢兩龔鮑傳》

6) 야계(耶溪) : 약야계(若耶溪)를 이름. 소흥(紹興)의 약야산(若耶山)에서 나온 시내의 이름으로, 미인 서시(西施)가 일찍이 여기에서 깁을 빨았다 하여 일명 완사계(浣紗溪)라고도 하는데, 예로부터 연(蓮)의 명소이기도 하였다. 이백(李白)의 〈채련곡(採蓮曲)〉에 "약야계 가에 모여 연꽃 따는 아가씨들이, 연꽃을 사이에 두고 서로 웃고 얘기 나누니, 해는 화장한 얼굴을 비춰 물속에 환히 비치고, 바람은 향기론 소매에 불어 공중에 펄럭이네.[若耶溪傍採蓮女 笑隔荷花共人語 日照新粧水底明 風飄香袖空中擧]"라고 하였다. 《李太白集 卷3》

7) 옥 호리병 : 옥으로 된 술단지로, 신선 세계를 말한다. 동한(東漢) 때 비장방(費長房)이 시장을 관리하는 자리에 있었는데, 시장에서 어떤 노인이 약을 팔면서 가게 앞에다 술단지 하나를 걸어 놓고는 시장이 파하자 그 속으로 뛰어 들어갔다. 비장방이 누각 위에서 그 모습을 보고는 보통 사람이 아니라는 것을 알았다. 다음 날 그 노인에게 가서 노인과 함께 그 술단지 안으로 들어갔는데, 그곳에는 옥당(玉堂)이 있었으며, 그 안에서 좋은 술과 기름진 안주가 끊임없이 나왔다. 이에 둘이 함께 마시고는 취해서 나왔다. 《後漢書 卷82 方術列傳下 費長房》

석영정 주위의 일우(一隅)

息影亭題咏　　石川林億齡

溶溶岑上雲　舒出而還斂　無事從如如　雲相首兩不厭
右瑞石閒雲

吾方愁水漲　鷺亦立沙灘　沙白鷗相似　吾閒鷗不閒
右蒼溪白波

有陰皆可息　何地不宜泉　細雨將鋤立　蕭蕩沽綠蓑
右陽坡種瓜

右水檻觀魚

秋山吐凉月　中夜梧庭梧　鳳鳴何時至　吾令命矢夫
右碧梧凉月

兩洗石無垢　霜侵松有鮮　……　……初鷟
右蒼松晴雪

萬逕人皆絶　蒼松盡……頃無風
右……

澄湫平沙浪　飛間望明月　……　不得眠
右環碧靈湫

明月蒼松下　孤舟繫釣磯　……　遲遲飛
右松潭泛舟

霽日松爲蓋　……　六月侠衣凉
右石亭納凉

孤煙生野店　帝山……松間
右鶴洞暮烟

牧童倒騎牛　平郊細雨行　人間酒家吹笛　山村指
右平郊牧笛

還邊沙皎皎　沙上鴨……　瀟洒松間相對眠
右白沙睡鴨

溪峽橫沙路　孤村照夕陽　一竿漁……　……
右孤村……

蒼石水中尖　夕陽明滅邊　……鷺鷥路人飛　向靈湫去
右……

誰把中書物　今枚山澗栽　仙掌明水辰　……
右……

石逕雲裡小　桃花兩崩芽　……　今日寂正似　書時遠
右桃花逕

晴沙明似雪　細草軟勝綿　中有白頭史　……黃犢眠
右芳草洲

白露凝仙掌　清風動虛……　……時下羽衣……
右芙蓉塘

蒼溪小洞天　明月清風裡　時下羽衣翁　不知何道士
右仙遊洞

庚寅暮春　不肖後孫奉……謹揭

息影亭題詠　石川　林億齡　식영정제영 석천 임억령 지음
식 영 정 제 영　　석 천　　임 억 령

溶溶嶺上雲　뭉게뭉게 피어오르는 고갯마루 구름
용 용 영 상 운

纔出而還斂　잠깐 나왔다간 도로 사라지네
재 출 이 환 렴

無事孰如雲　일 없는 게 구름만한 것 있을까
무 사 숙 여 운

相看兩不厭　아무리 보아도 싫지가 않네
상 간 양 불 염

右瑞石閑雲　서석산의 한가로운 구름
우 서 석 한 운

古峽斜陽裡　옛 산 석양 속에
고 협 사 양 리

蒼龍噴水銀　창룡이 하얀 물줄기 뿜네
창 룡 분 수 은

囊中如可拾　주머니에 담아 갈 수 있다면
낭 중 여 가 습

欲寄熱中人　애태우는 이에게 주고 싶네
욕 기 열 중 인

右蒼溪白波　창계의 흰 물결
우 창 계 백 파

吾方憑水檻　나는 물가 난간에 기대고
오 방 빙 수 함

鷺亦立沙灘　백로는 모래 여울에 서있네
노 역 립 사 탄

白髮雖相似　흰 머리는 비록 서로 같지만
백 발 수 상 사

吾閒鷺不閒　나는 한가로워도 백로는 바쁘다네
오 한 로 불 한

右水檻觀魚　물가 난간에서 물고기를 구경함
우 수 함 관 어

有陰皆可息 그늘진 곳이면 모두 기를 만하니
유 음 개 가 식

何地不宜苽 어느 곳인들 오이에 적당치 않으랴
하 지 불 의 고

細雨荷鋤立 가랑비에 호미 들고 서서
세 우 하 서 립

蕭蕭沾綠蓑 호젓하게 푸른 도롱이를 적시네
소 소 첨 록 사

右陽坡種苽 양파에서 오이를 심음
우 양 파 종 고

秋山吐涼月 가을 산에 서늘한 달 떠올라
추 산 토 량 월

中夜掛庭梧 한밤중 뜰 오동나무에 걸렸구나
중 야 괘 정 오

鳳鳥何時至 봉황새는 언제나 오련고
봉 조 하 시 지

吾今命矣夫 내 이제 명하려는데
오 금 명 의 부

右碧梧涼月 벽오동의 서늘한 달
우 벽 오 량 월

萬徑人皆絶 온 길엔 인적이 모두 끊기고
만 경 인 개 절

蒼松蓋盡傾 푸른 솔 덮어 다 기울었네
창 송 개 진 경

無風時落片 바람 없어도 이따금 눈조각 떨어져
무 풍 시 락 편

孤鶴夢初驚 외로운 학 꿈을 깨네
고 학 몽 초 경

右蒼松晴雪 푸른 솔에 갠 눈
우 창 송 청 설

雨洗石無垢 비에 씻긴 돌 티끌도 없고
우 세 석 무 구

霜侵松有鱗 서리 맞은 소나무 비늘이 있구나
상 침 송 유 린

此翁唯取適[1] 이 노인은 오히려 자적함을 가졌으니
차 옹 유 취 적

不是釣周人 주나라를 낚는 사람[2] 아니로세
불 시 조 주 인

右釣臺雙松 조대의 두 그루 소나무
우 조 대 쌍 송

澄湫平少浪³⁾ 맑은 못 잔잔하여 물결이 적고
징 추 평 소 랑

飛閣望如船 치솟은 누각 바라봄에 배와 같네
비 각 망 여 선

明月吹長笛 밝은 달밤에 긴 피리 부노니
명 월 취 장 적

潛蛟不得眠 물에 잠긴 용 잠들지 못하리
잠 교 부 득 면

右環碧靈湫 환벽당의 영추
우 환 벽 영 추

明月蒼松下 밝은 달 푸른 솔 아래
명 월 창 송 하

孤舟繫釣磯 외로운 배 낚시터에 매었네
고 주 계 조 기

沙頭雙白鷺⁴⁾ 모래톱의 백로 한 쌍이
사 두 쌍 백 로

爭拂酒筵飛 다투어 술자리로 날아오네
쟁 불 주 연 비

右松潭泛舟 송담에 배를 띄움
우 송 담 범 주

礙目松爲蓋⁵⁾ 눈 가린 소나무 일산이 되고
애 목 송 위 개

搘頤石作床 턱 받친 돌 평상을 삼네
지 이 석 작 상

蕭然出塵世 초연히 티끌 세상 벗어나니
소 연 출 진 세

六月袷衣涼 유월인데도 겹옷이 서늘해
유 월 겹 의 량

右石亭納涼 석정의 서늘함
우 석 정 납 량

孤煙生野店 외로운 연기 들 주막에 피어올라
고 연 생 야 점

漠漠帶山腰 아스라이 산허리를 둘렀네
막 막 대 산 요

遙想松間鶴 멀리 솔숲의 학 생각하니
요 상 송 간 학

驚飛不下巢 놀라 둥지에 내리지 못하리
경 비 불 하 소

右鶴洞暮煙 학동의 저문 연기
우 학 동 모 연

牧童倒騎牛　목동이 소 거꾸로 타고 가는데
목 동 도 기 우

平郊細雨裏　편평한 들엔 가랑비 내리네
평 교 세 우 리

行人問酒家　행인이 술집 물으니
행 인 문 주 가

短笛山村指[6]　짧은 피리로 산촌을 가리키네
단 적 산 촌 지

右平郊牧笛　편평한 들에 목동의 피리
우 평 교 목 적

深峽橫沙路　깊은 골짜기 모랫길 비꼈는데
심 협 횡 사 로

孤村照夕曛　외로운 마을 석양이 비추네
고 촌 조 석 훈

一筇潭底影　지팡이는 연못 밑에 비치고
일 공 담 저 영

雙眼嶺頭雲[7]　두 눈은 고갯마루 구름을 보네
쌍 안 영 두 운

右短橋歸僧　단교에 돌아가는 스님
우 단 교 귀 승

溪邊沙皎皎　시냇가의 모래 새하얗고
계 변 사 교 교

沙上鴨娟娟　모래 위의 물오리 곱기도 하네
사 상 압 연 연

海客忘機久　해객은 오래도록 기틀을 잊고
해 객 망 기 구

松間相對眠　솔 사이에서 함께 졸고 있네
송 간 상 대 면

右白沙睡鴨　흰 모래밭에 조는 물오리
우 백 사 수 압

蒼石水中央　물 가운데 푸른 돌에
창 석 수 중 앙

夕陽明滅處　석양이 깜박이네
석 양 명 멸 처

鸕鷀驚路人　가마우지 길가는 사람에 놀라
노 자 경 로 인

飛向靈湫去　영추를 향해 날아가네
비 향 영 추 거

右鸕鷀岩　노자암
우 노 자 암

誰把中書物　누가 중서성의 물건9)을 가져다
수 파 중 서 물

今於山澗栽　지금 산골짝에 심었을까
금 어 산 간 재

仙粧明水底　선장이 물밑에 밝으니
선 장 명 수 저

魚鳥亦驚猜　물고기도 놀라 의심하네
어 오 역 경 시

右紫薇灘　자미탄
우 자 미 탄

石逕雲裡小　구름 속에 돌길 좁은데
석 경 운 리 소

桃花雨前齊　비오기 전에 복사꽃 일제히 피었네
도 화 우 전 제

更添今日寂　오늘따라 더욱 고요하니
갱 첨 금 일 적

正似昔時迷　지난번에 해맨 것과 비슷하네
정 사 석 시 미

右桃花逕　복사꽃 핀 길
우 도 화 경

晴沙明似雪　갠 모래밭 눈같이 희고
청 사 명 사 설

細草軟勝綿　잔풀은 솜보다 부드러워
세 초 연 승 면

中有白頭叟　그 속에 백발 노인이
중 유 백 두 수

閑隨黃犢眠　한가로이 송아지 따라 졸고 있네
한 수 황 독 면

右芳草洲　방초주
우 방 초 주

白露凝仙掌8)　흰 이슬은 선장에 서리고
백 로 응 선 장

淸風動麝臍　맑은 바람은 사향을 진동하네
청 풍 동 사 제

微詩可以削　보잘것없는 시 첨삭할 것이니
미 시 가 이 삭

妙語有濂溪　오묘한 말 염계[주돈이]에게 있다네
묘 어 유 염 계

右芙蓉塘　부용당
우 부 용 당

蒼溪小洞天　창계의 조그만 별천지
창 계 소 동 천

明月淸風裡　맑은 달 맑은 바람 속에
명 월 청 풍 리

時下羽衣翁　때때로 깃옷 입은 노인 내려오니
시 하 우 의 옹

不知何道士　어떤 도인 줄 모르겠네
부 지 하 도 사

右仙遊洞　선유동
우 선 유 동

庚寅暮春不肖後孫奉錫謹揭　경인년(1950) 늦봄에 불초
경 인 모 춘 불 초 후 손 봉 석 근 게　후손 봉석이 삼가 게재함

1) 此翁唯取適 : 현판문에는 '此翁猶取適'으로 새겨졌으나 《석천시집(石川詩集)》을 참고하여 바로잡아 번역함.

2) 주나라를 낚는 사람 : 강태공(姜太公)을 가리킨다. 주(周) 나라 때 강태공이 위천에서 낚시질을 하고 있다가 문왕(文王)을 만나서 세상에 나왔고, 또 무왕(武王)을 도와 천하를 평정하였다.

3) 澄湫平少浪 : 현판문에는 '澄湫平沙浪'으로 새겨졌으나 《석천시집》을 참고하여 바로잡아 번역함.

4) 沙頭雙白鷺 : 현판문에는 '沙頂雙白鷺'로 새겨졌으나 《석천시집》을 참고하여 바로잡아 번역함. '頂'으로 하면 평측에 어긋남.

5) 礙目松爲蓋 : 현판문에는 '礙日松爲蓋'로 새겨졌으나 《석천시집》을 참고하여 바로잡아 번역함.

6) 短笛山村指 : 현판문에는 '吹笛山村指'로 새겨졌으나 《석천시집》을 참고하여 바로잡아 번역함.

7) 雙眼嶺頭雲 : 현판문에는 '雙眼岑頭雲'로 새겨졌으나 《석천시집》을 참고하여 바로잡아 번역함. '岑'으로 하면 평측에 어긋남.

8) 중서성의 물건 : 백일홍을 이름. 중서성(中書省)에는 백일홍을 많이 심었기 때문에 미성(薇省) 또는 미원(薇垣)이라는 이름을 가지고 있으며, 당 나라 때에 중서성을 자미성(紫薇省)으로 고쳤다.

9) 선장(仙掌) : 신선이 손바닥으로 구리 소반에 옥배(玉杯)를 받들고 감로(甘露)를 받는 형상을 구리로 만든 그릇, 즉 승로반(承露盤)을 말한다. 한 무제(漢武帝)가 신선술(神仙術)에 미혹되어 감로를 받아 마시고 수명을 연장시키고자 하여 건장궁(建章宮)에다 신명대(神明臺)를 세우고 선장을 만들어 감로를 받게 하였다. 《漢書 卷25 郊祀志上》

식영정에 오르는 돌계단

【 식영정잡영 】
息 影 亭 雜 詠

息影亭雜詠　식영정잡영
식 영 정 잡 영

蒼溪白石　창계의 흰 돌
창 계 백 석

細熨長長練　길고 긴 옷깃 가늘게 다리고
세 위 장 장 련

平鋪漾漾銀　넘실대는 은을 평평히 깔았네
평 포 양 양 은

遇風時吼峽　바람을 만나면 때로 산을 울리고
우 풍 시 후 협

得雨夜驚人　비가 오면 밤에 사람을 놀래키네
득 우 야 경 인

水檻觀魚　물가 난간에서 물고기를 구경함
수 함 관 어

欲識魚之樂　물고기의 즐거움 알려고
욕 식 어 지 락

終朝俯石灘　아침 내내 돌 여울 굽어보네
종 조 부 석 탄

吾閒人盡羨　내 한가함 사람마다 부러워하지만
오 한 인 진 선

猶不及魚閒　물고기의 한가함엔 미칠 수 없다네
유 불 급 어 한

陽坡種瓜　양파에서 오이를 심음
양 파 종 과

身藏子眞谷　몸을 자진의 곡구[1]에 감추고
신 장 자 진 곡

手理邵平瓜　손수 소평의 오이[2]를 가꾸네
수 리 소 평 과

雨裏時巡圃　비속에 때때로 포전을 돌아보려고
우 리 시 순 포

閒來着短蓑　한가로이 짧은 도롱이를 입네
한 래 착 단 사

環碧龍湫 환벽당의 용추
환 벽 용 추

危亭俯凝湛　높은 정자 굽어보며 맑은 물에 비춰
위 정 부 응 담

一上似登船　한번 오름에 배에 타는 듯하구나
일 상 사 등 선

未必有神物　꼭 신물이 있지는 않으나
미 필 유 신 물

肅然無夜眠　숙연히 밤잠 못 이루네
숙 연 무 야 면

松潭泛舟 송담에 배를 띄움
송 담 범 주

舟繫古松下　늙은 솔 아래 배를 매고
주 계 고 송 하

客登寒雨磯　찬비 내리는 낚시터에 나그네 오르네
객 등 한 우 기

水風醒酒入　강바람은 술을 깨며 불어오고
수 풍 성 주 입

沙鳥近人飛　물새는 사람 곁에서 날고 있네
사 조 근 인 비

石亭納涼 석정의 서늘함
석 정 납 량

萬古蒼苔石　만고의 푸른 이끼 낀 돌을
만 고 창 태 석

山翁作臥床　산옹이 와상을 삼았네
산 옹 작 와 상

長松不受暑　높다란 솔 무더위 아랑곳없으니
장 송 불 수 서

虛壑自生涼　빈 골짝에 저절로 서늘한 기운 생기네
허 학 자 생 량

平郊牧笛 편평한 들판에 목동의 피리
평 교 목 적

飯牛煙草中　안개 낀 풀밭에 소를 먹이고
반 우 연 초 중

弄笛斜陽裏　석양 속에 피리를 부네
농 적 사 양 리

野調不成腔　소박한 음조 곡을 이루진 못해도
야 조 불 성 강

淸音自應指　맑은 소리 절로 호응하네
청 음 자 응 지

斷橋歸僧 단교에 돌아가는 스님
단 교 귀 승

翳翳林鴉集 어둑어둑 숲 까마귀 모여들고
예 예 임 아 집

亭亭峽日曛 우뚝우뚝 산 해 저무는데
정 정 협 일 훈

歸僧九節杖 돌아가는 스님 구절장에
귀 승 구 절 장

遙帶萬山雲 멀리 온 산의 구름 띠었구려
요 대 만 산 운

白沙睡鴨 흰 모래밭에 조는 물오리
백 사 수 압

風搖羽不整 바람 일어 깃 흩날리고
풍 요 우 불 정

日照色增妍 햇빛 비추니 색깔 더욱 고와라
일 조 색 증 연

纔罷水中浴 이제 막 목욕 마치고
재 파 수 중 욕

偶成沙上眠 우연히 모래위에 졸고 있네
우 성 사 상 면

仙遊洞 선유동
선 유 동

何年海上仙 어느 해인고 바다의 신선[3]이
하 년 해 상 선

棲此雲山裏 이 운산 속에 깃든 것이
서 차 운 산 리

怊悵撫遺蹤 애달프게 남긴 자취 더듬나니
초 창 무 유 적

白頭門下士 백발의 문하생이로세
백 두 문 하 사

松江 송강[정철] 지음
송 강

1) 자진의 곡구 : 자진은 정박(鄭朴)의 자이고, 곡구는 섬서성(陝西省)에 있는 지명이다.
정자진이 곡구에 살면서 자신의 뜻을 굽히지 않고 암석 아래에서 농사지으면서 살았는
데, 이름이 경사(京師)에 진동하였다. 《法言 問神》
2) 소평(邵平)의 오이 : p24. 〈식영정중수기〉 주2) 참조.
3) 신선 : 《송강집(松江集)》에 '바다의 신선은 하서(河西 : 김인후)를 가리킨다'고 하였음.

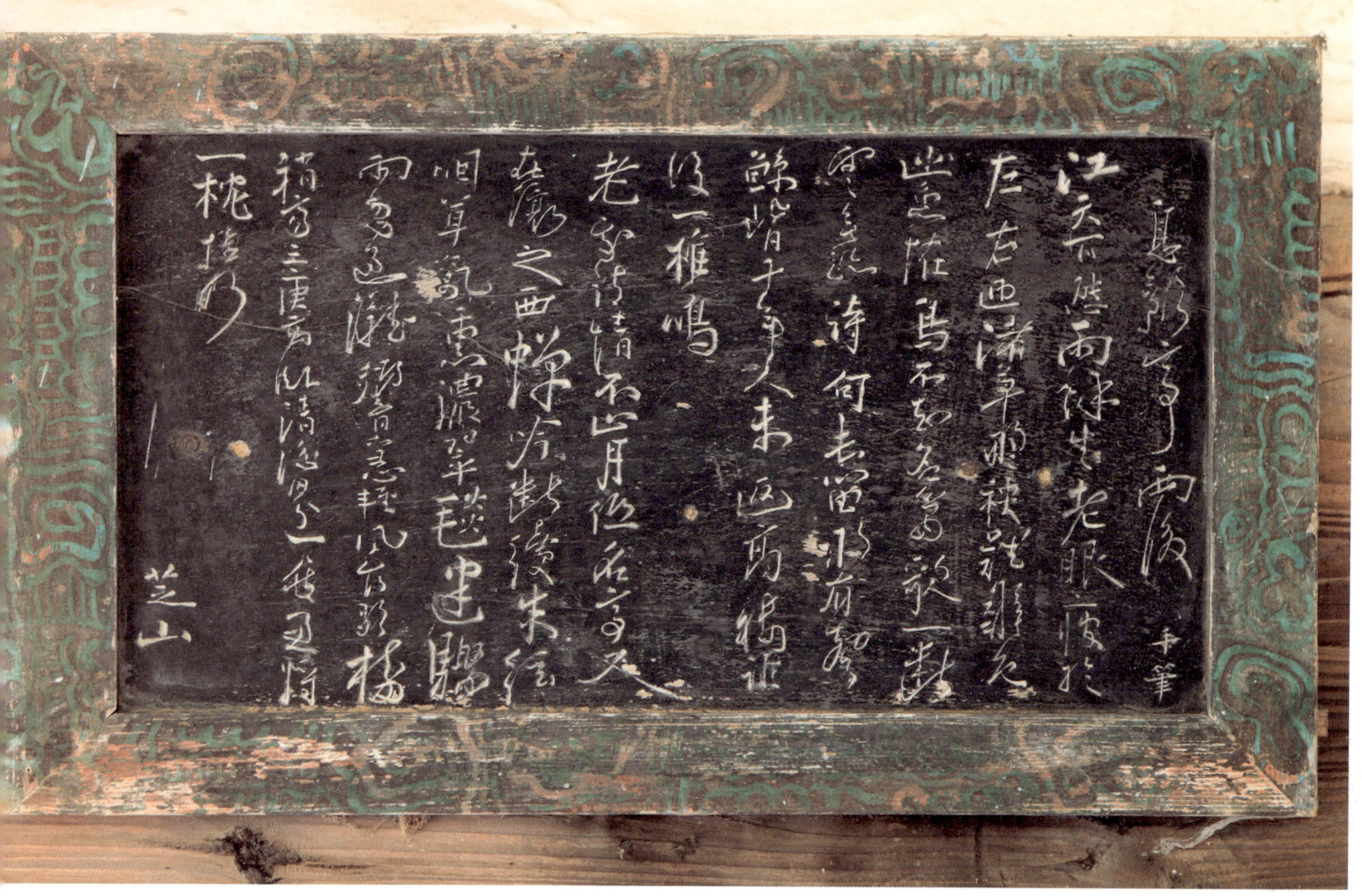
芝山

題息影亭
散步簷臨雨霽間天光散露
開窻倚欄樹□□
渡江兔驗□馬往遠□
故人今僑寓也前□平而有
其仙遠□□日萬歌泪郎
車馬隊比傳
遙沙江樓之水樓間漢玉題
森□林清浮雲而載章頭
新陸惧那妹咸汪晴
榮陽公五世孫海水□□福

息影亭記
嗚呼爾影爾隨吾而游止者今幾年祖吾行則爾行
吾止則爾止吾動則爾動吾靜則爾靜七齡春株行
此動靜森祖邃而不從遊則嗚呼爾影爾云困矣雖
嘆吾榮則爾榮吾樂則爾樂何呂言之形庭王階甫
隨吾而后至忍人矣威丞玉音之丁寧于音華延題
覺矣香慈从此實不世之榮炎難遇之異戲苟非吾
之祖隨則甫安得此榮乎吾榮則甫榮者此之謂也
且如風軒水閣甫隨吾而登陟攜朋引孟樂音華之
佳勝時或起舞鐔前爾影慇廻此實乏者之授樂眼
甫樂者亦此之謂也嗚呼爾影吾异甫榮且樂者祿
吾盡矣此間雖或有甫影難於驚頌蒼黃之廻亦使
甫猶未至艱險之域甫亦卒矣吾令白頭森已而甫亦
影婆娑疲骨稜已而甫影絲差欲趨則尽趨亦甫亦
不得趨欲走則不走亦甫亦不得走吾己体矣甫亦
体矣吾己息矣甫亦息矣主人翁書

吾家有此紫石硯亦少
此收白督比月上古□樓
今夜居州鐘寿子為其時
名遠眺瑤巖隱雲為稻
聽雲湫積雨雲寿夏青鳳
罘依大新松濤不盡滿
窗鳴
歗隱公六世孫作源
崇禎五壬申春摧

棲霞堂

서하당
棲霞堂

서하棲霞는 깃들일 서棲 노을 하霞 노을이 깃드는 정자의 운치.

성산星山 아래 일몰이 이루어질 때 노을이 깃드는 모습을 생각해 볼 수 있다. 지금부터 500년 전 그 어느 한 때를 더듬어 보면 서하棲霞라는 의미를 알 것 같다. 김성원은 36세 되던 해인 1560년 명종15년에 서하당과 식영정을 지었다고 한다. 본관은 광산, 호는 서하棲霞이다. 1558년명종13 사마시에 합격하였고, 1560년명종15에 침랑寢郎이 되었다. 1581년선조14에 음보로 제원도찰방濟原道察訪을 지냈다. 1592년선조25 임진왜란 때 동복현감同福縣監으로 각지의 의병들과 제휴하여 현민縣民들을 보호하였다. 이때 어머니와 함께 성모산성聖母山城에 피신하였다. 적병을 만나자, 몸으로 어머니를 보호하다가 함께 살해되었다. 뒤에 그 산을 모호산母護山이라 하였다.

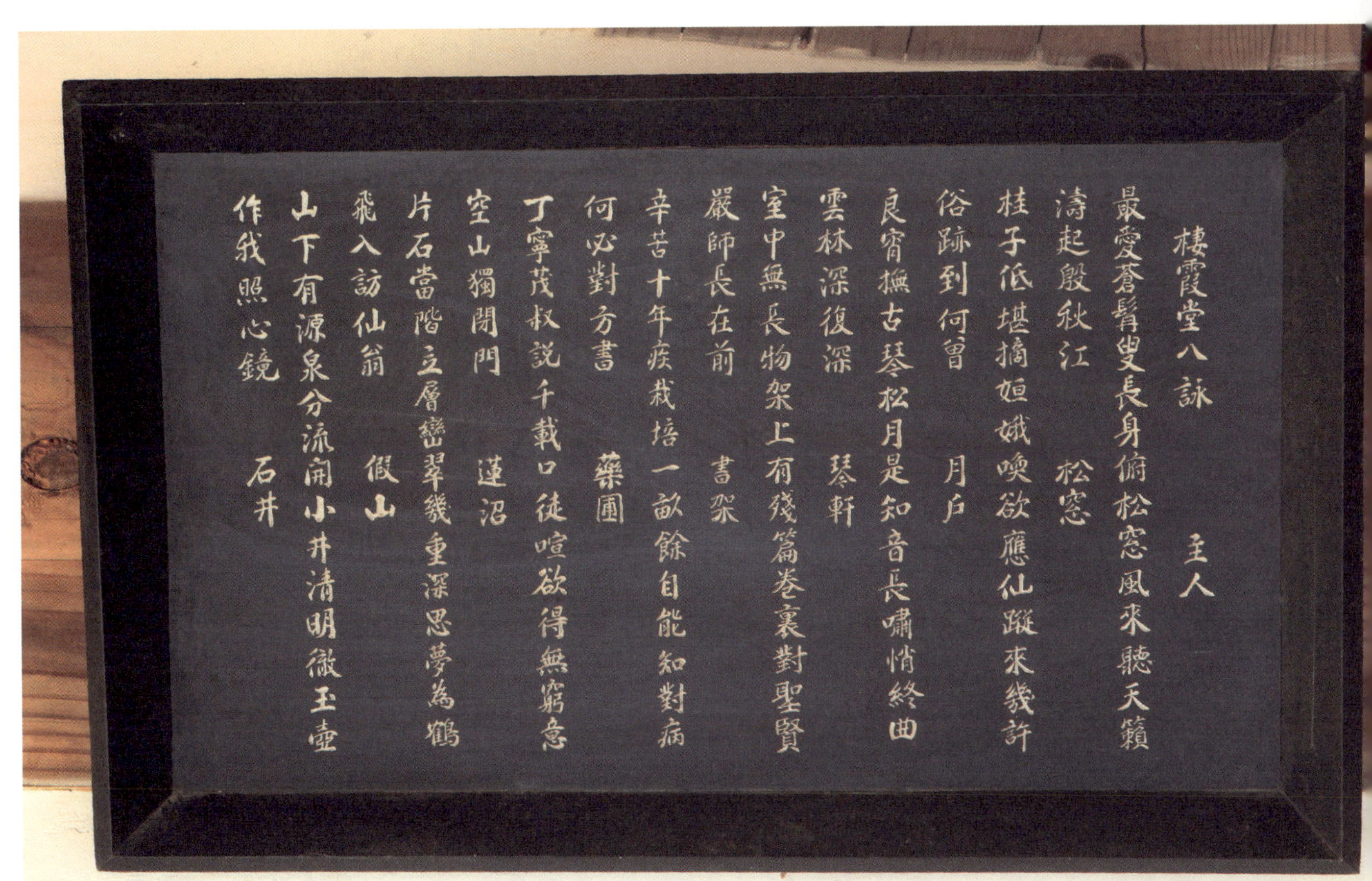

棲霞堂八詠　　主人

最愛蒼髥叟　長身俯松窓　風來聽天籟
濤起殷秋江　　松窓

桂子低堪摘　姮娥喚欲應　仙蹤來幾許
俗跡到何曾　　月戶

良宵撫古琴　松月是知音　長嘯悄終曲
雲林深復深　　琴軒

室中無長物　架上有殘篇　卷裹對聖賢
嚴師長在前　　書架

辛苦十年疾　栽培一畝餘　自能知對病
何必對方書　　藥圃

丁寧茂叔說　千載口徒喧　欲得無窮意
空山獨閉門　　蓮沼

片石當階立　層巒翠幾重　深思夢為鶴
飛入訪仙翁　　假山

山下有源泉　分流開小井　清明徹玉壺
作我照心鏡　　石井

棲霞堂八詠 主人　서하당팔영 주인[김성원] 지음
서 하 당 팔 영 주 인

最愛蒼髥叟　가장 사랑해 푸른 수염 늙은이[소나무]
최 애 창 렴 수

長身俯松窓　긴 몸 송창을 굽어보는 걸
장 신 부 송 창

風來聽天籟　바람 불면 자연의 피리 소리 들리고
풍 래 청 천 뢰

濤起殷秋江　물결 일어 가을 강에 은은하네
도 기 은 추 강

松窓 송창
송 창

桂子低堪摘　계수나무 열매 낮아서 딸 만하고
계 자 저 감 적

姮娥喚欲應　항아는 부르면 대답할 듯하네
항 아 환 욕 응

仙蹤來幾許　신선은 몇 번이나 왔는고
선 종 래 기 허

俗跡到何曾　속인의 자취 없구나
속 적 도 하 증

月戶 달빛 비치는 문
월 호

良宵撫古琴　좋은 밤 거문고 타노라니
양 소 무 고 금

松月是知音　솔 달이 소리를 알아주네
송 월 시 지 음

長嘯悄終曲　긴 휘파람 곡을 마치니
장 소 초 종 곡

雲林深復深　구름 낀 숲 깊고도 깊어라
운 림 심 부 심

琴軒 금헌
금 헌

室中無長物　방안에 값나가는 물건은 없고
실 중 무 장 물

架上有殘篇　서가 위에 낡은 책뿐이네
가 상 유 잔 편

卷裏對聖賢　책 속에 성현을 마주하니
권 리 대 성 현

嚴師長在前　엄한 스승이 항상 앞에 있네
엄 사 장 재 전

書架 서가
서 가

辛苦十年疾　십년을 병으로 고생하여
신 고 십 년 질

栽培一畝餘　한 이랑을 재배했네
재 배 일 묘 여

自能知對病　스스로 병에 대처할 줄 아니
자 능 지 대 병

何必對方書　의서를 대할 필요 없네
하 필 대 방 서

藥圃 약초밭
약 포

丁寧茂叔說　간곡한 무숙[주돈이]의 말씀
정 녕 무 숙 설

千載口徒喧　천년을 입으로만 지껄였네
천 재 구 도 훤

欲得無窮意　무궁한 의미 알고 싶어
욕 득 무 궁 의

空山獨閉門　빈 산에서 홀로 문을 닫았네
공 산 독 폐 문

蓮沼 연못
연 소

片石當階立　조각 돌 계단 앞에 서서
편 석 당 계 립

層巒翠幾重　층층 봉우리 몇 겹인고
층 만 취 기 중

深思夢爲鶴　깊이 생각노니 꿈에 학 되어
심 사 몽 위 학

飛入訪仙翁　날아들어 신선 찾으리
비 입 방 선 옹

假山 가산
가 산

山下有源泉　산 아래 근원 있는 샘 있어
산 하 유 원 천

分流開小井　나눈 물줄기 작은 샘 열었네
분 류 개 소 정

淸明徹玉壺　청명함이 옥호를 통해
청 명 철 옥 호

作我照心鏡　내 마음 비추는 거울 되었네
작 아 조 심 경

石井 돌우물
석 정

가을 낙엽에 휩싸인 서하당 옆 돌담길

서하당잡영

– 석천[임억령]

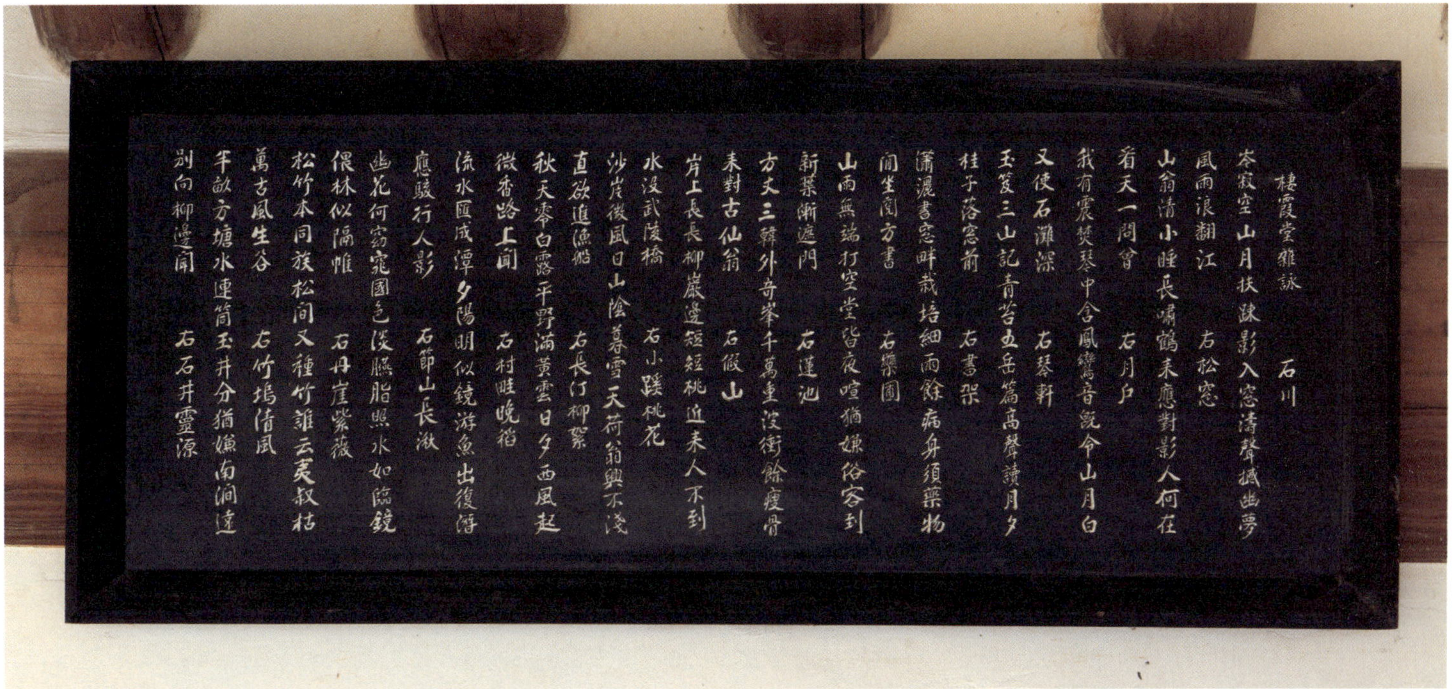

棲霞堂雜詠　石川

岑寂空山月扶踈影入窓濤聲撼幽夢
風雨浪翻江　右松窓

山翁淸小睡長嘯鶴未應對影人何在
看天一問曾　右月戶

我有震焚琴中含鳳鸞音䪨令山月白
又使石灘深　右琴軒

玉笈三山記青苔五岳篇高聲讀月夕
桂子落窓前　右書架

瀟灑書窓畔栽培細雨餘病身須藥物
閒坐閱方書　右藥圃

山雨無端打空堂皆夜喧猶孃俗容到
新葉漸遮門　右蓮池

方丈三韓外奇峯千萬重沒銜餘瘦骨
未對古仙翁　右假山

岸上長長柳巖邊短短桃近未人不到
水沒武陵橋

沙岸微風日山陰暮雪天荷翁與不淺
石小蹊桃花

秋天零白露平野滿黃雲日夕西風起
右長汀柳縈

流水匯成潭夕陽明似鏡游魚出復潛
石村畦晚裕

微香路上聞　石節山長潋
應駿行人影

幽花何窈窕國色後臙脂照水如臨鏡
偎林似隔帷　石丹崖紫薇

松竹本同族松間又種竹誰云夷叔枯
萬古風生谷　右竹塢淸風

半畝方塘水連筒玉井分猶孃南澗逶
別向柳邊聞　石石井靈源

이 시는 임억령이 식영정 주위 좋은 경치 14곳을 노래한 것임.

棲霞堂雜詠　石川　서하당잡영 석천[임억령] 지음
서 하 당 잡 영　석 천

岑寂空山月　달 밝은 빈 산 적막한데
잠 적 공 산 월

扶疏影入窓　그림자 어른어른 창에 들어오네
부 소 영 입 창

濤聲撼幽夢　물결치는 소리 깊은 잠 깨우니
도 성 감 유 몽

風雨浪翻江　비바람에 강물 뒤집히는 듯
풍 우 랑 번 강

右松窓　소나무 창
우 송 창

山翁淸少睡　산옹이 청고하여 잠 적은데
산 옹 청 소 수

長嘯鶴來應　긴 휘파람에 학이 대꾸하네
장 소 학 래 응

對影人何在　그림자 마주하던 이[1] 어디 있는고
대 영 인 하 재

看天一問曾　하늘 쳐다보며 한번 묻네
간 천 일 문 증

右月戶　달빛 비치는 문
우 월 호

我有震焚琴　내게 타다만 거문고[2] 있으니
아 유 진 분 금

中含鸞鳳音　그 속에 난새와 봉황의 소리 담겼지
중 함 난 봉 음

既令山月白　이미 산 달 밝게 하고
기 령 산 월 백

又使石灘深　또한 돌 여울 깊게 한다네
우 사 석 탄 심

右琴軒　금헌
우 금 헌

玉笈三山記　옥급삼산기　옥급이며 삼산의 기록과[3]

靑苔五岳篇　청태오악편　청태부[4]와 오악편도 있네

高聲讀月夕　고성독월석　달 밝은 밤 소리 높여 읽노라니

桂子落窓前　계자락창전　계수나무 열매가 창 앞에 떨어지네[5]

右書架　서가
우서가

瀟灑書窓畔　소쇄서창반　깨끗한 서창 가에

栽培細雨餘　재배세우여　가랑비 내리자 심었지

病身須藥物　병신수약물　병든 몸 약물이 필요해

閑坐閱方書　한좌열방서　한가로이 앉아 의서를 뒤적이네

右藥圃　약초밭
우약포

山雨無端打　산우무단타　산비 무단히 두드리니

空堂皆夜喧　공당개야훤　빈 집이 밤에도 소란스러워

猶嫌俗客到　유혐속객도　속객이 올까 싫어서

新葉漸遮門　신엽점차문　새잎이 차츰 문을 가리네

右蓮池　연지
우연지

方丈三韓外　방장삼한외　삼한 밖 방장산엔

奇峯千萬重　기봉천만중　기인한 봉우리 천만 겹이네

波衝餘瘦骨　파충여수골　물결은 앙상한 뼈를 뚫고

來對古仙翁　내대고선옹　옛 신선을 대하네

右假山　가산
우가산

甃石以爲池 추 석 이 위 지	벽돌로 연못 만들고는		半畝方塘水 반 묘 방 당 수	반 이랑 연못 물
強名之曰井 강 명 지 왈 정	억지로 우물이라 하네		連筒玉井分 연 통 옥 정 분	홈통 이어 옥정을 나눴네
山風乍起文 산 풍 사 기 문	산바람에 잠시 파문이 일고		猶嫌南澗遠 유 혐 남 간 원	남쪽 시내로 흘러갈까 걱정스러워
松月新磨鏡 송 월 신 마 경	솔 달에 새로 거울을 닦은 듯하네		別向枕邊聞 별 향 침 변 문	베개 맡에서 들어보네
右石井　돌 우물 우 석 정			右石井靈源　석정의 신령스런 샘물 우 석 정 영 원	

甃石以爲池 / 추 석 이 위 지 / 벽돌로 연못 만들고는

強名之曰井 / 강 명 지 왈 정 / 억지로 우물이라 하네

山風乍起文 / 산 풍 사 기 문 / 산바람에 잠시 파문이 일고

松月新磨鏡 / 송 월 신 마 경 / 솔 달에 새로 거울을 닦은 듯하네

右石井 / 우 석 정 / 돌 우물

岸上長長柳 / 안 상 장 장 류 / 언덕엔 버들가지 치렁치렁

嵒邊短短桃 / 암 변 단 단 도 / 바위 가엔 복숭아나무 짤막짤막

近來人不到 / 근 래 인 부 도 / 요사이 오는 사람 없으니

水沒武陵橋 / 수 몰 무 릉 교 / 무릉의 다리 물에 잠겨서지

右小蹊桃花 / 우 소 계 도 화 / 작은 시내의 복사꽃

半畝方塘水 / 반 묘 방 당 수 / 반 이랑 연못 물

連筒玉井分 / 연 통 옥 정 분 / 홈통 이어 옥정을 나눴네

猶嫌南澗遠 / 유 혐 남 간 원 / 남쪽 시내로 흘러갈까 걱정스러워

別向枕邊聞 / 별 향 침 변 문 / 베개 맡에서 들어보네

右石井靈源 / 우 석 정 영 원 / 석정의 신령스런 샘물

1) 그림자 마주하던 이 : 이백(李白)을 가리킴. 이백(李白)의 시에 "잔을 들어 밝은 달을 맞이하노니, 나와 달과 그림자가 세 사람을 이뤘도다.[擧杯邀明月 對影成三人]"라는 명구가 있다.《李太白集 卷22 月下獨酌》
2) 타다만 거문고 : 초미금(焦尾琴)을 이르는 듯함. 채옹(蔡邕)은 이웃 사람이 밥을 짓느라고 때는 오동나무가 타는 소리를 듣고 좋은 나무인 줄 알아, 그 타다 남은 오동나무를 얻어 거문고를 만들었더니, 과연 아름다운 소리가 났다고 하는 고사에서 유래한 말임.
3) 옥급이며 …… 기록과 : 옥급은 옥으로 장식한 책 상자로 도가의 비결을 뜻하며, 삼산은 동해바다에 신선이 사는 삼신산(三神山)으로 봉래산(蓬萊山)·방장산(方丈山)·영주산(瀛洲山)을 말한다.
4) 청태부(靑苔賦) : 양(梁) 나라 강엄(江淹)이 지은 글. 청태부에 "내가 산을 깎아 실(室) 하나를 만들었는데, 푸른 이끼가 끼었기에 내 뜻대로 이 부를 짓는다. 아, 푸른 이끼의 무성함이여, 그 무엇도 빛깔이 저와 같을 수 없으리.[嗟靑苔之依依兮 無色類而可方]"하였다.
5) 계수나무 …… 떨어지네 : 당 나라 송지문(宋之問)의 영은사시(靈隱寺詩)에, "계수가 달 가운데 떨어지니 하늘 향기가 구름 밖에 나부끼네."[桂子月中落 天香雲外飄]라는 글귀가 있음.

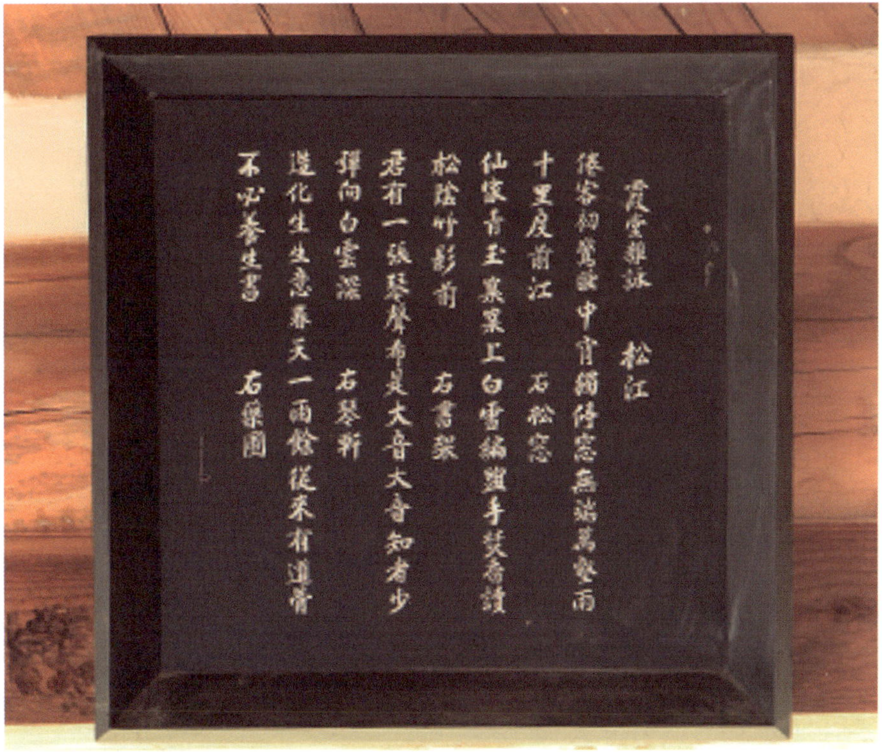

霞堂雜詠　松江
倦客初驚夏 中宵輒隱窓 無端萬壑雨
十里度前江　右松窓
仙蹤青玉案 案上白雪編 盥手焚香讀
松陰竹影前　右書架
君有一張琴 聲希是大音 大音知者少
彈向白雲深　右琴
進化生生意 暮天一雨儘 從來有道骨
不必養生書　右藥圃

霞堂雜詠 松江 하당잡영 송강[정철] 지음
하 당 잡 영 송 강

倦客初驚睡　게으른 나그네 잠 깨어
권 객 초 경 수

中宵獨倚窓　한밤중에 홀로 창에 기댔네
중 소 독 의 창

無端萬壑雨　무단히 온 골짜기의 비가
무 단 만 학 우

十里度前江　십리 앞 강을 건너오는 듯하네
십 리 도 전 강

右松窓　송창
우 송 창

仙家靑玉案　선가의 청옥안[1]인가
선 가 청 옥 안

案上白雲篇　책상에 백운편[2] 놓였네
안 상 백 운 편

盥手焚香讀　손 씻고 향 사르며 읽으니
관 수 분 향 독

松陰竹影前　솔 그늘 대 그림자 앞이네
송 음 죽 영 전

右書架　서가
우 서 가

君有一張琴　그대 거문고 한 벌 가졌는데
군 유 일 장 금

聲希是大音　소리 드무니 대음[3]이로다
성 희 시 대 음

大音知者少　대음은 알아주는 이 적어
대 음 지 자 소

彈向白雲深　흰 구름 깊은 곳에서 연주하네
탄 향 백 운 심

右琴軒　금헌
우 금 헌

造化生生意　조물주의 낳고 낳는 뜻
조 화 생 생 의

春天一雨餘　봄날 비 내리는 뒤라네
춘 천 일 우 여

從來有道骨　예전부터 도인 골격 있으니
종 래 유 도 골

不必養生書　양생서는 필요 없다네
불 필 양 생 서

右藥圃　약초밭
우 약 포

1) 청옥안(靑玉案) : 고시(古詩)를 말한다. 한나라 장형(張衡)의 사수시(四愁詩)에 이르기를, "미인께서 내게 금수단을 주었으니, 어떻게 하면 청옥안으로 보답할까.〔美人贈我 錦繡段 何以報之靑玉案〕" 하였으며, 두보(杜甫)의 우시종무(又示宗武) 시에도 이르기를, "시험 삼아 청옥안을 읊조려 보니, 자라낭이 부럽지 아니하구나.〔試吟靑玉案 莫羨 紫羅囊〕" 하였다.

2) 백운편(白雲篇) : 도잠(陶潛)의 〈화곽주부(和郭主簿)〉 시 가운데 "아득히 흰 구름을 바라본다.〔遙遙望白雲〕"는 구절이 있는데, 이것을 인하여 후세에 '백운편'을 은사(隱士)의 시(詩)로 일컫는다.

3) 대음(大音) : 큰 음악으로, 아름답고 묘한 음악을 말한다. 《노자(老子)》에, "큰 사각형은 모서리가 없고, 큰 그릇은 늦게 만들어지며, 큰 음악은 소리가 없다.〔大方無隅 大器晚成 大音無聲〕" 하였다. 또한 소옹(邵雍)의 동지시(冬至詩)에 "…… 현주는 맛이 바야흐로 담담하고 대음은 소리가 정히 드물어라 ……〔玄酒味方淡 大音聲正希〕" 라고 하였다.

星山別曲

松江

엇던 지날 손이 星山의 머무며셔
棲霞堂 息影亭 主人아 내 말 듯소
人生 世間의 죠흔 일 하건마는
엇디 혼 江山을 가지록 나이 녀겨
寂莫 黃山中의 둘고 아니 나시난고
松根을 다시 쓸고 竹床의 자리 보아
져근닷 올나 안자 엇덧고 天邊의
썻난 구름 瑞石을 집을 삼아 나
노닷 드난 양이 主人과 엇더한고
蒼溪 흰 물결이 亭子 알픠 둘너시니
天孫 雲錦을 뉘라셔 버혀 내여
잇난닷 펴치난닷 헌수토 헌수할샤
山中의 冊曆 업서 四時를 모라더니
눈 아래 헤틴 景이 철철이 절노 나니
듯거니 보거니 일마다 仙間이라
梅窓 아젹 볕의 香氣예 잠을 쌔니
山翁의 히욜 일이 곳 업도 아니하다
울 밑 陽地 편의 외씨를 삐허 두고
미거니 도도거니 빗김에 달화 내니
靑門故事를 이제도 잇다 할다
望斗峯 올나 안자 옛 城을 바라보니
구름 쇽의 나온 城이 저런가 아니런가
잡거니 밀거니 슬카장 거후로니
마암의 맷친 시람 져그나 하리나다
거믄고 시울 언져 風入松 이야고야
손인동 主人인동 다 니저 바려셰라
長空의 떳난 鶴이 이 골의 眞仙이라
瑤臺 月下의 행혀 아니 만나신가
손이셔 主人다려 닐오대 그대 긘가 하노라

骨肉爲行題文情保白首
親[印]或趀秦海內欄斯人
歲在丁丑仲夏後傳朴東主謹書

부용당芙蓉塘의 부용당芙蓉堂은 과히 식영정과 서하당과 함께하면서 성산星山의 삼당三堂으로 일컬어진다. 부용당芙蓉堂 앞뜰에 조그맣게 부용당芙蓉塘을 만들어 놓고 산에서 내려오는 물을 받아 연꽃이 자라게 하고 그 꽃을 바라보면서 호남 선비의 멋을 즐겼을 것이니 얼마나 멋진 일인가. 물론 연못에 연꽃이 가득할 때 시인 묵객들이 모이고 가야금 한 곡이 울려 퍼진다고 하면 그게 성산의 한 풍경이 아니겠는가. 늦가을의 부용당 풍경은 형형색색의 단풍으로 물들고 옛 선비들의 발자취는 찾아 볼 수 없으니 뒤에 따라가는 우리의 그림자는 쓸쓸하기만 하구나.

부용당의 가을 풍경

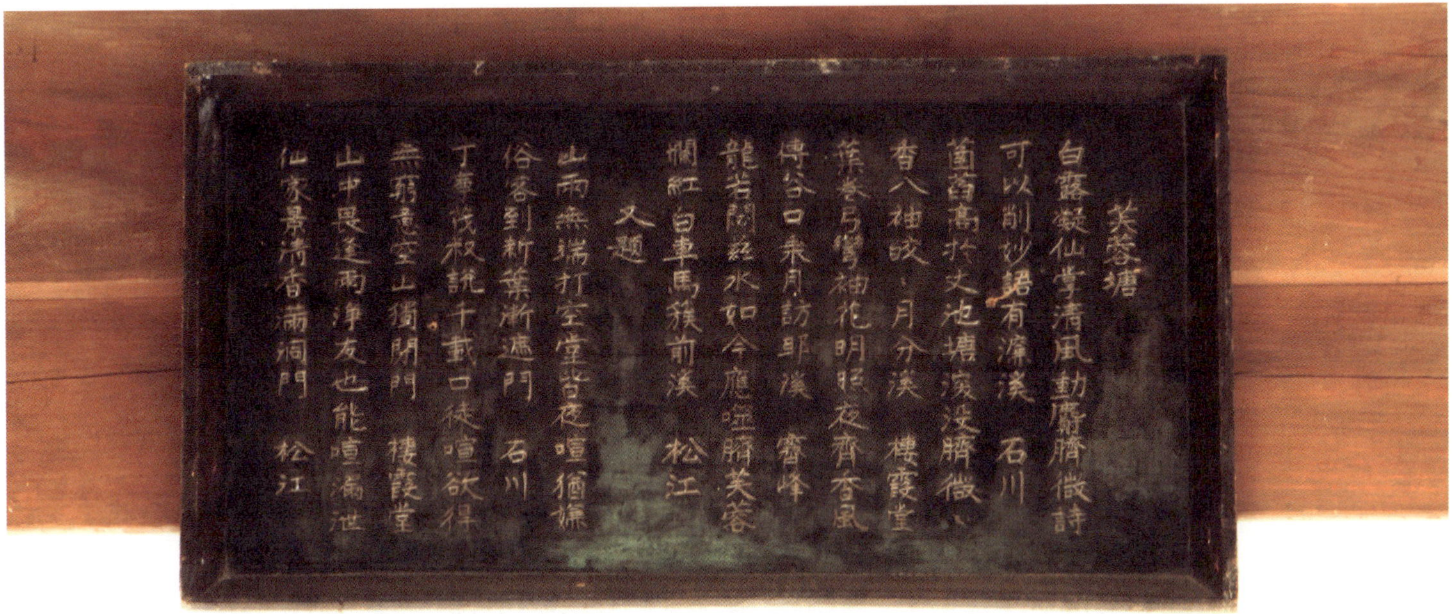

芙蓉塘
白露凝仙掌淸風動廚膚臍微詩
可以削妙辭有潚溪　石川
菌畜高於文池塘澱沒臍微、
杳八袖皎、月分溪　樓霞堂
蕉卷弓彎袖花明照夜齊香風
傅谷口來月訪郭溪　賓峰
龍若闢紅水如今應嘘聵笑蓉
爛紅白車馬猴前溪　松江
入題
山雨無端打空堂岱夜喧猶嫌
俗客到新葉浙遮門　石川
丁華戊叔說千載口徒喧欲得
無弱意空山獨閉門　樓霞堂
山中是逢兩淨友也能喧漏泄
仙家景淸香滿洞門　松江

芙蓉塘　부용당
부 용 당

白露凝仙掌　흰 이슬 선장[1]에 어리고
백 로 응 선 장

淸風動麝臍　맑은 바람 사향노루 배꼽에 진동하네
청 풍 동 사 제

微詩可以削　못난 시 없애버릴 것이니
미 시 가 이 삭

妙語有濂溪　묘한 말씀 염계[주돈이]에 있네
묘 어 유 염 계

石川　석천[임억령]
석 천

菡萏高於丈　함담[2]은 한 길이 넘고
함 담 고 어 장

池塘深沒臍　연못은 배꼽 정도나 깊네
지 당 심 몰 제

微微香入袖　은은한 향기 소매에 스미고
미 미 향 입 수

皎皎月分溪　교교한 달빛 시내를 나누네
교 교 월 분 계

棲霞堂　서하당[김성원]
서 하 당

葉卷弓彎袖　말린 잎 활 당기는 소매 같은데
엽 권 궁 만 수

花明照夜齊　활짝 핀 꽃 밤을 밝히네
화 명 조 야 제

香風傳谷口　향기론 바람 곡구[3]에 전하니
향 풍 전 곡 구

乘月訪耶溪　달빛 타고 야계[4]를 찾으리
승 월 방 야 계

霽峰　제봉[고경명]
제 봉

龍若閟玆水　만일 이 물속에 용이 숨었다면
용 약 비 자 수

如今應噬臍　지금까지도 배꼽 물어뜯겠지[5]
여 금 응 서 제

芙蓉爛紅白　붉고 흰 연꽃 흐드러져
부 용 란 홍 백

車馬簇前溪　거마가 앞 시내에 즐비하네
거 마 족 전 계

松江 송강[정철]
송 강

又題 또 지음
우 제

山雨無端打　산비 무단히 두드리니
산 우 무 단 타

空堂皆夜喧　빈 집이 밤에도 소란스러워
공 당 개 야 훤

猶嫌俗客到　속객이 올까 싫어서
유 혐 속 객 도

新葉漸遮門　새잎이 차츰 문을 가리네
신 엽 점 차 문

石川 석천[임억령]
석 천

丁寧茂叔說	간곡한 무숙[주돈이]의 말씀
정녕무숙설	
千載口徒喧	천년을 입으로만 지껄였네
천재구도훤	
欲得無窮意	무궁한 의미 알려고
욕득무궁의	
空山獨閉門	빈 산에서 홀로 문을 닫았네
공산독폐문	

棲霞堂 서하당[김성원]
서 하 당

山中畏逢雨	산중에 비 내릴까 두려우니
산중외봉우	
淨友也能喧	정우[6]도 시끄러워지네
정우야능훤	
漏泄仙家景	선가의 경치 새어나가
누설선가경	
淸香滿洞門	맑은 향기 마을문에 가득하네
청향만동문	

松江 송강[정철]
송 강

1) 선장(仙掌) : 신선이 손바닥으로 구리 소반에 옥배(玉杯)를 받들고 감로(甘露)를 받는 형상을 구리로 만든 그릇, 즉 승로반(承露盤)을 말한다. 한 무제(漢武帝)가 신선술(神仙術)에 미혹되어 감로를 받아 마시고 수명을 연장시키고자 하여 건장궁(建章宮)에다 신명대(神明臺)를 세우고 선장을 만들어 감로를 받게 하였다. 《漢書 卷25 郊祀志上》
2) 함담(菡萏) : 연꽃을 이름. 《간이집》 제2권, 〈영허당기(盈虛堂記)〉에 "그 뿌리는 우(藕)라 하는데 그 뿌리에서 줄기가 나오면 그 줄기를 가(茄)라 하며, 그 줄기에서 잎이 돋아나면 그것을 가(葭)라 하고, 꽃이 피면 그 이름을 함담(菡萏)이라고 한다.[其根曰藕, 藕而莖, 莖曰茄, 茄而葉者曰葭, 華者曰菡萏.]"라고 하였음.
3) 곡구(谷口) : p35. 〈식영정이십영〉 주5) 참조.
4) 야계(耶溪) : 약야계(若耶溪)를 이름. 소흥(紹興)의 약야산(若耶山)에서 나온 시내의 이름으로, 미인 서시(西施)가 일찍이 여기에서 깁을 빨았다 하여 일명 완사계(浣紗溪)라고도 하는데, 예로부터 연(蓮)의 명소이기도 하였다. 이백(李白)의 〈채련곡(採蓮曲)〉에 "약야계 가에 모여 연꽃 따는 아가씨들이, 연꽃을 사이에 두고 서로 웃고 얘기 나누니, 해는 화장한 얼굴을 비춰 물속에 환히 비치고, 바람은 향기론 소매에 불어 공중에 펄럭이네.[若耶溪傍採蓮女 笑隔荷花共人語 日照新粧水底明 風飄香袖空中擧]"라고 하였다. 《李太白集 卷3》
5) 배꼽 물어뜯겠지 : 일이 잘못된 다음에는 후회해도 소용없음을 가리킨다. 사향노루는 사람에게 잡히게 되면 배꼽에 사향(麝香)이 들어 있기 때문에 잡히는 것이라고 후회하면서 자신의 배꼽을 물어뜯는다고 한다. 《春秋左氏傳 莊公6年》
6) 정우(淨友) : 연(蓮)의 별칭이다. 송(宋) 나라의 문인(文人) 증조(曾慥)가 일찍이 연을 정우라고 했다고 한다.

장서각(藏書閣)

    장서각^{藏書閣}은 식영정 동쪽에 위치한 건물로 송강집^{松江集}의 목판본을 조본하기 위해서 건립된 건물이다.

성산사(星山祠)

　　성산사星山祠는 소은鄭敏河과 계당鄭根 등 일곱분의 제향을 모시던 곳으로 식영정 뒤에 최근에 다시 복원한 성산사星山祠. 수재로 훼손된 것을 송강의 11대손이며 계당의 주인이던 정조원鄭祚源이 1861년 송씨에게서 환벽당을 인수하면서 그곳에 복원하였으나 1851년 대원군의 서원철폐령으로 훼철되었다. 그런데 2005년에 담양군에서 식영정 뒤 옛 자리에 다시 복원하였다. 성산사는 석천石川 임억령林億齡, 1496~1568과 서창 조흡1591~1661, 송강의 5대손이며 1721년부터 식영정을 지켜온 계당의 주인 소은簫隱 정민하鄭敏河, 그의 장남 계당溪堂 정근鄭根 등 일곱 분의 제향을 모시던 곳이다. 서창 조흡은 문과에 급제하여 교리를 지낸 조수익의 아들이며 파조 조정기의 손자다. 자는 흡여, 호는 서창이다. 광해군 말에 등용되어 승문원 정자가 되고 1623년 이천에서 군병을 모아 인조반정에 공을 세웠다. 정사공신 3등이 되고 6품직을 거쳐 양구현감에 이르렀다. 1627년 정묘호란 때 강화도에서 인조를 호종하였다. 그뒤 청안현감, 창평현령, 부평도호부사를 거쳐 1644년에 공조참의에 올랐다. 1646년 훈맹에 참여한 공으로 가선대부 풍안군에 봉해졌으며 광주부윤이 되었다. 그뒤 부총관, 한성부 좌윤을 지내고 공조참판에 이르렀다. 창평 성산사에 제향되고 좌참찬에 추증되었으며 경헌이라는 시호가 내렸다.

"

瀟洒處士梁公之廬

소쇄원

瀟灑園

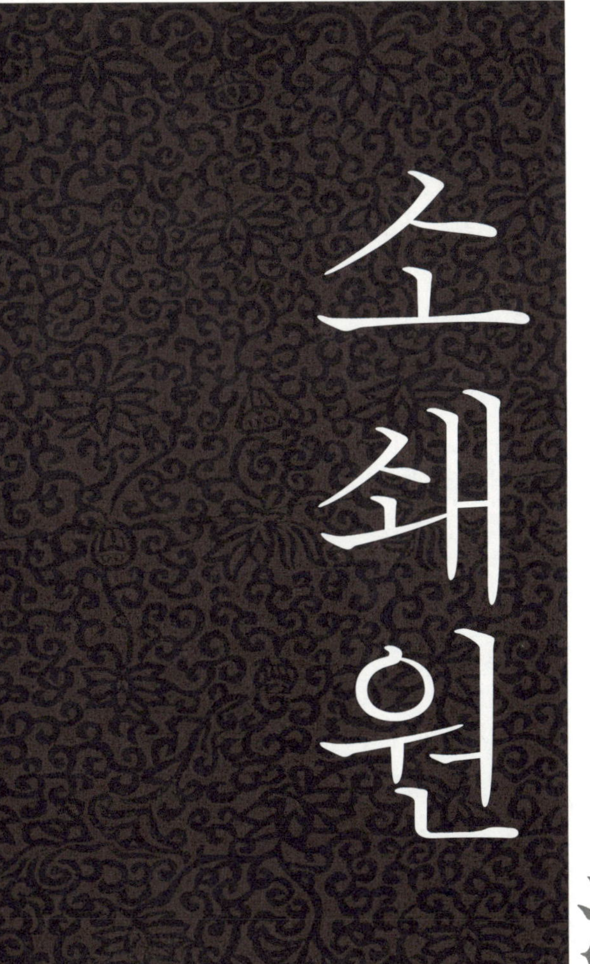

광풍각과 제월당이 한눈에 들어오는 가을 풍경

소쇄원의 역사적 기록

소쇄원은 현재 전라남도 담양군 남면 지곡리 지석 123번지에 있다. 당시의 주소는 전라도 창평현 내남면 지석리다.

소쇄원은 16세기 전반에 전라도 창평 출신의 양산보$^{1503\sim1557}$와 둘째 아들 자징이 지역 엘리트들의 소통의 공간으로 활용하기 위하여 이 별서를 세웠다. 양산보가 20세를 전후해서 별서의 부속건물로 소쇄정을 지어 풀로 지붕을 덮고 초정^{草亭}이라 했다.

별서의 소쇄원은 제월당과 광풍각, 그리고 초정을 갖추었다. 최상급 별서는 안채와 사랑채를 지니어 그것이 하나의 세트를 이루고 있는데, 소쇄원은 전형적인 형태를 띠었던 것이다. 소쇄원이 유명한 이유는 당시 유명 인사들이 대거 출입하였던 사실만으로도 쉽게 추측할 수 있다. 여기에 출입했던 선비들을 보면 전국적 명성을 날린 송순, 김인후, 임억령, 정철, 고경명 등 호남 출신 명사들이 적지 않다.

　　담양은 기름진 평야와 아름다운 자연, 그리고 수많은 문화 유산을 보존 · 전승해 온 유서 깊은 고장이다. 오랜 동안 이 지역에는 대쪽같이 올곧은 선비정신을 이어 받은 사림士林들이 불합리하고 모순된 현실 정치를 참지 못하고 자신들의 큰 뜻이 이루어지지 않자 낙남落南하여 무등산 정기 어린 담양 일원에 누樓와 정자亭子를 짓고 빼어난 자연 경관을 벗삼아 시문을 지어 노래하였다. 이들은 수신과 후진 양성에 힘쓰다가 나라의 부름을 받아서는 충성하고, 국난이 있을 때에는 분연히 일어나 구국에 앞장섰다.

　　조선 중기 한문이 주류를 이루던 시대에 국문으로 시詩를 제작하였는데, 그중에서도 가사歌辭

문학이 크게 발전하여 꽃을 피웠다. 이서의 〈낙지가〉, 송순의 〈면앙정가〉, 정철의 〈성산별곡〉 · 〈관동별곡〉 · 〈사미인곡〉 · 〈속미인곡〉, 정식의 〈축산벽곡〉, 남극엽의 〈향음주례가〉 · 〈충효가〉, 유도관의 〈경술가〉 · 〈사미인곡〉, 남석하의 〈백발가〉 · 〈초당춘수곡〉 · 〈사친곡〉 · 〈원유가〉, 정해정의 〈석촌별곡〉 · 〈민농가〉 및 작자 미상의 〈효자가〉 등 18편의 가사가 전승되고 있어 담양을 가사문학의 산실이라고 부른다. 담양군에서는 가사문학 관련 문화 유산의 전승 · 보전과 현대적 계승 · 발전을 위해 1995년부터 가사문학관 건립을 추진 2000년 10월에 완공하였다. 본관과 부속건물인 자미정과 세심정 · 산방 · 토산품점 · 전통찻집 등이 있다.

　　전시품으로는 가사문학 자료를 비롯하여 송순의 《면앙집免仰集》과 정철의 《송강집松江集》 및 친필 유묵 등 귀중한 유물이 있다.

　　가사문학관 가까이에 있는 식영정 · 환벽당 · 소쇄원 · 송강정 · 면앙정 등은 호남시단의 중요한 무대가 되었으며, 이는 한국 가사문학 창작의 밑바탕이 되어 면면히 그 전통을 오늘에 잇게 하고 있다.

瀟灑園 全景(소쇄원 전경)

　소쇄원瀟灑園은 자연과 인공을 조화시킨 조선 중기의 대표적인 원림園林으로 우리나라 선비의 고고한 품성과 절의가 풍기는 아름다움이 있다. 양산보梁山甫, 1503~1557가 조성한 것으로 스승인 조광조趙光祖가 유배를 당하여 죽게 되자 출세에 뜻을 버리고 이곳에서 자연과 더불어 살았다. 소쇄원이라 한 것은 양산보의 호號인 소쇄옹瀟灑翁에서 비롯되었으며, 깨끗하다는 뜻이 담겨 있다.

　오곡문五曲門 담장 밑으로 흐르는 맑은 계곡물은 폭포가 되어 연못에 떨어지고, 계곡 가까이에는 제월당霽月堂, 비 개인 하늘의 상쾌한 달이라는 뜻의 주인집과 광풍각光風閣, 비온 뒤에 해가 뜨며 부는 청량한 바람이란 뜻의 사랑방이 들어서 있다.

　소쇄원에는 영조 31년1755 당시 모습을 목판에 새긴 〈소쇄원도瀟灑園圖〉가 남아 있어 원형을 추정할 수 있다. 이곳은 많은 학자들이 모여들어 학문을 토론하고, 창작 활동을 벌인 선비 정신의 산실이기도 했다. 지금의 소쇄원은 양산보의 5대손 양택지에 의해 보수되었다.

옛 소쇄원 전경

요사이는 소쇄원을 구경하려면 소쇄원 주차장에 주차를 하고 창계천을 따라서 소쇄원으로 들어가야 한다. 그런데 모퉁이에 '제주 양씨 소쇄원'이라는 작은 비석이 세워져 있고 옛날의 긴 세월 풍상을 떠오르게 해주는 대밭이 오솔길을 호위하고 있다. 옛날에는 이 입구에 사립문이 있었다 한다.

대나무 밭을 양쪽에 두고 소쇄원에 이르러 담장을 따라 걷노라면 고경명이 일산日傘을 펴놓은 것 같다는 초정草亭이 보인다. 풀로 지붕을 올린 초정은 작은 정자라는 소정小亭이라고도 하는데, 중간에 없어지고 현재의 것은 1985년경에 재건된 것이다. 소쇄원 입구에서 가장 먼저 눈에 뜨이는 것이 바로 이 초정이고, 여기에 서면 소쇄원의 모든 정경이 한눈에 들어온다.

초정은 대봉대待鳳臺 위에 세워져 있다. 대봉대란 봉(귀한손님)을 맞이하기 위해 양산보가 직접 쌓은 축대이다. 귀한 손님을 맞기 위한 공간으로 대봉대 위에 초정을 지었던 것이다. 대봉대 옆에는 봉황이 둥지를 틀고 산다는 오동나무를 심었다, 자연 오동나무도 손님을 상징한다.

그래서 대봉대를 동대桐臺라고도 불렀다. 현재 초정 옆에 심어진 오동나무는 태풍으로 중간에 없어졌고, 근래에 다시 심어 놓은 것이라 한다. 소쇄원을 방문하는 손님을 원주圓主가 바로 여기에서 맞이할 것이다.

　초정 동쪽의 담장을 바라보면 '애양단愛陽壇'과 '오곡문五曲門'이라는 글씨가 담벽에 새겨져 있다. 담벽에 새긴 것이 특이하지만, 선비들의 우아한 면을 보여 준다. 그리고 담장에는 양산보의 사돈(아들 자징의 장인)인 하서 김인후의 〈소쇄원 48영〉시가 걸려 있었는데, 담장이 홍수로 유실되면서 이 또한 없어졌다고 한다.

애양단이 있는 곳은 단 앞의 계곡물은 얼어 있어도, 단 위의 눈은 모두 녹아 있을 정도로 햇볕이 잘 드는 곳이다. '애양'이라는 말은 부모에게 효도한다는 뜻이다. 소쇄원의 건립자인 양산보는 효행심이 매우 뛰어난 것으로도 유명하다. 그런 효행심을 발휘하기 위해 소쇄원 안에 이러한 시설물을 구축하였을 것이다. 그는 〈효부 孝賦〉라는 글에서도 효는 덕과 도의 핵심이고, 교화는 모두 효에서 시작된다고 하였다. 송순이 이 글을 보고, "효하는 도리를 깊이 알고서, 몸소 행하여 독실히 좋아하는 자가 아니면 어찌 이에 미치랴. 읽어 보니 문득 사람으로 하여금 경각심을 갖게 한다. 자식된 자의 집에는 이 부가 없을 수 없다."고 평하였다. 김인후도 사위 양자징(양산보의 아들)이 이를 가지고 와 보여 주자 시로 화답하였다.

소쇄원 입구에서 바라본 광풍각 추경(秋景)

애양단을 지나 돌면 물이 흐르는 계곡 위에 외나무다리가 연결되어있다. 위태로워 보이지만 간결하면서도 자연스럽게 느껴진다. 이 다리를 건너면 흙돌담과 연결된 오곡문이 나온다. 오곡문은 무이구곡武夷九曲에 빗댄 소쇄구곡에서 제5곡에 해당하는 것으로 보인다. 무이구곡에서 제5곡은 주자가 공부했던 무이정사가 있던 곳으로 9곡 가운데 가장 중심지였다. 따라서 오곡문은 소쇄구곡의 중심지인 셈이다. 이러한 오곡문은 담 밖의 영역인 외원外園과 담 안의 영역인 내원內園을 이어주는 통로 역할을 한다. 원래는 오곡문을 통하여 원림의 안과 밖을 통행하였으나, 현재는 문이 없어지고 트여 있다.

소쇄원 입구에서 바라본 광풍각 추경(秋景)

함박눈이 내리고 보름달이 제월당을 찾아오는 어느 겨울밤
삭풍의 삭막함이 옛 정情을 더듬지만
장작불로 지펴놓은 광풍각의 구들방에는 인정보다
더욱 훈훈한데 문풍지로 흘러든 바람 때문인지
촛불의 심지가 흔들리구려

지금은 잘 모르지만 얼마 전까지만 해도 광풍각 장작계가 있어서 매월 일정 금액을 납부
하고 본인이 원하는 날 하루를 택하여 광풍각에서 1박을 할 수 있는 자격을 얻을 수 있었다.

오곡문 밖에서 바라본 소쇄원 밖의 풍경

　소쇄원은 외원과 내원으로 구분되어 있는데 오곡문을 통하여 밖으로 나가면 옛날의 우물이 있고 외벽을 둘러싸고 있는 담장을 볼 수 있다.

　오곡문 옆에는 담장을 떠받치고 있는 괸돌支石이 있고, 그 괸돌을 통하여 북동쪽 옹정봉에서 흘러내리는 계곡물이 암반을 타고 흘러 들어온다. 괸돌을 통하여 계곡물이 통과하도록 한 구조는 자연에 최소한의 인위를 가한 결과라고 한다. 이 계곡물이 흐르는 골짜기를 중심으로 양쪽 언덕 동산에 소쇄원이 자리잡고 있다. 큰 장마가 와서 물이 오곡문을 넘치고 담장이 무너져도 괸돌은 무너지지 않았다고 전한다.

　계곡물은 굽이 돌며 흘러 내려가 십장폭포十丈瀑布라고 하는 폭포로 떨어진다. 폭포수가 떨어지는 곳에는 푹 패인 웅덩이가 있는데, 그것을 조담槽潭이라 한다. 조담에서 하는 여름철 목욕은 계절의 쾌감이다. 폭포가 내려오는 바위를, 하서 김인후는 비단으로 수놓은 금수와 같다고 하였다. 이 계곡물을 지석천支石川이라 하는데, 증암천으로 흘러 들어간다.

십장폭포

호남 사림의 요람. 소쇄원이란?

소쇄원은 성리학을 연구한 사림파 출신 주인공이 살림집에서 그리 멀지 않으며 산수가 빼어난 곳에 지은 일종의 별장으로, 그곳에는 주거 공간과 조경 공간이 함께 조성되었다. 따라서 소쇄원은 자연 속에 기거하며 본인의 사상관과 정치관을 실현하기 위해 지인들과 학문을 연구하고 문학을 창작하고 시대를 고민하는 공간이었을 것이다. 소쇄원瀟灑園은 자연과 인공을 조화시킨 조선 중기의 대표적인 원림園林으로 우리나라 선비의 고고한 품성과 절의가 풍기는 아름다움이 있다. 양산보梁山甫, 1503~1557가 조성한 것으로 스승인 조광조趙光祖가 유배를 당하여 죽게 되자 출세에 뜻을 버리고 이곳에서 자연과 더불어 살았다. 소쇄원이라 한 것은 양산보의 호인 소쇄옹瀟灑翁에서 비롯되었으며 '깨끗하다'는 뜻이 담겨있다. 오곡문五曲門 담장 밑으로 흐르는 맑은 계곡물은 폭포가 되어 연못에 떨어지고, 계곡 가까이에는 제월당霽月堂과 광풍각光風閣이 들어서 있다. 소쇄원에는 영조 31년(1755) 당시 모습을 목판에 새긴 〈소쇄원도瀟灑園圖〉가 남아있어 원형을 추정할 수 있다. 이곳은 많은 학자들이 모여들어 학문을 토론하고, 창작 활동을 벌인 선비 정신의 산실이기도 했다. 지금의 소쇄원은 양산보의 5대손 양택지에 의해 보수되었다.

소쇄원
瀟灑園 Soswaewon
COFFEE & CAN
화장실
TOILET 化粧室
양산보의 종가댁

양산보의 가계도를 살펴보면

    양산보의 본관은 제주다. 제주 양씨의 시조는 양을나의 후손 가운데 양순이 삼국 통일 이후인 682년 신문왕 2년에 제주에서 신라로 들어갔다.

    탐라국 양을나 – 신라 신문왕 2년(682) 양순이 신라에 들어가 국학에 입학 – 한림학사 한라군에 봉함 – 양을나 – 양순 – 유격장군파(보숭) 또는 한림공파 보숭을 양산보의 11대조에 해당한다.

제주 양씨 유격장군파의 계보

保崇(11대조)-峻(10대조)-淳(9대조)-遵(8대조)-鳳(7대조)-漢賢(6대조)-悌(5대조)

  -思渭((사위)고조, 사연)-潑(증조)-允信(조)-泗源(부)-山甫

    제주 양씨 족보가 언제 처음 발간되었는지에 대해서는 현재 확인할 길이 없다. 그런데 양산보의 고손자 양진태[1649~1714]가 족보가 전하지 않는 것을 심히 애통히 여겨, 1686년(숙종 12)에 능주의 여러 친족들과 함께 각 파보를 모아 족보를 편찬하여 간행했다. 《제주양씨 족보》 양진태 편에 수록된 이 기록으로 볼 때 각 파보는 오래 전부터 있어 왔지만, 대동보는 이때에 처음 편찬되었음을 추측할 수 있다.

–《소쇄원 사람들에서》 중에서

소쇄원은 어떻게 활용되었는가?

　성산이라는 산 이름을 따서 '성산권'이라고도 한다. 소쇄원 앞에 흐르는 냇가를 창계천이라 하는데 증암천은 무등산 원효사 계곡에서 나와 흐르다가 소쇄원 아래 삼사계라는 곳에서, 서봉사 계곡에서 내려오는 반석천 물줄기, 그리고 장원봉·소쇄원에서 내려오는 지석천 물줄기와 만나 북쪽으로 흘러 용담대를 지나 읍내를 안고 고산천과 합류하여 동강을 이뤄 영산강으로 들어간다. 산림과 맑은 물이 있어 고찰과 누정이 많이 들어섰는데, 16세기에 김인후, 임억령, 고경명, 정철 등의 명사들을 불러들였다. 증암천 상류에는 독수정, 서봉사, 원효사. 중류에는 소쇄원, 환벽당, 식영정 하류에는 학구당, 관수정, 죽림정사, 환학당, 명옥현, 용대 등이 있다. '증암천권'에 들어와 하나의 지연을 형성하며 생활했던 사람들은 이러한 명산과 사찰 및 정자를 바탕으로 상호 혈연, 학연을 맺어 전국적인 인물로 부상하였다. 이들은 이른바 '광창光昌' 사림의 핵심 인물로, 당시 호남 사림의 주요 축을 형성하고 있었다.

　따라서 광주, 창평 사림, 더 나아가 호남 사림의 대표적 배출지였던 이곳을 소쇄원과 환벽당, 식영정이 있는 '성산권'으로 한정할 것이 아니라 '증암천권'으로 확대해야 할 것이다.

　광풍각 아래 쪽 계곡으로는 대나무를 엮어 만든 죽교^{竹橋}가 놓여 있었다.

　죽교를 건너려면 마음과 몸이 흔들림이 없어야 한다. 균형을 이루어야 한다는 것이다. 죽교를 통하여 계곡을 건너 올라가면 연못이 보인다. 그러나 지금은 단단한 소나무를 엮어서 만든 다리가 놓여져 있다.

계곡의 좌우에는 바위들이 곳곳에 산재해 있다. 계곡 북쪽으로 밤에 누워 달구경하는 바위 '광석廣石', 바둑을 두던 평상바위 '상암床巖'이 있다.

남쪽으로 거문고를 타는 바위, 고요히 앉아 사색을 하거나 달구경을 하는 걸상바위 '탑암榻巖'이 있다. 실제 거문고를 연주한 적이 있었음을 시 속에서 확인된다. 윤운구가 양천운과 소쇄원에서 함께 거닐며 거문고를 퉁기었는데, 그 소리가 깊은 못에 반사되어 새소리와 같다고 하였다. 전라감사 윤인서가 방문했을 때에도 거문고를 연주한 것으로 보인다. 또한 걸상바위에 둘러앉아 사람들이 모이곤 했다. 고경명이 남긴 시 가운데, 이 바위 위에 양자징을 비롯한 여러 인사들이 마주 앉아 흉금을 털어놓고 이야기꽃을 피운 적이 있었다.

평상바위 아래에는 가산假山이 있다. 가산이란 계곡에서 내려온 흙과 돌을 옮겨 쌓아 인위적으로 만든 산으로, 여기에 화초와 나무를 심어 인공 자연을 감상하였던 것이다. 김인후와 정철의 시제詩題에 오를 정도로 소쇄원의 가산은 아름다웠다. 가산이란 하늘이 내려준 자연이 부족하면, 인공의 산을 만들어 산속에 사는 듯한 느낌이 들도록 하기 위해 만든 것이다. 이러한 가산은 당시 별서에 흔히 있었던 것으로, 소쇄원 아래에 김성원金成遠, 1525~1597이 지은 서하당棲霞堂에도 있었다.

또한 개울가에는 철 따라 시샘하며 꽃피거나 색깔을 달리하였던 복숭아, 백일홍, 단풍나무, 소나무, 오동나무, 은행나무, 대나무, 버드나무, 매화, 파초, 국화, 창포, 치자 등의 각종 나무와 화초가 에워싸고 있었다. 〈소쇄원도〉와 〈소쇄원 48영〉에 의하면, 조경 식물이 나무 14종에 화초 15종이나 되었다. 지금은 말라 죽고 일부만 있어 아쉬울 따름이다. 이들 초수草樹에는 새가 날아들고, 그들이 내는 바람소리와 새소리와 향기는 눈과 귀와 코를 즐겁게 한다.

이 가운데 대나무 사이로 부는 바람은 더 없이 시원하고, 대나무가 내는 바람소리는 찾는 이의 심금을 자극하여 시에 무수히 등장하였다. 소쇄원에는 왕대와 산죽이 있었는데, 산죽으로 지팡이를 만들어 선물로 증정하기도 하였다. 송강 정철이 우계 성혼成渾, 1535~1598에게 자죽장을 만들어 보냈는데, 자죽을 양원梁園에서 얻었다고 하였다. 양원은 양산보의 소쇄원을 뜻한다. 또한 복숭아나무에 열린 복숭아는 술안주로도 종종 등장한다. 양천운은 할아버지 양산보와 하서 김인후가 오랜 만에 만나면 뜰에서 딴 복숭아를 안주삼아 쟁반에 놓인 술잔을 기울였다고 하였다.

기을 광풍각 전경

　광풍각은 '흉회쇄락여광풍제월胸懷灑落如光風霽月'에서 따온 이름이라고 한다.

　가슴에 품은 뜻의 맑고 맑음이 마치 비 갠 뒤 해가 뜨며 부는 청량한 바람과 같고 비개인 하늘의 상쾌한 달빛과도 같다는 뜻이다. 광풍각, 제월당, 소쇄처사 양공지려 등의 글씨는 양산보의 5대손 양택지가 송시열에게서 받은 것이라고 한다. 한때 우암 송시열도 소쇄원에서 약 3개월 정도 머문 적이 있다고 한다.

조선시대 사대부의 문화공간 별서^{別墅} 또는 초서^{草墅}, 농서^{農墅}

우리가 여기에서 살펴보고 있는 소쇄원도 조선시대 사대부의 별서의 특징을 갖고 있는 한 누정이다. 별서는 주거용 일반 주택과는 다르다.

별서는 성리학이 보급되기 시작한 고려 말부터 선비들 사이에서 널리 이용하고 있는 새로운 문학 별장이라고 해도 과언이 아니다.

별서는 실제에 있어서 누^樓, 정^亭, 원^園, 당^堂, 헌^軒, 대^臺, 장^莊, 정사^{精舍}등 여러 명칭으로 사용되었다. 별서 이름은 별서 내의 대표적 부속 건물 명칭을 따서 ○○정 혹은 △△당 등으로 붙여졌다. 그렇다고 누·정들이 모두 별서인 것은 아니다. 누·정의 명칭을 지닌 것 가운데 주거 공간과 조경 시설 및 산책 공간 등 복합적 공간을 갖춘 것이 별서이다.

현재는 누정이라는 개념 속에서 별서를 취급하고 있으며 조선 선조 때 강희맹^{姜希孟, 1424~1483}이 만송강^{萬松岡}이라는 별서를 두었고, 세조 때 고위직을 역임한 이찬^{李讚}이 세심정^{洗心亭}을 세우고 서거정^{徐居正, 1420~1488}의 촌서^{村墅}, 최수경이 전라도 전주에 독수당^{獨秀堂}, 김인후^{金麟厚}가 서울근교에 세웠던 평천장^{平泉莊}, 오이정이 세웠던 전라도 창평의 명옥헌^{鳴玉軒}, 오언석^{吳言錫}의 동강정^{桐江亭}도 별서이다.

光風閣重修記

嘗冨易歡名德未沫吾於瀟灑園梁先生別業見之
葢先生以豪傑之姿師靜巷而友湛齋師友之盛
淵源之正非後世之所能企及卽其園中光風閣審
目堂先生之愍賓逝世藏修焉逝息焉之所也聲者
湛老遺臺檟揚尤翁真筆茅覭商留分外清奇其幽
遠爽朗直與邪冨之清閟水竹瀟溪之瀾落膏譜延
祖上下此後生小子之想像景仰歷三百年而不衰
也不妖湖以南依山停水好孝謝好禮臺何恨而必
吾颿忽盡歸焉有其興存者盍無幾焉嘗非遺澤易
新子孫不勒保守而駸然又為之嘅然一唏也雖以
先生之所業藏久傾圮先俊孫仁懇慨然興感韵
議于門視在盍頹家貲西修葺礎砌仍舊棟宇重對敍
是山藏滄秀洞溪騰頌先生之風興之俱長詞守之
美亦是多尚噫為非賢子孫之紹述誰肯先祖之名
園不可持為久焉矢如李舜皇之手泉非不壯麗而未
反三世平泉燕主業晉公之午橋何等爽壇而未闥
後孫保守午橋是足亭樹之延情者不在一時繁華
而己其先生之守道遺宴為何如哉向乎謂賓冨易
歡而名德未沫者此也組後而勿替引之守之固冨
不忍荒廢則將見貫滄桑而超起灰矢仁默之亂在
潤爲余能之於先生有暌世之感遂君若重修將
束以爲托名之學云甫

閼逢困敦仲春日後崖谢錫成吳顥谁譔書

光風閣重修記

貴富易歇名德未沫吾於瀟麗園梁先生別業見之矣盖先生以豪傑之姿師靜菴而友湛齋
師友之盛淵源之正非後世之所能企及卽其園中光風閣霽月堂先生之懷寶遁世藏修焉
遊息焉之所也壁有湛老遺墨楣揭尤翁眞筆芬馥尙留分外淸奇其幽邃爽朗直與邵窩之
淸閒水竹濂溪之灑落胸襟足相上下此後生小子之想像景仰歷三百年而不衰也不然湖
以南依山傍水好亭榭好樓臺何限而少焉飄忽盡歸烏有其與存者盖無幾焉豈非遺澤易
斬子孫不勤保守而然歟又爲之曠然一唏也雖以先生之所築歲久傾圮先生後孫仁默慨
然興感詢議于門親在益傾家貲而修葺礎砌仍舊棟宇重新於是山嶽增秀澗溪增頌先生
之風與之俱長嗣守之美亦足多尙噫苟非賢子孫之紹述雖有先祖之名園不可恃爲久長
矣如李贊皇之平泉非不壯麗而未及三世平泉無主裴晉公之午橋何等爽塏而未聞後孫
保守午橋是知亭榭之足恃者不在一時繁華而已其先生之守道遺安爲何如哉向所謂貴
富易歇而名德未沫者此也嗣後而勿替引之守之固而不忍荒廢則將見貫滄桑而超劫灰
矣仁默之胤在潤屬余記之余於先生有曠世之感遂畧書重修始末以爲托名之榮云爾
閼逢困敦仲春日後學錦城吳駿善謹書

광풍각 중수기문

거나 부는 쉽게 없어저도 이름과 덕망은 쉽게
사라지지 않는다하니 내가 소쇄원 양선생의
업을 보겠노라 선생은 호걸다운 인품으로써 그 훌
정암을 스승삼고 담재공을 벗삼았으니
능한 스승과·벗 연원이 뜻바름이
능히 못하리라 그 원종에
광풍각이나 제원당은
후세사람들은 세상을 피하여 조용히
이정자의 오교를
보수함이 한때
정자의 밀을만함이
재익과 의는하여
산을 덜어서 중축함을
아름답구나 기쁘도다
보수함이 없으니
욱하게 좋아도 후손이
천이 이찬황의 평천이셈 있다해도
주인이 없어졌고 배진공의
선생의 들을 지기고 앉아서 붓수를
라 그 말할수 있으리오
윤 다 팔한바 붓수를 못하리라 편안히
않는 다함이 발로 막힘이 없이
는 쉽게 없어젔도 이름과 덕망은 쉽게
이어 보수하여 황폐의 지경에 이르지
이 뒤에오는 모든 남로 뒤어 넘을수
나와 선생과는
일룩의 아들 재운이 나에게
한 껴력을 쓰오니 이름을 부탁한
다 하리라 영예로움이 되
갈을 십이월 소한전
後攀 금○○未浩 謹解

광풍각 중수기

　　부귀는 쉽게 없어져도 명덕은 사라지지 않는다고 하니 내가 소쇄원 양선생의 별업에서 그 말의 의미를 알겠다. 선생은 호걸다운 인품으로 조정암을 스승삼고 담재공^{김인후}을 벗 삼았으니, 사우^{師友}의 성대함과 연원의 똑바름은 후세 사람들이 바랄 수 있는 것이 아니다. 그 정원 중의 광풍각과 제월당은 선생이 보배를 품고 은둔하여^{懷寶遁世1)} 수양하고 노닐던 곳이다. 담벽에는 담재공의 글씨가 있고 인중방^楣에는 우암의 진필이 걸려 있어 아직도 향기가 남아 있으니 너무나도 맑고 기이하다. 그 호젓하고 상량^{爽朗}함은 바로 옛날 소와^{邵窩2)}의 청한한 물과 대나무며 염계^{濂溪}의 깨끗한 마음^{灑落胸襟3)}과 서로 비등하니, 이는 후생들이 상상하여 경모함이 삼백년이 지나도록 쇠약하지 아니함이다. 그렇지 않으면 호남에서 산수를 배경으로 한 좋은 정자 좋은 누각이 어찌 적고 갑자기 사라지며, 어째서 보존된 것이 얼마 되지 않을까. 아마도 남긴 윤택이 쉽게 끊어지고 자손이 부지런히 보수하지 아니하여 그랬을 것이다. 내가 그것 때문에 멍하니 슬퍼한다. 비록 선생이 건축한 지 해가 오래되어 퇴락하였으나, 선생의 후손 인묵이 개연히 흥감하여 문중의 친한 재익과 의논하여 자기집 재산을 덜어서 증축함에 옛날 집이 다시 새로워졌다. 이에 산악이 더욱 수려하고 계곡이 찬송하니, 선생의 기풍이 그것과 더불어 함께 영구할 것이며 이어서 보수하는 아름다움도 더욱 숭상하리라.

　　아아, 참으로 어진 자손들이 소술^{紹述, 선대의 일을 이어받아 밝힘}하지 않으면 비록 선조의 명원이 있더라도 믿음직하게 영구치 못하리라. 가령 이찬황의 평천장^{平泉莊4)}은 웅장하고 화려하였으나 삼대가 못 되어서 평천장에 주인이 없어졌고, 배진공의 오교^{午橋5)}는 시원스레 툭

1) 보배를 …… 은둔하여[懷寶遁世] : '보배'는 '훌륭한 재주[경륜]'을 의미하며 '회보(懷寶)'는 '훌륭한 재주를 품었으면서도 벼슬하지 않는다.'는 뜻이다. 이것은 양산보가 탁월한 재능을 간직한 채 벼슬하지 않고 자연에 묻혀 지냈다는 표현이다.

2) 소와(邵窩) : 송나라의 소강절이 거처한 안락와(安樂窩)를 말함. 안락와(安樂窩)는 소강절(邵康節)이 안빈낙도(安貧樂道)의 생활을 즐겼던 오두막집의 이름이다. 그가 처음 낙양(洛陽)에 왔을 적에 비바람도 제대로 막지 못하는 허름한 집 하나를 지어 놓고, 가끔 쌀독이 비어 굶는 생활을 하면서도 유유자적하며 스스로 안락 선생(安樂先生)이라고 일컬었다는 고사가 전한다. 《宋史 卷 427 邵雍列傳》

3) 염계(濂溪)의 깨끗한 마음[灑落胸襟] : 주염계의 씻은 듯이 깨끗한 인품을 묘사한 말로, 황정견(黃庭堅)이 염계시(濂溪詩) 서문에 "주무숙(周茂叔)은 가슴속이 쇄락(灑落)하여 마치 광풍제월(光風霽月)과 같다." 라고 하였다.

4) 평천장(平泉莊) : 별장(別莊). 당 나라 이덕유(李德裕)의 별장인 평천장이 하남성(河南省) 낙양현(洛陽縣)의 남쪽에 있었는데, 수석의 아름다움이 천하 제일이며 기화이초(奇花異草)와 진송 괴석(珍松怪石)이 그 사이에 늘어 있어 유명해졌다.

트였지만 후손이 오교를 보수했다는 말을 듣지 못했다. 그러니 이 정자의 믿을 만함이 한때의 훌륭함에 있는 것이 아니고 잘 보수하기에 있을 따름이니, 선생이 도를 지키며 편안함을 남겨준 것[遺安)6)이 어떠한가. 앞서 말한 '부귀는 쉽게 없어져도 명덕은 쉽게 사라지지 않는다.'는 말이 바로 이것이다. 대를 이어 변함없이 이끌고 보수하며 견고하게 하여 황폐하지 않게 한다면 창상滄桑7)을 뚫고 겁회劫灰8)를 뛰어넘으리라. 인묵의 맏아들 재윤이 나에게 기문을 부탁하였다. 나와 선생과는 시대가 다른 감은 있으나 마침내 중수한 내력을 대략 써서 이름을 부탁한 영예로움을 삼는다.

알봉곤돈閼逢困敦(1924년) 중춘일에 후학 금성 오준선은 삼가 쓰다.

5) 오교(午橋) : 별장 이름. 당(唐)나라 배도[裴度 : 진국공(晉國公)에 봉해짐]가 벼슬에서 물러나 낙양(洛陽) 남쪽의 오교에 꽃나무 만 그루를 심고 중앙에 여름에 더위를 식힐 누대와 겨울에 따뜻하게 지낼 집을 짓고 녹야당(綠野堂)이라 이름을 붙였다. 백거이(白居易), 유우석(劉禹錫) 등 문인들과 모여 시주(詩酒)로 소일하였다. 《新唐書 卷173 裴度列傳》

6) 편안함을 남겨준 것[遺安] : 유안은 자손에게 편안함을 남겨 준다는 뜻이다. 방덕공이 현산(峴山) 남쪽에서 밭을 갈고 살면서 성시(城市)를 가까이 하지 않자, 형주 자사(荊州刺史) 유표(劉表)가 찾아와서 "선생은 시골에서 고생하며 지내면서도 벼슬해서 녹봉을 받으려 하지 않으니, 무엇을 자손에게 남겨 주려오?" 하였다. 그러자 방덕공은 "세상 사람들은 모두 위태로움을 남겨 주는데 나는 유독 편안함을 남겨 주니, 비록 남겨 주는 것이 똑같지는 않으나, 남겨 주는 것이 없지는 않을 것입니다."라고 답하였다고 한다. 《後漢書 卷83 逸民列傳 龐公》

7) 창상(滄桑) : 창해상전(滄海桑田)의 준말이다. 큰 바다가 농토로 변하고 농토가 큰 바다로 변한다는 뜻으로 세상사의 변화가 매우 큰 것을 비유한 것이다.

8) 겁회(劫灰) : 불교 용어로, 세계가 파멸할 때 큰불이 일어나 타고 남은 재를 말한다. 한나라 무제(武帝) 때 곤명지(昆明池)를 축조하기 위해 땅을 파다가 밑에서 흑회(黑灰)가 나왔는데, 아무도 아는 사람이 없었다. 이에 동방삭(東方朔)이 청하여 서역의 중에게 사람을 보내 알아보니, 천지가 다 타고 남은 재라고 답했다 한다. 《御定騈字類編 卷138 黑灰》

瀟灑園記(소쇄원기)

鳴陽之東瑞石之北에 有洞曰支石이라 壺中之別界요 海東之名勝이라 光風霽月은 浩
然之襟懷요 吐虹瀑布는 吼壑之淸雷라 枕溪某盤은 桃源之日月이요 臼川轉流는 太極
之銀環이라 玉湫橫琴은 百鈇之淸絃이요 筧川落水는 洗俗之警鐘이라 板木駕壑은 煙
海之危橋요 四八絶景은 詠賞之活畵라 疊石垣墻은 陰陽之神工이요 待鳳迎客은 人
衆之鳳凰이라 全景佳愛를 靜觀聚賢에 心遊鳶魚飛躍之界라 可適於道高德重之君子
留占處而惟我 先祖考蒼岩公이 自光山之泥場으로 奠居于此하사 仍以子孫世居가 今
四百餘星霜而古里之桑梓가 無恙하며 先人之詩禮가 相傳일새 公의 長子瀟灑先生
은 靜菴趙先生之門人으로 甫齡十七에 登謁聖第하사 令聞이 掀朝러니 未幾에 先生
의 乙巳士禍로 被謫綾州할새 陪從還鄕하사 易策泉石하시고 築園亭于瀑布上而名之
瀟灑하며 因以自號하사 與東方諸賢으로 講明道義하시며 作愛日歌而唱之하시고 著
孝賦而誦之하시니 其道學忠孝之可槩也라 明廟壬子에 以重階로 累徵不起하셨다 河
西金先生曰 公은 以兄禮事之하며 精思隨俛仰에 妙契入鳶魚라하고 高峰奇先生曰 公
은 外和而內嚴하여 望之不覺屈膝이라하며 松江鄭先生曰 與公相對에 使人襟懷爽然
이라 하고 霽峰高先生曰 先生은 爲人이 奇偉하고 性具孝友而見者가 咸稱有德君子
라하며 玄石朴先生曰 先生은 靜菴之門에 一巨星이라하고 西河李先生曰 先生之學은
篤信小學하야 傍及四書五經而尤用力於易之剛柔變化消長往來之象에 有契焉이라
하였다 諸賢多慕는 不可勝載하고 先生之次子鼓巖先生은 金文正公河西先生의 高弟
로 多蹟功路하시고 退述親業하시며 配享于長城筆巖書院하시다 吾之先園이 果如是
世復又世繼述之所也則築園之雅意가 但不以自私而良有園圖在耳라 亭之有記는 古

之例然也에 曾有文谷金先生之述而未懸而傳焉이러니 累洗兵燹에 遂作一泡라 今以
宗論으로 族叔在三氏가 叩門命記할새 不肖가 豈不以知其不敢爲而爲之는 於促에 不
得已也라 園內에 迷在鼓巖精舍待鳳臺五曲門中門及支岩公之負暄堂等而只餘墟痕
하고 傳不過止於光風霽月之名而已也에 子姓之齊恨이 果何如哉아 際蒙國家文化財
第三〇四號之保而完復舊容則吾先園之過去年者가 果如是幾百則未來年者도 又是
幾百千也乎리라

大韓民國六十八年丙寅立秋節十三世孫 昇鍾 敬紀
同世孫 燕川里太鎬 擔刻懸

명양鳴陽, 창평의 옛 이름의 동쪽 서석산[무등산]의 북쪽에 마을이 있으니, '지석'이라 불리도다. 호리병 속의 별천지[1] 요, 우리 나라의 명승지로다. 비 갠 뒤의 바람과 달光風霽月[2]은 호연浩然한 마음이요, 무지개 뻗히는 폭포는 골짜기를 울리는 맑은 우레로다. 침계의 바둑판은 도원[신선 세계]의 세월이요, 구천臼川[3]에 휘도는 물줄기는 태극의 은고리로다. 맑은 물가에 비낀 거문고는 백결百結[4] 의 맑은 곡조요, 대 홈통에서 떨어지는 물은 속세를 씻는 경종警鐘이로다. 골짜기를 건너지른 널빤지는 연해煙海의 위태로운 다리요, 마흔여덟 빼어난 경치는 읊고 감상하는 살아있는 그림이로다. 돌로 쌓은 담장은 음양의 신비한 재능이요, 대봉대에서 손님을 맞이함은 사람들 중의 봉황이로다. 아름답고 사랑스런 전경을 가만히 바라보며 가슴에 모으니 마음이 솔개가 날고 물고기가 뛰는鳶魚飛躍[5] 세계에서 노니는 듯하도다.

도가 높고 덕이 중한 군자가 지내기에 적당한 곳인데 우리 선조 창암공양사원, 梁泗源께서 광산 이장泥場 마을에서 이곳에 살 곳을 정하셨다. 그로 인해 자손이 대대로 살아온 지 400여 년인데 옛 마을의 상재桑梓[6]가 별탈이 없고 선인의 시와 예가 서로 전해졌다. 공의 맏아들 소쇄양산보, 1503~1557 선생은 조정암趙靜菴, 조광조 1482~1519 선생의 문인으로 열일곱 살에 알성시에 급제하여 훌륭한 명성이 조정에 자자하였다. 그런데 얼마 있지 않아 정암 선생이 을사사화로 능주로 귀양을 가게 되자 선생을 모시고 고향으로 돌아와 자연에 묻혀 지내기로 작정하고, 폭포 가에 원정園亭을 짓고 '소쇄瀟灑'라 이름하고 인하여 자신의 호로 삼았다. 그리고는 동방의 여러 어진 이들과 도의를 강론하여 밝히며, '애일가愛日歌'를 지어 부르고 '효부孝賦'를 지어 외우니 그분의 도학과 충효를 개괄할 만하다.

1) 호리병 …… 별천지 : 호중천지(壺中天地)의 고사에서 온 말이다. 후한(後漢) 때 시장에서 약을 파는 한 노인이 자기 점포 머리에 병 하나를 걸어놓고 있다가 시장을 판 다음 매양 그 병 속으로 뛰어들어가곤 했다. 그때 시연(市掾)으로 있던 비장방(費長房)이 이 사실을 알고는 노인에게 가서 재배하고 노인을 따라 병 속에 들어가 보니, 옥당(玉堂)이 화려할 뿐만 아니라 좋은 술과 맛있는 안주가 그득하여 함께 술을 실컷 마시고 돌아왔다고 한다. 《神仙傳 壺公》《後漢書 卷82下 方術列傳下 費長房》

2) 비 갠 …… 달[光風霽月] : 사람의 도량이 넓고 시원스러움을 표현하는 말이다. 송(宋)나라 황정견(黃庭堅)의 〈염계시(濂溪詩)〉 서문에 "용릉 땅의 주무숙은 인품이 매우 고결해서, 가슴속이 쇄락한 것이 마치 비 갠 뒤의 바람과 달 같았다.[春陵周茂叔 人品甚高 胸中灑落如光風霽月]"는 말이 나온다. 무숙은 주염계의 자(字)이다.

3) 구천(臼川) : 절구처럼 움푹 패인 시내를 이른 것이며 지명은 아닌 듯함.

4) 백결(百結) : 원문의 '百鈌'은 '百結'의 잘못인 듯함. 백결 선생(百結先生, 414년 ~ ?)은 신라 때 거문고의 명수로, 박제상의 아들이고 이름은 〈부도지〉, 〈영해박씨 족보〉 등에 의하면 박문량(朴文良)이며 414년(실성마립간 13)에 태어난 것으로 기록되어 있다.

5) 솔개가 …… 뛰노는[鳶魚飛躍] : 이는 《시경(詩經)》의 '솔개가 하늘에 날고 물고기가 못에서 뛴다.[鳶飛戾天魚躍于淵]'는 말의 준말로, 대자연적인 도(道)의 작용을 비유한 것이다.

명종 임자년¹⁵⁵²에 높은 품계로 여러 차례 불렀으나 나아가지 않았다. 김하서^{김인후,} ^{1510~1560} 선생은 "공은 형의 예로 섬기며, 눕거나 서서도 정밀하게 생각하고 천지 조화의 묘용^{妙用}을 깨달았네."라고 했고, 기고봉^{기대승, 1527~1572} 선생은 "공은 겉으로는 온화하나 안으로는 엄격하여 그를 보고는 나도 모르게 무릎을 꿇었다."라고 했으며, 정송강^{정철,} ^{1536~1593} 선생은 "공과 서로 마주하면 사람으로 하여금 가슴이 탁 트이게 한다."라고 했고, 고제봉^{고경명, 1533~1592} 선생은 "선생은 사람됨이 뛰어나고^{奇偉} 성품이 효성과 우애를 갖춰 보는 이가 모두 덕이 있는 군자라 일컬었다."라고 하였으며, 박현석^{박세채, 1631~1695} 선생은 "정암 선생의 문하에 하나의 거대한 별이다."라고 했고, 이서하^{이민서, 1633~1688} 선생은 "선생의 학문은 《소학》을 독실하게 믿어 사서오경에 두루 미쳤는데, 《주역》의 강유변화^{剛柔變化}와 소장왕래^{消長往來}의 상^象에 더욱 힘써 깨달음이 있었다."라고 하였다. 제현들이 많이 흠모한 것은 이루 다 싣지 못한다. 소쇄 선생의 둘째 아들인 고암^{양자징, 1523~1594} 선생은 문정공 김하서 선생의 뛰어난 제자로 공로^{功路}에 자취가 많고 물러나 어버이의 유업을 계승하였으며 장성 필암서원에 배향되었다.

우리 선조의 원정^{園亭}이 과연 이렇듯이 대대로 계술^{繼述}한 것은, 원정^{園亭}을 축조한 아름다운 뜻이 한갓 사적으로 한 것이 아니라 '원도^{園圖}'가 존재한 까닭이다. 정자에 기문이 있는 것은 고례^{古例}라, 일찍이 김문곡^{김수항, 1629~1689} 선생이 지어 걸지 못하고 전해졌는데 자주 병화를 겪다가 문득 없어져 버렸다. 이제 종친들의 의논으로 족숙 재삼씨가 찾아와 기문을 지으라고 하였다. 내 어찌 감히 기문을 지을 수 없다는 것을 모르겠는가마는, 이 글을 짓는 것은 (재삼씨의) 재촉에 부득이한 때문이다. 원정^{園亭} 안에 예전에는 고암정사, 대봉대, 오곡문, 중문과 지암공의 부훤당 등이 있었는데 다만 터의 흔적만 남았고, 전하는 것은 광풍각과 제월당에 불과할 뿐이다. 그러니 자손들의 품은 한이 과연 어떠하겠는가. 그럴 즈음에 국가

6) 상재(桑梓) : 《시경》〈소아(小雅) 소반(小弁)〉에 "부모가 심은 뽕나무와 가래나무도 공경한다.(維桑與梓 必恭敬止)"라고 한 데서 온 말로, 부모가 살던 고향을 뜻한다.

문화재 제304호로 지정되어 옛 모습을 완전히 회복하였으니, 우리 선조의 원정의 지나온 햇수가 과연 수백 년이었던 것처럼 미래의 햇수도 또한 몇 백천 년이리라.

대한민국 68년(1986) 병인 입추절에 13세손 승종이 삼가 기문을 짓고, 동세손 연천리 태호가 새겨 거는 것을 담당하다.

제월당은 주인이 거처하며 조용히 책을 읽는 안채 격으로 보여진다. 제월당 벽에는 자연을 노래한 도연명陶淵明의 시가 걸려 있었다 한다. 제월당과 광풍각은 중국 사람이 지은 시, "흉회쇄락 여광풍제월胸懷灑落如光風霽月(가슴에 품은 뜻의 맑고 맑음이 마치 비 갠 뒤 해가 뜨며 부는 청량한 바람과 같고 비개인 하늘의 상쾌한 달빛과도 같다)"에서 따온 이름이다. 이곳의 운치를 가히 짐작하고도 남겠다.

〈소쇄원도〉에 의하면, 원래 제월당 서쪽 옆에는 담장이 있었고, 담장 너머에 지금은 남아 있지 않은 고암정사와 부훤당이 있었다. 고암정사와 부훤당은 양산보의 둘째 아들과 막내 아들인 고암 양자징과 지암 양자정이 각각 1570년 전후에 세운 서재다. 앞으로 고암정사鼓巖精舍와 부훤당負喧堂을 복원할 계획이라고 한다.

제霽는 원래 비 개일 제이다.

비가 개인 후에 달이 밝게 보이는 것은 무엇을 의미하겠는가.

임금 옆의 먹구름 같은 신하 또는 간신들이 없어진 다음 충신이 임금 곁에 있는 것이 제월이 아닐까?

비 온 후 달 밝은 모습을 제월이라 하는데, 음력 정월 보름날 제월당에서 달맞이를 해보면 보름달이 그리 아름답고 경이로울 수가 없다.

그래서 나는 제월당을 달맞이 하는 정자라고 부른다.

訪梁兄彦鎭林亭　四十八詠　河雲金宰之
小亭憑欄
瀟灑園中景　渾成瀟灑亭
攪眠輪颯爽　側耳聽瓏玲
枕溪文房
聰明箋軸淨　水石映圖書
精思隨偃仰　鈇契念鴦魚
危嚴屢流
溪流漱石來　一石通全壑
匹練屢中間　傾崖天所削
負山皷巆岩
背負靑山重　頭回碧玉流
長年安不扴　堂閣勝瀛洲
石逕攀危
一逕連三盈　攀閞不見危
庵躍元有絶　岩色跋還滋
小塘奐泳
方塘未一畝　聊足貯清游
奐戲美無影　垂釣綠
刻水通流
委曲通泉脈　高低竹下池
飛流分水碓　鱗甲細參差
舂雲水碓
永日澎湲力　舂來自見功
天孫機上錦　舒卷擣聲中
透竹危橋
架壑穿脩竹　臨危似欲浮
林塘元自勝　得此更清幽
千竿風響
已向空邊滅　還從靜處呼
無情風與竹　日夕參笙竽
池臺納凉
南州炎熱若獨　比臺凉秋
風動甚臺邊　竹池分石上流
梅臺邀月
林斷堂仍豁　偏宜月上時
最憐雲散盡　寒夜喚氷姿
廣石臥月
露臥靑天月　端將石作筵
長林散清影　溪夜未能眠
垣竅透流
步步看波去　行吟思轉幽
眞源人未泝　空見透墻流
杏陰曲流
怨尺澎湲地　分明五曲流
當年川上意　今日杏邊求
假山草樹
爲山不費人造物還爲假
隨勢起巖林依然是山野
松石天成
片石來崇岡結根松數尺
萬年花滿身勢縮泰天碧
遍石蒼蘚
石老雲烟濕薈二蘚依花
一般立巒性絶意圖鼕華
榻巖靜坐
懸崖虛坐又淨掃有溪風
不怕穿苔藤偏宜觀物翁
玉湫橫琴
瑤琴不易彈舉世無鍾子
一曲響泓澄相知心與耳
洑流傳杯
列坐石渦邊盤流隨意足
洞波目去來盈罇聲開相屬
床巖對碁
石上稍寬平竹林居一半
賓來一局碁氣乳電雲中散
思肖蓬遙階上行

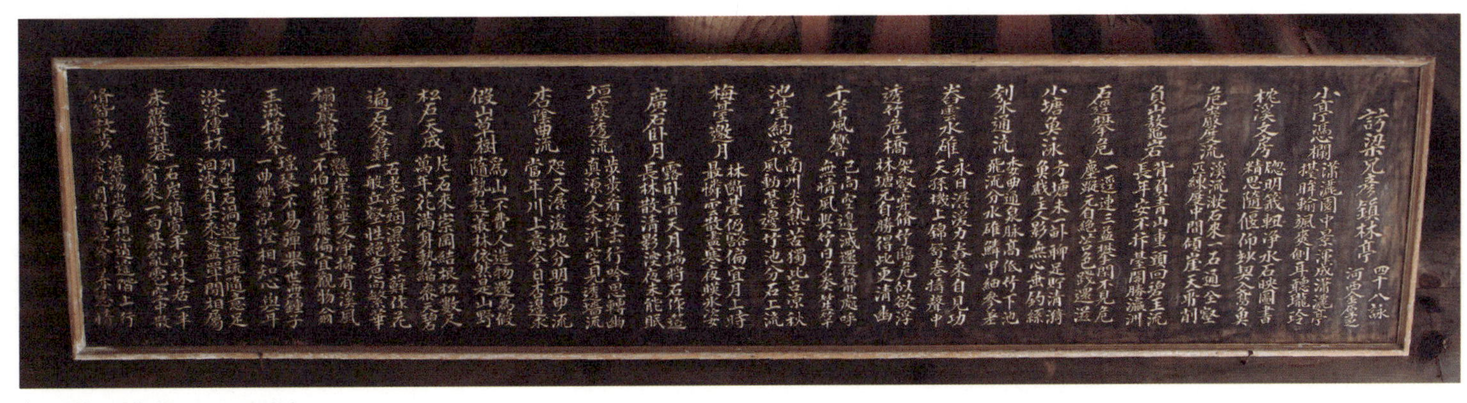

〈소쇄원 48영〉 중, 1~23까지임

〈소쇄원 48영〉 중, 24〜48까지임

訪梁兄彦鎭林亭 四十八詠 河西金厚之
양언진의 정자를 방문함 48영, 하서 김후지

小亭憑欄 작은 정자의 난간에 의지해
소 정 빙 란

瀟灑園中景 소쇄원 속의 경치
소 쇄 원 중 경

渾成瀟灑亭 온통 깨끗한 정자 이뤘네
혼 성 소 쇄 정

擡眸輸颯爽 눈을 들어 시원한 풍경 바라보고
대 모 수 삽 상

側耳聽瓏玲 귀 기울여 영롱한 물소리 듣네
측 이 청 영 롱

枕溪文房 시냇가의 글방에서
침 계 문 방

窓明籤軸淨 창 밝아 책꽂이 정갈한데
창 명 첨 축 정

水石暎圖書 수석이 책들을 비추네
수 석 영 도 서

精思隨偃仰 눕거나 서서도 정밀하게 생각하고
정 사 수 언 앙

玅契入鳶魚 천지 조화의 묘용(妙用) 깨달았네
묘 계 입 연 어

危巖展流 높직한 바위에 펼쳐 흐르는 물
위 암 전 류

溪流漱石來 시냇물 바위를 씻어 흐르고
계 류 수 석 래

一石通全壑 하나의 돌 온 골짝에 깔렸네
일 석 통 전 학

匹練展中間 한 필 비단 가운데 펼쳤는데
필 련 전 중 간

傾崖天所削 깎아지른 벼랑은 하늘이 깎았지
경 애 천 소 삭

負山鼇岩　산을 등지고 있는 자라바위
부 산 오 암

背負靑山重　등엔 청산을 지고
배 부 청 산 중

頭回碧玉流　머리엔 푸른 시냇물 둘렀구나
두 회 벽 옥 류

長年安不抃　한평생 어찌 기뻐하지 않으랴
장 년 안 불 변

臺閣勝瀛州　대와 각이 영주산보다 나으니
대 각 승 영 주

石逕攀危　돌길에 비탈을 오르며
석 경 반 위

一逕連三益　한 길에 삼익[1] 이어져
일 경 연 삼 익

攀閑不見危　더위잡고 오르기 위태롭지 않네
반 한 불 견 위

塵蹤元自絶　속세의 발자취 절로 끊겨
진 종 원 자 절

苔色踐還滋　이끼빛은 밟아도 도로 짙어지네
태 색 천 환 자

小塘魚泳　작은 연못에 물고기 헤엄치고
소 당 어 영

方塘未一畝　네모진 연못 한 이랑도 못되나
방 당 미 일 묘

聊足貯淸漪　맑은 물 담기엔 넉넉해
요 족 저 청 의

魚戱主人影　물고기는 주인 그림자 희롱하는데
어 희 주 인 영

無心垂釣絲　무심히 낚싯줄 드리웠네
무 심 수 조 사

刳木通流　나무 홈통을 타고 흐르는 물
고 목 통 류

委曲通泉脈　구불구불 홈통 탄 샘줄기
위 곡 통 천 맥

高低竹下池　높낮은 대숲 아래 못을 이루고
고 저 죽 하 지

飛流分水碓　세차게 쏟는 물 물방아 돌리는데
비 류 분 수 대

鱗甲細參差　작은 물고기와 가재들 흩어져 노네
인 갑 세 참 치

舂雲水碓　물보라 일으키는 물방아
용 운 수 대

永日潺湲力　온종일 졸졸 흐르는 힘
영 일 잔 원 력

舂來自見功　방아 찧어 저절로 공을 드러내도다
용 래 자 견 공

天孫機上錦　직녀성이 짜놓은 베틀의 비단
천 손 기 상 금

舒卷擣聲中　다듬이 소리 속에 펼치고 걷도다
서 권 도 성 중

透竹危橋　대숲으로 통하는 위태한 다리
투 죽 위 교

架壑穿脩竹　골짜기에 걸쳐 긴 대숲 뚫었는데
가 학 천 수 죽

臨危似欲浮　높기도 하여 둥둥 떠있는 듯
임 위 사 욕 부

林塘元自勝　숲 속의 연못 원래 멋지나
임 당 원 자 승

得此更淸幽　다리 놓이니 더욱 맑고 그윽해
득 차 갱 청 유

千竿風響　대숲에 이는 바람소리
천 간 풍 향

已向空邊滅　하늘 가 저 멀리 사라졌다가
이 향 공 변 멸

還從靜處呼　다시 고요한 곳으로 불어오네
환 종 정 처 호

無情風與竹　무정한 바람과 대나무
무 정 풍 여 죽

日夕奏笙竽　밤낮으로 피리를 연주하네
일 석 주 생 우

池臺納凉　못 누대에서 더위를 식히며
지 대 납 량

南州炎熱苦　남쪽 고을은 무더위 심하지만
남 주 염 열 고

獨此占凉秋　이곳만은 유달리 서늘한 가을
독 차 점 양 추

風動臺邊竹　바람은 누대 옆 대숲에 일고
풍 동 대 변 죽

池分石上流　연못은 바위로 흐르는 물 나누도다
지 분 석 상 류

 매대에서의 달맞이
매 대 요 월

林斷臺仍豁　숲 끊긴 매대 확 트여
임 단 대 잉 활

偏宜月上時　달 떠오를 때 더욱 좋다네
편 의 월 상 시

最憐雲散盡　사랑스러워라 구름 걷히고
최 련 운 산 진

寒夜暎氷姿　찬밤에 매화 자태 비춤이여
한 야 영 빙 자

廣石臥月　넓은 바위에 누워 달 보며
광 석 와 월

露臥靑天月　푸른 하늘 달 아래 누워
노 와 청 천 월

端將石作筵　넓은 바위 돗자리 삼았네
단 장 석 작 연

長林散靑影　긴 숲 맑은 그림자 흩어
장 림 산 청 영

深夜未能眠　깊은 밤 잠들지 못하네
심 야 미 능 면

垣竅透流　담장 구멍으로 흐르는 물
원 규 투 류

步步看波去　걸음걸음 물 보며 지나가
보 보 간 파 거

行吟思轉幽　거닐며 읊조리니 생각 더욱 그윽해
행 음 사 전 유

眞源人未泝　사람들은 참 근원 거슬지 않고
진 원 인 미 소

空見透墙流　부질없이 담 뚫고 흐르는 물만 보는구나
공 견 투 장 류

杏陰曲流　살구나무 그늘 아래 굽이도는 물
행 음 곡 류

咫尺潺湲池　잔잔한 연못 가까이에
지 척 잔 원 지

分明五曲流　오곡문 흐르는 물 분명하네
분 명 오 곡 류

當年川上意　당년에 냇가에서 말씀하신 뜻[2]
당 년 천 상 의

今日杏邊求　오늘 살구나무 가에서 찾네
금 일 행 변 구

假山草樹 가산의 풀과 나무
가 산 초 수

爲山不費人 인력 안 들이고 만든 산
위 산 불 비 인

造物還爲假 조물이 도로 가산이 되었네
조 물 환 위 가

隨勢起叢林 형세 좇아 우거진 숲 일구니
수 세 기 총 림

依然是山野 자연스레 산과 들이로세
의 연 시 산 야

松石天成 천연의 솔과 돌
송 석 천 성

片石來崇岡 높은 뫼에서 굴러 온 조각 돌에
편 석 래 숭 강

結根松數尺 두어 자 소나무 뿌리 얽었구나
결 근 송 수 척

萬年花滿身 오랜 세월 꽃가루 뒤집어쓰고
만 년 화 만 신

勢縮參天碧 쭈그린 자세로 하늘 솟아 푸르도다
세 축 참 천 벽

遍石蒼蘚 돌에 덮인 푸른 이끼
편 석 창 태

石老雲烟濕 해묵은 돌에 구름 안개 축축히 적셔
석 로 운 연 습

蒼蒼蘚作花 푸르고 푸른 이끼 꽃이 되었네
창 창 선 작 화

一般丘壑性 구학[3] 의 속성 한결같아
일 반 구 학 성

絶意向繁華 번화함 구할 뜻 전혀 없다네
절 의 향 번 화

榻巖靜坐 걸상바위에 조용히 앉아
탑 암 정 좌

懸崖虛坐久 절벽 위에 오래도록 앉았노라니
현 애 허 좌 구

淨掃有溪風 말끔히 씻어주는 계곡의 바람
정 소 유 계 풍

不怕穿當膝 무릎 닿아 뚫릴까 걱정 없으니
불 파 천 당 슬

便宜觀物翁 관물[4] 하는 늙은이에겐 제격이라네
변 의 관 물 옹

玉湫橫琴　맑은 물가에서 거문고 비껴 안고
옥 추 횡 금

瑤琴不易彈　거문고 타기 쉽지 않으니
요 금 불 이 탄

擧世無種子　세상엔 종자기[5] 없다네
거 세 무 종 자

一曲響泓澄　한 곡조 맑은 물에 울리면
일 곡 향 홍 징

相知心與耳　서로 아느니 마음과 귀라네
상 지 심 여 이

洑流傳盃　빙빙도는 물살에 술잔 돌리며
보 류 전 배

列坐石渦邊　소용돌이치는 돌 웅덩이에 둘러앉으니
열 좌 석 와 변

盤蔬隨意足　소반의 나물 넉넉하기도 하지
반 소 수 의 족

洄波自去來　빙빙 도는 물결 절로 오고가니
회 파 자 거 래

盞斝閒相屬　띄운 술잔 한가로이 닿는구나
잔 가 한 상 속

床巖對碁　평상바위에서 바둑을 두며
상 암 대 기

石岸稍寬平　평상바위 조금은 넓고 평평하여
석 안 초 관 평

竹林居一半　절반은 죽림에서 지낸다네
죽 림 거 일 반

賓來一局碁　손님이 와 바둑 한 판 두는데
빈 래 일 국 기

亂雹空中散　공중에서 우박이 쏟아져 내리는 듯해
난 박 공 중 산

脩階散步　긴 섬돌을 거닐며
수 계 산 보

澹蕩出塵想　속세를 벗어난 마음 홀가분해
담 탕 출 진 상

逍遙階上行　섬돌 위를 슬슬 거닐며 다니네
소 요 계 상 행

吟成閑箇意　노래할 때 한가한 마음
음 성 한 개 의

吟了亦忘情　읊고 나니 또 정을 잊네[6]
음 료 역 망 정

倚睡槐石 홰나무 옆 바위에 기대어 졸며
의 수 괴 석

自掃槐邊石 몸소 홰나무 가의 바위 쓸고
자 소 괴 변 석

無人獨坐時 아무도 없이 홀로 앉았네
무 인 독 좌 시

睡來驚起立 졸다가 깜짝 놀라 일어서는 건
수 래 경 기 립

恐被蟻王知 의왕이 알까 두려워서지[7]
공 피 의 왕 지

槽潭放浴 조담에서 멱을 감고
조 담 방 욕

潭淸深見底 못이 맑아 깊어도 바닥 보이고
담 청 심 견 저

浴罷碧粼粼 멱 감고 나니 푸른 물 출렁출렁
욕 파 벽 린 린

不信人間世 인간 세상 믿을 수 없어
불 신 인 간 세

炎程脚沒塵 무더운 길에 발을 씻었네
염 정 각 몰 진

斷橋雙松 다리 너머의 두 그루 소나무
단 교 쌍 송

潚潚循除水 물은 콸콸 섬돌 따라 흐르고
괵 괵 순 제 수

橋邊樹二松 다리 가엔 솔 두 그루 서 있네
교 변 수 이 송

藍田猶有事 남전엔 오히려 일 있으니
남 전 유 유 사

爭及此從容 여기처럼 조용하진 못하리
쟁 급 차 종 용

散崖松菊 벼랑에 산재한 소나무와 국화
산 애 송 국

北嶺層層碧 북쪽 고개 층층이 푸르고
북 령 층 층 벽

東籬點點黃 동쪽 울타리엔 점점이 누렇구나
동 리 점 점 황

緣崖雜亂植 벼랑 따라 섞어 심어
연 애 잡 란 식

歲晚倚風霜 세밑에 풍상을 버티고 섰네
세 만 의 풍 상

石趺孤梅   돌 받침 위의 매화
석 부 고 매

直欲論奇絶   매화의 기묘하고 뛰어남 논하려거든
직 욕 논 기 절

須看挿石根   돌에 꽂힌 뿌리 보아야만 해
수 간 삽 석 근

兼將淸淺水   게다가 맑고 얕은 물에 뻗쳐
겸 장 청 천 수

疎影入黃昏   황혼이면 성긴 그림자 드리우네[8]
소 영 입 황 혼

夾路脩篁   오솔길에 우거진 대숲
협 로 수 황

雪幹攙攙直   눈 덮인 대 줄기 곧아서 창창[9]하고
설 간 창 창 직

雲梢嫋嫋輕   구름 싸인 댓가지 가늘어 한들거리네
운 초 요 요 경

扶藜落晩蘀   지팡이 짚고 묵은 대껍질 벗기고
부 려 낙 만 택

解帶繞新莖   띠 풀어서 새 줄기 동여준다네
해 대 요 신 경

迸石竹根   바위틈에 흩어져 뻗은 대 뿌리
병 석 죽 근

霜根耻染塵   흰 뿌리 티끌에 더럽힐까 부끄러워
상 근 치 염 진

石上時時露   이따금 돌 위에 드러내었네
석 상 시 시 로

幾歲長兒孫   몇 해나 어린 뿌리 길렀는고
기 세 장 아 손

貞心老更苦   곧은 마음 늙을수록 더욱 모질어
정 심 로 갱 고

絶崖巢禽   낭떠러지에 깃들인 새
절 애 소 금

翩翩崖際鳥   펄펄 나는 벼랑의 새
편 편 애 제 조

時下水中遊   때때로 내려와 물에서 노네
시 하 수 중 유

飮啄隨心性   제 심성 따라 마시고 쪼며
음 탁 수 심 성

相忘抵白鷗   갈매기마냥 서로 잊네
상 망 저 백 구

叢筠暮鳥　저물어 대밭에 날아드는 새
총 균 모 조

石上數叢竹　바위 위 두어 포기 대나무엔
석 상 수 총 죽

湘妃餘淚班　상비[10]의 눈물 자국 남았네
상 비 여 루 반

山禽不識恨　산새들 서린 한 알지 못하고
산 금 불 식 한

薄暮自知還　땅거미 지면 돌아와 깃들이네
박 모 자 지 환

壑底眠鴨　골짜기 밑에서 졸고 있는 오리
학 저 면 압

天付幽人計　하늘이 유인[11]에게 준 계책은
천 부 유 인 계

淸冷一澗泉　맑고 시원한 산골 샘물이라네
청 랭 일 간 천

下流渾不管　아래로 흐르는 것 상관 않고
하 류 혼 불 관

分與鴨閒眠　한가로이 조는 오리에게 나눠주네
분 여 압 한 면

激湍菖蒲　세차게 흐르는 여울물가의 창포
격 단 창 포

聞說溪傍草　듣자니 개울가의 풀이
문 설 계 방 초

能含九節香　구절[12] 향기 지녔다네
능 함 구 절 향

飛湍日噴薄　날리는 여울 물 날로 뿜어대니
비 단 일 분 박

一色貫炎凉　한 빛으로 염량[13]을 꿰뚫네
일 색 관 염 량

斜簷四季　처마에 비스듬히 핀 사계화
사 첨 사 계

定自花中聖　정녕 꽃 중의 으뜸이니
정 자 화 중 성

淸和備四時　사시에 청화함을 갖추었네
청 화 비 사 시

茅簷斜更好　초가지붕에 기울어 더욱 좋아
모 첨 사 갱 호

梅竹是相知　매화와 대나무도 알아준다네
매 죽 시 상 지

桃塢春曉 복숭아 언덕의 봄 새벽
도 오 춘 효

春入桃花塢 복사꽃 언덕에 봄이 드니
춘 입 도 화 오

繁紅曉霧低 새벽 안개 속에 울긋불긋
번 홍 효 무 저

依迷巖洞裡 아득한 바윗골에
의 미 암 동 리

如涉武陵溪 무릉도원을 건너는 듯하네
여 섭 무 릉 계

桐臺夏陰 동대에 드리운 여름 그늘
동 대 하 음

巖崖承老幹 바위 벼랑에 묵은 줄기 뻗쳐
암 애 승 로 간

雨露長淸陰 비와 이슬에 맑은 그늘 길렀네
우 로 장 청 음

舜日明千古 순임금의 은혜 천고에 밝아
순 일 명 천 고

南風吟至今 남풍가[14]를 지금까지 읊는다네
남 풍 음 지 금

梧陰瀉瀑 오동나무 그늘 아래 쏟아지는 폭포
오 음 사 폭

扶疎綠葉陰 우거진 푸른 잎 그늘에
부 소 록 엽 음

昨夜溪邊雨 어젯밤 시냇가엔 비가 내렸네
작 야 계 변 우

亂瀑瀉枝間 어지러운 폭포 가지 사이로 쏟아지니
난 폭 사 지 간

還疑白鳳舞 흰 봉황새 춤추는 것 같아
환 의 백 봉 무

柳汀迎客 버드나무 물가에서 손님을 맞으며
유 정 영 객

有客來敲竹 나그네 찾아와 사립문 두드려
유 객 래 고 죽

數聲驚晝眠 두어 마디에 낮잠을 깨었네
수 성 경 주 면

扶冠謝不及 관을 쓰고 미처 인사드리지 못했는데
부 관 사 불 급

繫馬立汀邊 말 매놓고 물가에 서 있네
계 마 입 정 변

隔澗芙蕖 골짜기 너머에 핀 연꽃
격 간 부 거

淨植非凡卉 조촐히 선 게 보통 꽃 아니니
정 식 비 범 훼

閒姿可遠觀 한가한 자태 멀리서 바라볼 수만 있다네[15]
한 자 가 원 관

香風橫度壑 향긋한 기운 골짜기를 가로질러 건너와
향 풍 횡 도 학

入室勝芝蘭 방에 들이니 지란보다 낫네
입 실 승 지 란

映壑丹楓 골짜기에 비치는 단풍
영 학 단 풍

秋來巖壑冷 가을 든 바위 골짜기 서늘한데
추 래 암 학 랭

楓葉早驚霜 단풍잎 일찌감치 서리에 물들었네
풍 엽 조 경 상

寂歷搖霞彩 고요히 채색한 노을 흔들리니
적 력 요 하 채

姿姿[16]照鏡光 춤추듯 밝은 빛을 비추네
자 자   조 경 광

平園鋪雪 평원에 깔린 눈
평 원 포 설

不覺山雲暗 산 구름 어두운 줄 몰랐는데
불 각 산 운 암

開窓雪滿園 창을 열치니 동산에 눈이 가득해
개 창 설 만 원

堦平鋪遠白 섬돌에도 골고루 흰눈 깔리어
계 평 포 원 백

富貴到閒門 한적한 집안에 부귀 찾아 들었네
부 귀 도 한 문

帶雪紅梔 눈에 덮인 붉은 치자
대 설 홍 치

曾聞花六出 듣건대 치자꽃잎 여섯이라는데
증 문 화 육 출

人道滿林香 사람들은 숲에 가득한 향기 말하네
인 도 만 림 향

絳實交靑葉 붉은 열매 푸른 잎 서로 어울려
강 실 교 청 엽

淸姸在雪霜 눈서리에도 맑고 고와라
청 연 재 설 상

陽壇冬午 애양단의 겨울 낮
양 단 동 오

壇前溪尙凍　단 앞 시냇물 아직 얼었어도
단 정 계 상 동

壇上雪全消　단 위의 눈 모두 녹았네
단 상 설 전 소

枕臂延陽景　팔 베고 따뜻한 볕 쬐이는데
침 비 연 양 경

鷄聲到午橋　닭울음소리 오교[17]에 들려오네
계 성 도 오 교

長垣題詠 긴 담에 써 붙인 시
장 원 제 영

長垣橫百尺　긴 담 옆으로 백 자인데
장 원 횡 백 척

一一寫新詩　일일이 새로운 시 써 붙였네
일 일 사 신 시

有似列屛障　병풍 벌여 놓은 듯하니
유 사 열 병 장

勿爲風雨欺　비바람이 가리지 말게 하오
물 위 풍 우 기

散池蒪芽 연못에 산재한 순채 싹
산 지 순 아

張翰江東後　장한이 강동으로 떠난 뒤에[18]
장 한 강 동 후

風流識者誰　풍류 아는 이 누구런가
풍 류 식 자 수

不須和玉膾　생선회에 묻힐 필요 없지만
불 수 화 옥 회

要看長氷絲　기다란 순채 싹 맛을 봐야지
요 간 장 빙 사

襯澗紫薇 산골물 가까이에 핀 백일홍
친 간 자 미

世上閑花卉　세상에 많은 꽃 중에
세 상 한 화 훼

都無十日香　열흘 가는 향기 전혀 없는데
도 무 십 일 향

何如臨澗樹　어찌하여 산골 물가의 저 나무는
하 여 임 간 수

百夕對紅芳　백일 내내 붉은 꽃 대하게 할까
백 석 대 홍 방

滴雨芭蕉 빗방울 듣는 파초잎
적 우 파 초

錯落投銀箭 은 화살 던지는 듯 후두둑 떨어져
착 락 투 은 전

低仰舞翠綃 푸른 잎 너울너울 춤을 추네
저 앙 무 취 초

不比思鄕聽 고향 생각하는 소리 같진 않으나
불 비 사 향 청

還憐破寂寥 적막함 깨뜨리니 되려 사랑스러워
환 련 파 적 요

檀紀四千三百十二年九月下澣
단 기 사 천 삼 백 십 이 년 구 월 하 한

단기 4312년(1979) 9월 하순에

處士公派同福門中 一同
처 사 공 파 동 복 문 중 일 동

처사공파 동복문중 일동

1) 삼익(三益) : 매화·대나무·돌을 이름. 소동파가 문여가(文與可)의 그림에 제하여 이르기를 "매화는 차가워도 빼어나고, 대나무는 여위어도 오래 살고, 돌은 추해도 문기(文氣)가 있으니 이 것이 삼익의 친우가 된다.[梅寒而秀 竹瘦而壽 石醜而文 是爲三益之友]"라 하였음.

2) 냇가에서 …… 뜻 : 공자가 일찍이 냇가에서 흐르는 물을 가리켜 이르기를, "가는 것이 이와 같은저, 밤낮을 쉬지 않는구나.[逝者如斯夫 不舍晝夜]" 한 데서 온 말인데, 이는 곧 잠시도 쉴 새 없이 운행하는 도체(道體)의 본연(本然)을 감탄하며 제자들을 깨우쳤다. 《論語 子罕》

3) 구학(丘壑) : 일구일학(一丘一壑)의 준말로 은거지(隱居地)를 말한다. 《한서(漢書)》 서전(敍傳) 상(上)의 "한 골짜기에서 고기를 낚고 …… 한 언덕 위에서 소요를 한다.[漁釣於一壑 …… 棲遲於一丘]"라는 말에서 비롯된 것이다.

4) 관물(觀物) : 고요한 가운데 만물의 현상을 살펴 천지자연의 이치를 조응해 보는 것을 말한다.

5) 종자기(鍾子期) : 춘추 시대 초(楚) 나라 사람. 백아(伯牙)가 거문고를 타면서 뜻을 높은 산에 두었을 적에는 "외외(巍巍)하여 마치 높은 산과 같다." 하였고, 뜻을 흐르는 물에 두었을 적에는 "탕탕(蕩蕩)하여 마치 흐르는 물과 같다." 하였다. 백아는 그가 죽은 뒤에는 알아 듣는 이가 없다 하여 거문고를 부숴버리고 타지 않았다.

6) 정을 잊네 : 희로애락(喜怒哀樂)의 일에 대하여 감정이 흔들리지 않고 담담하게 잊어버린다는 뜻이다.

7) 의왕이 …… 두려워서지 : 의왕(蟻王)은 개미의 왕으로 남가일몽의 고사를 연상시킴. 당 나라 이공좌(李公佐)가 지은 《남가기(南柯記)》에, " 순우분(淳于棼)이 취하여 낮잠을 잤는데 꿈에 대괴안국(大槐安國)의 공주(公主)에게 장가를 들어 남가 태수(南柯太守)가 되어 2년 영화를 누리다가 꿈을 깨고 보니, 먹던 술병이 그대로 있었다. 꿈에 경과한 자취를 찾아보았더니 대괴안국 은 곧 집 남쪽에 있는 늙은 괴목(槐木)의 남쪽 가지 밑에 있는 개미의 구멍이었다." 한다.

8) 게다가 …… 드리우네 맑고 얕은 물에 매화 가지가 비치고 달밤에 은은한 향기가 퍼지는 광경을 묘사한 구절임. 매처학자(梅妻鶴子)로 유명한 송(宋) 나라의 은자(隱者) 임포(林逋)의 시 중, 천고(千古)의 절창(絶唱)으로 일컬어지는 〈산원소매(山園小梅)〉에 "얕고도 맑은 물에 비친 가로 비낀 성긴 그림자, 어슴푸레한 달빛 속에 그윽한 향기 떠도누나.[疏影橫斜水淸淺 暗香浮動月黃昏]"라는 표현이 있다.

9) 창창(摐摐) : 서로 부딪쳐 울리는 것을 형용한 말인데, 당나라 두목(杜牧)의 《만청부(晚晴賦)》에 "대숲이 외부를 둘러싸고 있음이여, 십만 장부가 갑옷과 칼날을 서로 부딪치면서 빽빽하게 진을 친 채 주위를 시위(侍衛)하고 있도다.[竹林外裹兮 十萬丈夫 甲刃摐摐 密陣而環侍]"라는 표현이 나온다. 《樊川集 卷1》

10) 상비(湘妃) : 순(舜) 임금의 두 비(妃)인 아황(娥皇)과 여영(女英). 순 임금이 죽자 두 비가 슬피 울어 떨어진 눈물이 대나무에 배어 흑색의 반점이 있는 반죽(斑竹)이 되었다 하며 이들이 상수(湘水)에서 투신 자살하여 상수의 귀신이 되었으므로 상비라 한다. 《博物志 湘中記》

11) 유인(幽人) : 속세를 피해 조용히 사는 사람을 이른다.

12) 구절(九節) : 구절창포를 이름. 창포의 한 치마다 아홉 개 이상의 마디가 있는 것을 말하는데, 창포 중에 이것이 가장 상품이라고 한다. 《포박자(抱朴子)》〈선약(仙藥)〉에 "창포는 반드시 돌 위에서 난 것으로, 한 치마다 아홉 마디 이상인 데다 자줏빛 꽃이 핀 것이 더욱 좋다.[菖蒲生須得石上 一寸九節已上 紫花者尤善也]"라고 하였다. 사방득(謝枋得)의 〈창포가(昌蒲歌)〉에 "사람들 말에 창포는 종류가 여러 가지로되, 상품은 아홉 마디로 선령을 통한다고 하네.[人言昌蒲非一種 上品九節通仙靈]"라고 하였다.

13) 염량(炎凉) : 염량세태(炎凉世態)의 준말로써, 세력이 있을 때는 아첨하여 쫓고 권세가 없어지면 푸대접하는 세속의 인정을 말한다.

14) 남풍가(南風歌) : 순(舜) 임금이 처음으로 오현금(五絃琴)을 만들어 타면서 지어 불렀다는 노래로, 즉 "남풍의 훈훈함이여, 우리 백성의 노염을 풀어 줄 만하도다. 남풍이 제때에 불어옴이여, 우리 백성의 재물을 풍부하게 할 만하도다.[南風之薰兮 可以解吾民之慍兮 南風之時兮 可以阜吾民之財兮]"라고 한 것을 말한다.

15) 조촐히 …… 있다네 : 송유(宋儒) 주돈이(周敦頤)의 〈애련설〉에 "내면은 텅 비고 외면은 곧으며, 덩굴도 벋지 않고 가지도 치지 않으며, 향기가 멀어질수록 더욱 맑은 가운데, 우뚝 정결하게 솟아 있어, 멀리 서서 바라볼 수만 있을 뿐 가까이 다가가서 함부로 만질 수 없게 한다.[中通外直 不蔓不枝 香遠益淸 亭亭淨植 可遠觀而不可褻翫焉]"라고 연꽃을 극찬한 말이 나온다.

16) 姿姿 : 《하서전집》 권5, 〈소쇄원 48영〉에 '婆娑'로 되어 있음. 판각을 할 때 실수한 것으로 보임.

17) 장한이 …… 뒤에 : 후한(後漢) 때 오군(吳郡) 사람인 장한(張翰)이 낙양(洛陽)에서 벼슬하다가 가을바람이 불자 고향의 순챗국과 농어회가 생각나서 벼슬을 그만두고 고향으로 돌아갔다는 고사가 있음. 《世說新語 識鑑》

18) 오교(午橋) : p.107. 〈광풍각 중수기〉 주5) 참조.

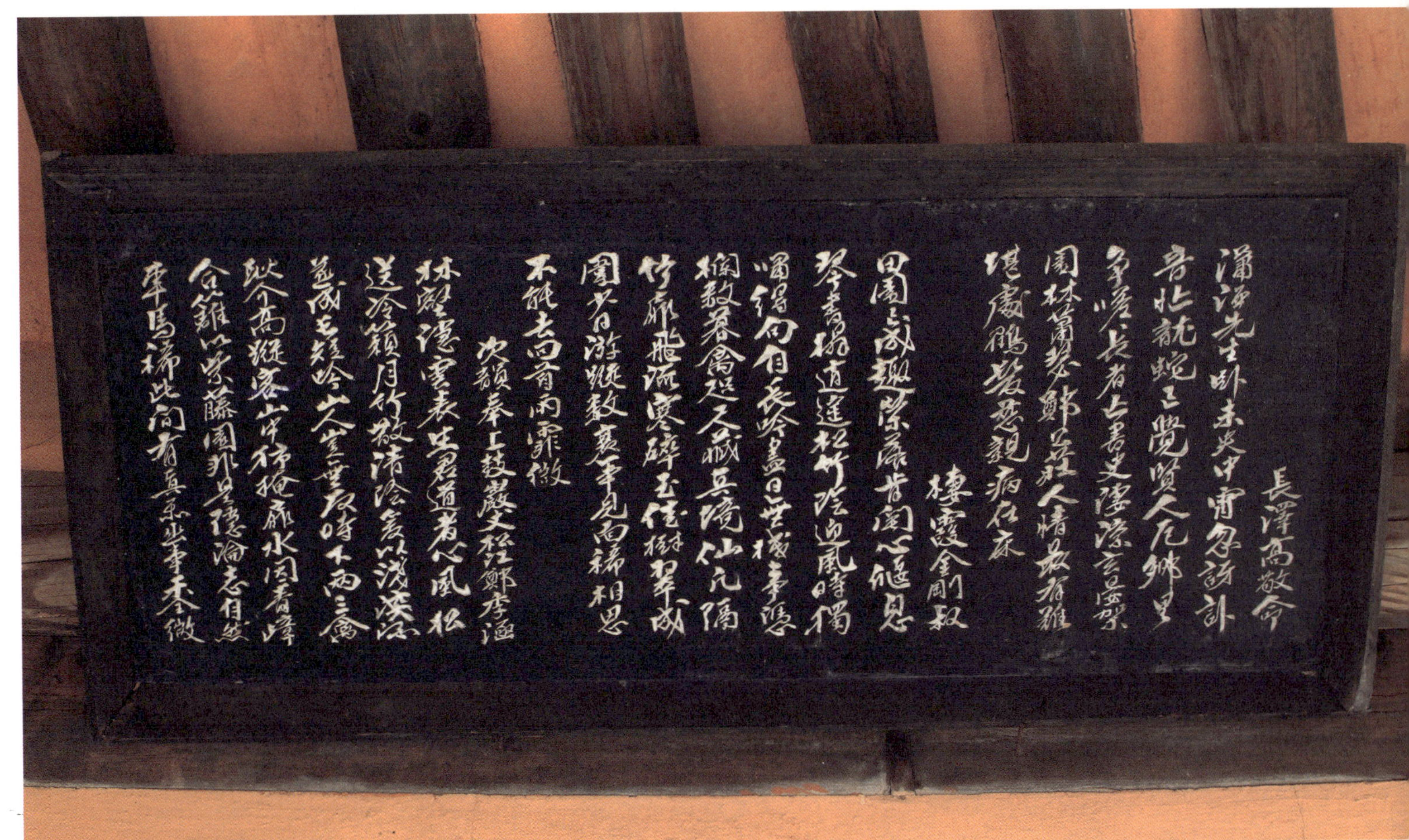

瀋陽先生臥床未央中宵忽訴計
吾北就蛇己覺賢人厄鄉里
爭處長者七書史陸渾盞架
園林蕭琴歸罷莊人情敬看難
堪處鶴發惡親病在床
樓靈金剛叔
因園盛趣際廬昔開心歐恩
琴書瑞道遙松竹陰迎風時獨
得句長岭盡日無機幸態
爛敬春禽返天咸真腐仙元隔
竹扉飛流寒碎玉偯樹翠成
園只游艇敬裏軍見面稀相思
不能古青雨霏微
次韻奉工鼓嚴文程江鄭李涵
林凝隱雲表生君道者心風松
送凌嶺月竹敬清陰氣以淡淡
盛玉綏岭人堂重及時不兩三禽
耿介高凝落山中傍掩雁水閒看嶂
倉鑷以柴藤園非日星隱淪志月然
長澤高敬命

長澤 高敬命　장택 고경명
장 택 고 경 명

| | 棲霞 金剛淑　서하 김강숙[김성원(1525~1597)]
서 하 김 강 숙

瀟灑先生臥未央　소쇄선생 병석에 누운 지 얼마 안돼
소 쇄 선 생 와 미 앙

中宵忽訝訃音忙　밤중에 홀연 부음을 받았네
중 소 홀 아 부 음 망

龍蛇已覺賢人厄　용사의 해[1]에 이미 현인의 재앙을 알았고
용 사 이 각 현 인 액

鄕里爭嗟長者亡　마을에선 서로들 어르신 돌아가셨다고 탄식한네
향 리 쟁 차 장 자 망

書史凄凉玄晏架　경전과 사서는 현안[2]의 서가에 처량하고
서 사 처 량 현 안 가

園林蕭瑟鄭公莊　원림은 정공의 별장처럼 쓸쓸하네
원 림 소 슬 정 공 장

人情最有難堪處　인정이 가장 감당키 어려운 곳은
인 정 최 유 난 감 처

鶴髮慈親病在床　백발 어머님이 병상에 계신 거라네
학 발 자 친 병 재 상

田園已成趣　전원에 이미 아취를 이뤘으니
전 원 이 성 취

榮落肯關心　영광과 실패를 어찌 마음에 두겠는가
영 락 긍 관 심

偃息琴書榻　거문고 책 두는 걸상에서 쉬고
언 식 금 서 탑

逍遙松竹陰　송죽의 그늘을 한가롭게 거닌다
소 요 송 죽 음

迎風時獨嘯　바람을 맞아 때론 홀로 휘파람 불고
영 풍 시 독 소

得句自長吟　좋은 시구 얻으면 혼자 길게 읊어본다
득 구 자 장 음

盡日無機事　하루 종일 신경 쓸 일 없어
진 일 무 기 사

憑欄數暮禽　난간에 기대어 저녁 새 세어본다
빙 란 수 모 금

咫尺藏眞境　가까운 곳에 선경 감춰졌으니
지척장진경

仙凡隔竹扉　신선계와 인간계 사립문에 막혔네
선범격죽비

飛流寒碎玉　나는 물줄기 차가워 옥을 부수는 듯
비류한쇄옥

佳樹翠成圍　아름다운 나무 푸르게 에워쌌네
가수취성위

少日游蹤數　젊어서는 놀기도 자주 했는데
소일유종삭

衰年見面稀　늙어서는 만나기도 드물구나
쇠년견면희

相思不能去　서로 생각하다 떠나지 못하는데
상사불능거

回首雨霏微　고개를 돌리니 보슬비 내리네.
회수우비미

次韻奉上鼓巖丈³⁾　松江鄭季涵
차운봉상고암장　　송강정계함

차운하여 고암장[양자징(梁子澂)]께 올림. 송강 정계함[정철]

林壑隱雲表　숲 골짜기 구름 속에 숨어
임학은운표

生君道者心　그대에게 도덕군자 마음 생기게 하네
생군도자심

風松送靈籟　바람속의 소나무 신령한 소리 보내오고
풍송송영뢰

月竹散淸陰　달 아래 대나무 맑은 그늘 드리우네
월죽산청음

爰以淺深酒　여기에서 알맞게 익은 술을 마시며
원이천심주

遂成長短吟　길고 짧은 시구 이루었네
수성장단음

山人豈無友　산사람이 어찌 벗이 없을까
산인기무우

時下兩三禽　때때로 두세 마리 새들이 내려오는데
시하양삼금

耿介高蹤客
경 개 고 종 객
개결하고 고상한 인물이

山中獨掩扉
산 중 독 엄 비
산중에 홀로 문 닫고 사네

水因靑嶂合
수 인 청 장 합
물은 청산을 따라 어울리고

籬以紫藤圍
리 이 자 등 위
울타리는 자주빛 등넝쿨로 둘렀네

非是隱淪志
비 시 은 륜 지
원래 숨어살려는 마음 아니었건만

自然車馬稀
자 연 거 마 희
자연히 찾아오는 이 적다네

此間有眞樂
차 간 유 진 락
여기에 참다운 즐거움 있으니

幽事未全微
유 사 미 전 미
그윽한 생활이 아주 미미한 것은 아니라네

1) 용사(龍蛇)의 해 : 현인군자가 죽는다는 진년(辰年)이나 사년(巳年)을 말한다. 후한의 대유(大儒) 정현(鄭玄)이 죽을 때의 고사를 원용한 것이다. 정현의 꿈에 공자(孔子)가 나타나 이르기를 "빨리 일어나라. 금년은 용해이고 내년은 뱀해이니라." 하였는데, 잠을 깨어 그 말을 비결로 맞춰 보고 자신이 죽을 것을 알았으며 그해 6월에 죽었다고 한다.《後漢書 卷35 鄭玄列傳》양산보는 정사년(1557)에 서거하였다.

2)현안(玄晏) : 현안은 진(晉) 나라 황보밀(皇甫謐)의 호이다. 주경야독하며 백가(百家)의 전적에 통효하였고, 침정과욕(沈靜寡欲)한 성품으로 고상한 뜻을 지녔는데, 여기서는 양산보를 비유해 표현한 것이다.

3) 次韻奉上皷巖丈 :《松江續集》〈卷之一〉에는 시제가 '次瀟灑園韻[소쇄원운에 차운함]'으로 되어 있음.

新平宗純

珠重林泉鎖暮雲路迷何慶
覓徵君謝家庭畔蘭方郁曾
又堂前日放曈穿石巖溪空
自啊引墻花木為誰芬發園永興
新河鴻光耀晴禽不忍聞

族芳　應日非

天人瀉出海中山符彩雲孫尚
被班誠為白華傾慕悅識為前
背斷追攀遺頂發澤民阿福位
箴龍蛇舞亦惺漠九原應綉痛
北風營草日雅頽

高峰壽文升

海藏鐘奐氣乾坤相逸凡三
餘多積學一竅又藏春意遠
追光背言波啟後人凄涼留杖
入凄涼留杖
賜空復行芳容地下修文去人
向舞新遺厚晴不極此題路猶
依寂寞池塘是凄涼杖屨非灭
鶴乘遠遠東胡漫露衣

新平宋純 신평 송순[1]
신 평 송 순

珍重林泉鎖舊雲 　　보배로운 임천은 옛 구름에 잠겨있어
진 중 임 천 쇄 구 운

路迷何處覓徵君 　　길 잃으니 어느 곳에서 자네를 찾으랴
노 미 하 처 멱 징 군

謝家庭畔蘭方郁 　　사가의 정원엔 난초 바야흐로 가득하고
사 가 정 반 난 방 욱

曾氏堂前日欲曛 　　증씨의 집 앞엔 저녁햇살 어스레한데
증 씨 당 전 일 욕 훈

穿石巖溪空自咽 　　돌 뚫는 바위 시내물 공연히 목이 메이고
천 석 암 계 공 자 열

引墻花木爲誰芬 　　담장에 뻗친 꽃나무 누굴 위해 향내를 내나
인 장 화 목 위 수 분

故園永與新阡隔 　　옛 동산은 새 무덤과 영원히 떨어져 있어
고 원 영 여 신 천 격

老樹啼禽不忍聞 　　늙은 나무에 우는 새소리 차마 듣지 못하겠네
노 수 제 금 불 인 문

族弟 應鼎 족제 응정[2]
족 제 응 정

天人湧出海中山 　　천인이 해중산에서 솟아나니
천 인 용 출 해 중 산

符彩雲孫尙被斑 　　훌륭한 후손 아롱진 옷을 입었네
부 채 운 손 상 피 반

誠篤白華傾慕悅 　　정성 지극한 백화[효자][3] 사모하여
성 독 백 화 경 모 열 　　기꺼움을 다하고

識高前輩斷追攀 　　학식 높은 선배 뒤따를 길 끊겼네
식 고 전 배 단 추 반

遺賢藪澤民何福 　　어진이의 수택[4] 남겨주니 백성들
유 현 수 택 민 하 복 　　복 받았고

値歲龍蛇壽亦慳 　　용사의 해 만나니 수명 또한 인색하네
치 세 용 사 수 역 간

漠漠九原應結痛 　　막막한 구천에서 얼마나 애통해 하실까
막 막 구 원 응 결 통

北風萱草日摧顔 　　북풍에 원추리 풀[5] 날마다 얼굴 찡그리니
북 풍 훤 초 일 최 안

高峰 奇大升 　고봉 기대승[6]
고 봉 기 대 승

海嶽鍾英氣　바다와 산은 영기를 모으고
해 악 종 영 기

乾坤相逸民　하늘과 땅이 일민을 도왔네
건 곤 상 일 민

三餘多積學　삼여[7]에 학문을 많이 쌓았고
삼 여 다 적 학

一壑又藏春　한 골짝에 또 봄을 간직했네[8]
일 학 우 장 춘

意遠追先輩　뜻이 원대하여 선배를 따르고
의 원 추 선 배

言深啓後人　말이 깊어 후인을 계도하였네
언 심 계 후 인

凄凉留玉舃　처량히도 옥석[9]만 남겼으니
처 량 류 옥 석

空復仰芳塵　부질없이 미덕을 앙모하노라
공 부 앙 방 진

地下修文去　수문랑[10]이 되러 지하로 갔으니
지 하 수 문 거

人間舞綵違　인간 세상의 무채를 어겼구려[11]
인 간 무 채 위

存亡情不極　존망의 정이 망극도 한데
존 망 정 불 극

幽顯路猶依　이승 저승 길이 아득만 하구나
유 현 로 유 의

寥落林塘是　쓸쓸한 임당은 그대로인데
요 락 임 당 시

凄凉杖屨非　처량한 장구[12]는 그렇지 않구려
처 량 장 구 비

炙鷄乖遠造　적계[13]로 멀리 조문조차 못 하여
적 계 괴 원 조

東望淚沾衣　동쪽을 바라보매 눈물이 옷깃을 적시네
동 망 루 첨 의

1) 이 시의 原題는 〈외제소쇄처사만 外弟瀟灑處士挽[외사촌 아우 소쇄처사를 애도하는 시]〉으로 되어 있음. 《俛仰集》

2) 이 시의 原題는 〈만종형소쇄처사 輓宗兄瀟灑處士[종형 소쇄처사를 애도함]〉임. 《송천유집(松川遺集)》

3) 백화[효자] : 백화는 《시경》 소아(小雅)의 편명으로 효자의 결백함을 노래한 것이라 하는데, 여기에서는 효성이 지극한 양산보를 지칭하여 표현한 것으로 보임.

4) 수택(藪澤) : 초목이 무성하거나 어류·동물들이 많이 번식하는 넓은 습지. 뛰어난 제자들이 와서 공부할 수 있는 곳으로 비유하였음. 여기에서는 소쇄원을 일컬음.

5) 원추리 풀 : 훤초(萱草)는 일명 망우초(忘憂草)라고도 하는 것으로, 고인(古人)들이 이것을 북당(北堂)에 많이 심었는데, 북당은 주부(主婦)가 거처하는 곳이므로, 전하여 모친(母親)을 가리킨다. 《시경》 위풍(衛風) 백혜(伯兮)에, "어떻게 하면 훤초를 얻어, 이것을 북당에 심을꼬.[焉得諼草 言樹之背]" 하였다. 여기에서는 양산보의 어머니를 가리키는 것으로, 양산보가 '어머니보다 먼저 죽어 아마도 저승에서 애통해 할 것'이라고 여긴 것이다.

6) 이 시의 原題는 〈挽人[어떤 이를 애도함]〉이며, 전체 5수 중 마지막 두 수이다. 《高峯先生續集》

7) 삼여(三餘) : 학문을 하는 데 가장 좋은 세 가지 여가(餘暇)로, 바로 해의 나머지[歲之餘]인 겨울, 날의 나머지[日之餘]인 밤, 때의 나머지[時之餘]인 음우(陰雨)이다.

8) 한……간직했네 : 북송(北宋)의 조경순(刁景純)이 벼슬을 그만두고 향리로 돌아오자 당시의 명류(名流)들이 그를 맞이하여 장춘오(藏春塢)라는 작은 둑 모양의 화단을 만들어 주었다. 《異聞錄》

9) 옥석(玉舃) : 신선이 신는 신발. 유향(劉向)의 《열선전(列仙傳)》에 "안기 선생(安期先生)은 낭야(琅琊) 부향(阜鄉) 사람으로 동해가에서 약을 팔았는데, 당시 사람들은 천세옹(千歲翁)이라 하였다. 진시황(秦始皇)이 동쪽에서 노닐다가 그를 만나 사흘 밤낮 동안 이야기를 나누고 많은 금은보화를 주었으나, 모두 그대로 남겨 두고 편지 한 통과 붉은 옥으로 만든 신발[赤玉舃] 한 쌍을 남겼는데, 그 편지에 '몇 해 뒤 봉래산에서 나를 찾으라.' 하였다. 이에 진시황이 서시(徐市) 등을 시켜 동남동녀(童男童女) 수백 명을 데리고 동해에 배를 띄워 봉래산을 찾아가게 하였다." 하였다.

10) 수문랑(修文郎) : 천상(天上)에서 글을 짓는 관원이다. 진(晉)나라의 소소(蘇韶)가 죽은 뒤에 다시 나타나 형제들에게 말하기를 "현재 천상에는 공자(孔子)의 제자인 안연(顔淵)과 복상(卜商)이 수문랑으로 있다."고 말했다 한다. 두보(杜甫)의 시 〈곡이상시역(哭李常侍嶧)〉에 "일대의 풍류가 다하였으니, 깊은 지하에서 수문랑이 되었으리. 이 사람을 다시 볼 수 없으니, 늙어 가는 때에 지음의 벗을 잃었도다.[一代風流盡 修文地下深 斯人不重見 將老失知音]" 하였다.

11) 인간……어겼구려 : 부모보다 먼저 죽은 것을 말한다. 무채(舞綵)는 색동옷을 입고 춤을 추는 것으로 춘추 시대 초(楚)나라의 노래자(老萊子)가 효성으로 어버이를 섬겨 70세의 나이에도 항상 색동옷을 입고 어린아이의 놀이를 하여 부모를 기쁘게 하였다고 한다. 《小學 稽古》

12) 장구(杖屨) : 지팡이와 신발로, 여기서는 고인이 거닐던 곳을 말한다.

13) 적계(炙鷄) : 구운 닭인데 변변찮은 제사 음식을 말한다. 후한(後漢)의 서치(徐穉)는 자가 유자(孺子)로 남주(南州)의 고사(高士)라 일컬어졌다. 그는 먼 곳으로 문상(問喪)하러 갈 때 솜을 술에 적셔 햇볕에 말린 다음 그것으로 구운 닭을 싸서 휴대하기 간편하도록 만들어 가지고 가서 솜을 물에 적셔 술을 만들고 닭을 앞에 놓아 제수를 올린 뒤 떠났다 한다. 또 그는 매우 가난하여 곽임종(郭林宗)의 어머니 상(喪)에 조문하러 가서는 풀 한 다발만 집 앞에 두고 상주(喪主)는 보지 않은 채 돌아왔다 한다. 《後漢書 卷35 徐穉列傳》

蒲洒亭　石川林億齡
梁子園亭好瀟然淨容心
人賢忘巷陋地古易窓陰
世事生吳興鄉情養越吟
小童催我起簷際已喧禽
又
昔年尋谷口落葉擁柴扉
激々水養急蒼々山本圍
慰人村釀釀逃雞鬢毛稀
若得閑田地吾將作少微
後孫南炯
正植呈揭

瀟灑亭 石川 林億齡　**소쇄원의 원정(園亭). 석천 임억령**
소 쇄 정 석 천 임 억 령

又　또 지음
우

梁子園亭好　양소쇄옹의 정원 좋기도 하여
양 자 원 정 호

瀟然淨客心　말끔히 나그네 마음 씻어주네
소 연 정 객 심

人賢忘巷陋　사람이 어질면 마을 누추함을 잊게 되고
인 현 망 누 항

地古易寒陰　땅이 오래되면 차가운 그늘지기 쉽다네
지 고 이 한 음

世事生吳興　세상일은 오흥[1]을 내었고
세 사 생 오 흥

鄕情奏越吟　고향 그리는 정은 월음[2]을 연주한다네
향 정 주 월 음

小童催我起　어린 아이 어서 일어나라 재촉하는데
소 동 최 아 기

簷際已喧禽　처마엔 벌써 새소리 요란하네
첨 제 이 훤 금

昔年尋谷口　옛날 소쇄정 골짜기 찾았을 때는
석 년 심 곡 구

落葉擁柴扉　낙엽이 사립문 가렸었지
낙 엽 옹 시 비

激激水春急　격렬한 물방아 급하고
격 격 수 용 급

蒼蒼山木圍　푸른 산의 나무 주위를 에웠구려
창 창 산 목 위

慰人村釀釅　사람을 위로하는 시골 술 진하고
위 인 촌 양 엄

逃難鬢毛稀　어려움을 모면한 귀밑털 듬성듬성
도 난 빈 모 희

若得閑田地　만약 묵정밭 구한다면
약 득 한 전 지

吾將作小微　내 장차 소미[3]가 되리라
오 장 작 소 미

後孫 南炯　正植 呈揭
후손 남형　정 식 정 게

후손 남형과 정식이 게재함

142

1) 오흥(吳興) : 명(明)나라 장락(長樂) 사람으로 오흥에 살았던 오계공(吳繼公)을 가리키는데, 한 채의 작은 누각을 오흥에 지어 놓고서 그곳에서 경술(經術)을 깊이 탐구하였으며, 《의례집설(儀禮集說)》을 저술하였다.

2) 월음(越吟) : 고향을 생각하고 고국을 그리워하면서 부르는 슬픈 노래를 말한다. 장석(匠石)은 월(越) 나라 사람으로 초(楚) 나라에 와서 현달하였다. 초왕(楚王)이 "장석은 월 나라 사람인데, 지금도 월 나라를 그리워하는가?" 하니, 중사(中使)가 아뢰기를, "대개 사람이 병이 들면 고향을 그리워하는 법입니다. 장석이 월 나라를 그리워한다면 월 나라의 소리로 신음할 것이고, 월 나라를 그리워하지 않는다면 초 나라의 소리로 신음할 것입니다." 하였다. 그러자 초왕이 사람을 시켜서 알아보니, 장석이 과연 월 나라의 소리로 신음하였다. 《史記 卷70 張儀列傳》

3) 소미(小微) : 송(宋) 나라 때에 임금으로부터 소미선생(少微先生)이란 호칭을 하사받은 처사(處士) 강지(江贄)를 이르는데, 전하여 은거하는 처사를 뜻한다.

丹嵒根訪琴難覓　真界分明此一龕
曠占乾坤寬納二　妝水引漫二
風霜戍歲松筠老　詩酒當年筆硯乾
散倚曲欄流顧昐　古緣消息絕來干

蒲邐翁題詠

清境果卜得難　吾見竹宅空人間
凌霜粉馥梅三樹　度鴬舊憶竹數萃
群鴬有晴遠泛長濟燕　任有潺潺
逍遙亭上塘乘興嫌　卻當時俗並看

金厚之河西和題

丹丘何恨訪尋難　신선세계 찾기 어렵다고 어찌 한하랴
단 구 하 한 방 심 난

眞界分明此一巒　참된 경계 이 한 봉우리가 분명하다
진 계 분 명 차 일 만

曠占乾坤寬納納　널찍이 하늘과 땅 점령하여 드넓고
광 점 건 곤 관 납 납

恢收山水引漫漫　넓게 산수를 거둬 멀기도 하네
회 수 산 수 인 만 만

風霜幾歲松筠老　몇 해 풍상에 솔과 대가 늙었는고
풍 상 기 세 송 균 로

詩酒爲年筆硯乾　당년에 시주는 붓과 벼루 말랐네
시 주 위 년 필 연 건

散倚曲欄流顧眄　난간에 기대어 주욱 둘러보니
산 의 곡 란 류 고 면

世緣消息絶來干　세상 소식 모두 끊어졌구나
세 연 소 식 절 래 간

瀟灑翁題詠[1] 소쇄옹이 읊음
소 쇄 옹 제 영

淸境由來卜得難　맑은 경계는 원래 구하기 어려워
청 경 유 래 복 득 난

吾兄所宅罕人間　우리 형 사는 곳은 세상에 드물도다
오 형 소 택 한 인 간

凌霜粉馥梅三樹　세 그루 매화 서리 속에 향기 날리고
능 상 분 복 매 삼 수

度雪蒨蔥竹數竿　두어 줄기 대나무 눈 속에 푸르도다
도 설 천 총 죽 수 간

群鳥有情遠泛泛　오리 떼는 정답게 멀리 떠다니고
군 조 유 정 원 범 범

長溪無任自潺潺　긴 개울물은 제멋대로 흘러가네
장 계 무 임 자 잔 잔

逍遙亭上堪乘興　정자에 한가로이 거닐다 흥에 겨워
소 요 정 상 감 승 흥

嫌却當時俗世看　당시의 세속적인 일 모두 잊네
혐 각 당 시 속 세 간

金厚之河西和題[2] 김후지 하서가 화답하여 쓰다
김 후 지 하 서 화 제

---

1) 이 시는 《면앙집》 권7, 〈면앙잡록〉에 '次俛仰亭韻[면앙정운에 차운함]'으로 실린 것으로 보아 소쇄원을 읊은 것이 아니고 면앙정을 읊은 것으로 보임.

2) 이 시는 《河西先生全集》 권10에 '訪彦鎭兄林亭[언진형의 임정을 방문하여]'라는 시제로 실려 있는 것으로 보아 '瀟灑翁題詠'에 대한 화답으로 보는 것은 잘못인 듯함.

관심있는 사람이 아니면 찾아볼 수 없는 학구당의 모습

수남학구당(水南學求堂)

　　수남학구당은 '창평학구당'이라고도 불리며, 유교 사회적 풍토를 조성하기 위해 인재를 양성하던 곳이다. 이 당의 근원은 고려 말에 건립된 향적사^{鄉績寺}라는 것이었으나, 조선이 건국되면서 불교를 억압하는 정책에 의하여 절이 문을 닫게 되자 승려들이 모두 흩어지게 되었다. 이에 환학당^{換學堂}이란 스님이 승려들을 다시 불러들여 공부를 가르쳤으므로 후일 그의 제자들이 환학의 뜻을 받아들여 학구당이라 이름하였다. 지금의 건물은 1988년에 보수하였으며, 본당4칸, 중류2층 4칸이며, 현재는 18개 성씨가 운영하고 있다.

環碧堂

환벽당

環碧堂

환벽당의 전경

환벽당環碧堂은 광주호 상류 창계천가의 충효동쪽 언덕 위에 있는 정자로, 나주목사羅州牧使를 지낸 김윤제金允悌, 1501~1572가 낙향하여 창건하고 육영育英에 힘쓰던 곳이다.

건물의 규모는 정면 3칸, 측면 2칸의 팔작지붕의 목조와가木造瓦家이며, 환벽당은 푸르름을 사방에 가득 둘렀다는 이름으로 당호는 신잠申潛이 지었다. 송시열이 쓴 제액題額이 걸려 있고, 임억령林億齡 · 조자이趙子以의 시가 현판으로 걸려 있다.

김윤제는 지금의 광주광역시 충효리 태생으로, 호는 사촌沙村이다. 1528년 진사가 되고, 1532년 문과에 급제하여 벼슬길에 나갔다. 그후 나주목사 등 13개 고을의 지방관을 역임하였다. 관직을 떠난 뒤 고향으로 돌아와 환벽당을 짓고 후학 양성에 힘을 썼다.

그의 제자 가운데 대표적인 인물로는 정철鄭澈과 김성원金成遠 등이 있다. 임진왜란 때의 의병장 김덕령과 김덕보 형제는 그의 종손으로 역시 김윤제의 영향을 크게 받았다. 특히, 정철은 16세 때부터 27세에 관계에 나갈 때까지 환벽당에 머물면서 학문을 닦았던 것으로도 유명하다.

過松江先生屋簷有
歲志懷仍賭　鄭達
夫
丞明攻堞竹變尋鳴兩縣
郭端胡湯清名直節賢
孫緒餘韻送風過客欲
深望言空新易主樓霞
坐在右楹今通家小子悲
吟地老木寒波至恨心
崇禎後乙未仲冬趙子以
謹稿

過　松江先生舊居有感志懷仍贈　鄭達夫
과　송 강 선 생 구 거 유 감 지 회 인 증　정 달 부

송강 선생의 옛 거처를 지나며 느낀 생각을 써서 정달부에게 주다.

丞相故墟何處尋　　승상께서 사신 옛터 어디에서 찾을까
승 상 고 허 하 처 심

鳴陽縣郭瑞湖潯　　명양[창평] 고을 외곽 서호가에 있다네
명 양 현 곽 서 호 심

淸名直節賢孫繼　　맑은 이름 곧은 절개 어진 자손 이어가고
청 명 직 절 현 손 계

餘韻遺風過客欽　　남긴 운치 끼친 풍화 지나는 객이 흠모하네
여 운 유 풍 과 객 흠

環碧亭空新易主　　환벽정 비어 새로이 주인 바뀌었는데
환 벽 정 공 신 역 주

棲霞堂在古猶今　　서하당은 예나 지금이나 그대로네
서 하 당 재 고 유 금

通家小子悲吟地　　통가[1]하는 어린애들 슬피 읊조리는 곳
통 가 소 자 비 음 지

老木寒波無限心　　늙은 나무 찬 물결에 이 마음 한량없네
노 목 한 파 무 한 심

崇禎後乙未仲冬趙子以謹稿　　1715년(숙종 41) 겨울
숭 정 후 을 미 중 동 조 자 이 근 고　　조자이[조상건][2] 근고

---

1) 통가(通家) : 선대 때부터 집안 간에 서로 친하게 지내던 사이를 말한다.
2) 조상건[趙尙健, 1672(현종 13)~?] : 자는 자이(子以). 숙종 39년(계사, 1713) 증광시(增廣試)에 병과 급제함.

環碧堂
烟氣魚雲氣琴聲雜水縠斜陽乘艇返
沙路竹輿鳴
微雨洗林空竹輿聊出遊天開雲共區
峽圻水橫流白癸千堂雪蒼松五月秋
飄然眈蟷穴笙鶴戲滔洲
自得頹瓢樂無心昇轂逈夢凉松月上
窓涅水雲流村酒穿㟁薄山田敢望秋
騎牛細兩裡吾道付滄洲
石川林億齡
檀紀四千二百八十三年庚寅暮春
不肖後孫泰炳 謹揚

環碧堂
환 벽 당

烟氣兼雲氣　연기엔 구름기운 띠었고
연 기 겸 운 기

琴聲雜水聲　거문고 소리엔 물소리 섞였네
금 성 잡 수 성

斜陽乘醉反　석양에 취하여 돌아오는데
사 양 승 취 반

沙路竹輿鳴　모랫길이라 댓가마 사각거리네
사 로 죽 여 명

微雨洗林壑　가랑비 숲 골짜기 씻어 주니
미 우 세 임 학

竹輿聊出遊　댓가마 타고 나들이 나섰네
죽 여 료 출 유

天開雲去盡　하늘 열려 구름 걷히고
천 개 운 거 진

峽坼水橫流　골짜기 터져 물이 마구 흐르네
협 탁 수 횡 류

白髮千莖雪　흰 머리는 천 가닥 눈발이요
백 발 천 경 설

蒼松五月秋　푸른 솔은 오월의 가을이로다[1]
창 송 오 월 추

飄然蛻蟻穴　표연히 개미굴 벗어나서
표 연 태 의 굴

笙鶴戲瀛洲　생학[2] 을 타고 영주[3]에서 놀고 싶네.
생 학 희 영 주

1) 푸른 …… 가을이로다 : 푸르게 우거진 솔 그늘이 서늘하여 가을과 같다는 표현임.
2) 생학(笙鶴) : 신선이 탄 학을 말한다. 《열선전(列仙傳)》 왕자교(王子喬)에, "왕자교는 바로 주(周)나라 영왕(靈王)의 태자 진(晉)인데, 생황(笙簧)을 잘 불어서 봉황새가 우는 소리를 내었다. 이수(伊水)와 낙수(洛水) 사이에서 노닐다가 도사(道士) 부구공(浮丘公)을 숭산(嵩山)에서 만났으며, 30년 뒤에는 학(鶴)을 타고 후씨산(緱氏山)으로 날아가 산꼭대기에서 머물다가 신선이 되어 날아갔다." 하였다.
3) 영주 : 동해 가운데 신선이 산다는 곳.

自得顔瓢樂　　안연의 안빈낙도 스스로 얻어
자 득 안 표 락

無心羿彀遊　　예[4]의 활쏘며 노는 것 관심 없다네
무 심 예 구 유

夢涼松月上　　솔에 달 떠오르니 꿈 차갑고
몽 량 송 월 상

窓濕水雲流　　물에 구름 흐르니 창문 축축해
창 습 수 운 류

村酒寧嫌薄　　시골술에 어찌 텁텁함을 따지며
촌 주 영 혐 박

山田敢望秋　　산골 밭에 감히 풍년을 바랄건가
산 전 감 망 추

騎牛細雨裏　　가랑비 속에 소를 타고 다니며
기 우 세 우 리

吾道付滄洲　　우리의 도를 창주[5]에 붙이노라
오 도 부 창 주

石川 林億齡　석천 임억령 지음
석 천 임 억 령

檀紀四千二百八十三年丙寅暮春
단 기 사 천 이 백 팔 십 삼 년 병 인 모 춘

不肖後孫 泰炳謹揭
불 초 후 손 태 병 근 게

단기 4283년(1950) 병인 늦봄에 불초후손 태병이 삼가 게재함

---

4) 예(羿) : 활을 잘 쏘는 명궁(名弓). 하(夏) 나라 태강(太康)을 폐위하고 나라를 앗아 국호를 유궁(有窮)이라 칭하였는데 후에 그 신하 한착(寒浞)에게 피살되었다.

5) 창주(滄洲) : 창주정사(滄洲精舍)를 말하는 것으로 주자(朱子)가 강학하던 정사이다. 주자가 갑인년(1194)에 창주정사를 짓고서 공자께 석채(釋菜)의 예를 올렸는데, 안자(顔子)·증자(曾子)·자사(子思)·맹자(孟子)를 배향하고, 주돈이(周敦頤)·정호(程顥)·정이(程頤)·소옹(邵雍)·장재(張載)·사마광(司馬光)·이통(李侗)을 종사(從祀)하였다. 《朱子年譜》

환벽당 아래에 있는 조대釣臺와 용소龍沼
는 김윤제가 어린 정철을 처음 만난 사연이
전하는 곳이다.

조부의 묘가 있는 고향 담양에 내려와 살
고 있던 당시 14세의 정철이 순천에 사는 형
을 만나기 위하여 길을 가던 도중에 환벽당
앞을 지나게 되었다. 때마침 김윤제가 환벽
당에서 낮잠을 자고 있었는데, 꿈에 창계천
의 용소에서 용 한 마리가 놀고 있는 것을
보았다. 꿈을 깬 후 용소로 내려가 보니 용모
가 비범한 소년이 멱을 감고 있었다. 김윤제
는 소년을 데려다가 여러 가지 문답을 하는
사이에 그의 영특함을 알게 되었다. 그는 순
천에 가는 것을 만류하고 슬하에 두어 학문
을 닦게 하였다.

정철은 이곳에서 김인후金麟厚, 기대승奇大升 등 명현들을 만나 그들에게서 학문과 시를
배웠다. 후에 김윤제는 그를 외손녀와 혼인을 하게 하고 그가 27세로 관계에 진출할 때까지
모든 뒷바라지를 해주었다.

환벽당 인근에 취가정, 독수정, 소쇄원이 있다. 환벽당은 정철의 4대손 정수환鄭守環이 김
윤제의 후손으로부터 사들여 현재 연일 정씨 문중에서 관리하고 있다.

157

환벽당을 지나서 가사 문학관으로 올라가는 돌계단이다. 충효리는(석저촌은 무등산에서 나와 북쪽으로 흐르는 증암천 서쪽에 위치하고, 그 반대편에 양산보가 사는 창암촌이 있었다.) 김덕령 장군의 태생지이다. 여기에서 어린시절을 보내고, 활쏘기, 칼 쓰기 기술을 연마하지 않았을까 한다. 정자의 명칭에서부터 감정이 우러날 수 있듯이 노래에 취할 만큼 자연경관이 수려한 곳이다. 지금은 앞에 잡목이 조금 우거져 있지만 옛날에는 운치를 돋우는 소나무들로 가득차 있고, 앞은 탁 트여 있으니 봄, 여름, 가을, 겨울 사시사철 바뀌는 계절의 감각이 달랐으리라 생각된다.

취가정

醉歌亭

취가정醉歌亭은 충효마을 동쪽, 환벽당 남쪽에 자리잡고 있으며 가사문학관을 가는 길에 충효교를 건너기 전 환벽당으로 접어드는 길목을 따라서 올라가면 나지막한 언덕에 정면 3칸 측면 2칸에 작은방이 하나 딸린 조용한 정자다. 주변의 다른 정자들과는 다르게 무등산을 바라보면서 무등산 아래 들판과 무등의 경치를 한눈에 바라볼 수 있는 곳이다. 이 정자는 임진왜란 때 의병장이었던 충장공忠將公 김덕령金德齡 장군을 추모하기 위해 그의 후손 김만식 등이 고종27년1889에 세웠다고 한다. 취가醉歌라는 의미에서 알 수 있듯이 김덕령장군이 모함을 받아 죽고 난 후 정철의 제자였던 석주石洲 권필權韠의 꿈에 김덕령 장군께서 나타나 술에 취한 모습으로 억울함을 호소하고 한 맺힌 노래를 부르자 권필이 이에 화답하는 시를 지어서 원혼을 달랬다고 한다. 여기에 그 시비가 세워져 있다.

題瑞峯寺 서봉사에 쓰다
제 서 봉 사

堂上含盃處 당 상 함 배 처	당 위에서 술잔 기울이는데
山前雨過時 산 전 우 과 시	산 앞으로 비 지나도다
題名吾有意 제 명 오 유 의	이곳에 이름을 쓰는 내 마음
他日幸相思 타 일 행 상 사	나중에 행여 생각해 줄까

軍中作 군중에서 지음
군 중 작

絃歌不是英雄事 현 가 불 시 영 웅 사	거문고 타며 노래하는 것 영웅의 일이 아니니
劍舞要須玉帳游 검 무 요 수 옥 장 유	칼춤 추면서 장수의 막부에서 노닐 것이다
他日洗兵歸去後 타 일 세 병 귀 거 후	훗날 갑병을 씻고[1] 돌아온 뒤에
江湖漁釣更何求 강 호 어 조 갱 하 구	강호에서 낚시하는 외에 다시 무엇을 구하랴
忠壯公 金德齡 충 장 공 김 덕 령	충장공 김덕령 지음

[1] 갑병을 씻고 : 전쟁이 끝난다는 것으로, 갑병(甲兵)을 깨끗이 씻어서 무고(武庫)에 수장하고 다시 사용하지 않을 뜻을 보이는 것을 이름. 두보(杜甫)의 시에 "어쩌면 장수가 은하수를 잡아당기어, 갑병을 깨끗이 씻고 영원히 쓰지 않으리[安得壯士挽天河, 淨洗甲兵長不用]"라 하였음.

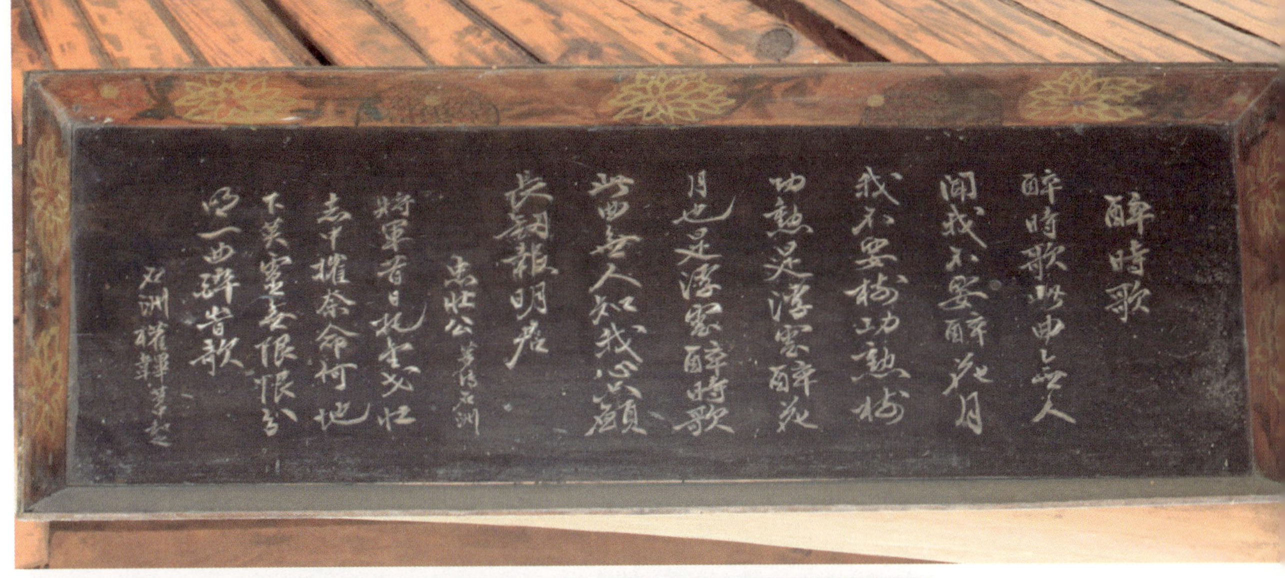

醉時歌

醉時歌此曲無人聞
我不要醉花月
我不要樹功勳
功勳此是浮雲醉
月也是浮雲醉時歌
此曲無人知我心願
長鋏歸明君

忠壯公金德齡
將軍者曰此壯忠
志中摧殘命何地
不美靈臺限恨今
思一曲醉時歌

双洲權韓燮書

忠壯公金德齡將軍醉詩歌碑

醉時歌此曲無人聞
我不要醉花月
我不要樹功勳
樹功勳是浮雲
醉花月也是浮雲
醉時歌此曲無人和
我心只願長劍報明君

취함 재 부르는 노래여
이 곡조 듣느니 사람 없네
나는 꽃과 달에 취함도
바라지 않고
누릴 功勳을 세움도
바라지 않네
功勳을 세우는 것도
뜬 구름이요
花月에 취하는 것도
뜬 구름이네
취할때 부르는 노래여
이 곡조 아는 사람 없네
나의 마음은 오직
긴 劍으로
명군게 報答만 하고지고

醉時歌　취시가

취 시 가

醉時歌 취 시 가	취했을 때 노래하노니	忠壯公夢傳石洲 충 장 공 몽 전 석 주	충장공 꿈에 석주권필에게 전함
此曲無人聞 차 곡 무 인 문	이 곡을 듣는 사람이 없구나	將軍昔日把金戈 장 군 석 일 파 금 과	장군이 옛날에 창을 잡았으나
我不要醉花月 아 불 요 취 화 월	나는 꽃과 달 아래에서 취하고 싶지도 않고	壯志中摧柰命何 장 지 중 최 내 명 하	장한뜻 중도에서 꺾이니 운명인걸 어찌할거나
我不要樹功勳 아 불 요 수 공 훈	나는 공훈도 세우고 싶지 않아	地下英靈無限恨 지 하 영 령 무 한 한	지하에 계신 영령의 한없는 원한을
樹功勳是浮雲 수 공 훈 시 부 운	공훈을 세우는 것은 뜬 구름과 같고	分明一曲醉時歌 분 명 일 곡 취 시 가	분명 취시가 한 곡조로 나타냈구료
醉花月也是浮雲 취 화 월 야 시 부 운	꽃과 달 아래에서 취하는 것도 뜬 구름일세	石洲權韠夢中和之 석 주 권 필 몽 중 화 지	석주 권필 꿈속에서 화답함
醉時歌 취 시 가	취했을 때 노래하노니		
此曲無人知 차 곡 무 인 지	이 곡을 알아주는 사람 없구나		
我心只願長劍報明君 아 심 지 원 장 검 보 명 군	내 마음은 다만 장검으로 밝은 임금께 보답하기를 원하노라		

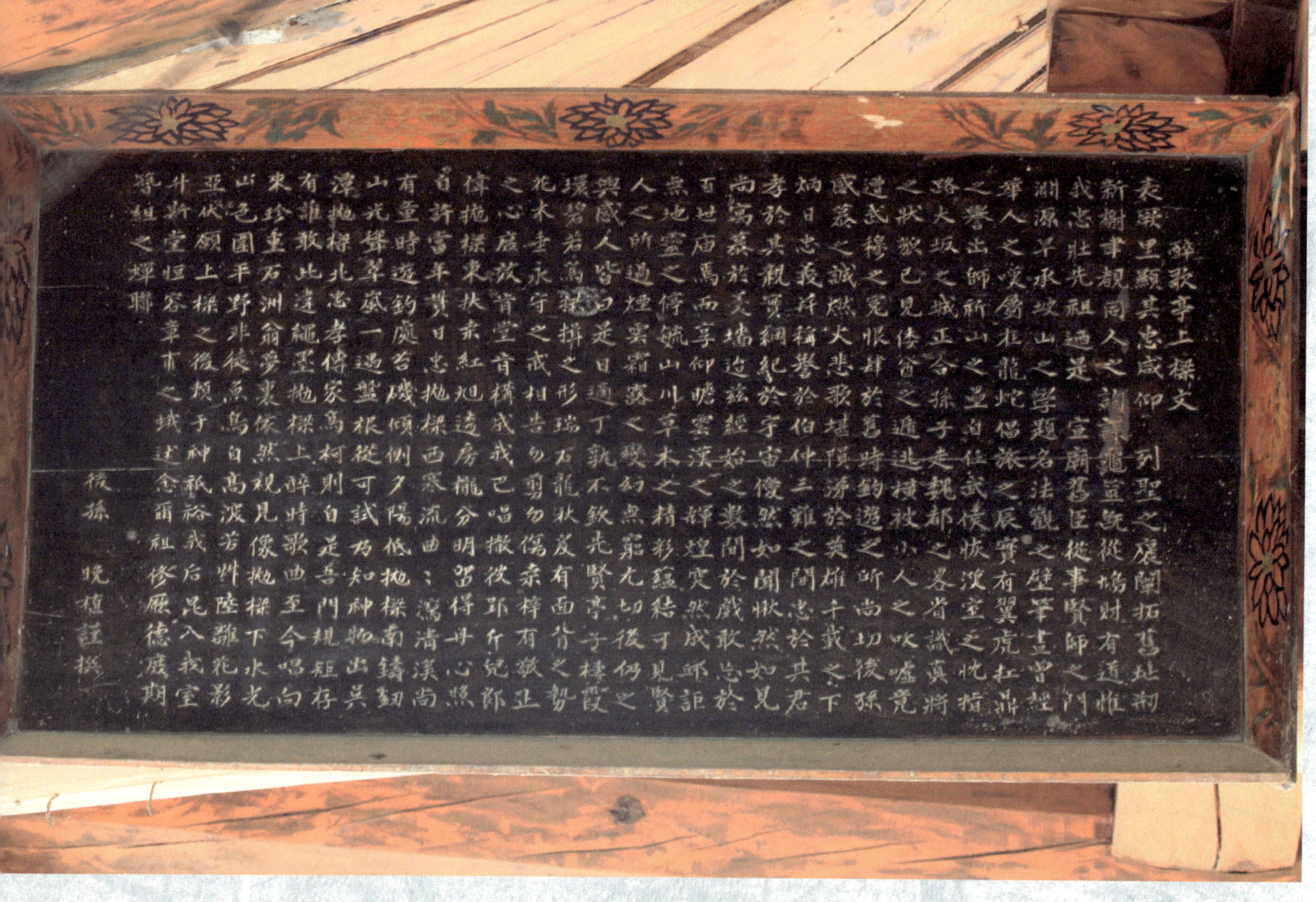

辭歌亭上樑文

醉歌亭上樑文

表厥里顯其忠咸仰 列聖之褒闡拓舊址剏新榭聿覩同人之詢謀龜茲既從鳩財有道惟我
忠壯先祖迺是 宣廟舊臣從事賢師之門淵源早承坡山之學題名法觀之壁筆畫曾經華人
之嘆屬在龍蛇倡旅之辰實有翼虎扛鼎之譽出師祈山之壘自任武侯恢漢室之忱指路大
坂之城正合孫子走魏都之署省識眞將之狀貌已見倭酋之遁逃橫被小人之吹噓竟遭武
穆之冤恨肆於舊時釣遊之所向切後孫感慕之誠燃火悲歌堪隕涕於英雄千載之下炳日
忠義并稱譽於伯仲三難之間忠於其君孝於其親實綱紀於宇宙優然如聞愀然如見尚寓
慕於羹墻迨玆經始之數間於戲敢忘於百世廟焉而亨仰瞻雲漢之輝煌突然成邱詎無地
靈之停毓山川草木之精彩蘊結可見賢人之所過煙雲霜露之變幻無窮尤切後仍之興感
人皆曰是日適丁孰不欽先賢亭子棲霞環碧若爲拱揖之形瑞石龍湫爰有面背之勢花木
垂永守之戒相告勿剪勿傷桑梓有敬之之心庶效肯堂肯構成我巴唱撤彼郢斤兒郎偉抛
樑東扶桑紅旭透房櫳分明留得丹心照自許當年貫日忠抛梁西寒流曲曲瀉清溪尚有童
時遊釣處苔磯傾側夕陽低抛梁南鑄劍山光聳翠嵐一遇盤根從可試乃知神物出吳潭抛
樑北忠孝傳家爲柯則自是吾門規矩存有誰敢此違繩墨抛樑上醉時歌曲至今唱向來珍
重石洲翁夢裏依然親見像抛樑下水光山色圍平野非徒魚鳥自高深芳草陸離花影亞伏
願上樑之後賴于神祇裕我後昆入我室升斯堂恒容章甫之峨述念爾祖修厥德庶期簪組
之蟬聯
後孫 晚植謹撰

취가정 상량문

그 마을에 정문을 세워 충성을 드러내니 모두 역대 임금의 포상을 우러르고, 옛터를 다듬어 새집을 지으니 드디어 뜻을 함께한 이들의 의논을 보겠도다. 점괘에 따르니 재물^{건축비용}을 거두는 데에 방법이 있도다. 우리 충장공 선조는 바로 선조의 옛 신하로 어진 스승의 문하에 종사^{從事}하였으니 연원은 일찍이 파산^{坡山 : 성혼}의 학문을 계승하였다. 절간의 벽에 이름을 썼는데 필획을 본 중국인들이 감탄하였다.

임진왜란에 의병을 일으켜 참으로 익호^{翼虎1)} 강정^{扛鼎2)}의 영예를 가졌다. 기산^{祈山}의 진에 출사^{出師}함에 무후^{武侯, 제갈량}가 한나라의 왕실을 회복하려는 정성을 자임^{自任}하였으며 대판^{大坂}의 성에 길을 인도함에 손자가 위나라 서울로 진격하는 책략과 부합하였다. 장군의 초상을 알아 본 왜장이 도망을 쳤으나 소인들의 모함을 받아 마침내 무목^{武穆}의 원한을 만났으니, (장군이) 옛날 낚시하고 노닐던 곳에 후손의 느껴 사모하는 정성이 더욱 간절하다.

불타는 슬픈 노래³⁾는 영웅 천년의 후에 눈물을 흘리게 하고, 밝은 해 같은 충의는 형제 삼난^{三難4)}의 사이에 함께 칭찬을 받았으니, 임금에게 충성하고 어버이에게 효도함은 실로 우주에 강기^{綱紀}가 되었다. 아련히 목소리가 들리는 듯하고 어렴풋이 모습이 보이는 것 같아 아직도 갱장^{羹墻5)}에 사모함이 남았다. 이제 두어 칸 정자를 지음에 아아 감히 백세를 지난들 잊을까. 사당에 제사하여 흠향함에 은하수의 휘황한 빛이 돌연히 언덕을 이룸을 우러러 본다. 그러니 어찌 지령^{地靈}이 기름에 산천초목의 정채가 맺지 않을 것이며, 현인이 지남에 안개와 구름, 서리와 이슬의 변화가 무궁함을 볼 수 있는 것이다.

1) 익호(翼虎) : 임진왜란에 광해군(光海君)이 세자로서 전주(全州) 분조(分朝)에 있을 때 이정암(李廷馣)의 장계에 따라 의병장 김덕령에게 내린 호칭이다. 이는 날개 달린 범이라는 뜻으로 뒤에 임금이 듣고 과하다 하여 초승장군(超乘將軍)으로 개칭하였다. 《西河集 卷14 金將軍傳》《海東名臣言行錄》

2) 강정(扛鼎) : 큰 정(鼎 : 솥)을 들 만한 힘을 가졌다는 뜻으로, 힘이 대단히 센 것을 말한다. 옛날에 항우(項羽)가 신장은 8척이 넘고 힘은 정(鼎)을 들어 올릴 만하였다고 한다.

3) 불타는 슬픈 노래 : 의병대장인 작자가 무고로 투옥되어 죽기 직전에 자기의 억울한 심정을 노래한 《춘산곡(春山曲)》을 이른다. 《춘산곡》의 내용은 다음과 같다.
'춘산에 불이나니 못다 핀 꽃 다 붙는다
저 뫼 저 불은 끌 물이나 있거니와
이 몸에 내[川] 없는 불이 나니 끌 물 없어 하노라'

4) 삼난(三難) : 불, 피, 칼의 삼도(三途)의 난, 또는 세계(世界)의 종말(終末)에 일어난다는 대화(大火), 대풍(大風), 대수(大水)의 재난(災難)을 뜻하는데, 여기에서는 '임진왜란의 병화'를 이른 듯하다.

5) 갱장(羹墻) : 어진이를 사모하는 말이다. 《후한서(後漢書)》 이고전(李固傳)에, "순(舜)이 요(堯)를 사모하여, 앉아 있을 적에는 요 임금을 담에 뵙는 듯하고, 밥 먹을 적에는 요 임금을 국에서 뵙는 듯했다." 하였다.

후손의 감흥이 더욱 절실한데 사람들이 모두 말하길, "오늘을 만나 누군들 선현의 정자를 공경하지 않으리오." 하였다. 서하당^{김성원}의 환벽당이 머리 숙여 인사하는 모습을 하고 서석산의 용추가 이에 면배^{面背}의 형세를 지니고 있다. 화목^{花木}이 영원히 지키라는 경계를 드리우니 서로 알려 베지 말고 상하지 말 것이며, 상재^{桑梓6)}에 공경하는 마음이 있으니 긍당긍구^{肯堂肯構7)}를 본받도다. 내 노래^{巴唱8)}를 이루니 저 영근^{郢斤9)}을 거두라.

어영차 떡을 들보 동쪽에 던지노니, 부상의 붉은 해 방 창에 들어와 분명히 단심^{丹心}을 비추니 당시에 해를 꿰뚫는 충성을 허여하도다.

떡을 들보 서쪽에 던지노니, 차가운 물 굽이굽이 맑은 시내로 쏟아지는데 아직도 어릴 적 노닐며 낚시하던 곳 남아 있어 이끼 긴 돌 석양에 비스듬하도다.

떡을 들보 남쪽에 던지노니, 칼 주조하던 산빛 푸른 안개 속에 솟구치누나. 한 번 반근^{盤根10)}을 만나 시험할 만하니 신물이 오담^{吳潭}에서 나온 줄 알겠네.

떡을 들보 북쪽으로 던지노니, 충효가 집안에 전해져 귀감이 되었도다. 이로부터 우리 가문에 규범이 남았으니 누가 감히 법도를 어기랴.

떡을 들보 위로 던지노니, 〈취시가〉 노래 지금까지 불리니 예전에 진중하신 석주옹^{권필}이 꿈속에서 의연히 직접 보신 모습이라네.

떡을 들보 아래로 던지노니, 물빛 산빛 평야를 두르니 새 날고 물고기 뛸 뿐 아니고 아름다운 풀 무성한데 꽃 그림자 이어졌네.

6) 상재(桑梓) : 뽕나무와 가래나무를 말하는데, 《시경》 소아(小雅) 소변(小弁)에 "부모가 심은 뽕나무와 가래나무도 반드시 공경해야 하거든, 우러러볼 건 의당 아버지이며 의지할 건 의당 어머니임에라.〔維桑與梓 必恭敬止 靡瞻匪父 靡依匪母〕"라고 한 데서 온 말로, 즉 조상이 살던 고향을 말한다.

7) 긍당긍구(肯堂肯構) : 《서경(書經)》에, "아버지가 집을 지으려고 방법을 세워 놓았으나, 아들이 당기(堂基)를 닦으려 하지 않는다면 집에 얽어질 수 있겠는가?" 하였는데, 즉 아버지가 이룩해 놓은 일을 아들이 잘 계승한다는 뜻으로 쓰임.

8) 노래[巴唱] : 초(楚)나라의 민간에서 유행하던 파리(巴里)라는 곡명(曲名)을 말하는데, 일반적으로 세속적인 음악을 뜻한다. 《문선(文選)》〈송옥대초왕문(宋玉對楚王問)〉에 "어떤 사람이 영중(郢中)을 지나다가 하리파인(下里巴人)을 부르니 화답한 자가 수천 명이고, 양아해로(陽阿薤路)를 부르니 화답한 자가 수백 명이고, 양춘백설(陽春白雪)을 부르니 화답한 자가 수십 명을 넘지 못했다."는 내용이 있다.

9) 영근(郢斤) : 영(郢)땅 사람의 자귀질이란 뜻으로 다른 사람의 시문을 잘 고치는 감식안을 말한다. 《장자(莊子)》〈서무귀(徐無鬼)〉에 "영인(郢人)이 장석(匠石)의 솜씨를 철저히 믿어 자신의 코끝에다 마치 파리 날개만 한 흙을 바르고는 장석을 시켜 그 흙을 깎아내게 하였는데, 과연 장석이 바람소리가 획획 나도록 자귀를 휘둘러 깎아냈는데도 흙만 깨끗이 다 깎이고 코는 아무렇지도 않았다." 하였다.

삼가 바라건대 들보를 올린 뒤에 천지신명에 힘입어 우리 후손을 넉넉하게 하며, 우리 집에 들어오고 이 당에 오름에 항상 장보^{章甫, 선비}의 의술^{蟻述11)}을 용납하며, 네 조상을 생각하고 덕을 닦아 벼슬이 끊이지 않기를 바라도다.

후손 만식^{晩植}이 삼가 짓다.

10) 반근(盤根) : 반근착절(盤根錯節)의 줄임말. 뿌리와 가지가 뒤엉킨 것처럼 사태가 복잡하게 전개되어 처리하기 어려운 것을 말하는데, 보통 걸출한 재능을 발휘할 수 있는 절호의 기회라는 뜻으로 쓰이곤 한다. 후한(後漢)의 우후(虞詡)가 "반근착절의 상황을 만나지 않는다면, 칼이 예리한지 무딘지 분간할 수가 없으니, 지금이야말로 내가 공을 세울 기회이다.[不遇盤根錯節 無以別利器 此乃吾立功之秋]"라고 말한 고사가 전한다. 《通鑑節要 卷19 後漢和帝》

11) 의술(蟻述) : 개미 새끼가 어미개미가 하는 짓을 배워 쉬지 않고 흙을 날라다가 개미둑을 쌓듯이, 사람도 항시 성현의 교훈을 배우며 익혀 가면 지덕(知德)이 향상하게 되는 것.

뒤쪽에서 바라 본 취가정

醉歌亭記
光州之石底坊有金將軍忠壯公之里找
正宗大王以忠孝二字表其閭沈又別宬
奉祀人主之地於是子益顯夫今上虜
重諸雲拐就其舊址剏建一小亭而以醉
歌盖石洲權公等得將軍醉時歌一篇
其詞曰醉時歌此曲無人聞我不要醉花
月我不要樹功勳樹功勳也是浮雲醉花月
也是浮雲醉時歌此曲無人知我心只顧
日把金戈壯志中推余命何地下荒塋無
寫熙趙悲歌之流而稱公足之曰將軍昔
長剱報明君其盡明閭燔罷結之辭當
志士之涙夾此地此亭之此名不其宜于
限恨分明一曲醉時歌君志相感目不禁
然于否于盇斯亭而誦豈詩亦安知其無
嗚呼將軍既抱武穆之冤其忠瑰蕰霄當
結而萬山河之壯奄西萬風窒之威兄今
雕題涅齒恣行國中若使將軍之靈而知
者其必有趾馬島鵜江戸之氣戔夷其衆
然业嗚呼端石在其前而將軍之所仕止于
激感而吐氣者也然則醉歌之名夫其偶
能一造亭上酌大斗歌而有之以乑將軍
之靈凡自慨恨于中逢些此萬醉歌亭記
公之孫省柱亭下西仐來謁余夫晚植
熙玄业鈞臺在其後而余徘徊疾竣許不
崇顧五年卯仲春大匡輔國崇祿大夫中
樞府事恩津宋述沐記

醉歌亭記

光州之石底坊有金將軍忠壯公之里我正宗大王以忠孝二字表其閭既又別定奉祀人主之地於是乎益顯矣今 上庚寅諸雲仍就其舊址刱建一小亭扁以醉歌蓋石洲權公嘗夢得將軍醉時歌一篇其詞曰醉時歌此曲無人聞我不要醉花月我不要樹功勳樹功勳是浮雲醉花月也是浮雲醉時歌此曲無人知我心只願長劍報明君其幽明間橫鬱蘊結之辭當爲燕趙悲歌之流而權公足之曰將軍昔日把金戈壯志中摧奈命何地下英靈無限恨分明一曲醉時歌異世相感自不禁志士之淚矣此地此亭之此名不其宜乎嗚呼將軍既抱武穆之冤其忠魂義魄當結而爲山河之壯奮而爲風霆之威見今雕題涅齒忩行國中若使將軍之靈而知者其必有跳馬島搗江戶之氣義矣其果然乎否乎登斯亭而誦其詩亦安知其無激感而吐氣者也然則醉歌之名夫其偶然也哉嗚呼瑞石在其前而將軍之所鍾毓也釣臺在其後而將軍之所往來也千載之下有可以想像而余顧癃疾蔟符不能一造亭上酌大斗歌而侑之以弔將軍之靈只自慨恨于中遂書此爲醉歌亭記公之孫皆在亭下而今來謁余文者晚植熙文也

　崇禎五辛卯仲春大匡輔國崇祿大夫中樞府事恩津宋近洙記

취가정기

　광주의 석저촌에 김 장군 충장공께서 사시던 동네가 있다. 우리 정조 대왕이 충효 두 글자로써 정려旌閭를 표하셨으며, 이윽고 별도로 봉사인奉祀人을 두어 관리하게 됨으로써, 이 고장이 더욱더 빛나게 되었다. 금상 경인년1890, 고종27에 그 멀고 가까운 후손들이 장군께서 계시던 옛 터 근처에 조그마한 정자를 짓고, 취가정이라고 정자 이름을 지어 현판을 붙이었다. 이 정자 이름을 왜 취가정이라고 지었느냐 하면 그 유래가 다음과 같다. 석주 권필 공께서 꿈에 장군께서 지은 취시가라는 노래 한 편을 얻었다. 그 노랫말은 다음과 같다.

　　취했을 때 노래하노니
　　이 곡을 듣는 사람이 없구나
　　나는 꽃과 달 아래에서 취하고 싶지도 않고
　　나는 공훈도 세우고 싶지 않아
　　공훈을 세우는 것은 뜬 구름과 같고
　　꽃과 달 아래에서 취하는 것도 뜬 구름일세
　　취했을 때 노래하노니
　　이 곡을 알아주는 사람 없구나
　　내 마음은 다만 장검으로 밝은 임금께 보답하기를 원하노라

　그 살아 계신 동안 돌아가신 뒤의 억울하고 한이 맺힌 말은 옛날 중국의 연나라 조나라의 비가悲歌의 유파라 할 것이다. 권공께서 그 아래에 시를 지어 보태기를,

장군이 옛날에 창을 잡았으나
장한 뜻이 중도에서 꺾이니 운명인 걸 어찌할거나
지하에 계신 영령의 한없는 원한을
분명 취시가 한 곡조로 나타냈구료

세대가 다른 데도 이렇게 서로 느낌을 함께 하여 스스로 지사의 눈물을 금하지 못하게 하였다 이 땅에 이 정자의 이름이 어찌 썩 어울리지 않겠는가. 어허 슬프다! 장군께서 이미 무목[1]의 원통한 한을 품었으니 그 충성스러운 혼과 의로운 넋이 분명히 산하의 장한 기운으로 맺히었고, 떨쳐서는 천둥 같은 위엄이 되었다. 지금 이마에 무늬를 새기고 이빨에 칠을 하는 왜놈들이 나라 안을 마음대로 돌아다니는 것을 보게 되니, 만약에 장군의 영혼이 앎이 있다고 한다면, 대마도를 뛰어 건너 일본을 짓밟을 의기가 있을 것이다. 과연 그러하겠는가 아니하겠는가.

이 정자에 올라 그 노래醉時歌를 읊으니 또한 어찌 그 감정이 격하고 기운을 토하지 않겠는가. 그런즉 '취했을 때 부르는 노래'란 이름이 어찌 우연이라고 하겠는가?

아아 서석산이 앞에 있으니 장군께서 항상 오르내리던 바요, 조대가 그 뒤에 있으니 장군께서 오가던 곳이라, 언제까지나 생각하고 잊지 말아야 할 일이다. 그런데, 나는 본디가 잔약한 사람이라 능히 한번 정상에 올라가서 큰 술잔을 올리고 노래를 불러 장군의 그 넋을 위로하지 못하고, 다만 스스로 감개한 마음만 품고 있으면서, 드디어 이 글을 써서 취가정기로 삼는다. 공의 후손들이 모두 정자 아래에 거주하며, 지금 와서 기문을 청한 사람은 만식과 희문이다.

숭정 5년 신묘 중춘(1891, 고종 28)
대국보국 숙록대부 영중추부사 은진인 송근수는 기문을 쓰다

醉歌亭重建記

瑞石鎭南方雄厚磅礴如巨人然一脈北走二十里蜿蜒起伏而向東闢一區者是故忠壯金
公所嘗生長之石底村而 正庙所襃忠孝里者也卽其東南皐舊有一小亭往 高宗庚寅蘭
室晚植與其門族構此取石洲權公夢中所得醉時之歌而扁以醉歌後一周甲之歲厄於兵
燹蘭室公之嗣熙駿又與門族新之方其爲赭土也壞瓦敗礫蒿萊滿目狐狸夜哭過者傷惻
忽又簷宇高峙窓櫳四壁瑞石臨其戸牖楓川注于几席蓋不待百年而廢興成壞已不勝其
變矣嗚呼英雄志士挺不世之材奮冲霄之翼不幸抑於讒口困於文罔冤於牢狴桁楊之間
者從古固何限矣而以若涅背之岳武穆墨衰之金忠壯前後俱罹奇禍則尤足起千載之不
平而不獨爲當時國勢民命致慨惜而已雖然我之不能越海而滔寇氛猶宋之不能渡河而
北也是皆天也非人也天之所不予而二公者强之則其羅織巇齮摧挫迫促而使之含血入
土者夫豈憸人之所能爲者哉既生之又復殺之既栽之又復傾之天未可知也抑其振英風
於宇宙垂耿光於竹帛使後之讀史者斫案慷慨歎謀國者賊忠良而不悟壞長城而自誤至
爲敵人所竊笑而其被一時誣蠛者身雖死而跡愈彰心愈白閱百世人尤仰之是則殺其身
適所以成其名傾其功適所以暴其志天其或者爲此乎則公與武穆之冤亦可以少釋矣文
鈺昔嘗過是里與其諸後昆酌酒亭上而歌醉時之歌時值長風出谷林木皆號肅然想公躍
馬揮鎗萬木披靡之狀因又陟楓巖歷梨峙弔遺墳而歸也至今夢魂尚往來其間也故樂聞
亭成而爲之記
　　乙未暮春光山金文鈺記

취가정 중건기

서석산은 남방을 진호鎭護하여 웅후하고 광대하여 거인과 같다. 그 한 줄기가 북으로 이십리를 달리다가 구불구불 일어났다 엎디며 동으로 향하여 한 구역을 열었다. 이곳이 바로 옛날 김충장공이 일찍이 나고 자란 석저촌이고 정조가 포장褒獎한 충효리이다. 그 동남쪽 언덕에 나아가면 예전에 하나의 작은 정자가 있었으니, 지난 고종 경인년(1890)에 난실蘭室 만식晩植이 문중 사람들과 함께 짓고 석주石洲 권공권필, 1569~1612년이 꿈속에서 얻은 〈취시가〉를 가져다가 〈취가〉로 편액을 하였다.

한 주갑周甲, 60년이 지난 후에 병화兵火, 6·25전쟁에 불타서 난실공의 맏이 희준熙駿이 또다시 일가친척과 함께 새로 지었다. 바야흐로 건물을 지으려 할 적에 깨진 기와와 부서진 벽돌이 널려 있고 쑥대가 가득하며 여우가 밤에 울부짖어 지나는 사람이 마음 아파하였다. 홀연히 또 지붕이 높이 솟고 네 벽에 창을 다니 서석산이 그 창문에 임하고 풍암천이 자리几席로 흘러든다. 대개 백년이 안 되어 일어난 것을 폐하고 무너진 것을 이루니 그 변화를 이기지 못 하겠다.

아아 영웅지사가 불세출의 재주를 타고나 하늘을 찌르는 도움을 떨치다가 불행히 참소에 억압되고 법망에 곤란을 겪다 감옥과 형장의 사이에서 억울함을 당한 자가 예로부터 한량이 없다. 그런데 등에 먹물 들인 악무목[1]과 검은 상복墨衰[2]을 입은 김충장공이 앞뒤로 함

1) 등에 …… 악무목 : 악비는 등에다가 정충보국(精忠報國) 이란 네 글자를 새기고 있었다.

2) 검은 상복[墨衰] : 거칠게 만든 담흑색(淡黑色)의 초립(草笠)에 희게 마전한 거친 삼베로 지은 옷과 띠를 매거나 혹은 검정 띠를 매는 복제로, 부재모상(父在母喪)의 담제(禫祭) 뒤와 출계(出系)한 사람이 생부모(生父母)의 소상(小祥) 뒤에 입으며, 난리를 만났을 때에 출전하면서 입기도 하였다. 충장공이 상중에 출전하였음을 말한 것이다.

께 기이한 재앙에 걸린 것은 더더욱 천년의 불평을 일으키니, 유독 당시의 국가의 형세와 백성들의 운명이 애석함을 이룰 뿐만이 아니다.

비록 그러하나 우리가 바다를 건너 왜구를 소탕하지 못한 것은 송나라가 황하를 건너 북으로 나아가지 못함과 같다. 이것은 모두가 천명이지 사람의 탓이 아니다. 하늘이 부여하지 않은 것인데 두 분[악무목과 김충장공]이 억지로 했다면 무고로 죄를 얽어 씹어대고 꺾고 몰아부쳐 피를 머금고 흙에 들어가게 하리니, 어찌 간사한 사람들이 능히 할 것인가. 이미 낳고서 또다시 죽이며 이미 심고서 또다시 기울이니 하늘은 알 수 있는 것이 아니다.

어쨌든 그 우주에 영웅의 기풍을 떨치고 역사에 밝은 빛을 드리워 후세에 역사를 읽는 사람들로 하여금 책상을 치고 탄식하게 한다. 국정을 담당한 자들은 충신을 해치고서도 깨닫지 못하며 장성을 허물어 스스로 잘못하여 적들의 비웃음을 받았지만, 한때 무멸誣衊, 거짓을 꾸며서 명예를 더럽힘을 당한 사람은 몸은 비록 죽었으나 자취가 더욱 드러나고 마음의 더욱 깨끗해져 백세를 지내도록 사람들이 더욱 우러러본다. 이것이 바로 자신의 몸을 죽여 이름을 이루는 것이며, 그 공적을 기울여 뜻을 드러내는 것이다. 하늘이 혹시 이것을 위한 것이라면 충장공과 악무목의 원통함이 조금이나마 풀릴 것이다.

내가 예전에 이 마을을 자나다가 그분의 여러 후손들과 정자 위에서 술을 마시며 〈취시가〉를 불렀다. 그때 마침 장풍이 골짜기에서 불어와 숲의 나무들이 부르짖었다. 그러자 엄숙히 공이 말을 달리며 창을 휘두르자 온갖 나무들이 쓰러지는 모습을 상상하였다. 그 일로 인하여 풍암에 올라 이치梨峙를 지나서 충장공의 묘소에 참배하고 돌아왔다. 지금까지도 꿈속에 그 사이를 왕래하므로 정자가 완성되었다는 소식을 기꺼이 듣고 기문을 쓴다.

을미년(1955) 늦봄에 광산 김문옥은 기문을 짓다.

취가정에 오르는 길목에서

劍醉歌亭有感
怊悵停盃哦我詩
長江檣燈雨正愁
泛泛春原馬去
神鞭斷狀似龍
沈一釣荒為茸
檐壇因舊業從
來問里有舊乞
漁翁堂淺當首
事掲付君礒鈎
夕陽
渙珊晚植

創立醉歌亭有感 취가정을 세우고 감회가 있어
창 립 취 가 정 유 감

怊悵停盃我思長 잔을 멈춘 슬픔 속에 이 내 생각 길어지니
초 창 정 배 아 사 장

江橋煙雨正茫茫 안개 속에 묻힌 다리 그 모습이 망망하네
강 교 연 우 정 망 망

春原馬去神鞭斷 말을 모는 봄 언덕에 신마의 채찍끈 끊어지고
춘 원 마 거 신 편 단

秋水龍沈一劍荒 용이 잠긴 가을 물에 긴 칼날이 무뎠도다
추 수 용 침 일 검 황

爲葺檐楹因舊業 수리한 집 구업을 이었고
위 즙 첨 영 인 구 업

從來閭里有新光 종래의 마을 새롭게 빛나네
종 래 여 리 유 신 광

漁翁豈識當時事 어옹이 어찌 당시의 일 알까마는
어 옹 기 식 당 시 사

獨坐岩磯釣夕陽 낚시터에 홀로 앉아 석양에 낚시하네
독 좌 암 기 조 석 양

後孫 晚植 후손 만식 지음
후 손 만 식

멀리서 바라본 풍암정 전경

풍암정

楓巖亭

次楓岩亭韻

木益蒼蒼石益奇
洞天無地不幽姿
偶來梅影橫斜處
開看銀河倒掛時
孤竹添君更自奇
玉妃傍侍有餘姿
惜無林表千峰月
照見山盃漱灩時

霽峯高敬命題

次楓岩亭韻[1] 풍암정 운에 차운함
차 풍 암 정 운

木益蒼蒼石益奇
목 익 창 창 석 익 기

나무 더욱 푸르고 바위 더욱 기이하니

洞天無地不幽姿
동 천 무 지 불 유 자

이곳 경치 그윽한 자태 아닌 곳이 없네

偶來梅影橫斜處
우 래 매 영 횡 사 처

매화 그림자 늘어진 곳 우연히 찾아와서

閑看銀河倒掛時
한 간 은 하 도 괘 시

은하수 거꾸로 걸린 걸[2] 한가로이 바라보네

孤竹添君更自奇
고 죽 첨 군 갱 자 기

외로운 대까지 더하니 나름대로 신기한데

玉妃傍侍有餘姿
옥 비 방 시 유 여 자

옥비[3]조차 옆에 있으니 자태가 더욱 여유롭네

惜無林表千峰月
석 무 임 표 천 봉 월

안타깝도다 수많은 봉우리에 달뜨지 않아

照見山盃瀲灩時
조 견 산 배 염 염 시

산 속의 술잔 넘칠 때 비치지 못한 것이

霽峯 高敬命 題
제 봉 고 경 명 제

제봉 고경명 지음

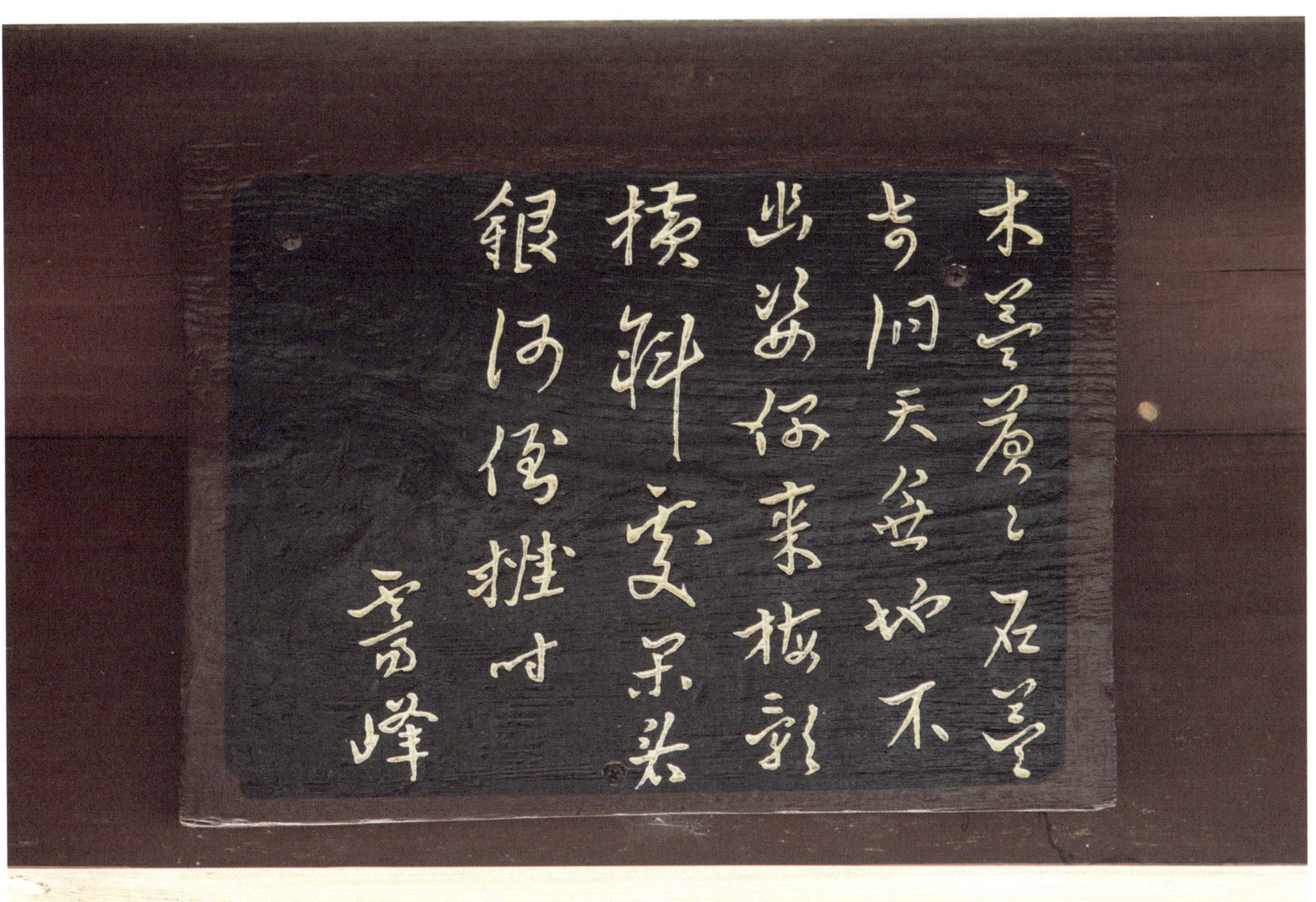

木芙蓉与石芙蓉
古同天姿如不
此安得来梅新
横斜变荣華
銀河倒挂村
雪峰

木益蒼蒼石益奇　　나무 더욱 푸르고 바위 더욱 기이하니
목 익 창 창 석 익 기

洞天無地不幽姿　　이곳 경치 그윽한 자태 아닌 곳이 없네
동 천 무 지 불 유 자

偶來梅影橫斜處　　매화 그림자 늘어진 곳 우연히 찾아와서
우 래 매 영 횡 사 처

閑看銀河倒掛時　　은하수 거꾸로 걸린 걸 한가로이 바라보네
한 간 은 하 도 괘 시

霽峯　　　　제봉[고경명] 지음
제 봉

漫詠
晚結楓崖屋數間
巖前修竹後重巒
向陽簷牖三冬暖
臨水亭臺九夏寒
靈藥每從仙侶覓
好書時借野人看
擡身別有安閒地
何用蓬壺海外山
楓崖嚴

漫詠 마음가는 대로 읊음
만 영

晚結楓崖屋數間 만 결 풍 애 옥 수 간	늘그막에 단풍나무 언덕위에 두어 칸 집 지으니
巖前脩竹後重巒 암 전 수 죽 후 중 만	바위 앞엔 긴 대나무 뒤로는 첩첩 산봉우리
向陽簷牖三冬暖 향 양 첨 유 삼 동 난	창문 남쪽을 향해 한겨울에도 따뜻하고
臨水亭臺九夏寒 임 수 정 대 구 하 한	물가에 정자 있어 한 더위에도 차갑네
靈藥每從仙侶斸 영 약 매 종 선 려 착	영약은 늘상 신선 따라 캐었고
好書時借野人看 호 서 시 차 야 인 간	좋은 책은 때때로 야인들에게 빌려다 본다
捿身別有安閒地 서 신 별 유 안 한 지	이곳에 저절로 편안한 삶이 있는데
何用蓬壺海外山 하 용 봉 호 해 외 산	어찌 바다건너 봉호산¹⁾을 찾을까
楓巖 풍 암	풍암 [김덕보] 지음

1) 봉호산(蓬壺山) : 봉래산을 이름. 동해 바다 가운데에 삼신산(三神山)이 있는데 그 산에는 신선이 살고 불사약(不死藥)이 있는데 산은 영주산·봉래산·방장산(方丈山)이라고 한다. 봉래산을 봉호(蓬壺)라고도 한다. 《한서(漢書)》〈교사지(郊祀志)〉

楓嶽精舍

奉呈 牛山 [安邦俊] **시를 지어 받들어 올림** 우산[안방준][1] 지음
봉정 우산 안방준

故里親朋問幾人 고향에 친한 벗 몇 사람이나 될까
고 리 친 붕 문 기 인

與君朝暮往來頻 오직 그대와 조석으로 자주 왕래하였네
여 군 조 모 왕 래 빈

竹床暇日淸談會 한가한 날 대 평상에서 청담을 나누었고
죽 상 가 일 청 담 회

關路秋風白髮新 가을 변방 길에 머리만 세었구료
관 로 추 풍 백 발 신

雲雨世情羞管鮑 변덕 심한 세상인심 관포[2]에 부끄럽다
운 우 세 정 수 관 포

漆膠心事笑雷陳 칠교 같은 심사 뇌진[3]보다 높았도다
칠 교 심 사 소 뢰 진

寄言懶病楓巖子 게으르고 병든 풍암자에게 한마디 하노니
기 언 라 병 풍 암 자

終始韜光學養眞 끝까지 빛을 감추고[4] 참마음을 기르시게나
종 시 도 광 학 양 진

1) 안방준[安邦俊, 1573(선조 6)~1654(효종 5)] : 조선 중기의 학자. 본관은 죽산(竹山). 자는 사언(士彦), 호는 은봉(隱峰)·우산(牛山). 의병장 이조판서 추증, 당시 대학자.

2) 관포(管鮑) : 춘추 시대의 관중(管仲)과 포숙아(鮑叔牙)를 말한다. 《열자(列子)》 구명(九命)에 "관중이 일찍이 탄식하기를 '내가 젊어서 곤궁했을 때 포숙과 장사를 하였는데 내 몫으로 많이 이익을 취해도 포숙은 나를 욕심 많다고 하지 않았으니 이는 내가 가난한 것을 알았기 때문이다. …… 나를 낳아 준 분은 부모요, 나를 알아준 이는 포숙이다.'라고 하였다." 하였다.

3) 뇌진(雷陳) : 뇌의(雷義)와 진중(陳重) 두 사람을 말한다. 《후한서(後漢書)》뇌의전(雷義傳)에 "뇌의를 무재(茂才)로 천거하니 의가 진중에게 사양했다. 자사(刺史)가 듣지 않자 의가 거짓으로 미친 체하며 따르지 않았다. 그러자 자사가 두 사람을 함께 불렀다. 그래서 마을 사람들이 '부레와 옻이 교착력(膠着力)이 강하다 하지만 뇌의와 진중만은 못하다.' 했다."고 하였다.

4) 빛을 감추고 : 자신의 지식과 포부를 숨기고 밖으로 드러내지 않는 것을 말함.

寄題　　　觀海翁 [林檜] 기제 관해옹[임회 : 송강 정철의 셋째 사위] 지음
기제　　　관해옹 임회

十月山中寒未廻 시 월 산 중 한 미 회	시월이라 산중은 아직 안 추워
黃花猶自滿庭開 황 화 유 자 만 정 개	뜰엔 국화가 만발하네
淸霜久借騷人玩 청 상 구 차 소 인 완	청상은 예로부터 문인들의 글거리
白酒寧嫌佳客來 백 주 영 혐 가 객 래	백주가 어찌 손님을 꺼리리
只是茂陵愁病肺 지 시 무 릉 수 병 폐	사마상여는 무릉 땅에 병으로 눕고
不緣陶令止含盃 불 연 도 령 지 함 배	도연명은 벼슬 버리고 술만 마신다
明朝捲地西風急 명 조 권 지 서 풍 급	내일 아침 땅을 말아 올리듯 서풍이 불어 닥치면
索索千林暮響哀 삭 삭 천 림 모 향 애	우수수 날 저문 숲에 구슬피 떨어지리

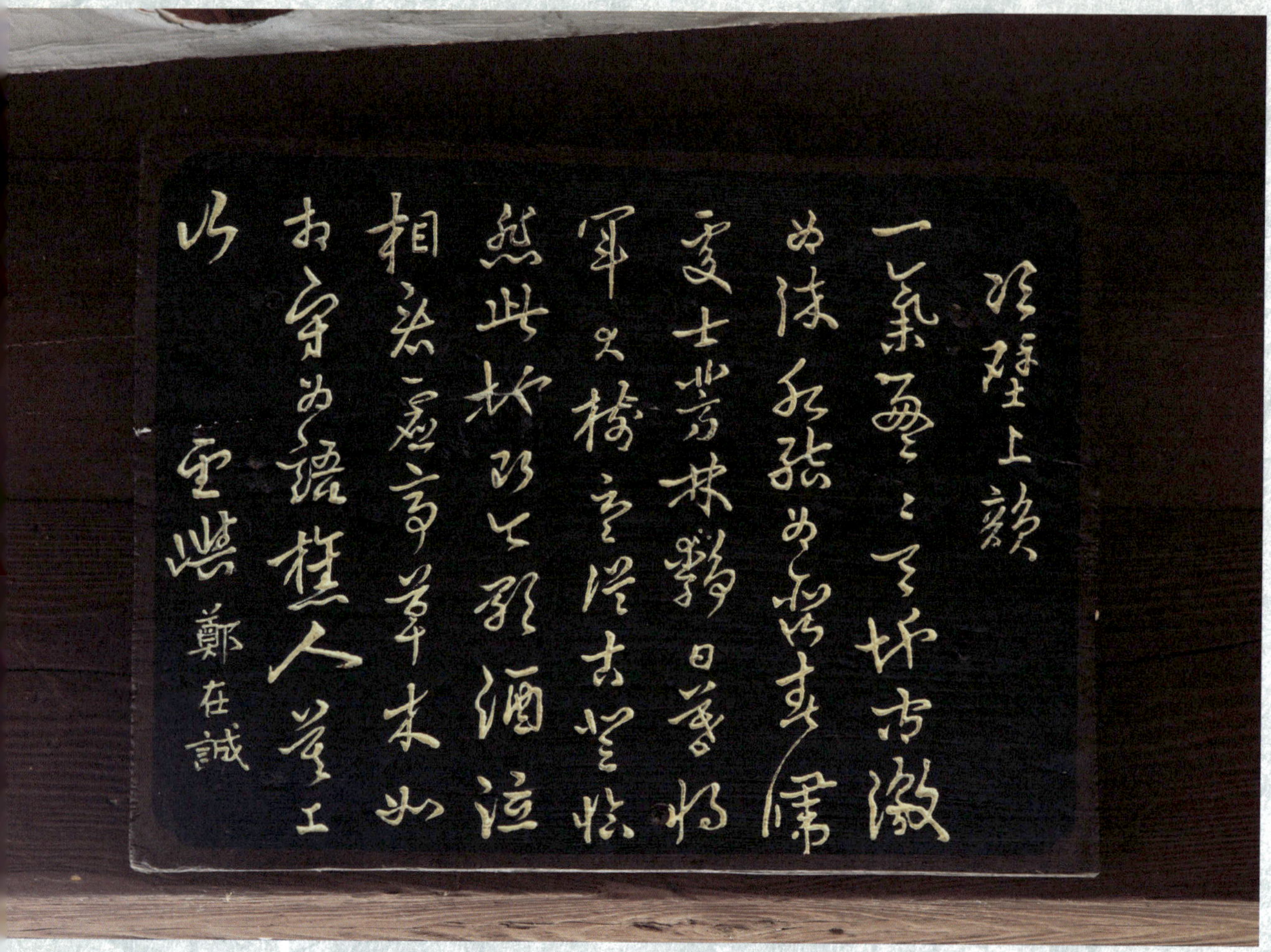

Calligraphy plaque (cursive script, read in vertical columns right to left):

登陸上頷

一氣無之下坼方激

如泳和弦如留事儒

變士豈求鬱日華好

軍又樽壹陰古堂快

然此林乃七發酒泣

相益意言革草木如

お宇め語椎人堂工

以　雪巖　鄭在誠

次壁上韻 벽에 걸린 운에 차운함
차 벽 상 운

一氣盈盈天地間　천지간에 넘치는 한 가닥 정기
일 기 영 영 천 지 간

激爲流水結爲巒　부딪치면 물 되고 맺히면 산 되네
격 위 유 수 결 위 만

春歸處士芳林靜　봄 지나자 처사의 숲 고요하고
춘 귀 처 사 방 림 정

日暮將軍大樹寒　해 저무니 장군의 거목 쓸쓸하다
일 모 장 군 대 수 한

從古登臨悲此地　예전부터 오르내리며 슬퍼한 이곳
종 고 등 림 비 차 지

卽今歌酒泣相看　이제 노래하고 술 마시며 울면서 서로 보네
즉 금 가 주 읍 상 간

虛亭草木如相守　빈 정자에 초목이 지키고 있으니
허 정 초 목 여 상 수

爲語樵人莫上山　나무꾼들아 아예 이 산에는 오르지 마라
위 어 초 인 막 상 산

金嶼　금서[정재성] 지음
금 서

謹呈

明時何事掩柴關
庭間斷往芒業堂玄
庭拂呈泛去人誰識
此莊間
楓巖泉石故依殘魂復
從遊己十年勝事之今
出夢枕白己所授自
坊蜂

時窩

謹呈 삼가 시를 지어 올림
근 정

明時何事掩柴關 — 대낮에 어찌하여 사립문을 닫고서
명 시 하 사 엄 시 관

獨向塵間斷往還 — 홀로 속세 인간들과 오가는 인연 끊었는가
독 향 진 간 단 왕 환

案有黃庭樽有酒 — 책상에는 황정경[1] 있고 동이엔 술 있으니
안 유 황 정 준 유 주

世人誰識此翁閒 — 이 늙은이 한가로움을 세상사람 누가 알랴
세 인 수 식 차 옹 한

楓岩泉石故依然 — 풍암의 물과 돌은 예와 다름이 없어
풍 암 천 석 고 의 연

蠟屐從遊已十年 — 나막신[2]으로 좇아 논 지 십년이라네
납 극 종 유 이 십 년

勝事至今空夢想 — 멋진 일 이제는 한갓 꿈같아
승 사 지 금 공 몽 상

白頭形役自堪憐 — 백발노옹 스스로 가련하네
백 두 형 역 자 감 련

畸窩 — 기와[정홍명] 지음
기 와

1) 황정경(黃庭經) : 도가(道家)의 경전임.
2) 나막신 : 남조 송(南朝宋)의 시인 사령운(謝靈運)이 심산유곡(深山幽谷)을 샅샅이 탐색하는 것을 좋아하였는데, 그럴 때면 꼭 나막신을 준비하여 신고 다녔다는 고사가 있다. 《宋書 卷67 謝靈運列傳》

投老逍遙水石間　늙은 몸으로 수석 사이 오고가니
투 로 소 요 수 석 간

南山映屋簇烟巒　물에 비친 남산에 연기, 안개가 둘렀도다
남 산 영 옥 족 연 만

傳聞楓樹千章列　아름다운 단풍나무 줄을 지어 겹쳐있고
전 문 풍 수 천 장 렬

復道岩流五月寒　바위사이 흐른 시내 오월에도 차갑도다
부 도 암 류 오 월 한

靈境偶隨詩句落　아름다운 영경속에 맑은 시상 일어나니
영 경 우 수 시 구 락

桃源何必畵圖看　그림 같은 도원승경 이곳에서 보았도다
도 원 하 필 화 도 간

吾將此地栖松雪　이곳 송설속에 이내 몸 깃들였다가
오 장 차 지 서 송 설

然後乘螭入海山　그 다음에 용을 타고 해산으로 들어가리
연 후 승 이 입 해 산

石川　석천[임억령]1) 지음
석 천

相思人在白雲間　임은 백운간에 있는데
사 상 인 재 백 운 간

魂夢依依繞翠巒　나는 꿈속에서 푸른 산만 안고 돌았네
혼 몽 의 의 요 취 만

淸露濕衣過竹冷　청로에 옷 젖으며 선뜻한 대숲을 지나
청 로 습 의 과 죽 랭

溪風挾腋度松寒　서늘한 솔 숲 산골짜기 계곡을 건너네
계 풍 협 액 도 송 한

長生寶訣丁寧理　장생보결은 인생이 원하는 바이고
장 생 보 결 정 녕 리

延壽靈方仔細看　연수영방을 여기서 보았노라
연 수 영 방 자 세 간

枕上與時驚起坐　잠에서 깨어 놀라 일어나 보니
침 상 여 시 경 기 좌

曉天晴靄隔秋山　새벽하늘 안개 걷히고 추산은 아물아물
효 천 청 애 격 추 산

松坡　송파[임식] 지음
송 파

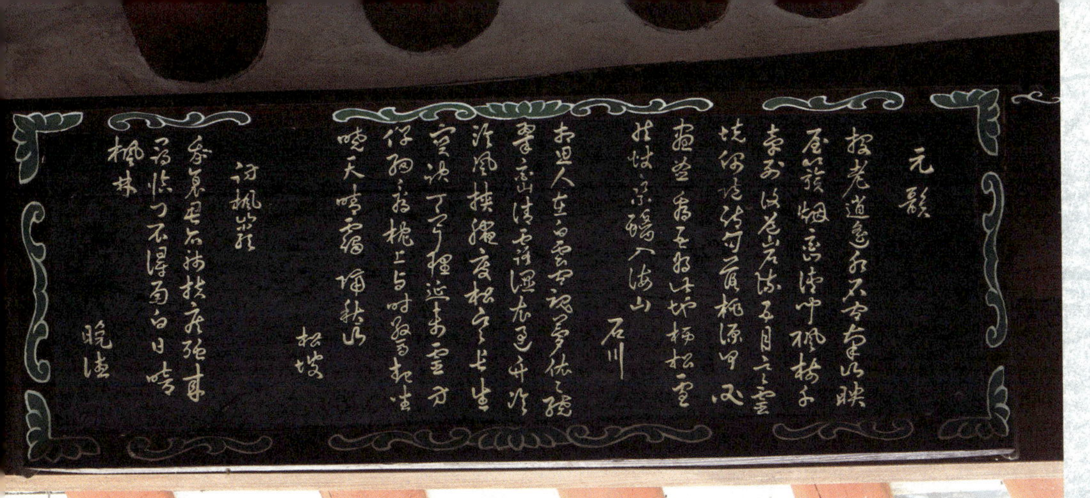

1) 임억령 (林億齡, 1496~1568) : 조선 중기의 문신으로 자는 대수(大樹)이며 호는 석천(石川), 본관은 선산(善山)으로 해남출신이다. 눌재 박상에게 글을 배웠고 1516년에 진사시, 1525년에 문과에 합격하였다. 부교리·사헌부지평·홍문관교리·사간·전한·세자시강원 설서 등을 지냈다. 천성적으로 도량이 넓고 청렴결백하며, 시문을 좋아하여 사장(詞章)에 탁월하였다. 성산(식영정) 시단을 열어서 김성원, 정철, 고경명 등의 제자들과 수창했는데 성산동 관련 한시문은 500여 편으로 그 작품성이 뛰어난다. 남면 지곡리 별뫼에 있는 식영정(息影亭)은 1560년 그의 사위인 서하당 김성원이 짓고 석천에게 증여한 정자로 식영정이 있는 별뫼를 무대로 많은 작품을 남겨 송강 정철, 서하당 김성원, 제봉 고경명과 함께 '식영정 사선(四仙)'이라 불리우고 있다. 작품으로 〈면앙정삼십영〉(1552년), 〈식영정 20영〉, 〈서하당 8영〉, 〈식영정기〉 등을 남겼다. 고맹영과 김성원 등을 사위로 맞았다. 동복 도원서원(道源書院), 해남 석천사, 창평 성산사(星山祠, 1795년, 정조 19년 건립)에 배향되었다. 저서로는 《석천집(石川集)》이 있다.

謝楓巖 풍암에게 사례함
사 풍 암

我衰君亦病 아 쇠 군 역 병	이네 몸 노쇠하고 그대 또한 병들었는데
扶疾强來尋 부 질 강 래 심	병든 몸 붙들고 억지로 찾아 왔다오
臨門不得面 임 문 부 득 면	문 앞에 다달아 주인 얼굴 보지 못했는데
白日暗楓林 백 일 암 풍 림	밝은 태양은 단풍나무에 어두어지네
晩德 만 덕	만덕[김대기, 1557~1631. 송강제자] 지음

陽氣昭來箕斗洞
玉令發崛火炎意
將軍有守梅園付
烈士然无草肉裹
何事水聲殘夜怨
莫芟霜葦小人窠
千秋爲信龍儉重
舒嘯同歡伯仲山

松坡 鄭在勉

陽氣昭森箕斗間
양 기 소 삼 기 두 간
양기가 기성과 두성사이에 밝으니

至今盤崛火炎巒
지 금 반 굴 화 염 만
이제서야 골짜기에 서려 있다가 봉우리
를 불태우네

將軍有弟梅園付
장 군 유 제 매 원 부
장군 아우 있어 매화 동산 부탁하고

烈士悲兄草閣寒
열 사 비 형 초 각 한
열사 형을 슬퍼하니 초가집 스산하네

何事水聲終夜怒
하 사 수 성 종 야 로
무슨 일로 물소리는 밤새도록 성 내는고

莫敎霜葉小人看
막 교 상 엽 소 인 간
단풍잎을 소인들로 하여금 볼 수 없게
막으려는가

干戈若定龍蛇歲
간 과 약 정 용 사 세
전쟁이 만일 임진년 계사년에 멈추었다면

舒嘯同歡伯仲山
서 소 동 환 백 중 산
휘파람 불며 큰형 작은형과 함께 즐겼을것을

松沙 鄭在勉
송 사 정 재 면
송사[정재명(송강의 후손, 문장가, 1798년
정조 경의조대 찬)] 지음

徐卿享堂施戈内
雨筆蒼翠落庭蕪
坤因神後子年立坊
拨空涿石月寒搭
人如湛雲临浄林秋
似狗中宗独狗子保
平家宅依去風觉
玲瓏山　後孫致福陳記

縹渺亭臺絶世間
표 묘 정 대 절 세 간

아득한 풍암정 이 세상 제일이야

滿簾蒼翠列層巒
만 렴 창 취 열 층 만

주렴에 가득한 푸르름 산봉우리 늘어섰네

地因神護千年在
지 인 신 호 천 년 재

땅은 신이 보호하사 천년을 건재하고

水接靈源五月寒
수 접 영 원 오 월 한

물은 영원(靈源)[1]에 접해 한여름에도 차갑네.

枕石人如壺裏隱
침 석 인 여 호 리 은

돌 베고 있는 사람 호로(壺蘆)[2] 속에 숨어있는 것 같고

隔床秋似畵中看
격 상 추 사 화 중 간

평상 너머 가을 풍경은 그림을 보는 것 같네

殘孫幸保平泉宅
잔 손 행 보 평 천 택

남은 후손 다행히 평천[3] 보호하니

依舊風光繞碧山
의 구 풍 광 요 벽 산

둘러쌓인 푸른 산은 옛 풍광 그대로라네

後孫致福謹次
후 손 치 복 근 차

후손 김치복[충장공 김덕령 후손. 1805년(순조)문과 급제. 호 지지당]이 삼가 차운함

1) 영원(靈源) : 신비한 약수가 샘솟는다는 영원산.

2) 호로(壺蘆) : 별천지를 뜻한다. 호공(壺公)이란 신선이 저잣거리에서 약을 팔고 있었는데, 모두 그저 평범한 사람인 줄로만 알고 있었다. 하루는 비장방(費長房)이란 사람이 호공이 천정에 걸어 둔 호로 속으로 들어가는 것을 보고는 비범한 인물인 줄 알고 매일같이 정성껏 그를 시봉하였다. 하루는 호공이 그를 데리고 호로 속으로 들어갔는데, 호로 속은 완전히 별천지로 해와 달이 있고 선궁(仙宮)이 있었다 한다. 《神仙傳 壺公》

3) 평천(平泉) : 별장(別莊). 당 나라 이덕유(李德裕)의 별장인 평천장이 하남성(河南省) 낙양현(洛陽縣)의 남쪽에 있었는데, 수석의 아름다움이 천하 제일이며 기화이초(奇花異草)와 진송괴석(珍松怪石)이 그 사이에 늘어 있어 유명해졌다.

정면에서 바라본 송강정 모습

송강정

松江亭

송강정(松江亭)

　　송강정은 담양군 고서면 원강리에 자리하고 있다. 이 정자는 송강 정철이 1585년에 대사
헌을 지내다 당시의 치열한 당쟁으로 인해 창평으로 내려와 있으면서 경치 좋은 이곳에 세
운 것으로 알려졌다. 이때 송강의 나이 50세쯤 되었고 1589년 우의정에 임명될 때까지 이
곳에 머물러 있었다. 이때에 사미인곡의 전후편과 많은 단가를 지었다고 하니 송강정은 송
강 문학의 산실이기도 하다. 현재의 송강정은 송강 정철이 직접 지은 것이 아니고 그 자리
에 다시 세운 것이다. 그 당시에는 송강정을 죽록정竹綠亭이라 부르기도 했다고 한다. 송강
정 아래 흐르는 개울의 이름이 죽록천竹綠川이다. 그 앞의 들을 '죽록들판'이라고 한다. 지금
도 송강정이란 현판이 정면에 있고 측면에는 죽녹정이란 현판이 함께 걸려 있다. 사실 송강
정은 약 200년 동안이나 허물어진 채 잡초속에 묻혀 있었기 때문에 당시의 시문詩文이나 기
記 상량문 등을 찾아볼 수가 없다.

송강 정철

　　송강松江, 1536~1593은 선조의 총애를 받으며 재상에까지 오른 정치인이기도 하지만 우리 민족사에 기리 남을 위대한 문인이기도 하다. 당시 송강은 동서양인의 사색당파 속에서 서인으로서 서인의 영수를 하면서 당파 싸움의 소용돌이 속에서 길흉화복을 맞이한다. 더욱이 그가 크고 자랐던 담양의 창평 근교에서 정여립 사건으로 인해서 동인이 받았던 박해는 이루 말할 수 없었고, 남쪽 지방의 선비는 거의다 화를 입었다고 해도 과언이 아니기 때문에 오늘날에도 역사학자들의 의견이 분분하다. 송강 정철은 아마도 성격이 호탕분방했으며 술을 좋아했던 것으로 볼 수 있다. 그가 주선酒仙이었다는 것은 그의 걸작 중의 걸작인 장진주사를 보고도 알 수가 있다. 정철은 당쟁, 선조대왕의 두터운 신뢰, 문학하는 선비의 자세 이 모든 것을 잘 갖추었는데 이러한 뿌리도 그의 스승이었던 면앙정 송순에게서 많은 영향을 받지 않았나 생각된다. 더욱이 그가 45세 때 강원도 관찰사로 있으면서 백성들의 미풍양속을 권장하기 위해서 시조 열다섯 수를 지어서 보급했다는 것만 보아도 문학과 정치력의 겸비가 대단했던 것 같다. 더욱이 그 유명한 〈관동별곡〉도 이때 쓰여진 것이다. 49세 때 대사헌으로 있다가 반대파의 상소로 인해서 창평으로 내려가 성산에 머물게 된 것이 〈사미인곡〉, 〈속미인곡〉, 〈성산별곡〉을 쓴 계기가 된다. 송강은 아니 호남의 대부분 선비들은 귀향길에서 임금을 그리워하는 정감이 너무 강했다고 본다. 송강도 예외는 아니다. 연지와 분이 있지마는 누구에게 보이려고 화장한단 말이냐고 했다.

옆면에서 본 송강정의 모습(죽록정이라는 현판이 보임)

　　죽록정竹綠亭은 조선 선조宣祖 17년(1584) 송강松江 정철鄭澈이 대사헌大司憲을 지내다 당시의 동인과 서인의 싸움으로 벼슬에서 물러난 후 창평에 내려와 세운 정자이다. 죽록정을 고쳐 지어 송강정松江亭이라 일컬었다. 정면 3칸, 측면 3칸의 단층 팔작지붕네 귀에 모두 추녀를 달아 만든 지붕 건물이다. 중재실中齋室이 있는 구조이며, 정면에는 송강정松江亭 측면에는 죽록정竹綠亭이란 현판이 걸려 있다. 송강가사歌辭, 조선초기에 나타난 시가와 산문의 중간 형태 문학 중 〈사미인곡思美人曲〉, 〈속미인곡續美人曲〉을 지은 산실産室이 바로 이곳이며, 현재 정자 옆에 1969년에 건립한 사미인곡思美人曲시비詩碑가 서 있다. 현재는 전남 담양군 고서면 원강리에 자리하고 있다.

장진주사(將進酒辭) 정철 지음

한 잔^盞 먹새그려 또 한잔 먹새그려.
곳 것거 산^算 노코 무진무진^{無盡無盡} 먹새그려.
이 몸 주근 후면 지게 우희 거적 더퍼 주리혀 매여 가나
유소보장^{流蘇寶帳}의 만인^{萬人}이 우러네나,
어욱새 속새 덥가나무 백양^{白楊} 수페 가기곳 가면,
누른 해, 흰 달, 굴근 눈, 쇼쇼리 바람 불 제, 뉘 한잔 먹쟈할고,
하믈며 무덤 우희 잔나비 휘파람 불제, 뉘우친달 엇더리.

한 잔 먹새 그려 또 한 잔 먹새 그려.
꽃을 꺾어 술잔 수를 세면서 한없이 먹세 그려.
이 몸이 죽은 후에는 지게 위에 거적을 덮어 꽁꽁 졸라 묶여 (무덤으로) 실려 가거나, 곱게 꾸민 상여를 타고 수많은 사람들이 울며 따라가거나, 억새풀, 속새풀, 떡갈나무, 버드나무가 우거진 숲에 한 번 가기만 하면 누런 해와 흰 달이 뜨고, 가랑비와 함박눈이 내리며, 회오리바람이 불 때 그 누가 한 잔 먹자고 하겠는가?
하물며 무덤 위에 원숭이가 놀러 와 휘파람을 불 때 (아무리 지난날을) 뉘우친들 무슨 소용이 있겠는가?

사미인곡(思美人曲)

　이 몸 삼기실 제 님을 조차 삼기시니, 흔싱 緣分(연분)이며 하늘 모를 일이런가. 나 흔나 졈어 잇고 님 흔나 날 괴시니, 이 ᄆᆞ음이 스랑 견졸 ᄃᆡ 노여 업다. 平生(평싱)애 願(원)ᄒᆞ요ᄃᆡ 흔ᄃᆡ 녜쟈 ᄒᆞ얏더니, 늙거야 므스 일로 외오 두고 글이는고. 엇그제 님을 뫼셔 廣寒殿(광한뎐)의 올낫더니, 그더ᄃᆡ 엇디ᄒᆞ야 下界(하계)예 ᄂᆞ려오니, 올 적의 비슨 머리 얼킈연디 三年(삼년)이라. 臙脂粉(연지분) 잇ᄂᆡ마는 눌 위ᄒᆞ야 고이 홀고. ᄆᆞ음의 ᄆᆡ친 실음 疊疊(텹텹)이 빠혀 이셔, 짓ᄂᆞ니 한숨이오 디ᄂᆞ니 눈믈이라. 人生(인싱)은 有限(유흔)흔ᄃᆡ 시름도 그지업다. 無心(무심)흔 歲月(셰월)은 믈 흐ᄅᆞᆺ 흐는고야. 炎涼(염냥)이 ᄯᆡ를 아라 가는 듯 고텨 오니, 듯거니 보거니 늣길 일도 하도 할샤.

　東風(동풍)이 건듯 부러 積雪(젹셜)을 헤텨내니, 窓(창) 밧긔 심근 梅花(ᄆᆡ화) 두세 가지 피여셰라. ᄀᆞ득 冷淡(닝담)흔ᄃᆡ 暗香(암향)은 므스 일고. 黃昏(황혼)의 ᄃᆞᆯ이 조차 벼마틔 빗최니, 늣기는 듯 반기는 듯 님이신가 아니신가. 뎌 梅花(ᄆᆡ화) 것거 내여 님겨신 ᄃᆡ 보내오져. 님이 너를 보고 엇더타 너기실고.

　곳 디고 새 닙 나니 綠陰(녹음)이 실렷는ᄃᆡ, 羅緯(나위) 寂寞(젹막)ᄒᆞ고, 繡幕(슈막)이 뷔여 잇다. 芙蓉(부용)을 거더 노코, 孔雀(공쟉)을 둘러 두니, ᄀᆞ득 시름 흔ᄃᆡ 날은 엇디 기돗던고. 鴛鴦錦(원앙금) 버혀 노코 五色線(오ᄉᆡᆨ션) 플텨 내여, 금자히 견화이셔 님의 옷 지어 내니, 手品(슈품)은 ᄏᆞ니와 制度(제도)도 ᄀᆞ줄시고. 珊瑚樹(산호슈) 지게 우히 白玉函(ᄇᆡᆨ옥함)의 다마 두고, 님의게 보내오려 님 겨신 ᄃᆡ ᄇᆞ라보니, 山(산)인가 구롬인가 머흐도 머흘시고. 千里萬里(천리 만리) 길흘 뉘라서 츠자 갈고. 니거든 여러 두고 날인가 반기실가.

　ᄒᆞᄅᆞ밤 서리김의 기러기 울어 녤 제, 危樓(위루)에 혼자 올나 水晶簾(슈졍념)을 거든말

이, 東山(동산)에 둘이 나고, 北極(북극)의 별이 뵈니, 님이신가 반기니, 눈믈이 절로 난다. 淸光 (청광)을 쥐여 내여 鳳凰樓(봉황누)의 븟티고져. 樓(누) 우희 거러 두고, 八荒(팔황)의 다 비최 여, 深山窮谷(심산궁곡) 졈낫ᄀ티 밍그쇼셔.

乾坤(건곤)이 閉塞(폐ᄉᆡᆨ)ᄒ야 白雪(ᄇᆡᆨ셜)이 ᄒᆞᆫ 빗친 제, 사ᄅᆞᆷ은 ᄏᆞ니와 놀새도 긋쳐 잇다. 瀟湘南畔(쇼샹남반)도 치오미 이러커든 玉樓高處(옥누고쳐)야 더옥 닐러 므슴ᄒᆞ리. 陽春(양 츈)을 부쳐 내여 님 겨신 ᄃᆡ 쏘이고져. 茅簷(모쳠) 비쵠 ᄒᆡ를 玉樓(옥누)의 올리고져. 紅裳(홍 샹)을 니믜 ᄎᆞ고 翠袖(취슈)를 半(반)만 거더, 日暮脩竹(일모슈듁)의 혬가림도 하도 할샤. 댜 ᄅᆞᆫ 히 수이 디여 긴 밤을 고초 안자, 靑燈(쳥등) 거른 겻티 鈿箜篌(뎐공후) 노하 두고, 꿈의나 님을 보려 ᄐᆞᆨ 밧고 비겨시니, 鴦衾(앙금)도 ᄎᆞ도 출샤 이 밤은 언제 샐고

松江鄭先生詩碑

속미인곡(續美人曲)

데 가는 뎌 각시 본 듯도 흔뎌이고. 텬天샹上 빅白옥玉경京을 엇디ᄒᆞ야 니離별別ᄒᆞ고, 히 다뎌 져믄 날의 눌을 보라 가시ᄂᆞᆫ고. 어와 네여이고 내 ᄉᆞ셜 드러 보오. 내 얼굴 이 거동이 님 괴얌즉 흔가마는 엇딘디 날 보시고 네로다 녀기실ᄉᆡ 나도 님을 미더 군ᄠᅳ디 전혀 업서 이릭야 교틱야 어ᄌᆞ러이 구돗썬디 반기시는 늦비치 네와 엇디 다ᄅᆞ신고. 누어 싱각ᄒᆞ고 니러 안자 혜여ᄒᆞ니 내 몸의 지은 죄 뫼ᄀᆞ티 ᄡᅡ혀시니 하ᄂᆞᆯ히라 원망ᄒᆞ며 사ᄅᆞᆷ이라 허믈ᄒᆞ랴 셜워 플텨 혜니 조造믈物의 타시로다.

글란 싱각 마오. 미친 일이 이셔이다. 님을 뫼셔 이셔 님의 일을 내 알거니 믈 ᄀᆞᄐᆞᆫ 얼굴이 편ᄒᆞ실 적 몃 날일고. 츈春한寒 고苦열熱은 엇디ᄒᆞ야 디내시며 츄秋일日동冬텬天은 뉘라셔 뫼셧ᄂᆞᆫ고. 쥭粥조早반飯 죠朝셕夕 뫼 녜와 ᄀᆞ티 셰시ᄂᆞᆫ가. 기나긴 밤의 줌은 엇디 자시ᄂᆞᆫ고. 님 다히 쇼消식息을 아므려나 아쟈 ᄒᆞ니 오ᄂᆞᆯ도 거의로다. 닉일이나 사ᄅᆞᆷ 올가내 ᄆᆞᄋᆞᆷ 둘 뒤 업다. 어드러로 가쟛 말고. 잡거니 밀거니 놉픈 뫼히 올라가니 구롬은 ᄏᆞ니와 안개는 므스일고. 산山쳔川이 어둡거니 일日월月을 엇디 보며 지咫쳑尺을 모르거든 쳔千리里를 ᄇᆞ라보랴. 출하리 믈ᄀᆞ의 가 비 길히나 보쟈 ᄒᆞ니 ᄇᆞ람이야 믈결이야 어둥졍 된뎌이고. 샤공은 어딕 가고 븬 비만 걸렷ᄂᆞ니. 강江텬天의 혼쟈 셔셔 디는 ᄒᆡ를 구버보니 님다히 쇼消식息이 더옥 아득흔뎌이고. 모茅쳠簷 춘자리의 밤듕만 도라오니 반半벽壁쳥靑등燈은 눌 위ᄒᆞ야 불갓ᄂᆞᆫ고. 오ᄅᆞ며 ᄂᆞ리며 헤쓰며 바니니 져근덧 녁力진盡ᄒᆞ야 픗줌을 잠간 드니 졍精셩誠이 지극ᄒᆞ야 ᄭᅮᆷ의 님을 보니 옥玉 ᄀᆞᄐᆞᆫ 얼굴이 반半이나마 늘거셰라. ᄆᆞᄋᆞᆷ의 머근 말ᄉᆞᆷ 슬ᄏᆞ쟝 ᄉᆞᆲ쟈 ᄒᆞ니 눈믈이 바라 나니 말인들 어이ᄒᆞ며 졍情을 못다ᄒᆞ야 목이조차 몌여ᄒᆞ니 오뎐된 계鷄셩聲의 줌은 엇디 ᄭᆡ돗던고.

어와, 허虛亽事로다. 이 님이 어듸 간고. 결의 니러 안자 창窓을 열고
브라보니 어엿븐 그림재 날 조츨 쑌이로다. 출하리 싀여디여 낙落월月
이나 되야이셔 님 겨신 창窓 안히 번드시 비최리라. 각시님 둘이야쿠니
와 구즌 비나 되쇼셔.

❶

　송강정철은 1536년에 태어나서 1593년에 경기 강화군 송정촌에서 처량하게 생을 마쳤다. 정철의 字자는 계함季涵이며 호는 송강, 임정, 침암이라고도 했다. 가장 널리 알려진 것은 송강松江이며 이는 송강이 시골 창평에 내려와 죽록천竹綠川 위의 언덕이 있는 산기슭에 죽록정이라는 정자가 있었는데 여기에서 사미인곡 등을 집필하면서 자기의 호를 송강이라고 부른 것 같다. 그리하여 지금도 송강정에 가면 죽록정이라는 현판과 송강정이라는 현판이 함께 걸려 있다.

　송강정 앞을 흐르는 큰 냇가가 있었는데 이 냇가의 이름이 죽록천이다. 이 천은 면앙정 앞을 지나 송강정 앞으로 흘러가는 큰 냇가였으나 수리사업으로 인해서 지금은 조그마한 개울처럼 보이는 냇가의 형태를 띠고 있다. 이렇듯 송강 정철의 대표적인 호 송강은 이러한 지명地名과 깊은 관계가 있는 것 같다. 또 하나의 호 임정은 그의 선친께서 귀양을 가셨던 경상도 영일迎日의 옛 지명으로 이 또한 정철과 관계되는 지명의 호인 듯하다. 이 외 침암이라는 호가 하나 더 있는데 이 또한 경기도의 옛 현인 음죽陰竹에 칩거하면서 붙인 것이라고 한다.

❷

송강 정철은 1536년(중종 31) 서울 장의동에서 정유침과 부인 죽산 안씨와의 사이에 4남 3녀 중 막내로 태어났다. 정철이 태어난 곳은 현재 청운초등학교 입구 근처인데 지금도 정철의 생가 터 표지말이 붙어 있다. 정철의 본관은 연일延日이며 고려 왕조 때 현감 벼슬을 한 정극유鄭克儒의 12대 손이다. 송강의 집안은 그의 7대조 정홍鄭洪이 조선 왕조에 들어와서 제학提學 벼슬을 한 이래로, 다음 대인 고조 정연이 병조판서를 지냈고, 증조인 정자숙은 김제 군수를, 그리고 조부인 정위는 건능원 참봉을 역임했으며, 그의 부친 정유침은 왕실 친척들의 친목을 위해 설립된 사무 관청인 돈령부의 판관 벼슬을 지냈다. 송강의 가계는 윗대에서는 큰 벼슬을 지냈으나 조부 때부터는 큰 벼슬에 오르지 못하고 지냈다. 그러나 송강의 4남 3녀 중 큰 누이가 인종仁宗의 후궁 가운데 한 사람인 숙의淑儀로 입궐하면서 궁중과의 인연은 깊어진다. 숙의 정씨는 종일품인 귀인정씨의 품을 받게 된다. 또 훗날 송강이 출세하게 되자 부친은 영의정에 조부는 좌찬성에 증조는 이조판서에 각각 추증追贈된다.

송강의 부친 유침은 효행과 우애로 남부러움을 샀으며 어머니 죽산 안씨는 대사간 안팽수의 딸로 효순하여 타의 모범이 되었다고 한다. 송강의 맏형인 자滋는 문과에 급제하여 이조 정랑이 되지만 훗날 을사사화에 연루되어 일찍 죽는다. 둘째 형인 소沼역시 을사사화에 관계되어 순천에 내려와 처가살이를 하면서 세월을 보낸다. 그리고 셋째형 황滉은 황해도 해주로 도망갔다가 명종 때 복귀되어 군기시첨정軍器寺僉正의 관직에까지 올랐다.

둘째 누이는 부제학을 지낸 최흥도에게 출가했으며 막내 누이는 왕의 종실인 계림군 유桂林君瑠에게 출가한다. 계림군 유는 성종의 후궁 소생 왕자 가운데 한 사람인 계성군의 아들이다.

❸

송강의 어린시절과 궁중과의 인연

송강이 열 살 무렵 그의 큰 누이가 당시 세자였던 인종의 후궁으로 숙의에까지 올랐으니 궁중의 출입이 자유롭지 않았겠는가. 더욱이 후에 막내 누이가 왕의 종실인 계림군에게 출가하면서 더더욱 궁중과의 인연은 깊어지고 이러한 것이 정씨 가문의 불씨가 될 줄은 아무도 예측하지 못했다. 더욱이 송강 정철은 인종의 배 다른 동생 경원대군(훗날 명종)과는 가까운 친구 사이처럼 되었다. 송강은 명종보다는 두 살이 아래였다고 하니 얼마나 친하게 지냈겠는가. 어찌보면 형수님의 막내 동생이니 경원대군 입장에서 보면 너무 가깝고 친밀한 인척관계가 되었을 것이다. 참고로 조선의 왕은 왕비 이외에 후궁을 거느리게 되어 있다. 후계를 끊지 않고 이어가기 위한 방법 중의 하나이다. 우선 왕은 왕비와 더불어 품계를 초월한다. 그러나 왕의 부실인 후궁들은 모두 내명부의 품계를 받게 된다. 왕은 공식적으로 여덟 품계의 후궁을 거느릴 수가 있었는데 정1품 빈에서부터 종1품 귀인, 정2품 소의, 종2품 숙의, 정3품 소용, 종3품 숙용, 정4품 소원, 종4품 숙원이다. 후궁의 품계는 왕의 총애를 받은 정도, 자녀 중 왕자가 있느냐, 왕자가 세자가 되었느냐의 여부에 따라서 결정된다.

❹

송강가문과 을사사화

송강이 나이 열 살이던 1545년^{명종원년}에 을사사화가 일어난다. 이 사화로 인해서 송강의 집안에 화가 미치기 시작한 것이다. 막내 누이의 남편인 계림군 유가 무고^{誣告}에 의해 을사사화에 연루되어 처형되면서 계림군의 처가인 송강 집안이 참혹하게 화를 입는다. 을사사화는 인종과 명종의 왕위가 바뀌면서 그 외척 윤원형과 윤임 사이의 세력다툼, 또 인종비인 장경왕후와 명종비인 문정왕후의 동생들의 싸움터로 인해서 화를 입게 된다.

일찍이 연산군을 몰아내고 중종을 왕위로 등극시킨 박원종과 성희안 등은 왕비 신씨가 신수근의 딸이라는 이유로 폐비할 것을 주장한다. 그러나 중종은 왕비 신씨를 너무너무 사랑했기 때문에 그럴 수 없다고 버텼으나 쿠테타군은 적군 수장의 딸을 왕비에 있게 하면 훗날이 두렵다하여 폐비시키고 만다. 여기에서 제1계비인 장경왕후에게서 인종을 낳고, 제2계비인 문정왕후에게서 명종을 낳게 되는데 인종이 즉위 1년 만에 죽게 되면서 사건은 발생한다.

1545년 중종이 세상을 떠나고 인종이 즉위하자 장경대비의 남동생인 윤임이 득세하여 윤임파(이언적, 류관, 성세창 등 사림파)가 득세하게 된다. 그러나 불행하게도 인종이 즉위 8개월 만에 승하하고, 불과 나이 12세의 명종이 즉위하여 문정대비가 수렴청정하게 된다. 이때 문정왕후의 남동생인 윤원형이 득세를 하게 된다. 이들 소윤^{윤원형} 세력은 대윤^{윤임}과 그 배경 세력을 제거하고 정국의 주도권을 장악하기 위하여 계책을 꾸미며 윤원형의 첩 난정^{蘭貞}으로 하여금 문정왕후에게 대윤 일파가 역모를 꾸미고 있다고 무고하게 한다. 그리하여 마침내 윤임과 사림 세력이 역모로 몰리는데 이때 송강의 막내 누이의 남편 계림군이 바로 윤임의 생질이 되어 화가 정철의 집안에 미치게 된다. 계림군이 삼촌인 윤임 때문에 역모에 휘말려 도망을 갔으나 끝내는 잡혀 처형당한다. 그런데 계림군이 숨어있는 동안 처가 집안의 장인과 처남 되는 맏형이 잡혀가 고문을 당했다. 이로 인해서 아버지는 함경도 정평으로 유배되고 이조정랑의 자리에 있던 큰형 자는 전라도 광양으로 유배되었다. 을사사화가 일어난 2년 후 전라도 양재역에서 벽서사건이 일어났는데 문정왕후에 대한 비난의 글이었다. 물론 이 사건도 소윤의 윤원형이 꾸민 사건이지만 대윤 사람들은 꼼짝없이 당할 수밖에 없었다. 그리하여 을사사화 때 처벌하지 못한 사람을 처벌하게 되며 형량이 적은 사람은 형량이 추가되게 된다. 이때 정철의 아버지는 경상도 영일로 유배를 가고 송강의 큰 형은 함경도 두만강 가의 경원으로 옮겨가는 도중 32세의 젊은 나이로 죽었다. 이때가 송강의 나이 10세 정도 되었으니 송강의 마음속에 무엇이 싹트고 있었겠는가. 훗날 송강의 성격 형성에도 이러한 사화의 풍파가 많이 작용하였으리라 본다.

❺

송강과 담양 처가의 생활

　　경사로다. 송강의 나이 16세 되던 1551년(명종 6) 왕실의 대를 이을 왕자[훗날 선조]가
태어났다. 선조의 탄생으로 인해서 은사恩赦로 송강의 아버지도 영일의 유배에서 풀려난다.
유배에서 풀려난 정철의 부친은 정철의 조부의 묘소가 있는 담양 창평으로 거처를 옮긴다.
그리하여 송강은 담양 창평에서 생활을 하면서 16세 때부터 27세에 과거에 급제할 때까지
이곳에서 생활하게 된다. 이 10년 세월이 정철이 문학적 감수성을 키웠던 때일 것이다. 송강
은 창평에 내려와 살고 있던 어느 날 여름 둘째 형 소疏를 만나려고 어머니와 함께 길을 떠
났다. 이때는 순천으로 가려면 꼭 성산을 지나야 했다. 그런데 날씨가 너무 더워 성산 앞 개
울물[자미탄]에서 멱을 감았다. 그런데 전라감사를 지내고 환벽당을 지어서 후학 양성을 하
고 있던 사촌沙村 김윤제金允悌가 낮잠이 잠깐 들었는데 개울물에서 한 마리의 용이 목욕하
고 있는 꿈을 꾸고 일어나 자미탄에서 멱을 감고 있는 아이를 발견하여 불러 자초지종을 물
어보고 너무 영특하여 바로 자기의 제자로 삼았다고 한다. 그러니 정철이 성산문학에 처음
발을 딛은 것이 16세~17세 되던 해이니 창평에서의 문학생활이 어떠했겠는가. 한편 송강은
17세가 되던 1552년 문화 류씨文化 柳氏에게 장가든다. 부인 역시 창평에 살고 있었는데 고려
왕조 때 태사太師 벼슬을 한 류차달의 후손 류강항의 딸로서 김윤제의 외손녀. 그리하여
전라감사를 한 김윤제와 서하당 김성원(김윤제의 종질)의 후원을 입어서 창평의 생활은 안
정을 되찾기 시작하였을 것이다.

❻
창평의 10년 생활과 송강의 인격 형성 과정

　송강 정철의 가문은 선조의 탄생으로 인해서 은덕을 입고 끝까지 선조대왕과의 인연으로 생을 마감하는가 보다.

　선조의 탄생 은혜를 입어 무사히 창평으로 내려와 첫 스승인 사촌 김윤제를 만나고 서하당 김성원을 만나면서 학문을 넓혀간다. 송강이 학문에 접어든 나이는 남들보다는 늦다. 겨우 16, 17세 때부터 정식적인 학문에 접어들었으니 말이다. 사촌 김윤제의 문하생이 된 이후 너무 똑똑하고 또 처 외손자인 정철의 앞길을 열어주기 위해서 당대 호남 유림의 대표 주자였던 하서 김인후선생께 공부를 배우게 한다. 아마도 하서 김인후 선생께 시문詩文의 기초를 닦고 선비로서 지켜야 할 절개와 기품을 배웠을 것이다. 하서는 송강이 벼슬길에 오르기 전인 송강 25세 때 세상을 떠난다. 또 송강에게 배움을 준 호남의 석학 중 석학은 고봉 기대승이다. 송강은 하서에게는 대학을 고봉에게서는 근사록을 배워 인생의 지표로 삼으려 했던 것이다. 더욱이 고봉으로부터 특히 선비가 평소 지녀야 할 마음가짐과 행동의 바른 도리를 배웠을 것이다. 고봉이 세상을 뜬 해에 송강의 나이는 37세이니 벼슬길에 있을 때이다.

❼
송강에 영향을 미친 호남시단의 어른들

　　송강의 창평 생활에서 사촌 김윤제, 하서 김인후, 고봉 기대승 등 쟁쟁한 스승도 있지만 문학적 스승으로는 누구보다도 면앙정 송순과 석천 임억령을 빼놓을 수 없다. 면앙정 송순으로부터는 국문시가를 그리고 석천 임억령으로 부터는 한시를 잘 배웠다. 담양부사를 지낸 눌재 박상(1474~1530)과 능성현감을 지낸 취은 송세림(1479~?)은 당대 호남시단을 이끈 최초의 인물들이다. 이후에 면앙정 송순과 석천 임억령이 배출되고 그 뒤를 이어 하서와 구봉, 그리고 송천 양응정, 사암 박순, 서하 김성원 등이 면앙정과 석천의 문하에서 수학하였거나 긴밀한 교우관계를 이뤘다. 그리고 당시 송강을 위시하여 구봉 송익필, 옥봉 백광훈, 고죽 최경창, 제봉 고경명, 백호 임제 등이 면앙정으로부터 서하에 이르는 인물들과 사제 관계를 이루거나 선후배 문인으로서 절친하게 교유하였다.

❽
율곡과 우계 성혼과 사암 박순 그리고 정철

　조선시대의 당쟁의 소용돌이 속에서 동인과 서인의 피 터지는 싸움의 전쟁터에서 율곡과 정철, 우계와 정철의 우정을 살펴볼 수 있다. 정철이 죽었을 때 행장을 부탁했던 사람이 우계 성혼이나 우계는 지금의 형국이 내가 정철의 행장을 쓸 수 없다고 하였으니, 살아 친구 우정과 죽어 친구 우정이 다를 수 있단 말인가. 송강 정철에게는 별로 긴밀한 친구가 없었으나 율곡 이이栗谷 李珥와 우계 성혼牛溪 成渾과는 각별한 사이였다고 한다. 송강이 21세 때 율곡 이이와 교분이 시작되었다고 하니 그때는 벼슬길에 나가지 않고 창평에 있던 때이다. 송강과 율곡은 서로 반대되는 성격이면서도 조화를 이뤘다고 한다. 송강은 명철한 사태 판단과 강직한 품성으로 상대 세력인 동인에 적극적인 공세로 임하는데 율곡은 항상 조정의 화합을 위하여 탕평을 꾀했다. 율곡이 49세의 나이로 송강만 남겨두고 세상을 떠나니 송강은 큰 기둥이 무너져 내리는 것 같았다.

　　남들은 이승이 저승보다 낫다지만
　　나는야 저승이 이승보다 나을레라
　　율곡이랑 군망을 좌우에 잡고
　　한 밤중 솔바람 푸른 산에 누우리니

　우계 성혼은 재야파 학자이다. 학문의 폭이 넓고 율곡과도 학문적 대립을 하였으나 우정은 깊었다. 송강은 이런 우계를 가장 믿고 조정의 대소사 문제 뿐만 아니라 자신의 큰아들 기명을 우계의 문하생으로 만든다. 한때 송강이 기생을 첩으로 두었는데 우계의 꾸지람을 듣고 바로 내보냈다고 한다. 그처럼 송강은 우계를 믿었던 것이다.

　　사암 박순(1523~1589)은 눌재 박상의 조카로 학문, 시문 정치 역량이 뛰어났다. 화담 서경덕 문하에서 공부했다. 사암은 열살 정도 아래인 송강, 우계 율곡과도 절친한 사이였다. 사암이 그의 나이 39세 때(명종 16) 윤원형의 미움을 받고 파면되어 향리 나주에 머물러 있을 때 송강과 박순의 관계가 이뤄지지 않았을까도 생각한다. 사암은 43세가 되던 1565년(명종 20) 대사간의 자리에 있으면서 윤원형을 탄핵하여 척신 일당의 횡포를 제거한 주역을 했다. 이후 벼슬이 우의정, 좌의정, 영의정에까지 이르게 된다. 아마도 서인의 영수 정철과 사암 박순의 관계가 훗날 당파에도 영향을 미치게 되는 것 같다. (정철은 명종 16년 26세의 나이로 과거에 합격한다.)

❾
송강의 과거시험과 장원급제

　　송강은 서울에서 창평으로 내려와 10년이란 세월을 지내면서 여러 유명한 학자들 밑에서 학문을 터득한다. 송강의 나이 26세에는 문과 별시에 장원급제하여 성균관 전적典籍에 제수되고 지제교知製敎를 겸하게 된다. 송강이 두 차례에 걸쳐 수석한 과거 시험은 진사시와 문과별시다. 먼저 진사시는 생원시와 함께 소과小科에 속한다. 각각 두 단계의 시험을 치러 100명씩을 뽑아 생원과 진사의 칭호를 주고 성균관에 입학할 수 있는 자격을 준다. 조선시대 과거는 크게 소과, 문과, 무과, 잡과의 네 종류로 나눠진다. 이 가운데서도 문과에 급제하는 것을 가장 높이 쳤다. 송강은 성균관 전적에서 사헌부 지평으로 자리를 옮긴다. 사헌부는 사간원, 홍문관과 함께 조선조 삼사三司의 하나로서 지금의 감사원 정도이며 더욱 힘이 있다고 봐야 할 것이다. 지평은 사헌부 소속의 정 5품 벼슬이다. 이때 어릴 때 가깝게 지냈던 명종의 사촌형인 경양군이 처갓집 재산을 빼앗으려는 계책으로 처남을 유인하여 죽이는 사건이 일어난다. 이로 인해서 경양군 부자는 장차 죽지 않을 수 없었다. 송강이 이 사건의 법집행을 맡았는데 엄하게 처벌하였다. 명종이 사적으로 부탁하여 내형이 앞으로 죽게 되었으니 청컨대 공은 관대히 용서하라고 했으나 임금의 부탁을 들어주지 않은 이유는 무엇일까. 송강은 원칙을 고수했고 마침내 경양군 부자는 옥중에서 죽게되고 명종의 뜻을 거스른 송강은 이로 인해 오랫동안 좋은 자리에 가지 못하였다. 이후 송강의 벼슬은 형조, 예조, 공조, 병조 좌랑에 이어 공조, 예조, 정랑에 제수된다. 그러나 이러한 자리는 송강에게는 요직이 아니었다.

　　송강 나이 31세 때 형조정랑이 되고(명종21년, 1566년)이후 성균관 직강에 제수되고 북관어사가 되어 함경도를 순시한 후 홍문관 부수찬에 제수된다. 그런데 1567년 32세 때 선조 즉위 1년에 홍문관 수찬으로 발탁된다. 1년 후 1568년 33세 때 이조좌랑의 벼슬에 오른다.

당시의 벼슬로 보면 이조좌랑 그 위 이조정랑 그 위 이조참의 그 위 이조참판 그리고 맨 윗자리가 이조판서인데 이조좌랑은 가장 실무적인 자리이다. 이때 명나라 사신을 접대하는 원접사 임무를 맡은 사암 박순의 종사관이 되어 의주에서 사신을 맞이한다. 34세 때인 1569년(선조 2) 홍문관 수찬, 교리, 지평에 제수된다. 35세 때 송강은 성균관 교리에 제수되고 이때 부친상을 당한다. 송강은 2년 동안 경기도 고양군 신원에서 시묘살이를 하기 위해 벼슬길에 오르지 않는다. 37세 때인 1573년(선조 5) 송강은 시묘살이의 복을 벗고 다시 벼슬길에 오른다. 그러나 죽산 안씨 어머니 마져 세상을 떠나 다시 시묘살이가 시작되어 1575년 그의 나이 40이 되던 때까지 어머니의 시묘살이를 했다.

⑩

송강 정철이 서인의 길을 걷게 되다.

조선조의 흥망성쇠의 원인 중에 제일 으뜸을 들라하면 붕당의 형성이었을 것이다. 이는 조선 왕조의 건국에서부터 싹트기 시작하여 무오, 갑자, 기묘사화를 거쳐 을사사화에서 더욱 두드러지게 된다. 이른바 건국에 공을 세운 훈구, 척신 세력과 사림의 세력이 성리학이라는 유교를 촉매재로 하여 불붙게 된다. 이처럼 씨앗은 조선 건국에서부터 뿌려졌으나, 선조 대왕 때 토착적 기반과 성리학적 이념으로 무장된 사림 세력이 힘을 형성하게 되면서 동서의 분당의 싹이 트기 시작한다. 그러나 표면상의 발화점이 된 직접적인 요인은 1575년(선조 8) 김효원金孝元, 1532~1590과 심의겸沈義謙이 당시 이조정랑의 자리를 두고 벌이는 권력 투쟁이었다.

이 당시 송강은 직제학을 거쳐서 사간의 벼슬에 올라 있었다. 그런데 당시 동인 세력이 당시 정승자리에 있던 박순을 탄핵하려는 동기를 만들자 정철이 이를 반대하게 된다. 정철과 박순의 인연은 정철이 과거급제하기 전 박순이 젊은 나이인 40대 초반에 잠시 나주에 내려와 있을 때 맺어졌다. 이때부터 정철과 박순의 관계는 끊을 수 없는 정도로 긴밀했다. 동인 쪽에서 박순의 대리인이 정철이라고까지 생각했기 때문에 정철이 여기에 깊이 관여하지 않을 수 없었다. 물론 정철과 율곡 성혼 등이 정철과의 친분이 있어 한 당파에 속한다고도 볼 수 있다. 조정에서는 동인과 서인의 당파 문제가 얼마나 심각했던지 김효원을 부령부사로 심의겸을 개성유수로 보내지만 이것으로 끝나지 않았다. 이런저런 연유로 해서 송강은 창평에 내려와 2년여를 쉬고 있다가 선조대왕의 부름을 받아 다시 벼슬길에 오르지만, 동서 붕당의 냉전은 심각하리만큼 치료하기 어려운 지경에 이르게 되고, 동인의 젊은 유생들을 주축으로 한 이발李潑세력과 정철의 서인 세력이 서로 싸우게 된다. 이발과 정철이 취중에 논쟁하다 어린놈이 싸가지가 없다고 얼굴에 침을 뱉은 일이 발생하였다. 얼마나 이발이 방자했으면 어린놈이 싸가지 없다고 침을 뱉었겠는가. 또 이발은 술자리에서 정철의 턱수염이 몇 개 밖에 없었는데 그 수염을 뽑아버렸다. 그 때 정철의 심경이 어떠하였겠는가.

綠楊官北馬蹄驕　　푸른 버들 북인 무리 말굽소리 요란한데
녹 양 관 북 마 제 교

客枕無人伴寂寥　　객의 방엔 사람 없어 고요와 짝을 하네.
객 침 무 인 반 적 요

數個長髮君拉去　　두어 개 긴 수염을 그대가 뽑아가니
수 개 장 발 군 납 거

老夫風采便蕭條　　노부의 풍채가 문득 쓸쓸하여라.
노 부 풍 채 편 소 조

이렇게 정철은 버릇없는 이발의 행동을 한탄하면서 시 한 수를 읊조린 것이다.

⓫

정송강과 임진왜란

　송강은 1593년 강화 송정촌에서 생을 마감한다. 임진왜란은 1592년에 일어나 1598년에 끝났으니 송강도 임진왜란과 무관하지는 않다. 송강의 나이 57세 때인 1592년(선조 25) 4월 14일 임진왜란이 일어난다. 임진왜란이 일어나기까지의 조선 조정의 역사적 배경은 다양하게 설명된다. 그러나 역사적 이야기는 뒤로 돌리고 수박겉핥기식으로 살펴보자. 율곡 이이는 남쪽의 왜구와 북쪽의 오랑캐의 침입을 막기 위해서 10만 대군을 양성해야한다는 설을 주장하였으나 묵살당했다. 조정에서는 일본의 동태를 파악하기 위해서 통신사를 파견하기로 결정한다. 그때가 바로 정여립의 반란이 일어난 지 1년 뒤이니 세상이 뒤숭숭할 때이다. 드디어 1590년 3월에 통신사 두 사람이 파견되는데 서인쪽의 인물인 황윤길黃允吉과 동인쪽의 인물인 김성일이다. 서인 황윤길은 일본이 곧 쳐들어올 것이라고 하고, 동인 김성일은 그러한 기미가 보이지 않는다고 하며 두 사람이 상반된 의견을 보인다. 결국 조정에서는 동인의 손을 들어주고 전쟁방어 준비를 해산시킨다. 이때 조정의 핵심 인물이 동인의 이산해와 유성룡이다. 김성일이 일본에 가서 침략의 기미가 보이지 않는다는 말을 한 이유가 여기에 있을 수 있다.

　이 당시 송강 정철은 강계에 유배가 있을 때였다. 임금은 왜군의 침입으로 인해서 개성까지 피란을 가게 되고 전국이 전쟁터로 쑥밭이 될 때가 되어서야 선조는 정철을 사면하고 불러들였다. 임금이 개성에서 평양에 이르렀을 때 드디어 송강은 선조대왕을 알현한다. 이 당시 영의정 이산해와 우의정 유성룡은 파직되어 있고 신임 영의정 최흥원과 우의정 유홍은 세자 광해군을 모시고 정철이 유배되었던 강계로 가고 송강은 선조를 모시고 가산으로 들어갔다. 이때 7월 송강은 충청. 전라지역을 총괄하는 군사령관이 된 것이다. 즉 충청, 전라 체찰사湖西, 湖南體察使가 된다. 송강은 양호兩湖를 체찰하면서 소疏를 올려 현 상황을 보고한다.

그러나 조정에서는 정철이 체찰 업무를 소홀히 하였다 하여(1593년 1월) 임금의 명에 따라 다시 조정으로 불러 들어왔으나 이것이 무고라고 판명되어 정철은 다시 사은사謝恩使 특명을 받고 명나라의 서울로 가게 된다.

　정철은 5월부터 11월까지 약 7개월 동안 명나라 서울에 머물면서 명나라에게 군대를 파견하여 조선을 도울 것을 요청한다. 그러나 정철이 명나라에서 돌아온 후에는 명나라 조정에서 왜구가 이미 다 물러갔다 하여 군사를 출동할 뜻이 없게 되자 그런 거짓 보고가 송강의 일행의 소행으로부터 나온 것이라 하여 사헌부 사간원으로부터 논박을 당하자 그것은 사실이 아니라고 임금께 무고함의 상소를 올리고 강화 송정촌으로 물러난다.

❶❷

송강과 성산 그리고 식영정 4선

　송강이 어린 나이에 을사사화의 화를 입어 향리 담양 창평으로 내려와 강화 송정에서 서거할 때까지의 일대기를 살펴보면, 송강 정철은 어린 시절 환벽당 주인 김윤제의 눈에 띄어 환벽당에서 공부를 시작하게 되고, 과거에 급제하여서는 본인이 영특하기도 했지만 후견인으로는 송순과 박순이 뒤에서 돌봐주지 않았겠는가 생각이 든다. 그러나 송강 정철이 있게 되는 데는 창평 성산 주위의 소쇄원, 식영정, 서하당, 환벽당에서 함께 하던 당대의 쟁쟁한 문인, 학자들과의 인연이 컸으리라 본다. 송강은 20대 후반에 과거에 급제하여 관직에 오르게 된다. 그러나 그가 시련의 소용돌이에 빠지게 되면 언제나 어머니 품처럼 아늑한 창평의 성산으로 돌아와서 문학의 열정을 불태웠는지도 모른다. 송강은 정치를 하는 동안 4차례의 낙향을 했다.

　1차 40~42세(1575년 선조8년 10월~1577년 선조10년 10월)

　2차 44세(1579년 선조12년 8월~12월)

　3차 46세(1581년 선조14년 6월~8월)

　4차 50~54세(1585년 선조18년 8월~1589년 선조22년 10월)의 향리 생활을 했다.

　이 당시 호남시단의 명주로는 면앙 송순, 석천 임억령, 사촌 김윤제, 하서 김인후, 고봉 기대승, 송천 양응정, 사암 박순, 서하 김성원, 백호 임제 등이 있다. 그는 당대 우리나라 시단의 쟁쟁한 인물들과 사제지간의 정을 맺어왔다. 당시 송강 정철, 제봉 고경명, 서하 김성원, 석천 임억령을 식영정 4선이라고 일컫기도 했다.

❸

송강정철과 술과의 인연

　송강의 문학적 소질과 술과의 인연 관계가 있었다고 볼 것인가. 송강은 기골이 장대하고 강직하면서도 호탕한 성격이었다. 다른 사람들보다 술과 벗을 했다고나 할까. 술에 대한 의미를 꽤 깊게 갖고 있는 사람이다. 송강은 권하는 술을 받지 않으면 무척 싫어했다. 부질없는 인생살이인데 한 잔 술 권하는데 마다하다니 하며 싫어했다. 송강은 술을 마시는 것이 아니라 탐닉했다. 송강은 본인이 술 마시는 이유를 네 가지로 들었다. 그 첫째가 불평이요, 둘째가 흥취가 있어서요, 셋째가 손님을 대접하기 위해서요, 넷째가 남이 권하는 잔을 거절하기가 어려워서라고 했다. 그러나 당시 송강에게 율곡마저도 공은 조심하여 술을 끊으라고 충고하였다고 하고 선조대왕께서는 정철이 술을 좋아한다는 것을 잘 알고 있다고 하면서 그가 술을 마시는 것은 대개 심회를 풀 길이 없기 때문이라고 말하면서 애석하기는 해도 미워할 것은 없다라고 말씀하셨으니 임금께서도 인정하는 술통이었나 보다. 그러나 정철이 술을 먹지 않으면 안되는 이유가 있었으리라. 어려서부터 그날에 이르기까지 가족 관계에서 이뤄진 사화의 피해, 당쟁의 소용돌이 등 정철을 술에서 떼놓을 수 없는 여러 가지 이유들이 많이 있었을 것이다. 그래도 송강은 술과의 전쟁을 하는 게 아니고 함께 즐겼으니 주선이라 아니 할 수 없다. 송강은 그의 술 노래 장진주사를 노래하면서 흥을 즐겼다. 더욱 송강은 술을 좋아하였지만 여자를 가까이 하지는 않았나 보다. 아마도 그 성격 때문이었을지도 모른다. 그러나 가장 좋아하는 진옥眞玉이라는 기생은 무척 사랑했나 보다. 진옥과 송강이 주고받은 시조 한 수를 읽어보면

　옥玉이 옥이라커늘 번옥燔玉만 여겼더니,
　이제야 보아하니 진옥眞玉일시 적실하다.
　내게 살송곳 있으니 뚫어 볼까 하노라.

　의뭉스러운 웃음과 함께 송강의 노래가 끝나자, 여기에 한 술 더 뜬 진옥의 화답이 곧바
로 이어졌다.

　철鐵이 철이라커늘 섭철鐵로만 여겼더니,
　이제냐 보아하니 정철正鐵일시 분명하다.
　나에게 골풀무 있으니 녹여볼까 하노라.

아직까지도 결론이 나지 않은 기축옥사와 정송강

　　송강의 나이 54세 1589년(선조 22) 기축년. 젊은 시절 그의 정치적 후견자였던 사암 박순이 사망하게 된다. 또 가족에게도 비운이 있어 송강의 큰 아들 기명이 31세로 세상을 떠난다. 자식과 스승을 보내는 송강의 마음이 어떠하였겠는가. 이러한 소용돌이 속의 정철에게 황해도 관찰사 한준의 비밀장계祕密狀啓에 의해 이른바 정여립모반사건이 적발된다. 이때 주로 관여되었던 유생들이 동인과 관계를 맺고 있던 유림들이 많았다. 정여립의 반란기축옥사를 두고 동인 측의 이산해, 정언신, 이발, 백유양 등은 율곡 문인들의 의도적 소행이라며 정여립을 두둔하게 되지만 국문하는 과정에서 모반의 구체적 내용이 드러나 정여립의 무고를 주장했던 사람들은 화를 입게 된다. 이때 선조대왕은 특명으로 송강 정철을 의금부 우의정에 임명한다. 이때 송강은 정여립 사건에 관계된 사람들을 처리하게 된다. 그러나 사실인즉 너무 큰 사건으로 젊은 유림들의 죽음을 앞에 두고 송강은 많은 걱정을 하면서 이 옥사에 관여한 젊은 사람들을 구하려 하였으나 선조대왕의 뜻을 굽히기에는 힘이 미약했다고 한다. 이쯤 되어 재판관 위관이 정철에서 유성룡으로 바뀐다. 이때 이발의 노모와 이발의 아들이 죽게 되자 정철이 위관일 때 이들을 구하지 않았다고 동인들의 원망을 산다. 그러나 위관이 유성룡에서 정철로 바뀌면서 또 다시 국면 전환이 되는 것이다. 동인 계열의 유성룡을 위관으로 명한 것은 선조가 서인을 믿지 못하는데 있었는가 보다. 이렇게 기축옥사는 꼬리에 꼬리를 물고 끝이 보이지 않으니 수많은 선비들이 죽거나 귀양가게 되고 영호남의 젊은 유림의 싹이 마르게 되었다. 이런 저런 이유가 지금 뭐라고 하겠는가마는 정여립사건에 대한 조작이라는 설과 사실이라는 설이 지금도 꼬리를 물고 이어지고 있으며 이 문제가 죽어있는 정철의 마음도 불편하게 하고 있다. 이 사건으로 인해서 기축옥사의 장본인인 동인과 호남지역 사류들의 피해는 컸다. 이 사건 이후 호남지역은 반역의 땅이라 하여 조정으로의 진출이 어려워졌다.

　　결국 정여립 모반사건은 성리학을 중심에 두고 세파로 나눠지면서 색깔이 가장 엷었던 남명 조식과 화담 서경덕 계열의 문인들이 주도하게 되었다고 볼 수 있다. 결국은 퇴계, 율곡 그리고 남명과 화담으로 대변되는 세 갈래 학파간의 정치적 분립을 가져온다. 결국 정여립사건은 3년여의 세월동안 동인과 서인의 피 터지는 싸움의 중심에 정철이 서 있었으며 이 사건으로 인해서 후일에도 송강에 대한 평은 여러 각도에서 논의되고 있다.

송강의 말년 생활을 보며

기축옥사를 계기로 해서 송강은 정승의 자리에 오르게 된 지 3년여의 세월을 보냈다. 그러나 이 3년도 평온한 자리는 아니었다. 송강에게 불운의 씨앗 말년의 운이 좋지 않게 작용한 첫 단추가 시작된다. 송강이 56세인 1591년(선조 24) 2월 당시 우의정에 임명된 유성룡이 좌의정인 송강을 찾아와 임금께 세자 책봉을 건의하자고 한다. 송강은 영의정 이산해와 의논하자고 한다. 당시 조정의 공론은 공빈 김씨 소생의 광해군으로 의견이 모아졌을 때다. 그러나 선조의 생각은 약간 달랐다. 그런데 문무백관과 삼정승이 있는 자리에서 이 문제가 논의되었는데 어느 누구도 감히 세자 책봉 문제를 입에서 꺼내지 않았다. 그러나 강직하고 성미가 급한 정철이 입을 열었는데 영의정과 우의정은 선조의 의중을 파악하였는지 묵묵부답이었다. 당시 선조에게는 10명의 아들이 있었으나 왕비 박씨 소생은 하나도 없고 모두가 빈嬪에게서 낳은 왕자들 뿐이었다. 선조는 여러 왕자들 중에서 특히 인빈 김씨 소생의 신성군信城君을 총애했다고 한다. 이처럼 왕자 책봉 문제에서 선조의 눈 밖에 난 송강은 결국 파직되어 귀양살이의 길에 오르게 되며 송강과 가까이 지냈던 사람들은 모두 화를 입는다. 송강은 귀양지를 이곳 저곳으로 옮겨 다니다가 북쪽의 강계江界에서 가시울타리까지 쳐지는 위리圍籬의 혹독한 귀양살이를 하게 된다. 송강에게는 선조와 이상한 인연이 있다고 본다. 임진년 왜구가 침입하여 전란이 일어나자 선조는 송강을 충청대절忠淸大節이라하며 다시 불러들이고 왜구와 화친을 주장한 유성룡과 이산해를 파직시킨다. 송강은 피난가는 선조를 모시고 가산으로 의주로 피난길에 오른다. 그 해 7월 송강은 충청 전라 양호兩湖를 체찰體察하라는 명을 받게 된다. 송강은 전장의 아수라장 속에서 다음 해 정월까지 체찰사의 임무를 수행했다. 그러나 임진년이 지나자 전쟁은 조금 평온해지는 기미가 보이자 당시 송강이 체찰임무를 소홀히 하였다는 모함을 받지만 무혐의로 풀려나 사은사謝恩使로 명나라 서울로

가게 된다. 5월에 떠난 송강은 11월에 명나라에서 돌아온다. 돌아 온 후 명나라 조정에서
는 왜구가 이미 다 물러갔다하여 군사를 출동할 뜻이 없게 되자 이 문제가 송강과 관계된
것처럼 되어 송강은 무고함을 임금께 상소하고 사면을 청하면서 강화 송정촌松亭村으로 물
러난다.

송강의 마지막길

송강은 26세에 과거에 급제하여 58세에 운명을 다할 때까지의 파란만장한 일생이었다. 필연인지 우연인지 송강은 선조대왕과의 인연으로 생과 사를 마친 정객이다. 송강은 명나라에 다녀와서 모함을 받고 조정에서 물러난 지 한 달 정도인 1593년(선조 26) 12월 18일 마침내 강화 송정촌에서 숨을 거두는데 향년 58세였다. 그가 숨을 거둘 때 둘째 아들 종명이 옆에 있었는데 병환이 급하게 되자 손가락을 잘라 피를 내어 드리니 송강은 감은 눈을 살며시 뜨며 '이 아이가 헛된 일을 하는구나.' 라는 말을 남기고 조금 뒤 눈을 감았다고 한다. 송강이 저 세상 사람이 되었다는 소식을 접한 선조는 관을 보내고 제문을 지어 송강을 제사했다. 파란만장의 삶 속에서 그것도 마지막 죽음 앞에 놓여있는 자기의 처량한 신세를 한탄하면서 생을 마감하지 않았겠는가. 넷째 아들 홍명이 우계 성혼에게 아버지의 행장을 부탁했는데 이런저런 이유로 거절당했다. 가장 가까이 지내던 우계마저도 행장을 쓸 수 없는 그때의 분위기를 짐작할 수 있을 것 같다. 결국 그의 행장을 효종대에 이르러 사계 김장생 (1548~1631)의 아들 신독재 김집에 의해 찬출(竄黜)되었다. 송강의 시신은 이듬해인 1594년 (선조 27) 2월 고양군 신원에서 장사를 치르고 그로부터 70여년 후인 1665년(현종 6) 3월 우암 송시열(1607~1689)의 주선으로 충청북도 진천군 관동의 지장산(地藏山)에 이장되어 오늘에 이르고 있다.

송강의 묘소 : 충북 진천군 문백면 지장산에 부인 문화 유씨와 합장되어있다.
앞 묘소는 송강의 둘째 아들 종명(宗溟)의 묘이다.

송강의 묘소 옆에는 옛 추억을 들춰내는 들꽃이 만발하여 있다.

송강의 묘소를 참배하고...

충청북도 문백면 봉죽리는 네비(길안내)가 없다면 찾기 어렵다.
너무 산 속이고 인적이 드물다. 역사의 인물이지만 찾는 사람이 드물다.
묘소를 찾았는데도 가파른 언덕길을 올라가야하니 상당히 힘들다.
송강의 묘소 앞에는 임종을 치뤘던 둘째 아들 종명의 묘가 있다.
부자가 가깝게 있으니 매우 좋아보였다.
정철 부부와 둘째가 함께 모여 있으니 죽어서도 외롭지 않아보였다.
경건한 마음으로 송강의 묘소에 참배를 하였다.
송강의 강인한 목소리가 귓전에 들려오는 것 같다.

충북 진천군 문백면 봉죽리의 송강사당 가는길

송강의 사당은 맨 앞 문청문, 충의문, 맨 뒤에 송강의 사당이 있다.

竹堡亭

宿松江亭舍 송강정에서 머물러 자면서
숙 송 강 정 사

借名三十載 삼십년을 이름만 빌려줬으니
차 명 삼 십 재

非主亦非賓 주인도 아니고 손님도 역시 아닐세
비 주 역 비 빈

茅茨纔蓋屋 띠 풀을 베어 지붕이나 겨우 덮고는
모 자 재 개 옥

復作北歸人 또 다시 북쪽으로 가는 사람일뿐
부 작 북 귀 인

主人客共到 주인과 나그네 함께 와서
주 인 객 공 도

暮角驚沙鷗 저물녘에 갈매기 놀라게 했네
모 각 경 사 구

沙鷗送主客 갈매기가 주인과 나그네 전송하려고
사 구 송 주 객

還下水中洲 도로 강 모래섬에 내려오네
환 하 수 중 주

明月在空庭 밝은 달 빈 뜰에 남아 있는데
명 월 재 공 정

主人何處去 주인은 어디로 갔을까
주 인 하 처 거

落葉掩柴門 낙엽은 사립문 가리고
낙 엽 엄 시 문

風松夜深語 솔바람 소리 밤 깊도록 들리네
풍 송 야 심 어

望松江 송강을 바라보며
망 송 강

歇馬坐松根　말 멈추고 솔뿌리에 앉으니
헐 마 좌 송 근

松江在眼底　송강이 눈 아래에 있네
송 강 재 안 저

幽樓計已定　그윽한 누각에 계책 이미 정했으니
유 루 계 이 정

歲晚吾將去　연말 안에는 내 떠나가리
세 만 오 장 거

常願化爲魚　항시 원하기를 강물에 노는 물고기 되어
상 원 화 위 어

潛於深水底　깊은 물에서 자맥질하고자 하네
잠 어 심 수 저

秋來夢澤間　가을에는 못 사이서 꿈을 꾸고
추 래 몽 택 간

圉圉洋洋去　어릿어릿하다가 천천히 생기 찾아가리[1]
어 어 양 양 거

贈道文師 도문사에게 지어주다
증 도 문 사

小築新營竹綠亭　조그맣게 죽록정을 새로 짓고서
소 축 신 영 죽 록 정

松江水潔濯吾纓　송강물 맑아 내 갓 끈 씻는다네
송 강 수 결 탁 오 영

世間車馬都揮絕　세간의 거마일랑 모두 물리치고서
세 간 거 마 도 휘 절

山月江風與爾評　강산의 풍월을 그대와 함께 평하리라
산 월 강 풍 여 이 평

次思菴韻 사암[2]의 운에 따라 짓다
차 사 암 운

身如病鶴未歸山　이 몸 병든 학과 같아 고향에 돌아가지
신 여 병 학 미 귀 산　못하는데

溪老松筠谷老蘭　시냇가엔 송죽이 늙고 골짜기엔 난초늙
계 로 송 균 곡 로 란　었으리

漢水秋風愁裏度　한강 가을바람은 수심 속에 지나고
한 수 추 풍 수 리 도

楚雲鄕路夢中漫　초나라 구름[3] 고향 길은 꿈속에 아련해
초 운 향 로 몽 중 만

人情閱盡頭全白　인정 겪노라니 머리는 온통 희였고
인 정 열 진 두 전 백

世味嘗來齒更寒　세상맛 보아가니 이가 더욱 시리네
세 미 상 래 치 갱 한

遠憶松江舊釣侶　옛적 송강에서 낚시하던 벗 그리워
원 억 송 강 구 조 려

月明搖櫓下前灘　달밤에 노 저어 앞 여울로 내려가네
월 명 요 로 하 전 탄

松江　송강 지음
송 강

右先生手筆集字　위는 선생이 손수 쓴 글에서
우 선 생 수 필 집 자　글자를 모은 것임

1) 어릿어릿 …… 찾아가리 : 춘추시대 정(鄭)나라 자산(子産)에게 누가 살아 있는 물고기[生魚]를 선사했을 때 자산이 교인(校人)을 시켜 못에 놓아주라고 하였다. 교인이 삶아 먹고는 복명하기를 "처음 놓아주었을 때는 기운없이 헤엄치더니 잠시 뒤에는 기운을 차리고 유연히 가더이다.[始舍之圉圉焉 少則洋洋焉 攸然而逝]" 한 데서 온 말이다. 《孟子 萬章上》
2) 사암(思菴) : 박순(朴淳 : 1523~1589)을 말한다. 화숙은 자이고 호는 사암(思菴), 시호는 문충(文忠)이며, 서경덕(徐敬德)의 문인으로 문과(文科)에 장원하여 우의정과 영의정을 지냈다. 이이(李珥)와 성혼(成渾)을 변론하여 서인(西人)으로 지목받고 탄핵당하여 영평(永平) 백운산(白雲山)에 은거하였다. 한당체(漢唐體)의 시를 잘 지었으며, 저서에 《사암집》이 있다.
3) 초나라 구름 : 붕우 간에 오랫동안 멀리 떨어져 있으면서 서로 그리워하는 정을 표현할 때 쓰는 말임.

송강정에 오르는 돌계단

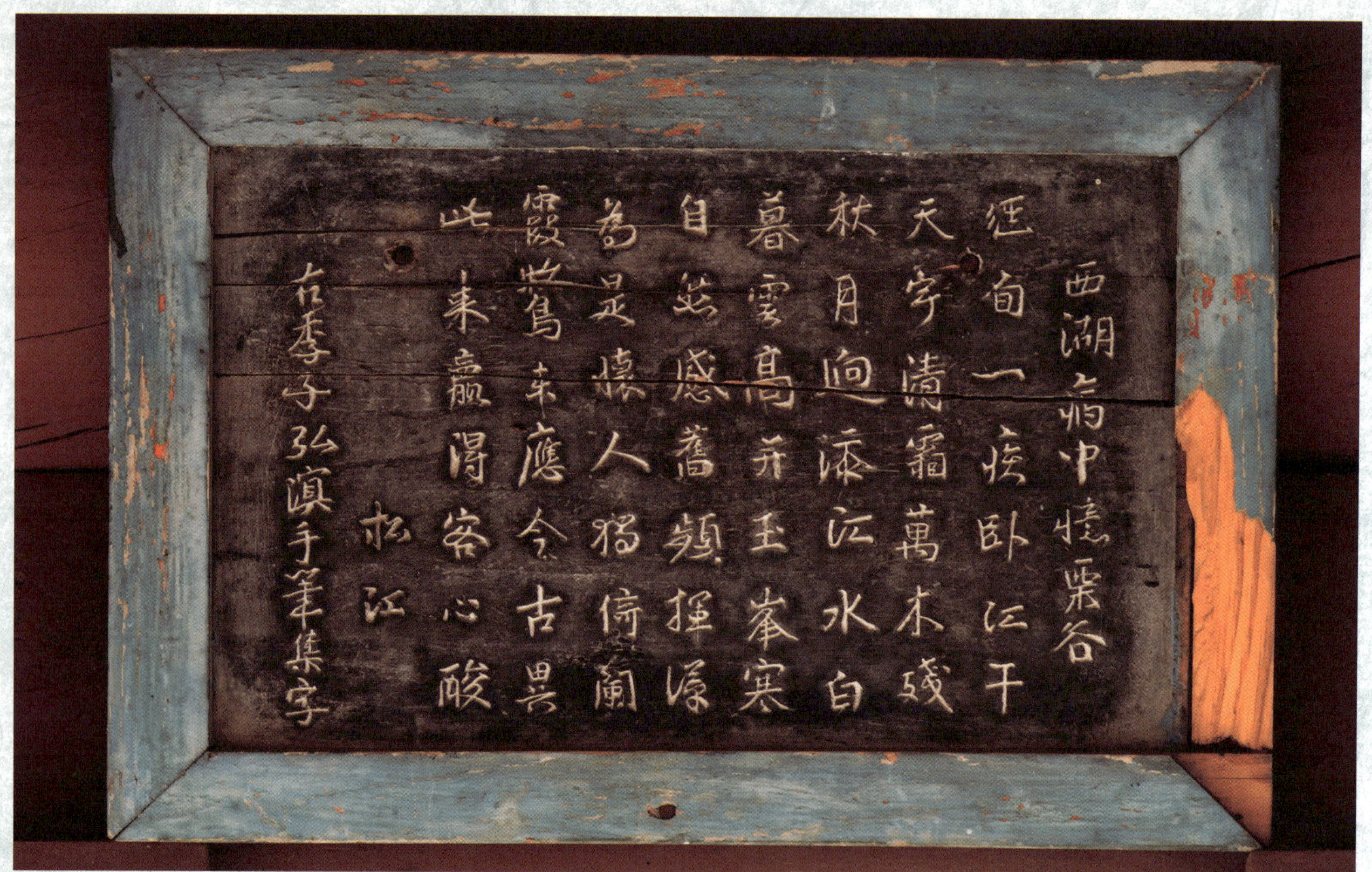

西湖扁舟中憶栗谷
逕旬一疾卧江干
天宇清霜萬木殘
秋月向添江水白
暮雲高弄玉峯寒
自慚感舊頻揮淚
爲是懷人猶倚闌
霞鶩未應今古異
此來贏得客心酸
右季子弘濵手筆集字
松江

254

西湖病中憶栗谷 서호 병중에 율곡을 생각하며
서 호 병 중 억 율 곡

經旬一疾臥江干　　열흘이 넘도록 병들어 강가에 누웠는데
경 순 일 질 와 강 간

天宇淸霜萬木殘　　하늘의 맑은 서리 나무마다 시들어지네
천 우 청 상 만 목 잔

秋月迥添江水白　　가을 달은 멀리 강물에 보태어 희고
추 월 형 첨 강 수 백

暮雲高抖玉峯寒　　석양 구름은 높아 옥녀봉마저 차갑네
모 운 고 병 옥 봉 한

自然感舊頻揮涕　　자연히 옛일을 생각하며 눈물 흘리고
자 연 감 구 빈 휘 체

爲是懷人獨倚闌　　임[임금]을 생각하느라 문지방에 기대네
위 시 회 인 독 의 란

霞鶩未應今古異　　노을과 따오기[1]는 옛날과 다르지 않는데
하 목 미 응 금 고 이

此來贏得客心酸　　여기 와서야 나그네 마음 쓸쓸함을 알았네
차 래 영 득 객 심 산

松江　송강 지음
송 강

右季子·弘溟手筆集字　　위는 막내아들 홍명이
우 계 자 홍 명 수 필 집 자　　손수 쓴 글에서 글자를 모은 것임

1) 노을과 따오기 : 하목은 낙하 고목(落霞孤鶩)의 준말. 낙하는 지는 놀을 말하고 고목은 외로운 따오기. 당(唐) 나라의 문장가 왕발(王勃)의 등왕각서(滕王閣序)에 "지는 놀은 외로운 따오기와 나란히 날고, 가을 강물은 긴 하늘과 함께 한빛일세[落霞與孤鶩齊飛 秋水共長天一色]" 한 말이 있는데, 이 구(句)는 가장 아름다운 표현으로 오늘날까지 일컬어진다.

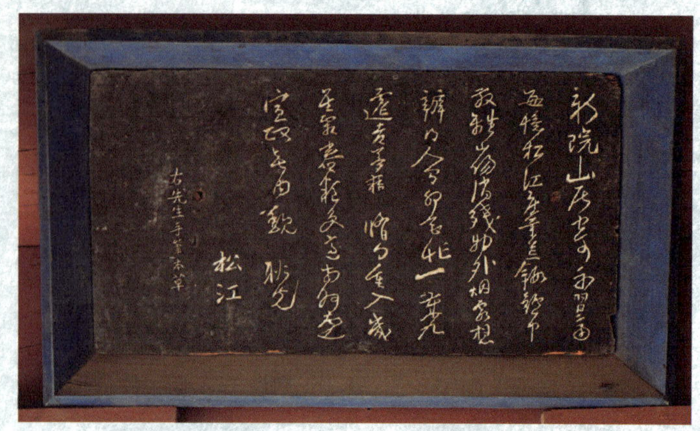

新院山居寄示習齋　신원의 산에 지내며 습재[1]에게 부치다
신 원 산 거 기 시 습 재

每憶松江舊業荒　늘상 송강의 구업 황폐해짐을 생각하니
매 억 송 강 구 업 황

鍛鑪中散離山陽　풀무장이 중산[2]도 산양을 떠났다네
단 로 중 산 리 산 양

消殘物外煙霞想　세상 밖에서 은거할 마음 사라지고
소 잔 물 외 연 하 상

辦得人間卯酉忙　인간세상의 관직 생활 바쁜 줄 알겠네
판 득 인 간 묘 유 망

一歲九遷都夢寐　일 년에 아홉 번 옮기던 일[3] 모두 꿈이려니
일 세 구 천 도 몽 매

修門重入幾星霜　조정에 거듭 들어간 적이 몇 해던고
수 문 중 입 기 성 상

春糧更適南州遠　춘량 가지고 다시금 남주로 멀리 가나니
춘 량 갱 적 남 주 원

宣政無由覿耿光　선정전의 성덕을 뵈올 길 없어라
선 정 무 유 근 경 광

松江　송강 지음
송 강

右畸菴手筆集字　위는 기암(畸菴 : 정홍명(鄭弘溟)의 호임)
우 기 암 수 필 집 자　이 손수 쓴 글에서 글자를 모은 것임.

1) 습재(習齋) : 조선 중기의 문신인 권벽(權擘, 1520~1539)의 호임.

2) 중산(中散) : 진(晉) 나라 때 죽림칠현(竹林七賢)의 한 사람인 혜강(嵇康)을 말하는데, 중산(中散)은 곧 혜강이 중산대부(中散大夫)를 지냈으므로 이른 말이다.

3) 일 년에 …… 옮기던 일 : 1년에 아홉 번이나 자리를 옮길 정도로 임금의 은총을 받아 고속 승진한 것을 말한다. 《역림(易林)》 권3 〈이지절(履之節)〉에 한(漢) 나라 전천추(田千秋)가 하루 동안에 아홉 번이나 승진한 고사가 있으며, 한퇴지(韓退之)의 '상장복야서(上張僕射書)'에 "하루에 천금의 은사를 받고 일 년에 아홉 번 관직이 올라갔다.[日受千金之賜 一歲九遷其官]"는 표현이 있다.

上松江服次[1]　　송강(松江 : 정철(鄭澈))의 복차(服次)[2]에 올림
상 송 강 복 차

彼美松江水　　저 아름다운 송강의 물
피 미 송 강 수

秋來徹底淸　　가을 되니 바닥까지 맑아
추 래 철 저 청

湯盤供日沐　　탕반[3]에 공급하여 날마다 목욕하니
탕 반 공 일 목

方寸有餘醒　　마음속 씻어 깨끗하겠지
방 촌 유 여 성

牛溪　　우계 [성혼][4] 지음
우 계

右畸菴手筆集字　　위는 기암 [정홍명]이 손수 쓴 글에서
우 기 암 수 필 집 자　　글자로 모은 것임

1) 《우계집(牛溪集)》에는 시의 제목이 '次鄭松江澈韻'으로 되어 있음.
2) 복차(服次) : 조부모를 여읜 사람(승중(承重)이 아닌 경우)을 위로하는 계장(啓狀)의 서식 말미에 '연호 월 일에 아무 벼슬의 성명 아무개가 아무 벼슬의 복전(服前)에 글을 올립니다.'라고 하는데 평교의 경우 '복전(服前)' 대신에 '복차(服次)'라고 한다.
3) 탕반(湯盤) : 상(商)나라 탕왕(湯王)이 목욕하던 그릇으로, 탕왕이 그릇에 명문(銘文)을 새기기를, "어느 날 목욕을 하여 새롭게 하였으면 나날이 새롭게 하고 또 날로 새롭게 하여야 한다.[苟日新 日日新 又日新]"하여, 사람이 목욕하여 몸을 깨끗이 하는 것으로써 마음을 맑혀 악을 제거함을 비유하였다.《大學章句 傳2章》
4) 우계(牛溪) : 성혼 (成渾 : 1535~1598). 조선 중기의 문신 · 학자로서 해동십팔현(海東十八賢)의 한 사람이다. 본관은 창녕(昌寧)이며 자는 호원(浩源)이다. 그리고 호는 우계(牛溪) · 묵암(默庵)이며 시호는 문간(文簡)이다. 조광조의 문인이며 좌의정으로 추증된 성수침(成守琛)의 아들이며 어머니는 파평(坡平) 윤씨이다. 서울 순화방(順和坊)에서 태어났으며, 1539년 파산(坡山) 우계로 이사하면서 경기도 파주에서 자랐다.

我到松江舍　내 송강정에 이르니
아 도 송 강 사

不須問主賓　주인과 손님 물을 필요 없네
불 수 문 주 빈

今來花樹會　이제 화수회에 오니
금 래 화 수 회

知是一家人　한 집안 사람임을 알겠네
지 시 일 가 인

吾祖建亭意　우리 선조 정자를 세운 뜻은
오 조 건 정 의

歸來伴白鷗　돌아와 갈매기와 벗하려함인데
귀 래 반 백 구

君恩終不許　임금의 은혜 끝내 허락지 않아
군 은 종 불 허

辜負芰荷洲　기하[1] 의 섬 저버렸다네
고 부 기 하 주

癸巳梧朝十世孫海吉　계사년 오조(梧朝)에 십세손 해길 지음
계 사 오 조 십 세 손 해 길

---

1) 기하(芰荷) : 자신의 깨끗한 절조만을 고집하며 타협하지 않는 것을 말한다. 《초사(楚辭)》〈이소(離騷)〉에 "연꽃 잎 따다 옷 만들어 입는다.[製芰荷以爲衣兮]" 하였다.

高亭出竹綠　　높은 정자 죽록에 솟으니
고 정 출 죽 록

有主豈無賓　　주인 있은데 손님이 없을까
유 주 기 무 빈

湖魚相忘處　　호수의 물고기 서로 잊은 곳에
호 어 상 망 처

應識此來人　　응당 여기에 오는 사람 알리라
응 식 차 래 인

至今三百載　　지금까지 삼백 년
지 금 삼 백 재

往蹟問江鷗　　지난 자취 강 갈매기에게 묻노라
왕 적 문 강 구

江鷗如解意　　강 갈매기 내 마음 아는 듯
강 구 여 해 의

盡日在空洲　　종일토록 빈 섬에 서 있네
진 일 재 공 주

男得源承命並書　　아들 득원이 명을 받아 함께 쓰다
남 득 원 승 명 병 서

松江亭遺墟修理詩序

余未肖在童時盥讀吾 先祖文清公松江先生年譜及遺稿始知松江亭在松潭陽地而有宿亭舍詩院又讀牛溪成先生遺集有次松江韻詩每於最久三復諷詠油然有感慕之心以為安得一登亭上敬尋吾 先祖遺蹋云甫則有人從傍而曰廢棄已久為累之塚之地今無足觀矣余聞而慨然曰是何言也千泉難不得永保斯亭豈可尋桑之如是也及弱冠下日采興兩往詢野老而得其處遂登其上而周覽焉則蕭然下邨便作北卬而破碎顏垣無復徐存荒蕪埋廢殆不可辨識朱夫子所歡沼于臺傾鞠為灌莽而撫兒牧子哺歌鄰蜀花其上者正謂是甫俯仰曠昔俟甬養百年之久慨感興懷徘徊不忍去矣院仍往亭墟種松若千株又介人詞得多塚之主論以事理使之拔去其功近於是歸而以掃藏重修之意謀于宗中詢謀僉同今年之新正謁于 先祖祠廢八九塚有如西子之蒙不潔而一朝洗濯於清泠之水也此豈非地亦有顯晦之數而然耶晦翁祖塋守牧他人之占奈婆源遺居屢見使削於郡并夫以晦翁而猶尚次此則況其徐木于伐石兩曰敢謝其謎夫謝謎之云似若為吾宗進千備也然則吾宗謎非他也只在重建亭舍於遺址之上而亦所謂之松江亭而亦謂之竹徐者流未久矣且亭墟之下川名松墟名謂地松江亭者僅有兩曰竹綠亭昔之矣余初聞而異之詳叩於諸人則曰昔旬宣之鄉尚有甘棠之遺愛而然歟余以事屢至是墟停停日暮塘曰為葉可燕堅之侵畝昔之童兒者今為蒼蒼是蓋志辛知曰馬之意而甫先蓋於先聖賢之居以寓美墻之於花石亭之翁之掠雙清堂皆政兩表章之今即上我至若我東栗谷之於花石亭尤翁之豈但如程朱兩夫子之於南康未嘗不卷宗於先亭重修一事如緋企慕先生兩為之豈不休我且念高塘慶於余又取考本縣邑誌亦曰松江亭在於縣西竹書吾于大野之中難於葉護余甚病余於亭下馬山村間知為松江相公道塘顧鳳藏菲從氏則以為畸菴公在京而書於吾 先祖逸葉有新營竹綠亭之詩盖竹綠亭之名也凡玆事之顛末亦不可無記遂用松牛兩先生書寄松夫子屋未就而詩已成之意也五于宗及同志大雅諸君子倘賜酬唱俾作斯亭之一曲故則亦豈無助是亦余千玆於栗无兩先生而然矣觀者恕而不識否若夫江山之勝景物之富有不暇論云

崇禎屠維赤奮若應鍾之旰

六世孫 栽 謹序

松江亭遺墟修理詩序

余不肖在童時盥讀吾 先祖文清公松江先生年譜及遺稿始知松江亭在於潭陽地而有宿
亭舍詩既又讀牛溪成先生遺集有次松江韻詩每於晨夕三復諷詠油然有感慕之心以爲
安得一登亭上敬尋吾 先祖遺躅云爾則有人從傍而曰廢棄已久爲累累塚之地今無足觀
矣余聞而慨然曰是何言也平泉雖不得永保斯亭豈可等棄之如是也及弱冠一日乘興而
往詢野老而得其處遂登其上而周覽焉則歸然一邱便作北邙阤而破礎頹垣無復餘存荒穢
埋廢殆不可辨識朱夫子所歎沼平臺傾鞠爲灌莽而樵兒牧子嘯歌躑躅於其上者正謂是
爾俯仰疇昔倏爾數百年之久愴感興懷徘徊不忍去矣於是歸而以掃穢重修之意謀于宗
中詢謀僉同今年之新正謁于 先祖祠院仍往亭墟種松若干株又介人詞得多塚之主諭以
事理使之移去其切近處八九塚有如西子之蒙不潔而一朝洗濯於清冷之水也此其非地
亦有顯晦之數而然耶晦翁祖塋嘗被他人之占奪婺源遺居屢見侵削於鄰幷夫以晦翁而
猶尚如此則況其餘人乎晦翁崇土伐石而曰敢謝其譴夫謝譴之云似若爲吾宗準備也然
則吾宗謝譴非他也只在重建亭舍於遺址之上而亦所以繼其志述其事也惟吾宗可不勉
之惟昔顏樂亭其距程夫子千五百年而夫子之言猶曰水不忍廢地不忍荒朱夫子在南康
未嘗不倦倦於濂溪書堂盖於先聖賢之居以寓羹墻之謀而亦思其終於晦而不顯耳況此
亭墟既爲吾 先祖棲息之地則其在後孫之心豈但如程朱兩夫子之於顏亭濂堂而止哉至
若我東栗谷之於花石亭尤翁之於雙清堂皆改構而表章之今日吾宗於先亭重修一事如
能企慕栗尤兩先生而爲之豈不休哉且念亭墟處於大野之中難於禁護余甚病之亭下馬
山村故老輩朋知爲松江相公遺墟願爲禁呵樵竪之侵敲昔之童兀者今焉蒼鬱是盖走卒
知司馬之意而抑吾先旬宣之鄉尚有甘棠之遺愛而然歟余以事屢至亭墟傍近諸村人謂
亭墟曰松江亭者僅有而曰竹綠亭者多矣余初聞而異之詳叩於諸人則曰亭墟固謂之松

江而亦謂之竹綠者流來久矣且亭墟之下川名竹綠坪名亦竹綠也余又取考本縣邑誌亦
曰松江亭在於縣西竹綠川上遂以竹綠一記書告于鳳巖再從氏則以爲畸菴公在京而與
書於吾 先高王考谷口府君曰竹綠亭善護之近又得文淸 先祖逸藁有新營竹綠亭之詩
盖竹綠卽松江亭之一名也凡玆事之顚末亦不可無記遂謹用松牛兩先生詩韻搆拙以志
之盖朱夫子屋未就而詩已成之意也吾宗及同志大雅諸君子倘賜酬唱俾作斯亭之一典
故則亦豈無助是亦余有受於栗尤兩先生而然矣觀者恕而不譏否若夫江山之勝景物之
富有不暇論云
崇禎屠維赤奮若應鍾之朏六世孫栽謹序

송강정유허수리시서

　내가 어렸을 때에 나의 선조 문정공 송강 선생 연보와 유고 등을 손을 씻고 읽었다. 그러고서야 비로소 송강정이 담양 땅에 있다는 것과 '숙정사'라는 시가 있음을 알았다.　또 우계 선생 유집을 읽고서 '차송강운'이라는 시가 있다는 것도 알았다. 그 뒤로는 밤낮으로 몇 번씩 되풀이하여 읽음에 유연히 감모하는 마음이 있었다. 그래서 어떻게 하면 한번 송강정 위에 올라가서 우리 선조의 유적을 찾을 수 있을까 하고 말하였다. 그랬더니 어느 분이 말하기를 "정자가 없어진 지가 이미 오래 되어, 옹기종기 무덤 쓰는 땅이 되었으니 지금은 보잘 것이 없을 것이다."라고 하였다. 내가 그 말을 듣고 분개하여 말하기를 "이것이 무슨 말인고? 평천장平泉莊[1]처럼 비록 길이 보존하지는 못한다 할지라도 이 정자를 어떻게 이와 같이 등한하게 버려 둘 수가 있겠는가?" 하였다.

　내가 약관이 되었을 때 하루는 불현듯이 가보고 싶은 생각이 나서 혼자 찾아 나섰다. 그곳에 사는 토박이 노인에게서 정자가 있었다는 곳을 물어 그 곳에 올라가 사방을 둘러보니, 높직한 언덕이 있는데 공동묘지가 다 된 땅에 깨어진 주춧돌과 무너진 담의 흔적만이 남아 있고, 황량한 들에 잡초만이 우거져 있어서 어디에 정자가 있었는지 분간할 길이 없었다. 주부자朱夫子의 '소沼가 메워지고 대臺가 기울어져서 잡목雜木이 무성하매 나무하는 아이와 소 치는 아이들이 그 위에서 휘파람 불고 노래하며 뛰논다.'는 탄식이 바로 이것을 말한 것이다. 지난 날을 돌아보니 수백년이 훌쩍 지났고 서글픈 생각이 들어 맥없이 거닐며 차마 떠날 수 없었다. 이에 돌아와서 정자를 중수하여야 할 것을 종중 회의에 붙여서 의견일치를 보았다.

　금년 정초에 선조의 사원에 배알한 다음에 정자의 옛터를 둘러보고 소나무 몇 그루를 심었다. 그리고 사람을 중간에 넣어 많은 무덤의 주인을 넌지시 찾아서 사리로써 설득하여 정

송강정을 오르며

자 가까이에 있는 무덤 팔구 기를 천장하게 하였다. 그러고 나니 마치 서시가 오물을 뒤집어썼다가 하루아침에 맑은 물에 씻은 듯하였다. 이것이 어찌 땅도 현회顯晦, 유명해지는 것과 은폐되는 것의 운수가 있어서 그런 것이 아니겠는가. 회옹晦翁, 주희의 선영이 일찍이 남에게 점탈占奪된 적이 있으며 무원의 옛집이 자주 이웃에 침삭侵削되었으니, 주자같은 분도 오히려 이러하였는데 나머지 사람들이야 오죽하겠는가. 회옹이 흙을 돋우고 돌을 깨버리며 말하기를 "그들의 책망을 사절하라. 그들을 책망하기를 사절한다."라고 하니 우리 종족을 위해 준비한 듯하다. 그러니 우리 종족의 사견謝譴은 다름이 아니라 다만 옛터에 정자를 중건하는 데 있고, 또한 선조의 뜻을 계승하여 그 일을 수행하는 바이니 우리 종족이 힘쓰지 않아서야 되겠는가.

옛날의 안락정顏樂亭2)은 정부자정자로부터 천오백 년이나 떨어졌지만, 오히려 "물을 차마 없애지 못하고 땅도 차마 황폐시키지 못한다."3)라고 말하였다. 또 주자가 남강南康에 있을 때 일찍이 염계서당4)에 간곡하지 않음이 없었다. 그것은 옛 성현의 거처에 대하여 우러러 사모하는 계획을 붙여, 또한 끝내 감춰져서 드러나지 않을까 염려하였을 뿐이다. 하물며 이 정자 터는 우리 선조께서 사시던 곳이다. 그러니 그 후손들의 마음에 있어서 어찌 다만 정주程朱 두 부자의 안락정과 염계서당과 같음에 그칠 뿐이랴.

우리 나라 율곡 선생의 화석정이나 우암 선생의 쌍청당의 경우에도 모두 중수하여 옛 모양을 되찾았다 하니, 오늘날 우리 종중에서 선조의 정자를 중수하는 이 큰 일은 또한 율곡 선생이나 우암 선생의 일을 바라고 흠모해서 한 것과 같으니 어찌 아름답지 않으랴. 그런데 정자터가 허허 벌판에 있어서 금호禁護, 금지(禁止)하여 위호(衛護)함하기가 어려움을 염려하여 내가 매우 마음 아프게 생각하였다. 그래서 정자 밑 마산 마을에 사는 노인들이 간혹 이곳이 송강공의 옛터임을 알기에 나무하는 아이들이 들어가지 못하게 해주길 바랐다. 옛날에 어린 나무들이 이제는 제법 울창하게 되니, 이것이 주졸이 사마의 마음을 알아서인가, 아니면 우리 선조께서 순선(旬宣)[5]하신 고을에 아직도 감당(甘棠)[6]의 끼친 사랑이 있어서 그런 것인가.

내가 이 일로 여러 번 정자터에 올라갔는데, 그 근처 마을 사람들이 이 정자 터를 '송강정'이라고 부르는 사람은 적고 '죽록정'이라고 부르는 사람은 많았다. 내가 처음 듣고 이상하게 생각하여 여러 사람들에게 물어 보았더니, "정자 터를 본래 '송강'이라 하였는데 '죽록'이라 부르기도 하니 그 유래가 오래 되었다. 또 정자 터의 아래 냇물을 '죽록천'이라고 하며 들판은 '죽록평'이라고 한다."라고 말했다. 내가 또 본현의 읍지를 참고하여 보았더니 '송강정은 창평현의 서쪽 죽록천 위에 있다'고 기록되어 있었다. 그래서 '죽록'이라고 써서 봉암 재종씨께 편지로 물어 보았다. 그 답장이 기암공께서 서울에 계시면서 나의 고조 할아버지 되는 곡구 부군께 부친 편지에 "죽록정을 잘 보호하라"고 쓰이어 있었다는 것이다. 요사이에 또 문청 선조의 일고(逸藁)를 보니 '새로 죽록정을 지은 시'가 있었다. 그러니 대개 '죽록정'은 '송강정'의 딴이름임이 틀림없는 듯하다.

대체로 이 사실의 전말도 기록하지 않을 수 없어서 송강과 우계 두 어른의 운을 따서 변변하지 못한 글을 지었으니, 대체로 주자가 말한 "집은 아직 짓지 못하였지만 시만은 이미 지었다."는 뜻이다. 우리 종중이나 동지, 대아 군자들께서 글을 지어 주시어 이 정자의 전고가 되도록 한다면 어찌 도움이 되지 않으랴. 이 역시 율곡이나 우암 두 어른을 본받은 처사라고 하겠다. 그러니 보시는 분들께서도 너그러이 이해하여 기롱하지 말기를 바란다. 그리고 이 정자 주위의 강산과 경치의 아름다움과 풍부함은 생략한다.

숭정 기축(1649, 인조 27) 10월 3일
문정공 육대손 재는 삼가 쓰다.

1) 평천장(平泉莊) : 당 무종(唐武宗) 때의 명상(名相)인 이덕유(李德裕)의 별장 이름으로, 대사(臺榭)가 100여 곳이나 되는 데다 천하의 기화이초(奇花異草)와 진송괴석(珍松怪石)이 다 모여 마치 선경(仙境)을 방불케 했다고 한다.

2) 안락정(顔樂亭) : 소동파(蘇東坡)의 〈안락정시서(顔樂亭詩序)〉에 의하면, 공자의 제자 안연(顔淵)이 옛날 살았던 누항(陋巷)에 우물이 하나 있었으나 안씨들이 살지 않은 지 오래되었다. 북송(北宋) 때 교서 태수(膠西太守) 공종한(孔宗翰)이 그 땅을 얻어 우물을 파고 그 곁에 정자를 짓고는 '안락정'이라 명명하였다고 한다.

3) 물을 …… 못한다 : 정자(程子)의 〈안락정명(顔樂亭銘)〉에 "물을 차마 없애지 못하고 땅도 차마 황폐시키지 못한다. 아, 올바른 그의 학문 어찌 잊을 수 있겠는가.[水不忍廢 地不忍荒 嗚呼正學 其何可忘]" 라고 하였다. 《性理大全 卷76》

4) 주희(朱熹)가 남송 효종(孝宗) 순희(淳熙) 6년(1179)에 남강군(南康軍)에 부임하여 학궁(學宮)에 염계(濂溪) 주돈이(周敦頤)의 사당을 세우고 명도(明道) 정호(程顥)와 이천(伊川) 정이(程頤)를 배향하였으며, 또 별도로 오현당(五賢堂)이라는 사당을 세워 도 정절(陶靖節) 즉 도잠(陶潛), 둔전원외랑(屯田員外郎) 유환(劉渙), 그 아들인 비서승(秘書丞) 유서(劉恕), 상서(尙書) 이택(李擇), 간의대부(諫議大夫) 진관(陳瓘)을 제향한 바 있다. 《朱子年譜 卷2》

5) 순선(旬宣) : 순(旬)은 순찰(巡察)의 뜻이고 선(宣)은 왕정(王政)을 편다는 뜻으로, 관찰사가 되어 지방에 왕정을 펴는 것을 의미한다. 《시경(詩經)》〈대아(大雅)〉〈강한(江漢)〉에 "왕이 소호를 명하여 와서 왕정을 펴게 하였네.[王命召虎 來旬來宣]" 한 데서 온 말이다.

6) 감당(甘棠) : 《시경(詩經)》〈소남(召南)〉〈감당(甘棠)〉에 "무성한 저 감당나무 가지, 자르지 말고 휘지도 말라. 소백이 머무시던 곳이니라.[蔽芾甘棠 勿翦勿拜 召伯所說]"라고 한 데서 온 말로, 이 시는 소공이 남국(南國)을 순행하면서 문왕(文王)의 정사를 널리 편 데 대하여 그곳 백성들이 소공의 덕을 추모하여 부른 노래이므로, 전하여 지방관의 선정(善政)을 의미한다.

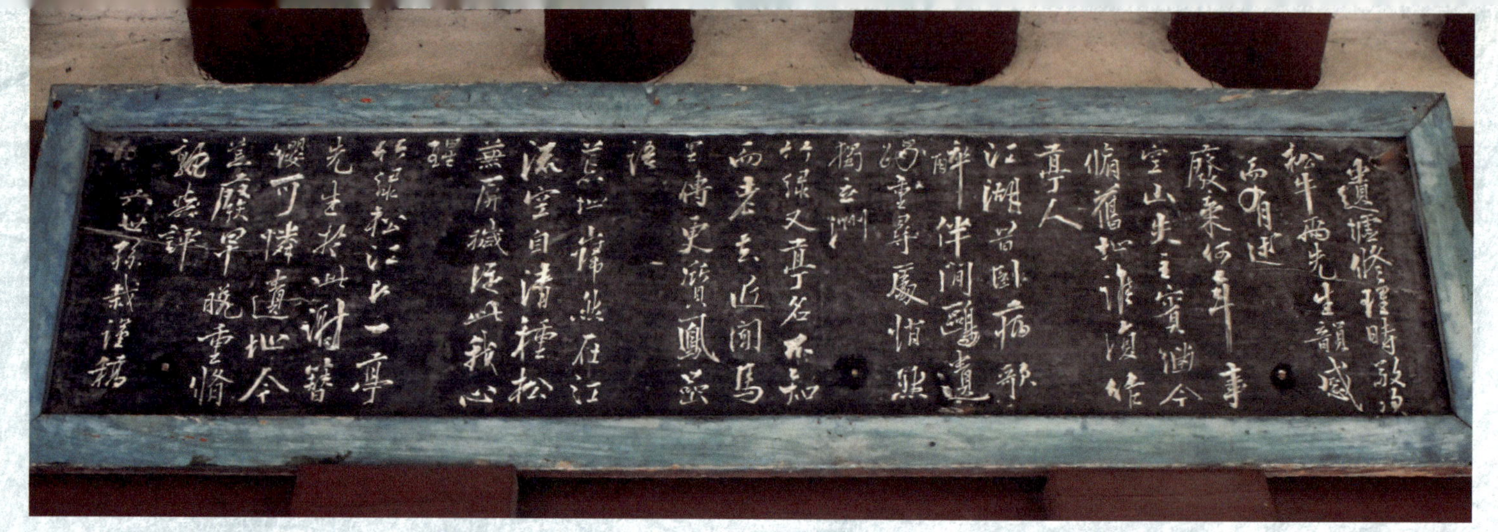

遺墟修理時感松牛 兩先生韻而有述 유허를 수리할 때 송강, 우계 두 선생의 운을 보고 감회가 있어 씀
유 허 수 리 시 감 송 우 양 선 생 운 이 유 술

廢棄何年事 무너져 버린 게 어느 해던고
폐 기 하 년 사

空山失主賓 산천이 주인과 손님을 잃었도다
공 산 실 주 빈

繼今修舊址 이제야 이어서 옛터를 수리하니
계 금 수 구 지

誰復作亭人 누가 다시 정자의 주인 되려나
수 부 작 정 인

江湖昔臥病 옛적 강호에 병들어 누워
강 호 석 와 병

歌醉伴閑鷗 노래하고 취해 한가한 갈매기와 짝하였네
가 취 반 한 구

遺躅重尋處 남긴 자취 거듭 찾은 곳에
유 촉 중 심 처

悄然獨立洲 근심스레 홀로 물가에 섰네
초 연 독 립 주

竹綠又亭名
죽 록 우 정 명
죽록도 정자 이름인데

不知而老去
부 지 이 노 거
알지 못하고 늙어갔네

近聞馬里傳
근 문 마 리 전
요새 마산촌에 전해지는 이야기 듣고

更質鳳嵓語
갱 질 봉 암 어
다시금 봉암의 말씀에 질정하였네

荒址巋然在
황 지 규 연 재
황폐한 터 우뚝 남았는데

江流空自淸
강 류 공 자 청
강물은 속절없이 맑기만 하구나

種松兼屛穢
종 송 겸 병 예
솔 심고 더러운 것 치우니

從此我心醒
종 차 아 심 성
이제사 내 마음 개운하네

竹綠松江卽一亭
죽 록 송 강 즉 일 정
죽록정 송강정은 바로 하나의 정자

先生於此謝簪纓
선 생 어 차 사 잠 영
선생이 여기에서 벼슬 사양했었지

可憐遺址今荒廢
가 련 유 지 금 황 폐
가련타 남긴 터 이제 황폐해졌음이여

早晚重修聽與評
조 만 중 수 청 여 평
조만간 중수하여 평가를 들으리라

六世孫 鄭裁 육세손 정재 지음
육 세 손 정 재

면앙정

俛仰亭

면앙정俛仰亭은 송순宋純의 호이면서 그가 세운 정자의 이름이다. 송순의 고향이 담양군 봉산면 제월리인데 그 뒷산에 정자를 짓고 면앙정이라 이름 지었다. 이 정자는 송순宋純, 1493~1582이 관직을 그만두고 고향에 내려와 지은 것이다. 송순은 이곳에서 퇴계退溪 이황李滉 선생을 비롯하여 강호제현江湖諸賢들과 학문이나 국사를 논하기도 하였으며, 기대승奇大升, 고경명高敬命, 임제林悌, 정철鄭澈 등의 후학을 길러냈다. 건물은 정면 3칸, 측면 2칸이며, 전면과 좌우에 마루를 두고 중앙에는 방을 배치하였다. 골기와의 팔작지붕네 귀에 모두 추녀를 달아 만든 지붕 건물이며, 추녀의 각 귀퉁이에는 활주活柱, 기둥가 받치고 있다. 원래 면앙정 터는 곽씨郭氏의 소유였는데 곽씨의 꿈에 금어옥대를 두른 선비들이 그 터 위에서 놀고 있는 꿈을 꾸었다고 한다. 그 자리에 송순이 면앙정을 지었다고 하니 곽씨의 꿈과 면앙정의 건축은 우연이 아니라고 본다. 송순의 나이 41세(중종 28년) 때 조정은 김안로일파가 권력을 잡고 선비들을 배척하니 그 화를 피하기 위해서 송순은 고향으로 내려왔다. 면앙정 송순이 20세에 과거에 급제하여 내직과 외직을 거치면서 77세에 의정부 우참찬 겸 춘추관사에 이르렀다고 하니 고령에도 관직에 있었던 것으로 보아 관운이 있었던 선비 같다. 이러한 송순도 세월의 순리는 이기지 못하고 91세의 나이로 유명을 달리했다. 그러니 면앙의 관직생활도 오랫동안 하였기 때문에 낙향의 시련도 있었지만 또 탄탄대로를 달릴 때도 있었다. 면앙정이 나이 50세 때 개성유수로 가 있었다. 이때 개성의 유명한 기생인 황진이와 깊이 사귀었던 것으로 알려졌다. 얼마만큼의 깊이였는지는 모르지만 개성유수로 있을 때 송순은 자주 시회를 열고 시인 가객들을 초대했는데 황진이는 빠진 적이 없었다고 하니 송순과 황진이는 어느 한 면에서 코드가 같았는지도 모른다. 송순은 고향에 내려와 회방연과거에 급제한지 60년째 잔치을 면앙정에서 열었다. 이 소식을 들은 임금도 꽃과 술을 하사하였다니 그 잔치가 얼마나 성대하였겠는가는 가히 짐작이 간다. 이 잔치에 합석했던 송강 정철, 고봉 기대승, 백호 임제를 비롯하여 관찰사와 고을 원님들이 밤이 늦도록 시와 술과 노래와 춤으로 잔치는 한결 흥거워졌다고 한다. 이때 송강이 먼저 '公의 남여藍輿를 우리가 메자'고 하여 거기에 모인 사람들이 친히 가마를 메고 그의 침소까지 갔다고 한다. 면앙정을 가본 사람들은 대강 알겠지만 가파른 언덕길을 올라가야 하는데 계단만 하더라도 170여개가 된다. 여기를 가마를 메고 정철, 기대승, 임제 등이 함께 송순의 댁까지 갔다고 하니 그 이상의 영광이 어디 있겠는가. 젊은 나이 20세에 장원급제하고 벼슬살이 60년에 회방연을 맞이하는 선비가 과연 몇 사람이나 된단 말인가. 면앙정 송순은 음악도 정교하고 거문고와 같은 악기도 능하여 시가와 풍류가 따를 사람이 없었다고 하니 당대의 이름난 황진이와의 만남이 과히 짐작하고도 남음이 있다. 당시의 면앙정 앞에는 큰 냇가가 있었는데 옥천과 용천산에서 내려오는 물이 두 내를 이루고 넓은 들을 굽이쳐 흐르고 있었는데 지금은 이 냇물 양측으로 제방을 쌓고 물은 남서쪽으로 흐르고 있다. 면앙정에서 멀리 동북쪽으로는 추월산이 아스라하게 보이며 앞에는 만경장파의 들판이 한 눈에 들어온다.

俛仰亭記

俛仰亭在潭陽府之西釣谷之里今令四宰宋公
之所營也余嘗從公遊於亭之上公爲道亭
之故徵余文爲記余觀亭之勝最宜於曠而又
宜於奧柳子所謂遊之適大率有二者亭可兼
而有也亭東山曰霽月峯支向乾方稍迤而
遠隆勢如龍首之矯亭正直其上爲屋三間四
虛其西北隅挾陝絕屏以窓竹蕭梢備東堦
下廊之橫溫室數楹植花卉繞以短垣循峯脊
延于左右谷長松茂樹蔥蘢以交加與人烟不
相接窅然差異境焉憑虛以望則曠然數百里
間有山焉可以對而挹也有水焉可以玩而
也山自東北而馳迤遙於西南者曰瓷巖曰金
城曰龍泉曰秋月曰龍逈迤夢仙曰白巖曰佛
臺曰修緣曰湧珍曰魚登曰錦城其巖崖之詭
飛烟雲之縹緲可愕而可嘉水之出於龍泉者
過府治爲白灘屈折橫流汨湲淳洄發於玉川
者名曰餘溪連游澄澄廻帶亭麓下合於白灘
蒼莽大野首起於秋月山下尾撤於魚登之外
間以丘陵林藪錯如圖畫聚落之雜襲丘塍之
刻鏤而四時之景與之無窮爲亭之環合幽窅
延以專靜證之觀其寔廓悠長可以聞浩蕩之
襟回所謂宜於曠宜於奧者其不信夫子始公
之先祖解官而居于錡子孫因家爲亭之舊址
則郭姓者之將有慶托子於山僧以學書及其無
之里之人皆來賀以郭之夢爲有驗云斯無乃
成而且窮乃伐其樹而遷其居公以財貨而獲
造物者蓄靈闕祉以遺於公耶公又築新居于
霽月之陽取其與亭近也亭之地得於甲申亭
之起始於癸巳後仍頹廢至壬子重營而後曠
如奧如之適無不盡也公嘗揭其名亭之意以
示容其意若曰俛焉而有地也仰焉而有天也
亭于茲之間其與亭近也招風月而挹山川
得於俛仰者蓋可想也噫自甲申迄于今四十
有餘年其間悲歡得喪固有不勝言者而公之
亦足以終吾餘年也味斯語也公之所以自
爲幸而不敢辭者意亦有以也於是乎子書

文憲公　高峯　奇大升　記
後學　珍原　朴景來　謹書

俛仰亭記

俛仰亭在潭陽府之西錡谷之里今四宰宋公之所營也余嘗從公遊於亭之上公爲余道亭之故徵余
文爲記余觀亭之勝最宜於曠又宜於奧柳子所謂遊之適大率有二者亭可兼而有也亭東山曰霽月
峯峯支向乾方稍迆而邅隆勢如龍首之亭正直其上爲屋三間四虛其西北隅極陡絶屛以密竹蕭槮
悄蒨東階下廓之搆溫室四檻植花卉繚以短垣循峯脊延于左右谷長松茂樹蔥瓏以交加與人煙不
相接若異境焉憑虛以望則曠然數百里間有山焉可以對而挹也有水焉可以臨而翫也山自東北而
馳迤邐於西南者曰甕巖曰龍泉曰金城曰秋月曰龍龜曰夢仙曰白巖曰佛臺曰修緣曰湧珍曰魚登
曰錦城其巖崖之詭麗煙雲之縹緲可愕而可嘉水之出於龍泉者過府治爲白灘屈折橫流汩潗渟洄
發於玉泉者名曰餘溪漣漪澄瀅廻帶亭麓下合於白灘蒼茫大野首起秋月山下尾撤於魚登之外間
以丘陵林藪錯如圖畫聚落之雜襲丘塍之刻鏤而四時之景與之無窮焉亭之環合幽宜足以專靚謐
之觀其寥廓悠長可以開浩蕩之襟向所謂宜於曠宜於奧者其不信矣乎始公之先祖解官而居于錡
子孫仍家焉亭之舊址則郭姓者居之得異夢見衣纓之士頻來盍簪謂其家之將有慶托子於山僧以
學書及其無成而且窮乃伐其樹而遷其居公以財貿而獲之里之人皆來賀以郭之夢如有驗云斯無
乃造物者蓄靈閟祉以遺於公耶公又築新居于霽月之陽取其與近也亭之地得於甲申亭之起始於
癸巳後仍頹廢至壬子重營而後曠如奧如之適無不盡也公嘗揭其名亭之意以示客其意若曰俛焉
而有地也仰焉而有天也亭于玆之丘其興之浩然也招風月挹山川亦足以終吾之餘年也味斯語也
公之所以自得於俛仰者蓋可想也憶自甲申迄于今四十有餘年其間悲歡得喪固有不勝言者而公
之俛仰逍遙者終不失正豈不尙哉余之以托名爲幸而不敢辭者意亦有以也於是乎書

文憲公 高峯 奇大升 記

後學珍原 朴景來謹書

俔仰亭
一九九二年十月三日

면앙정기(俛仰亭記)

면앙정俛仰亭은 담양부潭陽府의 서쪽 기곡錡谷 마을에 있으니, 지금 사재四宰, 의정부의 우참찬(右參贊)으로 있는 송공宋公이 경영한 것이다. 내 일찍이 송공을 따라 면앙정 위에서 놀았는데, 공은 나에게 정자의 유래를 말하고 나에게 기문을 지어 줄 것을 요구하였다. 내가 정자의 경치를 보니 탁 트인 것이 가장 좋고 또 아늑하여 좋았으니, 유자柳子, 유종원(柳宗元)가 말한 "놀기에 적당한 것이 대개 두 가지가 있다."는 것을 이 면앙정은 겸하여 갖추었다고 할 만하다.

정자 동쪽의 산은 제월봉霽月峯인데, 제월봉의 산자락이 건방乾方을 향하여 조금 아래로 내려가다가 갑자기 높이 솟아서 산세가 마치 용이 머리를 들고 있는 듯하니, 정자는 바로 그 위에 지어져 있다. 집을 세 칸으로 만들고는 사방을 텅 비게 하였는데, 서북 귀퉁이는 매우 절벽이며, 좌우에는 빽빽한 대나무가 병풍처럼 둘러 있고 삼나무가 울창하다. 동쪽 뜰 아래를 탁 트고는 온실溫室 몇 칸을 짓고 온갖 화훼花卉를 심어 놓았으며, 낮은 담장을 빙 둘러쳤다.

좌우 골짝으로 이어진 봉우리의 등마루를 따라 내려가면 장송長松과 무성한 숲이 영롱하게 서로 어우러져 있어서 인간 세상과 서로 접하지 않으므로 아득하여 마치 별천지와 같다. 빈 정자 안에서 멀리 바라보면 넓은 수백 리 사이에는 산이 있어서 마주 대할 수 있고, 물이 있어서 구경할 수가 있다. 산은 동북쪽에서부터 달려와서 서남쪽으로 구불구불 내려갔는데, 이름은 옹암산甕巖山·금성산金城山·용천산龍泉山·추월산秋月山·용구산龍龜山·몽선산夢仙山·백암산白巖山·불대산佛臺山·수연산修緣山·용진산湧珍山·어등산魚登山·금성산錦城山 등이다. 바위가 괴상하고 아름다우며, 내와 구름이 아득히 끼어 있어서 놀랍기도 하고 아름답기도 하다.

물이 용천龍泉에서 나온 것은 읍내를 지나 백탄白灘이 되었는데 굽이치고 가로질러 흘러 빙빙 감돌며, 옥천玉川에서 발원發源한 것은 여계餘溪라 하는데 물결이 잔잔하며 맑고 정자의 기슭을 감돌아 아래로 흘러 백탄과 합류한다. 그리고 아득한 큰 들은 추월산 아래에서 시작되어 어등산 밖에 펼쳐져 있는데, 그 사이에는 구릉과 나무숲이 마치 한 폭의 그림처럼 펼쳐져 있으며, 마을이 여기저기 흩어져 있고 밭두둑이 마치 아로새긴 듯하여서 사시四時의 경치가 이와 더불어 무궁하게 펼쳐진다. 정자에는 산이 빙 둘러 있고 경치가 그윽하여 고요히 보면서 즐길 수 있고, 밖은 탁 트이고 멀리 아득히 보여서 호탕한 흥금을 열 수 있으니, 앞에서 말한 탁 트여서 좋고 아늑하여 좋다는 것이 어찌 사실이 아니겠는가.

처음에 공의 선조先祖가 관직을 그만두고 기곡에 거주하니, 자손들이 인하여 이곳에 집터를 정하게 되었다. 정자의 옛터는 곽씨郭氏 성을 가진 자가 거주하고 있었는데, 일찍이 꿈에 의관衣冠을 갖춘 선비들이 자주 와서 모이는 것을 보고는, 자기 집에 장차 경사가 있을 조짐이라고 생각하여, 아들을 산사山寺의 승려에게 부탁해서

면앙정에 오르는 돌계단

공부하게 하였다. 그러나 그가 성공하지 못하고 빈궁하게 되자 마침내 그곳에 있는 나무를 베어 버리고 사는 곳을 옮겼다. 공이 재물을 주고 이곳을 사서 얻자, 마을 사람들이 모두 와서 축하하기를 "곽씨의 꿈이 징험이 있다." 하였으니, 이것은 조물주가 신령스러운 곳을 감추어 두었다가 공에게 준 것이 아니겠는가. 공은 다시 새로운 집을 제월봉 남쪽에 지었는데, 면앙정과 가깝기 때문이었다. 정자의 터는 갑신년(1524, 중종 19)에 얻었고, 정자를 짓기 시작한 것은 계사년(1533)이었으며, 그 후 그대로 방치되었다가 임자년(1552, 명종 7)에 이르러 중건하니, 그제야 탁 트이고 아늑하여 보기 좋은 것이 모두 다 드러나게 되었다.

공은 일찍이 정자의 이름을 지은 뜻을 계시하여 객에게 보여 주었으니, 그 뜻은 "굽어보면 땅이 있고 우러러보면 하늘이 있는데, 이 언덕에 정자를 지으니 그 흥취가 호연浩然하다. 풍월을 읊고 산천을 굽어보니 또한 나의 여생을 마치기에 족하다."는 것이었다. 공의 이 말씀을 음미해 보면 공이 면앙에 자득自得한 것을 상상할 수 있을 것이다.

아, 갑신년으로부터 지금까지는 40여 년이 지났는데 그 사이 슬픈 일과 기쁜 일, 좋은 일과 궂은 일이 진실로 이루 말할 수 없이 반복되었다. 그러나 공이 굽어보고 우러러보며 여기에서 소요逍遙한 것은 끝내 올바름을 잃지 않았으니 어찌 가상하지 않겠는가. 나는 여기에 이름을 남기는 것을 영광으로 여겨 감히 사양하지 못하였으니 또한 이러한 뜻이 있어서였다. 이에 이 글을 쓰노라.

문헌공 고봉 기대승이 기문을 지음
후학 진원 박경래 삼가 씀

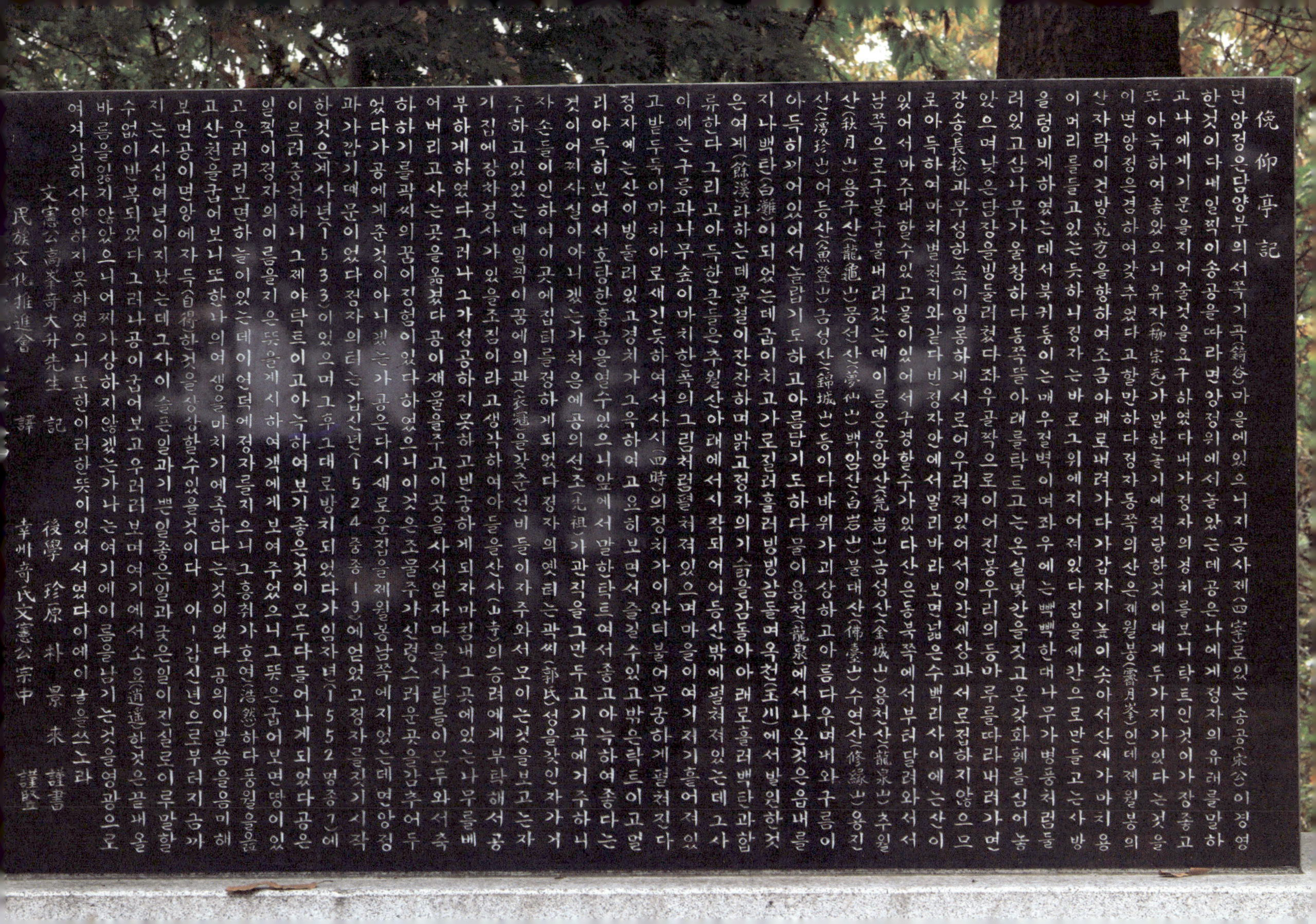

俛仰亭記

면앙정은 담양부의 서쪽 기곡(錡谷) 마을에 있으니 지금 사재(四宰)로 있는 송공(宋公)이 경영한 것이다. 내 일찍이 송공을 따라 면앙정 위에서 놀았는데 공은 나에게 기문을 지어 줄 것을 요구하였다. 내가 정자의 경치를 보니 탁 트이고 또 아늑하여 좋았으니 유자(柳宗元)가 말한 즐기에 적당한 것이 대개 두 가지가 있는데 이 면앙정은 겸하여 갖추었다고 할 만하다.

정자 동쪽의 산은 제월봉(霽月峯)인데 산자락이 건방(乾方)을 향하여 조금 아래로 내려가다가 갑자기 높이 솟아서 산세 이 머리를 들고 있는 듯하니 정자는 바로 그 위에 지어져 있다. 집을 세 칸으로 만들어 텅 비게 하였는데 서북 귀퉁이는 매우 절벽이며 좌우에는 빽빽한 대나무가 병풍처럼 둘러 있고 삼나무가 울창하다. 동쪽 뜰 아래를 탁 트고는 온실 몇 간을 짓고 온갖 화훼가 있으며 낮은 담장을 빙 둘러 쳤다. 좌우 골짝으로 이어진 봉우리의 등마루를 따라 장송(長松)과 무성한 숲이 영롱하게 서로 어우러져 있어 인간 세상과 서로 접하지 않은 듯하다.

아득히 멀리 있어서 놀랍기도 하고 아름답기도 하다. 물이 응천(凝川)·용천(龍泉)에서 나와 옷은내를 지나 백탄(白灘)이 되었는데 급히 치고 가로질러 흘러 빙빙 감돌며 옥천(玉泉)에서 발원한 것을 ... 은 여계(餘溪)라 하는데 물결이 잔잔하고 맑고 깨끗하여 아래로 등산 밖에 펼쳐져 있는데 그 사이에는 구릉과 나무 숲이 마치 아로새긴 듯 한 쪽의 그림처럼 펼쳐져 있으며 더불어 무궁하게 끌어져 있고 밭두둑이 정치가 그윽하여 고요히 보면서 즐길 수 있고 밖은 탁 트이고 멀리 아득히 보여서 호탕한 흥금을 열 수 있으니 앞에서 말한 탁 트여서 좋고 아늑하여 좋다는 것이 어찌 사실이 아니겠는가.

처음에 공의 선조(先祖)의 옛터는 이 곽씨(郭氏)의 승려에게 부탁해 공자손들이 인하여 이 곳에 집터를 정하게 되었다. 정자의 옛터는 이 곽씨 성을 갖인 자가 거주하고 있었는데 일찍이 꿈에 의관(衣冠)을 갖춘 선비들이 이 곳에 와서 서로 모이는 것을 보고 그 아들에게 뒷날 이 자리를 차지할 자가 거기에 나오리라 하였으니 ... 마침내 공을 위하여 이 곳을 사서 얻은 곳을 감추어 두었다가 공에게 준 것이 아니겠는가.

가 공은 다시 새로운 집을 제월봉 남쪽에 얻었으니 ... 과 가깝기 때문이었다. 정자의 터는 갑신년(一五二四 중종 一九)에 얻었고 정자를 세운 것은 계사년(一五三三)이 있으며 그 후 그대로 방치되었다가 임자년(一五五二 명종 七)에 이르러 중건하니 그제야 락토이고 아늑하여 보기 좋은 것이 모두 다 드러나게 되었다. 공은 일찍이 정자의 이름을 지은 뜻을 게시하여 객에게 보여 주었으니 그 뜻은 굽어보고 우러러보면 하늘이 있는데 이 언덕에 정자를 지으니 그 흥취가 호연(浩然)하다 하고 산천을 굽어보니 또한 나의 여생을 마치기에 족하다는 것이었다.

공의 이 말씀을 음미해 보면 공이 면앙에 자득(自得)한 것을 상상할 수 있을 것이다. 아— 갑신년으로부터 지금까지는 사십여 년이 지났는데 그 사이 슬픈 일과 기쁜 일 좋은 일과 궂은 일이 진실로 이루 말할 수 없이 반복되었다. 그러나 공이 굽어보며 우러러보며 여기에서 소요(逍遙)한 것은 끝내 올바름을 잃지 않았으니 어찌 가상하지 않겠는가. 나는 여기에 이름을 남기는 것을 영광으로 여겨 감히 사양하지 못하였으니 이 또한 이러한 뜻이 있어서였다. 이에 이 글을 쓰노라.

文憲公高峯奇大升先生 記
後學 珍原 朴景來 謹書
民族文化推進會 譯
幸州奇氏文憲公宗中 謹監

亭號緣何意　무슨 뜻으로 정자의 이름 지었나
정 호 연 하 의

浮生俛仰間　덧없는 인생 숙였다가 우러러 보는 사이라네
부 생 면 앙 간

前開萬馬地　앞에는 넓은 땅 열렸고
전 개 만 마 지

遙挹幾州山　멀리 몇 고을 산 거둬들였나
요 읍 기 주 산

莽濶眞難狀　넓고 넓어 형용키 어려운데
망 활 진 난 상

逍遙定不還　이곳저곳 거닐며 돌아오지 않네
소 요 정 불 환

寄言府中老　담양고을 늙은이에게 당부하노니
기 언 부 중 노

須借片時閒　잠시의 한가함 빌려주오
수 차 편 시 한

府使林光弼　부사 임광필 지음
甲申 八月 日 改揭　갑신년 8월 일에 바꾸어 게재함

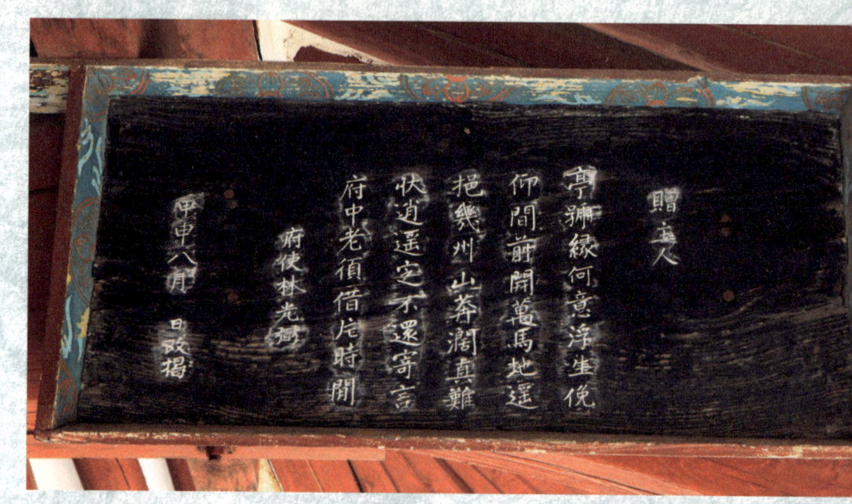

超然羽化孰云難
초 연 우 화 숙 운 난

초연히 신선되는 것을 누가 어렵다
하는고

得臥蓬萊第一巒
득 와 봉 래 제 일 만

봉래산 제일봉에 누워 있는 것 같다

脚下山川紛渺渺
각 하 산 천 분 묘 묘

발아래 산천은 그지없이 아득하고

眼前天地闊漫漫
안 전 천 지 활 만 만

눈앞에 천지는 아스라이 넓기도 하다

鵬搏九萬猶嫌窄
붕 단 구 만 유 혐 착

붕새는 구만리 장천을 날아도 오히려
좁다 하고

水擊三千直待乾
수 격 삼 천 직 대 건

큰 강은 삼천리를 흘러도 마르기를
기다린다

欲御冷風雲外去
욕 어 랭 풍 운 외 거

찬바람은 구름 밖으로 가고자하는데

腰間星斗帶欄干
요 간 성 두 대 란 간

허리 사이에 북두칠성은 난간을
띠었도다

면앙정에 오르는 170계단

丹葉辭林下碧川
단 엽 사 림 하 벽 천

단풍은 수풀을 사양하여 푸른 개울에 떨어지고

晚風吹雨過階前
만 풍 취 우 과 계 전

늦바람은 비를 불러 섬돌 앞을 지나네

遠山細入眉間沒
원 산 세 입 미 간 몰

먼 산은 가늘게 눈썹 사이에 들어왔다 없어지고

大野平從掌上連
대 야 평 종 장 상 련

넓은 들은 평평하게 손바닥 따라 이어졌네

眼豁何方無皓月
안 활 하 방 무 호 월

눈앞이 툭 트이니 어디인들 명월이 없을까

河明茲夕絶纖煙
하 명 자 석 절 섬 연

은하수 밝은 이 밤 속세의 연기 끊어졌네

蒼茫光景誰堪畫
창 망 광 경 수 감 화

아스라한 광경을 누가 그려 내랴

陶謝詩中始得傳
도 사 시 중 시 득 전

도잠과 사령운의 시 속에나 전해지리

藜杖松陰步步幽
여 장 송 음 보 보 유

솔 그늘에 지팡이 짚으니 곳마다 그윽해

岸巾徙倚玉溪頭
안 건 사 의 옥 계 두

언덕은 시내 머리에 의지하였네

巡簷白日行天遠
순 첨 백 일 행 천 원

처마를 배회하던 해는 하늘을 운행하며 멀어지고

對榻靑山護野稠
대 탑 청 산 호 야 조

자리를 마주한 청산은 들을 둘러 즐비하네

風引店煙遙度樹
풍 인 점 연 요 도 수

바람은 연기를 몰아 멀리 나무를 지나고

雲將浦雨細隨秋
운 장 포 우 세 수 추

구름은 비를 몰아 가을을 재촉하네

登臨自取無邊興
등 림 자 취 무 변 흥

오르고 임하며 가없는 흥을 가지니

肯着人間段段愁
긍 착 인 간 단 단 수

인간 세상 조각조각의 시름을 붙이랴

俛仰　면앙송순 지음

竹林深處草亭幽　　대숲 깊은 곳에 초정이 그윽한데
죽 림 심 처 초 정 유

百尺危臨斷壟頭　　백척 언덕 위에 위태롭게 임했네
백 척 위 림 단 롱 두

積水滿時平野合　　쌓인 물 가득할 때 평야가 합해지고
적 수 만 시 평 야 합

暮雲歸後亂峯稠　　뜬 구름 걷힌 뒤에 산봉우리 즐비하네
모 운 귀 후 란 봉 조

錦城近送千林雨　　금성산은 온 숲 비를 보내오고
금 성 근 송 천 림 우

無等遙分一片秋　　무등산은 한 조각 가을을 나누었네
무 등 요 분 일 편 추

魂夢每驚淸禁漏　　자다가 대궐 물시계 소리에 매번 놀라니
혼 몽 매 경 청 금 루

故山猿鶴未應愁　　봉래산의 원숭이와 학은 아무 근심
고 산 원 학 미 응 수　　없으리

陽谷 蘇世讓　양곡 소세양 지음

284

면앙정의 추경일우(一隅)

현판만 보고는 판독하기 어려운 것들을 자료를 찾아 역사의 기록으로 남아 있게 하는 것이 중요하다.

歲月茫茫不舍川 / 세월망망불사천 / 세월은 망망하여 쉬지 않는 시내와 같아

我來重想十年前 / 아래중상십년전 / 이곳에 와 다시 십 년 전을 생각하네

一園花竹思君實 / 일원화죽사군실 / 동산의 꽃과 대 군실을 생각게 하고[1]

半畝池塘憶惠連 / 반무지당억혜련 / 반 이랑의 연못 혜련을 떠올리게 하네[2]

壁掛搏鵬猶有句 / 벽괘박붕유유구 / 벽에 걸린 붕새엔 시구 남았는데

灰寒丹竈更無煙 / 회한단조갱무연 / 재 식은 부엌엔 연기 나지 않아

人生到此渾如夢 / 인생도차혼여몽 / 인생이 이에 이르러 모두 꿈만 같으니

祕訣休言世上傳 / 비결휴언세상전 / 장수하는 비결 세상에 전한다고 말하지 말라

舊宅空文藻 / 구택공문조 / 옛 집터에 문조[시구] 비었는데[3]

斜陽匹馬來 / 사양필마래 / 석양에 말 타고 왔네

曾多長者轍 / 증다장자철 / 옛날엔 어진이의 수레 많았는데

今作釣人隈 / 금작조인외 / 이제는 낚시꾼의 터전 되었네

意氣風雲散 / 의기풍운산 / 뜻과 기운 풍운같이 흩어지고

湖山表裏開 / 호산표리개 / 호수와 산 안팎으로 열렸네

謝公行樂處 / 사공행락처 / 공이 즐기던 곳 떠나려니

華屋恨難裁 / 화옥한난재 / 화옥의[4] 한 금할 길 없네

梧陰 오음[윤두수(1533~1601)] 지음

丁巳 月 日 改揭

정사년(1737, 영조 13) 월 일에 고쳐서 게재함

1) 꽃과 대 …… 하고 : 군실(君實)은 송나라의 정치가이자 학자이며 문장가인 사마광(司馬光)의 자(字)로서, 그는 낙양(洛陽)의 국자감(國子監) 옆에 독락원(獨樂園)이라는 정원을 만들고 〈독락원기(獨樂園記)〉를 지었다. 송나라 소식(蘇軾)의 〈사마온공독락원(司馬溫公獨樂園)〉 시에 "가운데에 있는 다섯 이랑의 정원에는 화죽이 빼어나고 자연스럽네.〔中有五畝園 花竹秀而野〕"라고 하였다.

2) 연못 …… 하네 : 남조(南朝) 송나라의 사혜련(謝惠連)은 10살 때부터 이미 글을 지을 줄 알아서 족형(族兄)인 사영운(謝靈運)이 무척이나 아꼈다. 어느 날 영운이 시를 짓다가 마땅한 시구를 얻지 못해 하루 종일 고민하였는데, 문득 꿈에서 혜련을 보고는 "지당에 봄풀이 생겨났네.〔池塘生春草〕"라는 절묘한 구절을 얻었다는 고사가 있다. 《宋書 卷67 謝靈運列傳》

3) 문조〔시구〕: 두보(杜甫)가 초(楚)나라 시인 송옥(宋玉)의 유적지를 읊은 시에, "강산 의구한 옛 집터에 시구만 남았을 뿐, 운우 황대 옛날 일 어찌 꿈엔들 떠오르랴.〔江山故宅空文藻 雲雨荒臺豈夢思〕"라는 구절이 나온다. 《杜少陵詩集 卷17 詠懷古跡》

4) 화옥(華屋) : 화옥산구(華屋山丘)의 줄임말로 죽은 친구를 그리면서 슬퍼한다는 뜻이다. 화옥은 화려한 집으로 영화로운 삶을 뜻하고, 산구(山丘)는 산속의 무덤을 뜻한다. 조자건(曹子建)의 시에 "살아생전 살고 있던 화옥이거니, 영락하여 산구로 다 돌아갔구나.〔生存華屋處 零落歸山丘〕"라는 시구가 있다.

御製本　湖南校準儒生應製試題
正宗大王二十二年丙辰下　命設道科于
光州時牧使徐瑩修
詩　荷興倪仰亭
解潭陽府誌曰宋純蒒企村二十登
第文章標著為世所宗歷事　四朝
退老林下作亭家園岸上名曰倪仰
亭蓋倪仰宇宙之意也其愛　君之
誠多形於篇詠登第周甲日設宴于
倪仰亭上如新　恩時一道簪觀酒
半修撰鄭澈曰吾儕為此老荷竹輿
可于遠與厭網高敬命枝埋奇大升
正言趙憲振上扶輿而下邑宰及四
鄰來會者隨之人皆嗟嘆而榮之此
實前古所未有之盛事也
賦　將軍樹
解全州府誌曰將軍樹在鉢山南
穆祖為兒嬉戲聚群童習陣法於大
樹下時人名其樹曰將軍樹
箋　擬本朝羣臣賀用周家祀后稷之
禮建　肇慶廟
詩義　我圖甫居莫如南土
解詩大雅崧高
策
王若曰湖南一路郎我朝與王之地也建
肇慶有部之家宇乞云
是年七月七日倪仰八代孫允喆入湖南故家世族
道薦秋　塔中特除宣傳官　引見侍時
上親問倪仰亭　聖教豊　詩後　感荅隆重
崇禎一百九十七年甲申八月日揭

御製 湖南校準儒生應製試題

正宗大王二十二年戊午 命設道科于光州 時牧使徐瑩修

詩 荷輿俛仰亭

解潭陽府誌曰宋純號企村二十登第文章標望爲世所宗歷事 四朝退老林下作亭家園
岸土名曰俛仰亭蓋俛仰宇宙之意也其愛 君之誠多形於篇詠登第周甲日設宴于俛仰
亭如新 恩時一道聳觀酒半修撰鄭澈曰吾儕爲此老荷竹輿可乎遂與獻納高敬命校理
奇大升正言林悌掖上扶輿而下邑宰及四隣來會者隨之人皆嗟嘆而榮之此實前古所未
有之盛事也

賦 將軍樹

解全州府誌曰將軍樹在鉢山南穆祖爲兒嬉戲聚群童習陣法於大樹下時人名其樹曰將
軍樹

箋 擬本朝群臣賀用周家祀后稷之禮 建肇慶廟

詩義 我圖爾居莫如南土

解詩大雅崧高

策

王若曰湖南一路卽我朝興王之地也建宅肇慶有邰之家室也云云
是年七月七日俛仰八代孫允喆入湖南故家世族道薦抄 啓中 特除宣傳官 引見入侍時
上親問俛仰亭 聖敎亹亹諄復 恩眷隆重
崇禎一百九十七年甲申八月 日揭

면앙정의 역사를 증언하고 있는 수백 년 된 괴목나무

"

어제 호남교준유생응제시제

정조는 정조 22년(1798)에 도과를 광주에서 실시하라고 명하였다. [이 때 광주목사는 서형수이다.]

시제 : 〈荷輿俛仰亭[면앙정에 가마를 메었던 일]〉

〈해설〉 담양읍지에 가로되 송순의 아호는 기촌企村인데 20세에 과거에 올랐으니 그 문장과 우뚝한 명망은 당세에 으뜸이었다. 네 분 임금을 섬기고 은퇴하여 시골에서 늙었는데 고향 땅 언덕위에 정자를 지어 이름을 '면앙정'이라 하였으니, 대개 우주를 굽어보고 우러른다는 뜻이다. 그가 임금을 사랑했던 충성심은 많은 시구에서 나타나고 있으며, 급제한 지 60주년 되는 날을 맞아 면앙정 위에서 베푼 잔치는 마치 신은新恩, 문과에 새로 급제한 사람 때와 같아 온 전라도가 떠들썩하였다. 술이 절반이나 취할 무렵 당시 수찬 정철이 "우리 모두가 이 어른을 위해 죽여竹輿를 매는 것이 어떻겠는가?"라고 하였다. 드디어 헌납 고경명, 교리 기대승, 정언 임제 등이 죽여를 매고 내려오자 고을 수령과 사방에서 모여든 손님들이 뒤를 따르니 사람들 모두가 감탄하여 광영으로 여겼다이를 回榜宴이라 함. 이는 실로 옛날에도 없었던 훌륭한 행사였다.

부賦, 과문의 한가지로 여섯 글자로서 한 글귀를 만들어 짓는 글 : 장군수

〈해설〉 전주부지에 "장군수는 발산鉢山 남쪽에 있었는데 목조이성계의 고조께서 어려서 놀 적에 뭇 아이들을 모아 큰 나무아래서 전쟁하는 법을 읽혔다. 당시 사람들은 이름하여 '장군수'라고 하였다."라고 기록되어 있다.

전箋, 상소문과 같은 문장체의 하나 : 조선왕조 군신羣臣들이 주나라가 후직后稷에게 제사하는 예절을 사용하여 조경묘를 세움을 경하하는 내용

시의 의미 : 내가 너희들 살 곳을 도모할 곳이 남토만한 곳이 없다

이 해석은 《시경》〈대아〉〈송고〉편에 있다.

왕은 말 하노라. 호남 일대는 바로 우리나라의 왕업이 일어난 곳이다. 집을 짓고 정
착을 하여 경사를 일으킨 일은 유태有邰의 가실家室과 같고[1] …….

금년 7월 7일에 면앙의 8대손 윤철이 호남 옛 세력가로 입조한다는 도의 추천 중에
특별히 선전관으로 임명하여 입시할 때 왕이 친히 면앙정에 대하여 물으니 성상의 가
르침이 끊임없이 간곡하고 은혜가 융승하였다.

숭정 197년(1824, 순조 24) 갑신 8월 일에 게재함

---

1) 집을 …… 같고 : 태(邰)는 중국 고대의 후직(后稷)의 어머니 고향이니, 요임금이 후직의 공로를 인정하여 후직에게 봉해 주어 주 나라의 시조인 강원(姜嫄)의 제사를 받들게 한
곳이다. 《詩經 生民》 여기서는 호남이 이씨 시조의 관향(貫鄕)이 됨을 말한 것이다.

次俛仰亭韻
瀟灑處士梁山甫

崩，羣山混々川
悠然瞻後忽瞻前
田墟曠蕩亭楄斷
松逕逶迤屋砌連
大野燈張皆我月
長天雲起惣人煙
清平勝界堪收享
綠野東山笑漫傳
丹丘何恨訪尋難
真界分明此一壺
曠占乾坤寬納，
恢收山水引漫々
風霜幾閱松筠老
詩酒當年筆硯乾
徒倚曲欄流顧眄
好緣消息絕來干

次俛仰亭韻　면앙정운을 차운함
차 면 앙 정 운

瀟灑處士梁山甫
소 쇄 처 사 양 산 보

崱崱群山混混川　뭇 산은 연이었고 시냇물은 꼴꼴 흐르는데
즉 즉 군 산 혼 혼 천

悠然瞻後忽瞻前　한가로이 뒤를 바라보다가 문득 앞을 바라보니
유 연 첨 후 홀 첨 전

田墟曠蕩亭欄斷　들판은 툭 트이고 정자난간은 깎아 세운 듯 가파른데
전 허 광 탕 정 란 단

松逕透迤屋砌連　오솔길은 구불구불 뜰 방은 연이었네
송 경 위 이 옥 체 련

大野燈張皆我月　넓은 들에 펼친 등불 모두가 나의 달빛
대 야 등 장 개 아 월

長天雲起摠人煙　높은 하늘에 일어난 구름 이 모두 인가의 연기
장 천 운 기 총 인 연

淸平勝界堪收享　청평의 좋은 경치 마음껏 즐기며
청 평 승 계 감 수 향

綠野東山笑漫傳　녹야당과 동산[1] 부질없이 전함을 비웃네
녹 야 동 산 소 만 전

丹丘何恨訪尋難
단 구 하 한 방 심 난
신선세계 찾기 어렵다고 어찌 한하랴

眞界分明此一彎
진 계 분 명 차 일 만
참으로 좋은 경치 이곳이 분명하다.

曠占乾坤寬納納
광 점 건 곤 관 납 납
널찍하게 펼친 천지 너그러이 포용하고

恢牧山水引漫漫
회 수 산 수 인 만 만
바라보니 산수는 한없이 펼쳐있네

風霜幾歲松筠老
풍 상 기 세 송 균 로
풍상이 몇 해던가 솔과 대 늙어있고

詩酒當年筆硯乾
시 주 당 년 필 연 간
시와 술 즐긴 당년엔 벼루 물도 말랐으리

徙倚曲欄流顧眄
사 의 곡 란 류 고 면
난간에 기대어 세상 일 돌이켜 보니

世緣消息絶來干
세 연 소 식 절 래 간
속세와 인연된 소식들 모두 끊어졌구나

1) 녹야당(綠野堂)과 동산(東山) : 녹야당은 당(唐)나라 때의 명상(名相) 배도(裴度)가 벼슬을 그만두고 낙양(洛陽)에 퇴거(退居)하면서 오교(午橋)에 지은 별장 이름이고, 동산은 진 (晋) 나라 사안(謝安)이 은거하던 곳으로 경치가 좋은 은둔지를 말한다.

면앙정에서 바라본 담양 들녘

俛仰亭記
茲歷代祖吳崖公裔孫宋公百回
衰枢契之分而高祖裕隴公按節湖
南時感詩猶帕於俊仍舊小伊後
迄高百有餘歲矣扳額俱缺鐫墨
漫剝不肖孫遷寧是冒償使斯車
傷迤車而敬次之敗舊額而重新之
以寓羹墻之慕開
名亭而：好山川五蛰祖題詩百僂
機連茂詞續咏憐竹華册重
蒲得月烟暇日金臨談故事更
將餘意後昆傳
花祖重遊此遺孫此文東湖新
眼界松竹橋墻濃憑俏軒寀
明望夹氣開百年流水柱悟悵
輝章裁
歲丁巳作秋上澣乙亥孫潭
陽縣盥世觀敬人

俛仰亭 並序
면 앙 정 병 서

俛仰亭 병서

我五代祖足菴公與俛仰宋公有同庚托契之分而高祖梧陰公按節湖南時感詩揭帖於俛仰舊
亭伊後已過百有餘歲矣板額傷缺鐫墨漫頑不肖孫適宰是邑續登斯亭傷往事而敬次之改舊額
而重新之以寓羹墻之慕爾

　나의 5대조 족암공께서 면앙 송공과 동갑나이로 교분이 있었다. 고조 오음공께서 호남
관찰로 오셨을 때 느낌을 담아 시를 지어 옛 면앙정에 현판 하셨다. 그 뒤 이미 백여 년이 지
나 그 판액이 손상되고 글자 획이 희미해졌다. 내가 마침 이 고을 현감으로 부임한 뒤 이 정
자에 올라가 지난 일을 마음 아파하며 삼가 차운을 짓고 옛 판액을 새롭게 손질하여 앙모^仰
^慕하는 뜻을 담았다.

名亭面面好山川 / 명정면면호산천 — 면면이 산천 좋은 정자에

吾祖題詩百禩前 / 오조제시백사전 — 우리 할아버지 백 년 전에 시 지으셨지

謾切人間存沒感 / 만절인간존몰감 — 인간 세상의 생사 감회 부질없이 간절하여

仰瞻楣上珠璣連 / 앙첨미상주기련 — 문 위 구슬 같은 글귀를 우러러 보았소

荒詞續詠憐花竹 / 황사속영련화죽 — 서투른 글 솜씨로 꽃과 대 읊었고

華搆重新得月煙 / 화구중신득월연 — 새롭게 단장하니 달 안개 얻은 듯 해

暇日登臨談故事 / 가일등림담고사 — 한가한 날 정자에 올라 옛일을 이야기 하며

更將餘意後昆傳 / 경장여의후곤전 — 다시금 남은 뜻 후손에게 전하리라

先祖重游地 / 선조중유지 — 우리 할아버지 두 차례 노시던 곳

遺孫此又來 / 유손차우래 — 후손이 이곳을 또 찾아 왔다네

湖山新眼界 / 호산신안계 — 호수와 산은 볼수록 새롭고

松竹舊堦隈 / 송죽구계외 — 송과 대는 옛 뜰 언덕일세

憑倚華軒豁 / 빙의화헌활 — 난간에 기대니 화려한 집 툭 트였고

眺望爽氣開 / 조망상기개 — 바라보니 상쾌한 기운 열렸네

百年流水逝 / 백년류수서 — 흐르는 물처럼 백년이 지나

怊悵短章裁 / 초창단장재 — 서글피 짤막한 글 지었네

歲 丁巳 仲秋上澣玄孫潭陽縣監世觀敬次
정사년(1737) 8월 상순에 현손 담양현감 세관 삼가 차운함

孝思堂記 新平宋氏 世狀

欽之曾祖龜乃公之高祖希璟之弟也欽謬陞
一品追 贈三世希璟之後三世不達而公亦以顯
職追 贈二品可謂孝思也己且公考常痛少孤失
業而公承其志得 君顯揚與我同被 國恩公年
齒猶芳他日所就詎可涯涘欽時年八十九更復
何望(江寧君洪相公暹撰品記文純公退溪李先生滉
書)贈資憲大夫吏曹判書兼知義禁府事諱泰號
孝思堂河西金先生作記聽松成先生書額而兵
燼中逸而無傳此記俛仰公重創先堂時議政府
左贊成判中樞府事孝憲公知止堂所製而亦逸
全篇抵有四五行載於崔公棄所撰俛仰先生行
蹟中懼夫愈失而愈久盥抄登梓庸圖壽傳嗚呼.

명앙정 향기

효사당기[1] 신평송씨 세장

흠의 증조인 구는 곧 공淳의 고조인 희경의 아우이다. 흠의 벼슬이 1품에 승진되자 3세까지 벼슬을 추증하였다. 희경 이후 3세까지 현달하지 않았는데 공淳이 현달하자 3세까지 2품 벼슬을 추증하였으니 가히 효사라고 이르겠다. 또 공의 아버지께서 젊어 고아로 수업시기를 잃어버린 것을 항상 마음아파 하였기에 공이 아버지의 뜻을 계승하여 임금에게 인정받아 현양하니 나와 더불어 나라님의 은혜를 함께 입은 것이다. 그때 공의 나이는 20세에 불과했으니 나중에 크게 성취할 것을 헤아릴 수 있다. 흠의 나이는 이제 89세이니 다시 무었을 바라겠는가 강령군 홍 섬 정승이 기문을 지었고 문순공 퇴계 이황선생이 글을 쓰다.

증 자헌대부 이조판서 겸 지의금부사인 이름은 태 아호는 효사당은 하서 선생이 기문을 지었고 청송성 선생이 판액을 썼는데 난리 속에 잃어버려 전하여 온 것이 없다. 이 기문은 면앙공께서 효사당을 다시 창건할 때 의정부 좌찬성 중추부사인 효헌공 지지당知止堂, 1524년 부모 공양을 위하여 전주목사를 그만두고 광주목사 자임함께서 지었건만 역시 전편은 잃어버렸는데 네다섯 줄이 최기가 엮은 면앙 선생 행적 가운데 있었다. 세월이 더 오래되면 더 많은 것을 잃어버릴까 두려워하여 이 책에 등재하여 먼 뒷날까지 전수되기를 도모하니 슬프다.

---

1) 효사당과 제승정은 면앙정 근처에 송씨 집안의 사람들이 지었던 정자로, 현재는 존재하지 않는다. 위의 현판은 집안에서 그에 대한 기록을 후손 송경효(宋景孝)가 판액하여 면앙정에 걸어 놓은 것이다. 효사당(孝思堂)은 송흠(宋欽)의 효열을 기리고 공경하기 위해 지은 정자로, 송순의 아버지 송태(宋泰)가 이름을 효사당이라 이름하였고, 김인후(金麟厚)가 기문을 지었고, 성수침(成守琛)이 글을 써 판액하여 당을 만들었는데, 병화(兵火)로 소실되어 잃을까 염려하여 면앙 선생의 유적에서 관련 일을 뽑아 기록했다는 내용으로, 신평송씨세장(新平宋氏世狀)에 기록된 내용을 판액한 것이다.

濟勝亭記

辛亥冬余歸臥於故山林亭仲弟絅來語玉水上負林麓而搆亭泉石甚絶勝亭不可以無美
名願錫美名而記之噫亭之得美名豈偶然哉昔孔翰作亭於顏氏古巷曰顏樂張栻作亭於
曾氏古邱曰風雩然古人皆因地名而名今吾弟築亭之義奚取仲弟一布衣也窮而居下欲
進而未進如火在水上而得未濟之象晦跡於泉石之勝區日吟哦於其間斯亭也果是逢時
未濟晦跡於勝區之間而以之築之耶則取未濟之濟勝區之勝以之名亭可乎自亭之苟完
苟美隱在玆無他業之看書自娛處困而亨而知居下之道此得於未濟之象而愼辨物居方
者歟我則異於是托在王臣之位羈縻數十年奔走無暇朔北使行之苦雪關西謫居之霾雨
北岳看雲之時東湖眠日之夕鬱陶之思何常一時而弛未得常常而見源源而會嗟余塞塞
微節其於匪躬之故何哉曩在庚戌竄逐于關西君偕寬容二兒來與摻手告別拭涕而語余
何不早歸林亭逍遙自適欲斥群奸反罹酷禍如是之毒吾亦惟之自恨其早不歸去耳何幸
是歲因順懷世子誕生推恩大赦有放歸田里之命卽日翩然還鄉有終老林下之計適吾弟
起斯亭而優遊終身者與余意有所契合焉余於斯亭豈無所感也哉鳴呼如吾數十年奔走
之狀雖未免隴岳之騰笑魚鳥之爭譏吾兄弟登斯亭而偕樂亦莫非聖恩也於是乎爲亭之
記

제승정기[1]

신해년(1551) 겨울에 내가 고향의 임정^{林亭}에 돌아가 누었는데 중제^{仲弟} 인^絪이 와서 말하기를, "옥수^{玉水} 위에 임록^{林麓}을 등지고 정자를 지었는데 천석^{泉石}이 심히 아름답다. 정자에 아름다운 이름이 없어서는 안 되니 아름다운 이름을 짓고 기문을 써 주세요."라고 하였다. 아아, 정자가 아름다운 이름을 얻은 것이 어찌 우연한 일이겠는가.

옛적에 공한^{孔翰}이 안씨^{안연}의 옛 마을에 정자를 지어 '안락^{顔樂}'이라 하였고, 장식^{張栻}[2]은 증씨^{증점}의 옛 언덕에 정자를 지어 '풍우^{風雩}'[3]라 하였으니, 옛 사람들이 모두 지명과 연관해서 이름을 지었다. 이제 나의 아우가 정자를 지은 의의를 어디에서 취했는가. 중제는 하나의 베옷 입은 사람이다. 궁하게 아래에 거처하여 나아가고자 하나 나아가지 못하는 것이 불이 물 위에 있어서 건너지 못하는 상^象을 얻은 것과 같으니, 아름다운 자연 속에 자취를 감추고 날마다 그 사이에서 읊조린다. 이 정자는 과연 시대적 미제^{未濟}를 만나 경치 좋은 곳에 자취를 감추고 그것 때문에 지은 것인가. 그렇다면 미제의 '제^濟'와 승구^{勝區 아름다운 구역}의 '승^勝'을 취하여 정자의 이름을 삼는 것이 옳겠다. 정자가 충분히 갖추고 훌륭해지자^{苟完苟美} 이곳에 숨어 지내며 다른 일은 하지 않고 책을 읽으며 스스로를 즐기니, 곤궁한 지경에 처하더라도 형통하여 아래에 거처하는 도리를 안 것이다. 이는 미제^{未濟}의 상을 얻어서 조심스레 사물을 분별하고 방소에 거하는 사람이로다. 나는 이와 달리 나라의 신하된 자리에 있어서 수십 년 동안 얽매여 분주하여 겨를이 없었다. 삭북^{朔北}으로 사행^{使行}할 때의 괴로운 눈보라와 관서^{關西} 유배지의 흙비, 북악^{北岳}에서 구름을 바라보던 때와 동호^{東湖}에서 졸던 날 밤의 답답한 생각을 어찌 한시라도 늦추리오. 항상 보고 자주 만나지 못하니, 슬프다 내 충성을 다한 작은 절개는 '자신의 몸을 위해서가 아니다'^{匪躬之故}는 것에 어떠한고.

1) 제승정(濟勝亭)은 1551년 송순의 중제(仲弟) 송인(宋絪)이 지은 정자로, 정자를 지은 해에 송순이 쓴 기문이다. 정자를 지은 송인의 처지가 불이 물위에 있어 건널 수 없는 형상인 주역 미제(未濟)의 괘와 같아 승구(勝區)사이에서 시를 읊으며 자취를 숨기고 있으니 거기에서 제승이라 정자의 이름을 정하였다는 연유와 송순 자신의 귀거래에 대한 뜻을 밝히고 있는 내용이 있다.

2) 장식(張栻, 1133~1180) : 남송의 학자로 성리학을 집대성함. 자(字)는 경보(敬甫), 호(號)는 남헌(南軒), 한주(漢州) 면죽(綿竹 지금의 사천(四川)) 사람임. 벼슬은 우문전수찬(右文殿修撰)에 이름.

3) 풍우(風雩) : 공자(孔子)가 제자들에게 각각 뜻을 말해보라고 하자, 증점(曾點)이 대답하기를, "늦봄에 봄옷이 만들어지면 어른 5, 6명과 동자 6, 7명과 함께 기수(沂水)에서 목욕하고 무우(舞雩)에서 바람쐬고 노래하면서 돌아오겠습니다."라고 하였다. 이에 대해 주자(朱子)가 해석하기를, "가슴속이 한가롭고 자연스러워 곧바로 천지 만물과 더불어 상하가 함께 흘러 각각 제자리를 얻은 묘함이 은연중에 말 밖에 나타났다."라고 하였다. 《論語 先進》

지난 경술년(1550)에 관서로 유배되었는데 그대가 관^寬과 용^容 두 아이들과 함께 왔다가 손을 잡고 이별하며 눈물을 닦으면서 나에게 말하기를, "어찌 일찍 임정^{林亭}으로 돌아와 소요자적하지 아니하고 군간^{群奸}을 물리치려다가 도리어 혹독한 화를 입었는가?"라고 하였다. 나 또한 생각해보니 일찍이 돌아가지 아니한 것이 한스러울 따름이다. 다행히 이 해에 순회세자^{順懷世子, 명종의 맏아들}가 탄생함으로 인해 추은^{推恩, 가자(加資)하는 은전}으로 사면되어 고향으로 돌아가라는 명이 있었다. 곧바로 날 듯이 고향으로 돌아와 임하^{林下}에서 늙을 계획이었다. 그런데 마침 나의 아우가 이 정자를 지어 즐기면서 여생을 마치려고 하는 것이 나와 뜻과 부합하는 것이 있었다. 그러니 내가 이 정자에 대해서 어찌 느낀 바가 없겠는가. 아아, 가령 내가 수십 년을 분주하게 지낸 상황이 비록 농악^{隴岳}이 소리 높여 비웃고[4] 물고기와 새들이 다투어 조롱함을 면하지 못하지만 우리 형제가 이 정자에 올라 함께 즐기는 것도 역시 성은이 아님이 없다. 이에 정자의 기문을 짓는다.

4) 농악(隴岳)이 …… 비웃고 : 남제(南齊) 때 주옹(周顒)이 일찍이 남경(南京)의 북산에 은거하다가 뒤에 조정의 부름을 받고 변절하여 해염 현령(海鹽縣令)이 되었다가, 임기를 마치고 조정으로 돌아가는 길에 다시 그 북산을 들리려고 하였다. 이때 북산에 은거하고 있던 공치규(孔稚圭)가 주옹의 변절을 매우 못마땅하게 여긴 나머지, 북산 신령(神靈)의 이름을 가탁하고 관청의 이문(移文)을 본떠 북산이문(北山移文)을 지어 그로 하여금 다시는 북산에 발을 들여놓지 못하도록 하는 뜻을 서술했다. 그 북산이문의 대략에 "그러자 남산은 조롱을 보내오고, 북산은 소리 높이 비웃는다.[於是 南嶽獻嘲 北隴騰笑]"고 한 데서 온 말로, 조롱을 보낸다는 것은 은거하다가 벼슬길에 나가서 남들로부터 비난을 받게 되는 것을 의미한다.

次濟勝亭韻　제승정운을 차운함
차 제 승 정 운

秋月峯南玉水西　추월봉 남쪽 옥수 서편에
추 월 봉 남 옥 수 서

危巖高竹小簷低　높은 바위 긴 대나무 작은 처마 낮게 드리운 곳
위 암 고 죽 소 첨 저

風恬波面山全倒　바람 잔잔한 수면엔 산이 모두 거꾸로 비치고
풍 념 파 면 산 전 도

草細沙頭鳥幷捿　가는 풀 모래밭에 새들이 함께 깃드네
초 세 사 두 조 병 서

雲物幾年空悵望　구름 몇 해나 속절없이 바라보았나
운 물 기 년 공 창 망

林丘今夕共攀躋　수풀 언덕에 오를 밤 함께 올랐네
임 구 금 석 공 반 제

鶺鴒原上烟花晩　할미새 언덕 위에[5] 봄꽃 늦었으니
척 령 원 상 연 화 만

從此遊裾日可携　이제부터 소매를 잡고 날마다 노니리라
종 차 유 거 일 가 휴

俛仰雲連濟勝霞　면앙정의 구름 제승정의 노을과 이어지니
면 앙 운 련 제 승 하

一郊風物路非賖　온 들의 경치 길이 멀지 않네
일 교 풍 물 로 비 사

春深君砌添新雨　봄 깊은 그대 섬돌에 비가 내리고
춘 심 군 체 첨 신 우

水漲吾溪泛落花　물 넘친 나의 개울엔 낙화가 떴구나
수 창 오 계 범 락 화

老去漸知幽趣好　늙어 감에 점점 그윽한 흥취 좋은 줄 알겠고
노 거 점 지 유 취 호

興來寧避酒杯加　흥이 나는데 어찌 술잔을 피하리오
흥 래 영 피 주 배 가

相尋自到忘歸地　찾아오면 자연히 돌아갈 곳 잊어
상 심 자 도 망 귀 지

每聽前林噪暮鴉　매번 앞 숲에서 지저귀는 저녁 까마귀 소릴 듣네
매 청 전 림 조 모 아

---

5) 할미새 …… 위에 : 《시경》〈소아(小雅)〉〈상체(常棣)〉에 "저 할미새 들판에서 호들갑 떨듯, 급할 때는 형제들이 서로 돕는 법이라오. 항상 좋은 벗이 있다고 해도, 그저 길게 탄식만을 늘어놓을 뿐이라오.〔鶺鴒在原 兄弟急難 每有良朋 況也永歎〕"라는 구절이 있는데, 물가에 있어야 할 할미새가 언덕에서 쏘다니며 자기의 짝을 찾듯, 그렇게 형제간에도 깊이 우애하는 마음을 발휘해서 서로 환난을 구하려고 급히 달려가야 한다는 뜻으로, 형제의 우애를 비유할 때 흔히 쓰는 말이다.

議政府右參贊知中樞府事肅定公諱純號俛仰
迪順副尉諱絪號濟勝亭
亭址在於俛仰亭幾里許▨山而間經兵燹未遑重建痛惜向遂諸賢唱
酬▨板與額題俱逸無遺惟記文一度次韻二首傳於俛仰公遺稿故揭板
于此以俟來許肯搆焉
癸巳元月上澣後孫景孝泣血謹揭

의정부우참찬 지중추부사 숙정공 휘^諱 순, 호 면앙정
적순부위 휘^諱 인, 호 제승정
정자의 터는 면앙정 몇 리의 ▨산에 있는데 중간에 병화를 겪었
다. 중건할 경황이 없어 마음이 아픈데 제현이 창수^{唱酬}한 ▨판과 액
자에 쓴 것을 모두 잃어 버려 남은 것이 없게 되었다. 오직 기문 한
편과 차운한 시 두 수만이 면앙공 유고에 전하므로 이에 판액을 걸
고 나중에 정자를 중건하기를 기다린다.
계사년 1월 상순에 후손 경효는 피눈물을 흘리며 삼가 걸다.

면앙정의 현판은 보존이 잘되어 있지 않아서 보는 이들로 하여금 안타까움을 자아내게 한다.

七曲高低控二川
칠 곡 고 저 공 이 천
높낮은 일곱 굽이 두 냇물에 다다라

翠鬟無數逈排前
취 환 무 수 형 배 전
무수한 푸른 봉오리 멀리 앞에 펼쳐졌네

榮簷日月徘徊過
영 첨 일 월 배 회 과
처마 두른 해와 달 머뭇거리며 지나고

匝域瀛壺縹緲連
잡 역 영 호 표 묘 련
땅을 에운 영주산 방장산 아득히 이어있네

村老夢徵虛宿昔
촌 로 몽 징 허 숙 석
촌 늙은이 꿈꾼 증험 옛날 이미 허망하고

使君資築償風煙
사 군 자 축 상 풍 연
원님 도움 쌓았으니 경개로 갚으려네

傍人欲識亭中樂
방 인 욕 식 정 중 락
옆 사람 정자 속의 즐거움 알려할지니

光霽應須別有傳
광 제 응 수 별 유 전
청량한 바람과 상쾌한 달빛이 별도로
전할 것이네.

松竹蕭槮出徑幽
송 죽 소 삼 출 경 유
소나무 대나무 우뚝우뚝 길 벗어나
그윽한데

一亭臨望岫千頭
일 정 림 망 수 천 두
정자에 올라 일천 봉우리 바라보네

畫圖隱映川原曠
화 도 은 영 천 원 광
그림은 뷜락말락 냇가 벌판 넓고

萍薺依俙樹木稠
평 제 의 희 수 목 조
마름과 냉이 아른아른 수목은 울창하네

夢裏關心遷謫日
몽 리 관 심 천 적 일
꿈속의 관심은 귀양살던 날이요

吟邊思想撫摩秋
음 변 사 상 무 마 추
시 속의 생각은 백성 무마하는 때라네

何時俛仰眞隨意
하 시 면 앙 진 수 의
어느 때나 명앙하여 참으로 자유로워져

洗却從前局促愁
세 각 종 전 국 촉 수
종전의 좁은 소견 떨쳐버릴까

退溪 퇴계(이황) 지음

蠶頭斗起壓平川
잠 두 두 기 압 평 천
누에머리 우뚝 솟아 큰 냇물 위압한데

一望風雲几席前
일 망 풍 운 궤 석 전
안석 앞에 한눈에 풍운을 바라보네

春半雜花紅亂映
춘 반 잡 화 홍 란 영
봄이 한창이라 온갖 꽃 붉게 비치고

秋深列峀翠相連　가을 깊은데 벌인 산 푸르게 이어졌네
추 심 렬 수 취 상 련

寒松不廢千年色　찬 솔은 천년 색 변치 않고
한 송 불 폐 천 년 색

芳草渾凝三月煙　고운 풀엔 삼월 연기 엉겼구나
방 초 혼 응 삼 월 연

問却桑麻邀野老　들에 늙은이 불러 뽕과 삼 얘기하며
문 각 상 마 요 야 로

怡然時復數觴傳　기꺼이 때로 두어 잔 술을 돌리네
이 연 시 부 수 상 전

內杖追隨會二難　막대 짚고 서로 좇아 주인 손님 모였는데
내 장 추 수 회 이 난

小亭高爽帶林巒　숲 봉우리 두른 작은 정자 높고도 밝구나
소 정 고 상 대 림 만

風傳曉寺鍾聲遠　바람결에 들리는 새벽 절 종소리 멀어지고
풍 전 효 사 종 성 원

雲接長空雁路漫　구름 깔린 넓은 하늘에 기러기 길 아득하네
운 접 장 공 안 로 만

好月臨昏山更靜　황혼에 임한 달 산은 더욱 고요하고
호 월 림 혼 산 갱 정

疏篁搖曙露先乾　새벽에 흔들리는 대나무 이슬이 먼저 마르네
소 황 요 서 로 선 건

蕭然自占閑中趣　초연히 한가한 속의 정취 얻었으니
소 연 자 점 한 중 취

萬事悠悠莫我干　만사가 유유하여 나와 관계 없네
만 사 유 유 막 아 간

河西　하서[김인휘] 지음

俛有地 면 유 지	굽어보면 땅이요
仰有天 앙 유 천	우러르면 하늘이라
亭其中 정 기 중	그 가운데 정자 있어
興浩然 흥 호 연	흥취가 호연하다
招風月 초 풍 월	바람과 달을 불러들이고
揖山川 읍 산 천	산과 내를 불러들여
扶藜杖 부 려 장	청려장 짚고
送百年 송 백 년	백년을 보내리라

면앙정에 오르는 돌층계

三十詠

墨未乾清光思遠贈飛鳥慶應難

欲乞蓮初出篋㠯絙葢盞未先燒何如立螯民長㠯野雲難

世外三山遠人間一覽通覽來殊呪惚目暮倚長松

古殿惟餘佛生臺未見僧年三簡落照衒依佛是傳燈

急雨橫林聖淒渗流沒石稜潛波誠可樂高豪不須登

和氏抱奇璞徒勞三歲君不如淡韞櫝夫子有云㠯

野遠延難辨千雲歓霏落霞添五色欲甫河裳衣

瘦骨歸然枕黃石之次王者曰蒸精氣升非是晴嵐也

詔代無渴旱蒼生喜屢豐前村酒債賤擊壤和幽風

沙色細如篩月明江上時波知蒸作飯一慰遠村飢

鼠是陳勞事安知詠太平誰能和此曲林下有啼鶯

無譜又無調聲如布穀鳥遊魚自驚猜波八波間藻

千載烏朝士聞鍾夢每驚如今林下瞑何似昔年聲

遯渚非謀稻銜蘆為避贈南歸不獨汝莫道見何曾

蒼起川中霧紅沉屋舟瞰輕風須掃去短景恐崔嵬

不是春工巧田來帝枰機織成雲錦幛遙向小亭園

鸚以能言池鷄緣啄粟烹而今集於疵崖甬得全生

跳躍非魚樂人言啄粟顛歔何如隨兩雷萬里泳江湖

烏向田中啄渠又波上號入驚遠飛去直河青山響

秋江傳召黛水蓼染成紅盡出無窮景方知帝筆

落葉何須掃奢否不徐高門萬馬散追逕一節徐

淊亡前溪上首如一宇橫村翁莫輕走失足恐欹傾

林石川

秋月累壁　龍龜晚雲　夢仙蒼松　佛臺落照　瑞石晴嵐　湧玉奇峯　錦城古露　曠野黃稻　稜浦平沙　大秋樵歌　禾山漁笛　石佛晨鍾　谷川歸鴈　後林幽鳥　沙頭眠鷺　澗曲紅蓼　松林細逕　前溪小橋　七曲春花　二川秋月

三十詠 삼십영
삼 십 영

皎皎蓮初出　갓 피어난 연꽃마냥 깨끗하고
교 교 련 초 출

蒼蒼墨未乾　마르지 않은 먹물처럼 창창하네
창 창 묵 미 건

淸光思遠贈　맑은 빛 멀리멀리 보내려 하지만
청 광 사 원 증

飛鳥度應難　나는 새 건너오기 어려울 거야
비 조 도 응 난

秋月翠壁　추월산의 푸른 절벽
추 월 취 벽

有欲曾遭醢　욕심이 있으면 일찍이 위태로움 만나고
유 욕 증 조 해

誇靈未免燒　영험함 자랑하다가 불태움을 못 면하네
과 령 미 면 소

何如丘壑民　어찌 산골짜기 사람들은
하 여 구 학 민

長以野雲韜　오래도록 들 구름 감추었을까
장 이 야 운 도

龍龜晚雲　용구산의 늦은 구름
용 구 만 운

世外三山遠　세상 밖 삼신산은 멀고
세 외 삼 산 원

人間一夢通　인간 세상에선 꿈속에서나 가 본다네
인 간 일 몽 통

覺來殊怳惚　꿈 깨면 매우 황홀하여
각 래 수 황 총

日暮倚長松　저물녘 낙락장송에 기대지
일 모 의 장 송

夢仙蒼松[1]　몽선산의 푸른 소나무
몽 선 창 송

古殿惟餘佛　옛 법당엔 오직 부처만 남았고
고 전 유 여 불

生臺未見僧　생대에 스님은 보이지 않네
생 대 미 견 승

年年銜落照　해마다 저녁노을 받드는 것이
년 년 함 락 조

彷彿是傳燈　불법을 전하는 것과 같네
방 불 시 전 등

佛臺落照　불대산의 낙조
불 대 낙 조

急雨橫林壑　소낙비 숲속 골짜기 비껴가고
급 우 횡 림 학

溪流沒石稜　시냇물 돌부리마저 잠겼네
계 류 몰 석 릉

潛波誠可樂　용숫는 물 참으로 즐길 만하니
잠 파 성 가 락

高處不須登　높은 곳에 오를 필요 없네
고 처 불 수 등

魚登暮雨　어등산의 저녁 비
어 등 모 우

和氏抱奇璞　화씨가 진기한 옥돌 안고 가서
화 씨 포 기 박

徒勞三獻君　세 번이나 임금에게 바치려다 헛고생 했네
도 로 삼 헌 군

不如深韞櫝　귀한 것 깊이 감춰두는 것만 못하다고
불 여 심 온 독

夫子有云云　공자께서도 여러 번 말씀하셨네
부 자 유 운 운

湧珍奇峯　용진산의 기이한 봉우리
용 진 기 봉

野遠茫難辨　넓은 들판 아득하여 분간키 어려운데
야 원 망 난 변

千雲散作霏　자욱한 구름 흩어져 비 뿌리네
천 운 산 작 비

落霞添五色　지는 노을 오색을 더하니
낙 하 첨 오 색

欲補舜裳衣　순상[2]을 돕고 싶다네
욕 보 순 상 의

金城杳靄　금성산의 짙은 안개
금 성 묘 애

瘦骨嶰然橫 　앙상한 바위 높이 솟았는데
수 골 규 연 횡

石之次玉者 　돌이지만 옥에 버금가겠네
석 지 차 옥 자

日蒸精氣升 　찌는 듯한 더위에 정기 오르니
일 증 정 기 승

非是晴嵐也 　이것이 갠 날의 아지랑이 아닌가
비 시 청 람 야

瑞石晴嵐 　무등산의 아지랑이
서 석 청 람

埋沒古城堞 　옛 성의 낮은 담장 허물어져
매 몰 고 성 첩

至今流水聲 　지금은 흐르는 물소리 뿐이네
지 금 류 수 성

聖朝無一事 　나라에 어려운 일 없으니
성 조 무 일 사

高下入新耕 　높고 낮은 곳을 새로 경작하세
고 하 입 신 경

金城古迹 　금성산성의 옛 자취
금 성 고 적

天今已出甕 　하늘이 이미 옹기를 내셨으니
천 금 이 출 옹

地奚不生泉 　땅이 어찌 샘을 내지 않으리
지 해 불 생 천

昭代多和氣 　좋은 시절 평화로운 기운 가득하니
소 대 다 화 기

思爲吏部眠 　이부랑의 잠[3]을 생각하네
사 위 리 부 면

甕巖孤標[4] 　옹암산의 고결한 자태
옹 암 고 표

傳聞孤竹子 　옛말에 고죽의 자손이
전 문 고 죽 자

餓死西山谷 　수양산 골짜기에서 굶어 죽었다는데
아 사 서 산 곡

眞箇聖之淸 　참으로 성인의 맑은 기상이라
진 개 성 지 청

使人膚起粟 　사람들로 하여 전율케 하네
사 인 부 기 속

竹谷淸風 　죽곡의 맑은 바람
죽 곡 청 풍

天上玉龍鱗　하늘에 사는 옥룡의 비늘
천 상 옥 룡 린

散落人間世　인간 세상으로 흩날려 내리네
산 락 인 간 세

北闕賀班催　북쪽 대궐에 하례하는 양반들 바빠
북 궐 하 반 최

南山柴戶閉　남산의 사립문 닫혔네
남 산 시 호 폐

平郊霽雪　너른 들판의 갠 눈
평 교 제 설

漠漠蒼煙色　푸른 안개 빛 아득하고
막 막 창 연 색

依依遠樹間　먼 숲 사이에 모락모락 피어나네
의 의 원 수 간

田家不堪苦　농가에는 괴로움 견디기 어려운데
전 가 불 감 고

人作畫圖看　사람이 그림 그려서 보는구나
인 작 화 도 간

遠樹炊烟　먼 숲의 밥 짓는 연기
원 수 취 연

昭代無湯旱　장마나 가뭄 없는 좋은 세상
소 대 무 탕 한

蒼生喜屢豐　해마다 풍년들어 백성들 기뻐하네
창 생 희 루 풍

前村酒價賤　앞마을엔 술값도 싸니
전 촌 주 가 천

擊壤和豳風　격양가로 빈풍에 화답하네[5]
격 양 화 빈 풍

曠野黃稻　넓은 들판의 황금 벼
광 야 황 도

沙色細如篩　체로 걸러낸 듯 고운 모랫빛
사 색 세 여 사

月明江上時　강물위에 밝은 달 떠오르면
월 명 강 상 시

深知蒸作飯　곰곰이 생각건대 밥을 지어 먹으면
심 지 증 작 반

一慰遠村飢　온 동리 배고픔 위로되겠네
일 위 원 촌 기

極浦平沙　먼 포구의 모래사장
극 포 평 사

自是陳勞事　스스로 수고로운 일만 늘어놓는데
자 시 진 로 사

安知詠太平　어찌 태평가를 부를 수 있으리오
안 지 영 태 평

誰能和此曲　누가 이 노래에 화답할 수 있을까
수 능 화 차 곡

林下有啼鶯　숲속에서 꾀꼬리가 노래로 화답하네
임 하 유 제 앵

大秋樵歌　대추마을 나무꾼의 노래 소리
대 추 초 가

無譜又無調　악보도 없고 곡조도 없는데
무 보 우 무 조

聲如布穀鳥　소리가 뻐꾸기 소리와 같네
성 여 포 곡 조

遊魚自驚猜　놀던 물고기 깜짝 놀라서
유 어 자 경 시

深入波間藻　물결치는 수초로 깊이 숨네
심 입 파 간 조

木山漁笛　목산마을 어부의 피리소리
목 산 어 적

十載爲朝士　십년을 조정에서 벼슬했더니
십 재 위 조 사

聞鍾夢每驚　종소리 들릴 때마다 매번 꿈을 깨네
문 종 몽 매 경

如今林下睡　지금은 숲 속에서 졸고 있으니
여 금 림 하 수

何似昔年聲　어찌 옛날 듣던 소리와 같을 손가
하 사 석 년 성

石佛疎鐘　석불사의 종소리
석 불 소 종

遵渚非謀稻　물가 좇아 먹이 구하는 것 아니요
준 저 비 모 도

銜蘆爲避矰　갈대 물어 화살 피하기 위함이라
함 로 위 피 증

南歸不獨汝　남쪽으로 가는 건 너뿐 아니니
남 귀 불 독 여

莫道見何曾　언제 보았냐고 말하지 마오
막 도 견 하 증

漆川歸鴈　칠천의 돌아가는 기러기
칠 천 귀 안

蒼起川中霧　　냇물에 푸른 안개가 일어나고
창 기 천 중 무

紅沈屋角暾　　집 모퉁이에 붉은 햇볕 잠기네
홍 침 옥 각 돈

輕風須掃去　　실바람이 씻은 듯이 거두어 가니
경 풍 수 소 거

短景恐催昏　　볕이 짧아 저녁을 재촉할까 두렵구나
단 경 공 최 혼

穴浦曉霧　혈포의 새벽안개
혈 포 효 무

曾是給孤園　　일찍이 이곳은 사찰이었으나
증 시 급 고 원

今爲脩竹村　　오늘은 긴 대숲 마을 되었네
금 위 수 죽 촌

有心威鳳待　　마음은 봉황을 기다리는데
유 심 위 봉 대

無緖暮鴉喧　　애꿋게 저녁 갈가마귀만 지저귀네
무 서 모 아 훤

心通脩竹　심통사의 긴 대나무
심 통 수 죽

嫋嫋風吹野　　들판에 바람 솔솔 불고
요 요 풍 취 야

嗚嗚角起樓　　누대에서 호각소리 뚜우 울리네
오 오 각 기 루

海邊聲一槩　　바닷가에서 들려오는 소리 한결같은데
해 변 성 일 개

老耳不禁愁　　늙은이의 시름은 어쩔 수 없네
노 이 불 금 수

山城早角　산성마을의 이른 호각소리
산 성 조 각

由來千里共　　천리를 함께 흘러 왔으니
유 래 천 리 공

不獨二川圓　　두 개울에만 둥근 것이 아니라네
불 독 이 천 원

皓首江湖客　　머리 하얀 강호의 나그네
호 수 강 호 객

憑欄自未眠　　난간에 기대어 잠 못 이루네
빙 란 자 미 면

二川秋月　두 개울에 비친 가을 달
이 천 추 월

不是春工巧　　봄의 솜씨 교묘해서가 아니고
불 시 춘 공 교

由來帝杼機　　조화옹이 베틀에서 짜낸 것이네
유 래 제 저 기

織成雲錦幛　　구름 비단 장막을 짜서
직 성 운 금 장

遙向小亭圍　　멀리 작은 정자를 둘러놓았네
요 향 소 정 위

七曲春花　칠곡의 봄꽃
칠 곡 춘 화

鸚以能言泄　　앵무새는 말한다고 묶이고
앵 이 능 언 설

鷄緣啄粟烹　　닭은 곡식을 쪼은다고 삶네
계 연 탁 속 팽

而今集於苑　　이제 동산에 모였으니
이 금 집 어 원

嗟爾得全生　　너희들은 삶을 보전했구나
차 이 득 전 생

後林幽鳥　뒷 숲의 그윽한 새소리
후 림 유 조

跳躍非魚樂　　물고기가 즐거워 뛰는 게 아니니
도 약 비 어 악

人言避獺驅　　사람들은 수달 피하려고 그런다는데
인 언 피 달 구

何如隨雨雷　　어쩌면 우뢰에 떠내려가
하 여 수 우 뢰

萬里泳江湖　　만리 강호에 헤엄칠까 한다오
만 리 영 강 호

淸波跳魚　맑은 물결에 뛰노는 물고기
청 파 도 어

烏向田中啄　　까마귀는 밭에서 먹이 쪼고
오 향 전 중 탁

渠又沙上蹺　　지금 너는 모래위에 한발로 서서 조는구나
거 우 사 상 교

人驚遠飛去　　사람에 놀라 멀리 날아가서는
인 경 원 비 거

直割碧山腰　　푸른 산허리를 곧바로 가로 지르네
직 할 벽 산 요

沙頭眠鷺　모래톱에 조는 해오라기
사 두 면 로

秋江傳石黛　가을 강은 여인의 눈썹처럼 아름답고
추 강 전 석 대

水蓼染成紅　여뀌꽃은 온통 붉게 물들었네
수 료 염 성 홍

畵出無窮景　무궁한 경치 그림으로 나타나니
화 출 무 궁 경

方知帝筆工　바야흐로 상제의 붓 솜씨임을 알리라
방 지 제 필 공

澗曲紅蓼　개울가의 붉은 여뀌꽃
간 곡 홍 료

落葉何須掃　낙엽을 쓸 필요 있나
낙 엽 하 수 소

蒼苔不必除　푸른 이끼도 없앨 필요 없네
창 태 불 필 제

高門萬馬散　부유한 집의 말들은 많고 많지만
고 문 만 마 산

幽逕一筇徐　오솔길에 지팡이 하나면 그만이네
유 경 일 공 서

松林細逕　솔숲의 오솔길
송 림 세 경

渺渺前溪上　시내 앞이 한없이 넓어
묘 묘 전 계 상

看如一字橫　하나 일자 비껴놓은 것처럼 보이네
간 여 일 자 횡

村翁莫輕走　촌 늙은이 함부로 다니지 마소
촌 옹 막 경 주

失足恐欹傾　발 헛디뎌 기우뚱할까 두렵네
실 족 공 의 경

前溪小橋　앞 시내의 작은 다리
전 계 소 교

石川　임석천(임억령) 지음

1) 몽선(夢仙)은 정자 서쪽 10리에 있음.
2) 순상(舜裳) : 훌륭한 임금의 정치를 말한다. 《주역》〈계사전 하(繫辭傳下)〉에 "황제와 요와 순이 의상을 늘어뜨리고 있으매 천하가 다스려졌다.〔黃帝堯舜垂衣裳而天下治〕"라고 하였다.
3) 이부랑의 잠 : 필탁(畢卓)이 태흥(太興 : 431~436) 말에 이부랑이 되었는데, 항상 술을 마시고 직무를 폐기했다. 비사랑이 빚은 술이 익자, 필탁이 취해서 밤에 술독이 있는 방에 가서 훔쳐 마시다가 적발되어 포박되었다 풀려났다. 《진서(晉書)》〈필탁전(畢卓傳)〉
4) 옹암(瓮巖)은 정자의 동쪽 해 뜨는 곳에 있음.

5) 격양가로 …… 화답하네 : 격양가(擊壤歌)는 요(堯) 임금 때 천하가 태평하여 백성들이 편안하니, 노인들이 "해 뜨면 일을 하고, 해 지면 쉬며, 우물 파 물 마시고, 밭 갈아 먹으니, 임금의 힘이 나에게 무엇이 있는가."라는 노래이고, 빈풍은 《시경》〈국풍(國風)〉의 하나로, 여기서는 특히 빈풍의 칠월(七月) 편을 가리키는데, 주(周)나라의 선조(先祖)인 공유(公劉)가 처음 빈 땅에 나라를 열고 오곡(五穀) 농사와 누에 농사를 백성들에게 가르치고 장려함으로써 백성들이 모두 잘 살게 되었던 일을 가지고 주공(周公)이 어린 성왕(成王)으로 하여금 백성들에게 농사를 장려하여 선조 공류의 풍화(風化)를 본받도록 권하는 뜻으로 지어 부른 노래이다.

次壁上韻 벽에 쓰인 시를 차운함
차 벽 상 운

名利關人勇退難　명예와 이익 사람을 묶어 용퇴하기
명 리 관 인 용 퇴 난　어려운데

廣平黃髮臥巖巒　광평[1]같은 노인이 바위 산자락에 누웠네
광 평 황 발 와 암 만

憑闌尙想懷全曠　난간에 기대어 마음 텅 비운 걸 생각하고
빙 란 상 상 회 전 광

題壁偏驚字已漫　벽에 쓰며 글자 벌써 뭉개진 데 놀라네
제 벽 편 경 자 이 만

山日欲沈嵐彩合　지는 산 해는 아지랑이와 섞이고
산 일 욕 침 람 채 합

野花初綻雨痕乾　갓 핀 들꽃 비 흔적 말랐구나
야 화 초 탄 우 흔 건

九原可作鞭堪執　구원에서 일어난다면 말채찍 잡으련만
구 원 가 작 편 감 집

高義靑雲直上干　높은 의기 하늘에 곧장 올랐다네
고 의 청 운 직 상 간

湖南形勝此山川　호남의 명승지 이 산천인데
호 남 형 승 차 산 천

九邑峯巒一檻前　아홉 고을 산봉우리가 난간 앞에
구 읍 봉 만 일 함 전　펼쳐있네

謝屐平生煩夢想　사극[2]은 평생 동안 꿈속 생각 많았고
사 극 평 생 번 몽 상

習池暇日好留連　습지[3] 한가한 날에 머물기 좋다네
습 지 가 일 호 류 련

沙禽暝帶溪橋雨　시내 다리에 비 내리자 물새 나는데
사 금 명 대 계 교 우

岸樹秋凝野店煙　들 주점 연기는 언덕나무에 어려있네
안 수 추 응 야 점 연

不用老夫新着句　내 새로 지은 구절 쓸데없으니
불 용 노 부 신 착 구

相公歌曲至今傳　상공의 노래 곡조 지금까지 전하네
상 공 가 곡 지 금 전

亭主强要留題故云 정자의 주인께서 머물며 짓도록 강요
정 주 강 요 유 제 고 운　하였기 때문이다.

畫甍高出竹陰幽
화 맹 고 출 죽 음 유
단청한 용마루 높이 솟아 대 그늘
그윽한데

七曲靑山第一頭
칠 곡 청 산 제 일 두
칠곡의 푸른 산 제일봉이네

瑞石北來晴嶂斷
서 석 북 래 청 장 단
북에서 온 서석산은 갠 산이 끊어지고

佛臺西望夕嵐稠
불 대 서 망 석 람 조
서쪽 불대산 보니 저녁안개 자욱하네

隔溪紅雨桃花晩
격 계 홍 우 도 화 만
시내 건너 붉은 비는 복사꽃 늦었고

覆野黃雲麥穗秋
부 야 황 운 맥 수 추
들 덮은 누런 구름은 보리가 익은 것이네

想得扶藜俛仰日
상 득 부 려 면 앙 일
청려장 짚고 면앙하시던 그날 상상하니

羲皇世界信無愁
희 황 세 계 신 무 수
희황씨 세상처럼 시름 없었을 것이네

末句用俛仰亭歌中之語
말 구 용 면 앙 정 가 중 지 어
마지막 구절은 면앙정가 속의
시어를 사용하였다.

昔聽無等曲
석 청 무 등 곡
옛날에 듣던 무등곡[4]

誰謂此亭來
수 위 차 정 래
이정자에서 지었다고 누가 말했나

鶴翼翻雲外
학 익 번 운 외
학 날개는 구름 밖에서 번쩍이고

龍腰縮水隈
용 요 축 수 외
용의 허리는 물 언덕에서 쭈그리네

晩霞紅綺散
만 하 홍 기 산
저녁노을 붉은 비단을 흩어 놓은 듯

晴岫翠屛開
청 수 취 병 개
갠 산봉우리 푸른 병풍 펼쳐 놓은 듯

認是眞仙宅
인 시 진 선 택
알고 보니 이곳이 참 신선의 집

吟懷不自裁
음 회 불 자 재
시상을 누를 길 없네

德水後人 東嶽 李安訥 덕수후인 동악 이안눌[5]
萬曆庚戌 孟秋上澣 만력 경술(1610년) 7월 상순

1) 광평(廣平) : 광평은 당 현종(唐玄宗) 때의 명재상으로 광평공(廣平公)에 봉해진 송경(宋璟)을 가리킨다. 그가 25세 때에 지은 〈매화부(梅花賦)〉 한 편이 유명한데, 이에 대해서 당(唐)나라 피일휴(皮日休)가 "그는 워낙 철장(鐵腸) 석심(石心)의 소유자였기 때문에 섬세한 글을 짓지는 못할 것이라고 생각하였는데, 이 〈매화부〉를 보건데 청편(淸便)하고 부염(富艷)하여 남조(南朝)의 서유체(徐庾體)를 얻었으니, 정말 그 사람답지가 않다고도 하겠다."라고 평한 글이 그의 〈도화부서(桃花賦序)〉에 나온다.

2) 사극(謝屐) : 사공극(謝公屐)의 준말[극(屐)은 나무를 깎아 만든 나막신]로, 등산용 신발을 말하는데 여기에서는 사령운을 지칭하는 표현으로 썼다. 남조 송(南朝宋)의 시인 사령운(謝靈運)이 명산을 유람할 적에 산을 오를 때에는 나막신[屐]의 앞 굽을 떼어 버리고 산을 내려올 때에는 뒷굽을 떼어 걷기에 편리하도록 했다는 고사가 있다. 《宋書 卷67 謝靈運列傳》

3) 습지(習池) : 습가지(習家池)의 준말로, 진(晉)나라 산간(山簡)이 양양(襄陽)에 있을 적에 항상 그곳에 찾아가 만취(滿醉)했던 고사에서 유래하여, 흥겨운 주연(酒宴)을 비유할 때의 표현으로 쓰게 되었다. 《世說新語 任誕》

4) 무등곡(無等曲) : 면앙정가(俛仰亭歌)를 이름.

5) 이안눌(李安訥, 1571~1637) : 조선 중기의 문신으로 본관 덕수(德水). 자 자민(子敏). 호 동악(東岳). 시호 문혜(文惠). 1599년(선조 32) 정시문과에 을과로 급제, 형조 · 호조의 좌랑을 역임하고 예조좌랑이 되어 서장관(書狀官)으로 진하사 정광적(鄭光積)과 함께 명나라에 다녀왔다.

면앙정에서 바라본 담양 평야

俛仰亭三十詠 **면앙정삼십영**
면 앙 정 삼 십 영

鐵壁上蒼然　강철 같은 절벽 푸르게 솟아
철 벽 상 창 연

層巓尺去天　층진 봉우리 하늘에 닿을 듯
층 전 척 거 천

秋風衣欲振　가을바람 옷깃 흔들릴 때
추 풍 의 욕 진

直待桂輪圓　둥근 달 떠오르기 기다리네
직 대 계 륜 원

秋月翠壁　추월산의 푸른 절벽
추 월 취 벽

亭對屛顔晚　정자는 저문 산 마주하고
정 대 잔 안 만

閑雲度翠微　한가한 구름 산허리 지나네
한 운 도 취 미

二靈噓異氣　두 영물 기이한 기운 뿜으니
이 령 허 이 기

舒卷弄晴暉　펼쳤다 거두며 갠 날빛 희롱하네
서 권 롱 청 휘

龍龜晚雲　용구산의 늦은 구름
용 구 만 운

萬松曾手植　일찍이 손수 심은 뭇 소나무가
만 송 증 수 식

蒼翠拂長雲　무성하게 자라 구름을 쓸어내네
창 취 불 장 운

最愛淸宵臥　밝은 밤 눕기에 가장 좋으니
최 애 청 소 와

寒濤十里聞　서늘한 솔바람 소리 십 리까지 들리네
한 도 십 리 문

夢仙蒼松　몽선산의 푸른 소나무
몽 선 창 송

石屛銜落照　바위 병풍 노을을 가려
석 병 함 락 조

西望正悠悠　서쪽 바라보니 참으로 아득해
서 망 정 유 유

鴉背金爭閃　갈가마귀 등 금빛으로 번쩍이며
아 배 금 쟁 섬

波光永欲流　반짝이는 물결 길이 흘러가네
파 광 영 욕 류

佛臺落照　불대산의 낙조
불 대 낙 조

山雨明殘日　산비 석양에 밝은데
산 우 명 잔 일

山前雨氣昏　산자락엔 아직도 비올 기세이네
산 전 우 기 혼

依然畵未就　의연히 그려내지 못할듯하니
의 연 화 미 취

水墨半邊痕　반쯤도 못 그려서 해가 저무네
수 묵 반 변 흔

魚登暮雨　어등산의 저녁 비
어 등 모 우

贊皇空好石　찬황[1]은 공연히 돌을 좋아하여
찬 황 공 호 석

珍怪費幽探　진기하고 괴이한 것 찾으려 애썼네
진 괴 비 유 탐

坐對雙尖秀　앉아 뾰족한 두 봉우리 대하노라니
좌 대 쌍 첨 수

知公寶不貪　공께서 보물 탐하지 않은 줄 알겠네
지 공 보 불 탐

湧珍奇峯　용진산의 기이한 봉우리
용 진 기 봉

明滅難全見　보일 듯 말 듯 모두 보기 어렵고
명 멸 난 전 견

陰晴少定姿　흐렸다 개였다 일정한 모습 적구나
음 청 소 정 자

賦歸眞不淺　벼슬 그만 둔 뜻 참으로 깊으니
부 귀 진 불 천

山色遠尤奇　산 빛도 멀수록 더욱 기이하네
산 색 원 우 기

金城杳靄　금성산의 짙은 안개
금 성 묘 애

矗矗飄香篆	곧고 곧게 향 연기 나부끼고
촉 촉 표 향 전	
叢叢插玉筓	빽빽이 옥비녀 꽂았네
총 총 삽 옥 계	
地靈偏愛寶	땅 신령 유독 보배를 아껴
지 령 편 애 보	
雲氣晝常迷	낮에도 늘 구름으로 가려주네
운 기 주 상 미	

瑞石晴嵐 무등산의 아지랑이
서 석 청 람

蔓草牲鼫竄	넝쿨 숲속에 숨어 있는 다람쥐
만 초 생 오 찬	
斜陽睥睨明	해 기울자 이리저리 두리번거리네
사 양 비 예 명	
客來空弔古	나그네는 괜스레 옛 생각에 젖어
객 래 공 조 고	
詩壘入呑幷	시 잔뜩 모아 입으로 되뇐다네
시 루 입 탄 병	

金城古迹 금성산성의 옛 자취
금 성 고 적

壯拔雲根碧	푸른 바위 우뚝 솟아
장 발 운 근 벽	
高撑日轂紅	붉은 해 높이 받드네
고 탱 일 곡 홍	
流霞應滿腹	응당 유하주[2] 배불리 마시고
유 하 응 만 복	
一醉俯鴻濛	크게 취해 천지를 굽어 보리라
일 취 부 홍 몽	

甕巖孤標 옹암산의 고결한 자태
옹 암 고 표

籬落繞平楚	울타리 가지런히 둘러 있고
이 락 요 평 초	
樵蘇同四隣	사방 이웃이 모두 나무꾼이네
초 소 동 사 린	
勞歌時互答	일하며 서로 노래 부르니
노 가 시 호 답	
一一畫中人	하나하나 그림 속 사람인 듯
일 일 화 중 인	

大秋樵歌 대추마을 나무꾼의 노래 소리
대 추 초 가

漁子臥橫笛　어부들 비스듬히 누워 피리 부는데
어 자 와 횡 적

曲中無一愁　노래에 근심 하나도 없네
곡 중 무 일 수

煙霜平野暮　안개 서리 내린 들에 해 저물고
연 상 평 야 모

風雨小溪秋　비바람 치는 작은 시내 가을은 깊네
풍 우 소 계 추

木山漁笛　목산마을 어부의 피리소리
목 산 어 적

蕭寺煙蘿外　안개 자욱한 쓸쓸한 절에서
소 사 연 라 외

霜鍾數杵疏　차가운 종소리 울려 퍼지네
상 종 수 저 소

十年憂國念　십년 세월 나라 위한 마음
십 년 우 국 념

深省定何如　어찌하면 좋을지 깊이 살펴 보네
심 성 정 하 여

石佛疎鐘　석불사의 종소리
석 불 소 종

霜信初橫塞　서리가 처음 변방에 내리니
상 신 초 횡 새

蕭蕭水國秋　가을 강물 쓸쓸히 흘러가네
소 소 수 국 추

隨陽自南去　햇볕따라 남쪽으로 내려가니
수 양 자 남 거

未必稻粱謀　꼭 먹이 구하려는 것만이 아니라네
미 필 도 량 모

漆川歸鴈　칠천의 돌아가는 기러기
칠 천 귀 안

橐籥長川曉　탁약[3]같은 드넓은 강의 새벽
탁 약 장 천 효

空濛大塊噓　자욱한 안개를 대지에 토하네
공 몽 대 괴 허

澆書時俯檻　새벽 술 마시고 때로 난간에 엎드려
요 서 시 부 함

一笑混元初　개벽천지를 한 번 웃어주네
일 소 혼 원 초

穴浦曉霧　혈포의 새벽안개
혈 포 효 무

千畝捎雲竹　구름 닿을 듯 천 이랑 대숲
천 무 소 운 죽

心通古寺墟　심통사 옛 절터에 가득하네
심 통 고 사 허

風吹兼雨洗　바람 불고 비에 씻기니
풍 취 겸 우 세

長護地仙居　신선이 사는 곳 길이 보호하네
장 호 지 선 거

心通脩竹　심통사의 긴 대나무
심 통 수 죽

小風吹澹月　산들바람 맑은 달빛에 불어오는데
소 풍 취 담 월

寒角調山城　차가운 호각소리 산성에 퍼지네
한 각 조 산 성

不管蜂衙鬧　벌집처럼 시끄러운 것 개의치 않고
불 관 봉 아 뇨

藜床睡到明　여상에 해뜨도록 잔다네
여 상 수 도 명

山城早角　산성마을의 이른 호각소리
산 성 조 각

露洗秋空淨　이슬에 씻긴 가을 하늘 말끔하여
노 세 추 공 정

川分月體同　시냇물 나뉘어도 달은 하나
천 분 월 체 동

浩然乘灝氣　호연히 호기[4]를 타고서
호 연 승 호 기

長嘯冷光中　차가운 빛 속에 휘파람 길게 부네
장 소 랭 광 중

二川秋月　두 개울에 비친 가을 달
이 천 추 월

七曲中分地　칠곡은 땅을 가르고 흘러
칠 곡 중 분 지

三春次第花　봄철에 차례로 꽃 피네
삼 춘 차 제 화

花源迷遠近　화원이 어딘지 헤매지만
화 원 미 원 근

何許羽衣家　신선의 집 얼마나 많을까
하 허 우 의 가

七曲春花　칠곡의 봄 꽃
칠 곡 춘 화

路轉松陰出　굽이굽이 솔 숲 그늘 따라 나아가니
노 전 송 음 출

微風杖屨淸　솔바람에 지팡이마저 맑게 씻기네
미 풍 장 구 청

香塵烏帽底　솔향기는 이마에 스치는데
향 진 오 모 저

誰解此閑行　이 한가한 걸음 누가 알겠는가
수 해 차 한 행

松林細逕　솔숲의 오솔길
송 림 세 경

瀏瀏風生壑　맑고 맑은 바람 골짝에서 불어오고
유 유 풍 생 학

蒼蒼竹擁簷　푸르고 푸른 대나무는 처마를 둘렀네
창 창 죽 옹 첨

餘涼來午枕　낮잠 자는 데 서늘한 바람 불어와
여 량 래 오 침

淸籟洗蒸炎　맑은 소리 찌는 더위 씻어주네
청 뢰 세 증 염

竹谷淸風　죽곡의 맑은 바람
죽 곡 청 풍

野雪平如拭　들판에 눈 그치자
야 설 평 여 식

銀濤萬里長　은빛 물결 만 리에 길도다
은 도 만 리 장

吟壇酣戰白　시인들은 눈싸움 한창인데
음 단 감 전 백

獵騎擁牽黃　사냥꾼들 개를 데리고 다니네
엽 기 옹 견 황

平郊霽雪　너른 들판의 갠 눈
평 교 제 설

樹色分村勢　우거진 나무 갈라진 촌마을에
수 색 분 촌 세

煙生萬戶炊　집집마다 밥 짓는 연기 피어오르네
연 생 만 호 취

朝昏工變態　아침저녁으로 그 모습이 바뀌니
조 혼 공 변 태

濃淡摠相宜　진하고 엷음이 모두 마땅하여라
농 담 총 상 의

遠樹炊烟　먼 숲의 밥 짓는 연기
원 수 취 연

沃壤彌南極 / 넓은 들판은 남으로 탁 트이고
옥 양 미 남 극

黃雲一望齊 / 누렇게 익은 벼 한 눈에 가지런하네
황 운 일 망 제

田家多喜氣 / 농가마다 그 기쁨 감추지 못해
전 가 다 희 기

秋社賽豚蹄 / 가을 제사 돼지다리 절여 올리네
추 사 새 돈 제

曠野黃稻 넓은 들판의 황금 벼
광 야 황 도

浩浩沙如海 / 넓고 넓은 백사장 바다와 같은데
호 호 사 여 해

天淸浦影寒 / 하늘 맑아도 포구의 바람 차갑네
천 청 포 영 한

抨弓豪興發 / 활 당겨 호기롭게 쏘니
평 궁 호 흥 발

千里暮鵰盤 / 저녁 솔개 천리에 맴을 도네
천 리 모 조 반

極浦平沙 먼 포구의 모래사장
극 포 평 사

沙路明橫野 / 모랫길 밝아 들 가로지르고
사 로 명 횡 야

枯槎跨淺灣 / 나무다리 시냇물에 걸쳐있구나
고 사 과 천 만

趁虛人去盡 / 사람들 모두 떠난 빈 곳에
진 허 인 거 진

扶杖聽潺湲 / 지팡이 짚고 잔잔한 물소리 듣네
부 장 청 잔 원

前溪小橋 앞 시내의 작은 다리
전 계 소 교

窈窕煙林遠 / 조용한 안개 긴 숲
요 조 연 림 원

知還擇木深 / 깊은 나무에 돌아올 줄 아네
지 환 택 목 심

好音繞可聽 / 좋은 소리 들을 만한데
호 음 재 가 청

飛去杳難尋 / 멀리 날아가 찾기도 어렵네
비 거 묘 난 심

後林幽鳥 뒷 숲의 그윽한 새소리
후 림 유 조

細浪搖斜日　잔잔한 물결에 지는 해 출렁이고
세 랑 요 사 일

潛鱗潑刺時　물속에 놀던 고기 뛰어오르는 때
잠 린 발 랄 시

相忘應共樂　마땅히 서로 잊고 함께 즐기는 것
상 망 응 공 악

濠上未全知　호상의 장자도 다 알지는 못하리라[5]
호 상 미 전 지

清波跳魚　맑은 물결에 뛰노는 물고기
청 파 도 어

玉立圓沙岸　하얗게 서서 모래톱을 빙 두르고
옥 립 원 사 안

風標炯自如　풍채는 한결같이 빛나네
풍 표 형 자 여

聯拳睡一霎　구부정하게 잠깐 졸고 있을 때면
연 권 수 일 삽

寒影不驚魚　물고기도 그림자에 놀라지 않네
한 영 불 경 어

沙頭眠鷺　모래톱에 조는 해오라기
사 두 면 로

澗水悲鳴處　개울 물 구슬피 흐르는 곳
간 수 비 명 처

新霜着冷花　첫서리에 여뀌꽃 피었구나
신 상 착 랭 화

夕陽紅一抹　석양 붉은 한줄기에
석 양 홍 일 말

秋色襯餘霞　가을 빛 남은 노을에 어리네
추 색 친 여 하

澗曲紅蓼　개울가의 붉은 여뀌꽃
간 곡 홍 료

霽峯 高敬命　제봉 고경명 지음

1) 찬황(贊皇) : 찬황은 당(唐)나라 때 찬황백(贊皇伯)에 봉
해진 명상(名相) 이덕유(李德裕)를 가리킨다. 일찍이 하
남(河南) 낙양현(洛陽縣) 남쪽에 평천장(平泉庄)을 세웠
는데, 둘레가 40리이고 기이한 초목과 돌이 많아 그 경치
가 선경(仙境)과도 같았다 한다.

2) 유하주(流霞酒) : 신선이 마시는 좋은 술을 말한다. 두
보(杜甫)의 〈종무생일(宗武生日)〉에 "유하를 조각조각 나
누어서, 방울방울 천천히 기울이노라.[流霞分片片 涓滴
就徐傾]"하였다.

3) 탁약(橐籥) : 풀무는 불피울 때 바람을 일으키는 도구
로, 《노자(老子)》5장에 "하늘과 땅 사이는 아마 풀무와 같
은 것이 아니겠는가. 비어 있으면서도 다하지 않고 움직
일수록 더욱 나온다.[天地之間 其猶橐籥乎 虛而不屈
動而愈出]"하였다.

4) 호기(灝氣) : 천지의 정대(正大)하고 강직(剛直)한 기운
을 말한다.

5) 호상(濠上)의 …… 못하리라 : 장자(莊子)와 혜자(惠子)
가 호(濠)라는 강 위의 다리를 거닐다가 장자가, "피라미
가 조용히 노니니 이는 물고기의 즐거움이로다." 하니, 혜
자가 "그대는 물고기가 아닌데 어찌 물고기의 즐거움을
아는가?" 하였다. 이에 장자가 "그대는 내가 아닌데 내
가 물고기의 즐거움을 모르는 줄 어찌 아는가?" 하니, 혜
자가 "나는 그대가 아니므로 진실로 그대를 알지 못하니,
그대는 물고기가 아니므로 그대가 물고기의 즐거움을 모
르는 것은 분명하다." 하였다. 《莊子 秋水》

면앙정의 역사 흔적을 찾아서

次板上韻　판상의 시에 차운하다
차 판 상 운

仙區物色筆摹難
선 구 물 색 필 모 난
선경의 경치는 붓으로 그려내기 어려운데

縹渺危亭聳翠巒
표 묘 위 정 용 취 만
저 높은 정자가 푸른 산봉우리에 솟았네

雨過前山春漠漠
우 과 전 산 춘 막 막
비가 앞산을 지나니 봄은 아득하고

雲垂平野路漫漫
운 수 평 야 로 만 만
구름이 평야를 덮으니 길도 아스라하네

梧翁遠訪詩猶在
오 옹 원 방 시 유 재
오음공이 멀리 찾아와 시를 남겼고

嶽老新題墨未乾
악 로 신 제 묵 미 건
동악 노인이 새로 쓰니 먹물 마르지 않았네

此庇教慙卜力退
차 비 교 참 변 력 퇴
이 정자에서 조급하게 물러가기가 부끄러워

夕陽空倚畵闌干
석 양 공 의 ▨ 난 간
석양에 공연히 난간에 기대네

山頭快閣俯長川
산 두 쾌 각 부 장 천
산머리 상쾌한 누각 긴 냇가 굽어보는데

地勢遙從古邑前
지 세 요 종 고 읍 전
지형은 멀리 옛 고을 앞을 따르네

風詠西臨平野闊
풍 영 서 림 평 야 활
서쪽으로 풍영정 임하니 평야 광활하고

金城東望衆峯連
김 성 동 망 중 봉 련
동쪽으로 금성산 바라보니 산봉우리마다 이어졌네

行人踏過溪橋月
행 인 답 과 계 교 월
길손들은 달 비친 시내 다리 건너가고

棲鳥飛穿岸樹煙
서 조 비 천 안 수 연
새들은 안개 낀 언덕 나무로 날아드네

惆悵昔年行樂處
추 창 석 년 행 락 처
쓸쓸하다 예전에 선비들이 즐기던 곳

相公遺業屬誰傳
상 공 유 업 속 수 전
상공이 남긴 업적 누구에게 맡겨 전할까

郊居偏愛一區幽　　　시골 살 때 그윽한 이곳 지나치게 사랑했기에
교 거 편 애 일 구 유

務屏來憑曲檻頭　　　일 팽개치고 와서 난간에 기대었네
무 병 래 빙 곡 함 두

靑鶴歌傳鶯語亂　　　청학 노래하여 전하니 꾀꼬리 소리 요란하고
청 학 가 전 앵 어 란

蒼髥手植樹陰稠　　　소나무 손수 심어 나무 그늘 무성하네
창 염 수 식 수 음 조

雲容羃地濃還淡　　　구름이 땅을 덮으니 진해졌다 묽어지고
운 용 멱 지 농 환 담

爽氣侵人夏亦秋　　　상쾌한 기운 침입하니 여름에도 가을같네
상 기 침 인 하 역 추

昔日歡娛今寂寞　　　옛날 즐기던 곳 이제 적막하니
석 일 환 오 금 적 막

老梅疏竹摠含愁　　　늙은 매화나 성긴 대 모두가 수심을 머금었네
노 매 소 죽 총 함 수

靑鶴卽俛仰亭長歌中語　　　'청학'은 바로 면앙정장가 속에 있는 말임[1]
청 학 즉 면 앙 정 장 가 중 어

歸來南土卜林皐　　　호남으로 돌아와 숲 언덕 차지하니
귀 래 남 토 복 림 고

結搆當年意匠勞　　　정자를 세울 당시에 목수 고생하였으리
결 구 당 년 의 장 로

隔岸暗聞泉響遠　　　언덕이 막혔으니 샘물 소리 멀리 들려오고
격 안 암 문 천 향 원

倚天偏覺地形高　　　하늘에 기댔으니 지형이 높다는 걸 깨닫겠네
의 천 편 각 지 형 고

幽區自是千年祕　　　그윽한 땅 원래 천년을 감추어 두고
유 구 자 시 천 년 비

佳標人推一代豪　　　아름다운 모습 사람들이 당시 호걸이라 추앙했네
가 표 인 추 일 대 호

看取壁間留好句　　　벽 사이에 걸려있는 좋은 글귀 읽어보니
간 취 벽 간 류 호 구

至今文雅擅風騷　　　지금보아도 글 솜씨 풍소[2]보다 빼어나네
지 금 문 아 천 풍 소

歲久亭猶在 / 세 구 정 유 재 / 세월은 오래지만 정자 오히려 건재하고

秋深客又來 / 추 심 객 우 래 / 가을은 깊었는데 손님 또한 찾아오네

菊殘層砌畔 / 국 잔 층 체 반 / 뜰 언덕엔 국화 꽃 남아있고

荷老小塘隈 / 하 로 소 당 외 / 조그마한 연못가엔 연꽃 시들었네

排檻羈襟豁 / 배 함 기 금 활 / 난간에 기대어 나그네 회포 펴고

從虛眼力開 / 종 허 안 력 개 / 허공을 향해 눈을 크게 뜨고 보아도

扶藜人已去 / 부 려 인 이 거 / 청려장 짚은 임은 이미 가셨으니

佳句復誰裁 / 가 구 부 수 재 / 아름다운 구절 누가 다시 지을런가

曲檻緗簾面面開 / 곡 함 상 렴 면 면 개 / 난간의 누런 주렴 사면에 열려

旅遊千里獨登臺 / 여 유 천 리 독 등 대 / 천리 밖 나그네 홀로 누대에 올랐네

人生自是身如寄 / 인 생 자 시 신 여 기 / 인생이 본래 기생하는 신세같아

世事誰知樂極哀 / 세 사 수 지 락 극 애 / 세상일 누가 알아 즐거움 다하면 슬픈 것을

擾擾風塵空歲月 / 요 요 풍 진 공 세 월 / 소란스런 풍진속에 세월만 허무했고

茫茫宇宙幾歸來 / 망 망 우 주 기 귀 래 / 아득한 우주를 몇 번이나 돌아왔는가

深杯取醉歌無等 / 심 배 취 취 가 무 등 / 깊은 잔에 취하여 무등가 노래하며

落日還忘馬首廻 / 낙 일 환 망 마 수 회 / 석양에 말머리 돌릴 것을 잊네

崇禎紀元後五年孟秋下澣 府使 黃㵢

1632년 7월 하순 담양부사 황수 지음

---

1) '청학'은 …… 말임 : 《俛仰集》권4, 〈新翻俛仰亭長歌一篇〉의 서두에 "…寬廣兮巖上, 有松竹兮披拓, 爰置兮亭子, 若乘雲靑鶴指千里兮張翼.[넓고 편편한 바위 위에 소나무와 대나무를 헤치고 정자를 앉혀 놓았으니, 마치 구름을 탄 푸른 학이 천 리를 가려고 두 날개를 벌린 듯하다]…"라고 하였음.

2) 풍소(風騷) : 《시경》의 〈국풍(國風)〉과 《초사(楚辭)》의 〈이소(離騷)〉를 합칭한 말인데, 전하여 뛰어난 시문을 뜻한다.

百川逝意朱軒圓
萬欄望心平晚花
古酒廬應是夢
人里老在不知中

명옥헌

鳴玉軒

鳴玉軒

癸丑

　　명옥헌은 오희도吳希道, 1583~1623, 호는 명곡의 넷째 아들 오이정吳以井, 1619~1655, 호는 장계이 부친의 뒤를 이어 이곳에서 글을 읽고 많은 저술을 남긴 별장터이다.

　　우암 송시열은 그의 제자 오기석吳祺錫, 1651~1702을 아끼는 마음에 명옥헌이라 이름짓고 계곡 바위에 새겼다. 이후 오기석의 손자 오대경吳大經, 1689~1761이 연못을 파고 정자를 세워 현재에 이르고 있다.

　　정자의 앞뒤에 네모난 연못을 파고 주위에는 적송赤松과 백일홍 등을 심었다. 못 주위에는 명옥헌계축鳴玉軒癸丑이란 글씨가 새겨 있으며, 뛰어난 조경으로 이름나 있다. 명옥헌은 정면 3칸, 측면 2칸의 팔작지붕(옆에서 볼 때 '八'자 모양)이다. 정원의 뒤에는 이 지방의 이름난 선비들을 제사지내던 도장사道藏詞터가 남아 있다.

明谷吳先生遺蹟碑

멀리서 아스라하게 명옥헌이 보인다. 명옥헌 앞 연못의 물이 맑아서 주위의 나무와 산의
그림자가 연못 속에 잘 비치고 있다. 옛날에는 주위에 소나무와 백일홍이 가득하여 봄, 여름
이 되면 풍경이 좋았다고 하나 지금은 그러한 자취를 찾기가 힘들다. 성산의 가사문학권에
위치하면서도 조금은 한적하게 떨어져서 여유를 즐기는 명소가 아니었을까.

명혹헌 앞 저수지(연못)

초행길에 찾아가는 사람들은 명옥헌을 찾기가 쉽지가 않다. 옛날 선비들이 노닐었던 풍경과는 사뭇 다른 광경들이 풍겨지는 것 같다. 겨울이어서 그러한지 주위의 풍경도 삭막하지만 누군가 찾아오는 발자취가 빈번하지 않은 느낌이 든다. 오죽이나 풍류가 좋았으면 우암 송시열 선생께서도 며칠씩 여기에 묵으면서 한가한 시간을 보냈다고 할까. 지금은 그러한 맛을 찾아보기가 힘들어 아쉽기만 하다.

우암 송시열(1607~1689)은 선조대왕에서 숙종까지 약 80평생을 누린 우리의 큰 학자이다. 학문은 김장생과 그의 아들 김집에게서 사사받았으며 훗날 봉림대군(효종)의 스승이 된다. 우암 송시열은 한때 사림파의 대부 역할을 하였으나 그와 어쩔 수 없는 쟁파에 시달려 결국은 사약을 받고 정읍에서 생을 마감하였다. 사후에 복권되어 영·정조 때에는 문묘 배향이 될 정도였다. 또 조선 기호학파-조광조-이이→김장생-송시열로 이어지는 학맥을 형성했다. 그의 학문적 업적은 《송자대전》을 남겼다.

鳴玉軒記

古稱藍田多玉日出則冉冉生烟崑丘之產為世所
珍豪貴勢家用為杯著器皿者頗多非寒士逸人所
可得以有之者也吾黨有吳希道本寒介也守志丘
園無求於世迺於後山支麓築數間小屋屋後有一
道寒泉瀓瀓值籬以入其聲如玉碎珠迸令人聽之
不覺坵穢之消滌而清涼之來醸也每於靜夜閒時
或寐或寤只覺爽氣襲襟涼霧沾座悅然致身於瑤
宮挹吸沆瀣而燕珠柔也水之性清清則無塵無
塵則自無滓濁及其為在潦所湊惡風所簸終未免
掀攤奔迸失其故性而其濟故自若也人之受於天
者初無清濁粹駁之異日與物門時隨化去終不能
守吾天而終吾年也令君早能擺脫羈馽遊戲文墨
其於古今作家亦不可謂不涉其流者也終不以
趨營為務倘來外至不為累得一獻開田地使自快
足若將終老計其與汩沒金濁與瓦礫同區者相去
何如也抑余曰此有所感矣古人比德於玉於記詳
之矣使公其能秉心如玉無瑕不磷不毀又能如水
之清而無滓不受塵垢之污泥沙之溷則其皭然皎
然冲如澹如接太素而超汩濛豈常流小淙之所可
混同而泯汶而已也若余平生落在塵寰未免改步
改玉之譏何能借君一半山麓誅茅卜居以畢餘生
耶今日記公之軒不覺氣涌如泉遂奮舊筆掀驥以記

弘文館大提學　鄭弘溟　謹記

鳴玉軒記

古稱藍田多玉日出則冉冉生煙崑丘之產爲世所珍豪貴勢家用爲杯箸器皿
者頗多非寒士逸人所可得以有之者也吾黨有吳君明仲本寒介也守志丘園
無求於世迺於後山支麓築數間小屋屋後有一道寒泉潒潒循籬以入其聲如
玉碎珠迸令人聽之不覺垢穢之消滌而淸涼之來襲也每於靜夜閑時或寐或
訛只覺爽氣襲襟涼霧沾座怳然致身於瑤宮桂掖吸沆瀣而嚥珠汞也水之性
淸淸則無塵無塵則自無滓濁及其爲狂潦所湊惡風所簸終未免掀擺奔迸失
其故性而其淸故自若也人之受於天者初無淸濁粹駁之異日與物鬪時隨化
去終不能守吾天而終吾年也今君早能擺脫覊靮遊戲文墨其於古今作家亦
不可謂不涉其流者也終不以趑趄趨營爲務倘來外至爲累得一畝閑田地便
自快足若將爲終老計其與汩沒坌濁與瓦礫同區者相去何如也抑余因此有
所感矣古人比德於玉於記詳之矣使公其能秉心如玉無瑕不磷不毀又能如
水之淸而無滓不受塵垢之污泥沙之溷則其皭然皎然沖如澹如接太素而超
汩濛豈常流小淙之所可混同而泯沒而已也若余半生落在塵寰未免改步改
玉之譏何能借君一坐山麓誅茅卜居以畢餘生耶今因記公之軒不覺氣涌如
泉遂奮筆掀髯以記
弘文館大提學 鄭弘溟 謹記

명옥헌기

옛날부터 남전(藍田)[1]에는 옥이 많아서 해가 뜨면 뭉게뭉게 안개가 피어오르는 것 같았다. 곤구(崑丘, 곤륜산(崑崙山))에서 생산되는 것은 온 세상에서 진귀한 것으로 여겨 호귀(豪貴)하고 세력있는 집안에서 술잔, 젓가락, 그릇 등으로 만들어 사용하는 경우가 많았으며, 가난한 선비나 은거하는 사람들이 가질 수 있는 것이 아니었다. 우리 당의 오명중(吳明仲)[2]은 본래 가난하고 절개 있는 선비이니 구원(丘園)[3]에서 지조를 지키며 세상에 구하는 것이 없었다. 이에 뒷산 기슭에 두어 칸 되는 작은 집을 지었는데 한 길에 차가운 샘이 있어서 울타리를 따라 졸졸 흘러 들어온다. 샘물 소리가 마치 옥이 부서지고 구슬이 흩어지는 것 같아서, 사람이 그 소리를 들으면 자신도 모르게 더러움이 씻기고 청량함이 스며들게 된다. 매양 고요한 밤 한가로울 때 잠자거나 깨면 상쾌한 기운이 옷깃에 스미고 서늘한 안개가 방자리를 적시는 것을 느끼니, 황홀해서 이 몸이 요궁(瑤宮, 달 속에 있다는 선궁(仙宮))의 계액(桂掖, 왕후가 거처하는 궁전)에서 지내며 항해(沆瀣)[4]를 마시고 수은 방울을 삼키는 것만 같다.

물의 성질은 맑으니 맑으면 먼지가 없고 먼지가 없으면 자연히 혼탁함이 없다. 그러나 장대비가 쏟아지고 사나운 바람이 몰아치면 마침내 물결치며 솟구쳐 그 고유한 성실을 잃지만 그 맑음은 그대로이다. 사람이 하늘에서 받은 것도 처음에는 청탁(淸濁)과 수박(粹駁, 순수함과 잡된 것)의 차이가 없었는데 날로 사물과 다투고 때로 변화하여 마침내는 나의 천성을 지켜 수명을 마칠 수 없는 것이다.

지금 그대는 일찍이 벼슬을 그만두고 문묵(文墨)을 일삼고 고금의 작가들에 대해서도 그 유파를 섭렵하지 않았다고 이를 수 없다. 결국 좁은 국량으로 급하게 경영하는 것으로 일삼거나 외부에서 이르는 것이 누가 되지 않았다. 한 뙈기 묵정밭을 얻으면 스스로 만족하며

1) 남전(藍田) : 중국의 섬서성 남전현에 있는 산 이름으로 아름다운 옥이 많이 나기로 유명하다.

2) 오명중(吳明仲) : 오이정(吳以井, 1619년(광해군 11)~1655년(효종 6))을 이름. 조선 중기의 학자. 본관은 나주(羅州). 자는 명중(明仲), 호는 장계(藏溪). 아버지는 도승지에 증직된 오희도(吳希道)이며 어머니는 순천김씨(順天金氏)로 도사 김복흥(金復興)의 딸이다. 정홍명(鄭弘溟)의 문인이다. 학문에 조예가 깊었을 뿐만 아니라 기예(技藝)에도 능하였는데, 거문고는 사악한 생각을 금한다 하여 특히 좋아하였다. 저서로는 《장계유고》 1책이 있다.

3) 구원(丘園) : 황폐한 초야로서 은거하는 자가 머무는 곳을 말한다. 《주역》〈분괘(賁卦)〉에 "구원을 꾸민다.(賁于丘園)" 하였는데, 순상(筍爽)의 주에 "간(艮)은 산이고 진(震)은 숲이다. 바른 자리를 잃고 산림에 있으면서 언덕배기를 일구어 채마밭을 만드니, 은사(隱士)의 형상이다." 하였다.

4) 항해(沆瀣) : 밤에 맺힌 맑은 이슬을 말하는데, 신선이 봄에는 아침노을을 삼키고 겨울에는 밤이슬을 마신다고 한다. 《한서》 권57〈사마상여전(司馬相如傳)〉에 "밤이슬을 마시고 아침놀을 먹는다.(呼吸沆瀣兮餐朝霞)" 라고 한 말이 보인다.

장차 늙어갈 계획을 세우니 혼탁함에 빠져 쓸모없이 된 자들과 얼마나 차이가 많은가. 내가 이것 때문에 느낀 바가 많다.

옛사람이 덕을 옥에 비유한 것이 기록에 상세하다. 가령 공은 능히 마음을 잡아 옥과 같이 티가 없어서 닳지 않고 훼손되지 않는다는 것이다. 또 물이 맑아 찌꺼기가 없는 것과 같아 먼지의 더러움과 진흙의 흐림을 받아들이지 않으면 그 희고 결백함이 질박함을 접하여 골몽汩濛을 벗어나리니, 어찌 늘 흐르는 작은 물이 뒤섞여 사라질 뿐이리오. 나 같은 사람은 반평생을 티끌 속에 묻혀 반정反正의 기롱을 면치 못하니, 어찌 그대에게 산록山麓의 절반을 빌려 집을 짓고 여생을 마칠 수 있겠는가. 이제 그대의 명옥헌기를 쓰려고 하니 나도 모르게 기운이 샘솟는 듯하기에 마침내 붓을 들어 기록한다.

홍문관대제학 정홍명이 삼가 기문을 지음.

藏溪古桐記

桐之木古方奇其古而最奇者盖奇之尤奇者説者
云桐村之義者宜琴宜瑟宜棺槨宜屏牖几函周用
遍適見者即斧斤之不暇以之能壽者鮮最夭十有
年二十其次堇三十年四十年幸而犯百歲盖古
矣又壽於是而百有餘歲者其古而最古者歟以斧
斤不暇之材能其古而古是謂奇之奇奇者豈惟其
度幹老殼輪囷巧怪者言余見藏溪之桐大能十圍
高幾百尺老龜登圻甲殘鬣與屈尤頭腹楛而簡露皮
歉而嘗立有如瞿曇老禪頹然而支錫杖仙翁古貌
仡期而美蟠桃是古者與其十圍百尺况村之重義
者校琴瑟棺槨屏牖几函無所不宜見者几幾何而
不斧斤之以能順其天遂其性未嘗為風雨崩浪所
侮豈其偶然哉我明谷先生丁酉朝社門不出者十
年守道晦藏以之名溪而平植愛惜之木盈可見
仁祖大王當正倫之議採遺流之髮與元相國斗枢
幸溪上金龜玉勒繫彼桐下今者幾二百年而宛見
一席風雲留帝數桐碧玉豈天地之元氣扶持鬼種
之造化培植而然歟不然焉能不夭而壽信奇之尤
奇者我家北園有否樹亦被　仁祖繫馬之澤其古
而奇與溪桐而無異遂識而并記

丙申八月　日

翰林公　七世孫　相淳　謹記

藏溪古桐記

桐之木古方奇其古而最奇者盖奇之尤奇者說者云桐材之美者宜琴宜瑟宜
棺槨宜屏牖几凾周用遍適見者卽斧斤之不暇以之能壽者鮮最夭十有年
二十年其次董三十年四十年幸而犯百歲盖古矣又壽於是而百有餘歲者其
古而最古者歟以斧斤不暇之材能其古而古是謂奇之奇奇者豈惟其瘦幹老
殼輪囷巧恠者言余見藏溪之桐大能十圍高幾百尺老龜登坼甲殘髯生禿頭
腹柯而筋露皮皺而骨立有如瞿曇老禪頹然而支錫杖仙翁古貌仡期而弄蟠
桃是古者歟其十圍百尺況材之重美者枚琴瑟棺槨屏牖几凾無所不宜見者
凡幾何而不斧斤之以能順其天遂其性未嘗爲風雨崩浪所侮豈其偶然哉我
明谷先生丁昏朝杜門不出者十年守道晦藏以之名溪而平植愛惜之木盖可
見 仁祖大王當正倫之議採遜荒之氄與元相國斗杓幸溪上金羈玉勒繫彼桐
下今者幾二百年而宛見一席風雲留帶數桐碧玉豈天地之元氣扶持鬼神之
造化培植而然歟不然焉能不夭而壽信奇之尤奇者我家北園有杏樹亦被 仁
祖繫馬之澤其古而奇與溪桐而無異遂感而并記
丙申八月 日 翰林公七世孫 相淳 謹記

장계고동기

　오동나무가 오래되면 기이하니 그 오래되어 가장 기이한 것이 대체로 기이한 것 중에 더욱 기이하다. 어떤 이가 말하기를, "오동나무의 재목이 좋은 것은 거문고, 비파, 관곽, 창, 책상, 함 등에 적합하여 널리 사용된다. 그러니 보는 자들이 바로 베어버리니 오래된 것이 드물다. 가장 빨리 죽는 것은 10여년이나 20년 된 것이고, 그 다음은 30년이나 40년 된 것이다. 다행히 100년이 되면 대체로 오래된 것인데 이것보다 장수하여 백년이 넘은 것은 오래된 것 중에 가장 오래된 것이다. 곧장 베어낼 재목이면서 능히 오래고 오래되었으니 기이함의 기기한 것이라고 말한다. 그러니 어찌 줄기가 병들고 껍질이 늙어 굽고 공교로운 것만을 말하겠는가."라고 하였다.

　내가 장계동의 오동나무를 보니 둘레가 열 아름에 높이는 수백 척이나 되어 늙은 거북이 찢긴 껍질에 오르고 쇠잔한 수염이 대머리에 나듯 하며, 뱃속이 비고 살이 드러나며 거죽이 주름지고 뼈가 앙상하였다. 그것이 마치 석가모니가 흔연히 석장을 짚고 고아한 모습의 신선이 반도蟠桃[1]를 어루만지는 것 같으니 오래된 나무로다. 그 둘레가 열 아름에 높이는 수백 척이나 되고 더구나 재목이 좋은 것은 거문고, 비파, 관곽, 창, 책상, 함 등에 적합하지 않음이 없다. 그런데 여러 번 보고도 베지 않아 그 천연의 모습을 순히 이루고 일찍이 비바람에 쓰러지지 않았으니 어찌 우연한 일이겠는가.

　우리 명곡 선생은 혼조昏朝, 광해군조를 당하여 두문불출한 분이다. 십년 동안 도를 지키며 은둔하였는데 그것 때문에 시내의 이름을 '장계藏溪'라 하였으며 평소에 심고 아끼던 나무임을 알 수 있다. 인조대왕이 인륜을 바르게 하자는 논의를 당하여 초야에 은둔한 훌륭한 선비를 모을 적에 정승 원두표元斗杓[2]와 시냇가에 행차하였다가 저 오동나무에 말을 매어 높은 것이 거의 200년이나 되었다. 그런데 완연히 한 자리의 풍운^{風雲3)}이 두어 그루 오동나무에 남아있음을 보니, 아마도 천지의 원기가 부지하고 귀신의 조화가 북돋아서 그럴 것이다. 그렇지 않다면 어떻게 요절하지 않고 장수하겠는가. 참으로 기이함 중에 더욱 기한한 것이다. 우리집 북쪽 동산에 있는 은행나무역시 인조대왕이 말을 맨 은혜를 입었는데 그 오래고 기이함이 장계의 오동나무와 더불어 다름이 없기에 드디어 그 느낌을 아울러 기록한다.

　　병신년 팔월 일 한림공의 7대손 상순은 삼가 기문을 지음.

---

1) 반도(蟠桃) : 해상(海上)의 선경(仙境)에 있다는 큰 복숭아를 가리키는데, 이 복숭아가 천 년 만에 한 번씩 꽃이 피고 열매를 맺는다고 한다.
2) 원두표[元斗杓, 1593년(선조 26)~1664년(현종 5)] : 조선 중기의 문신 본관은 원주(原州). 자는 자건(子建), 호는 탄수(灘叟) · 탄옹(灘翁). 박지계(朴知誡)의 문인이다. 광해군의 정치가 점점 문란하여지자 의사(義士)들과 인조반정 모의에 협찬하였고, 반정이 성공한 뒤에는 그 공으로 정사공신(靖社功臣) 2등에 책록되고 원평부원군(原平府院君)에 봉하여졌다.
3) 풍운(風雲) : 《주역》 건괘(乾卦) 구오(九五) 문언(文言)의 "구름은 용을 따르고 바람은 범을 따른다.〔雲從龍 風從虎〕"에서 온 말로 훌륭한 군주와 신하의 만남을 뜻한다.

독수정

獨守亭

독수정獨守亭이란 정자 이름의 뜻은 이태백의 "이제시하인 독수 서산아夷齊是何人獨守西山餓 백이와 숙제는 어떤 사람인가 자신을 지키다가 굶어죽었다네" 라는 시의 한 구절 독수獨守에서 따온 것이라고 한다.

백이와 숙제가 두 임금을 섬길 수 없다고 수양산에 들어가 두문불출하고 고사리만 먹고 살다가 죽었다고 하는 충절을 말하는데 아마도 서은 전신민도 그러한 의미로 정자이름을 지었지 않았나 생각된다. 이 정자는 특이하게 북향을 하고 있는데 전신민은 매일 아침이면 조복을 입고 북쪽을 향해 곡배哭拜를 했다고 한다.

독수정의 구조는 정면 세 칸과 측면 세 칸으로 되어 있다. 그 중앙에 제실이 있는 팔작지붕의 건물이다. 이 정자가 고려 말에 처음 지어졌다고 하고 700~800년의 세월이 지났으니 몇 번 중수하였겠는가. 처음 전신민이 이 정자를 지었을 때와는 전혀 다른 모습의 정자가 세워져 있다. 그러나 현재의 건물이 당시의 건물은 아니더라도 독수정의 터만은 여기에 있었으리라 본다. 현판의 내용 글을 보더라도 몇 번에 걸쳐 중수한 흔적이 보인다. 독수정에는 11개의 현판이 있는데 여기에는 주로 독수정 중수기가 주를 이루며 주목을 끄는 것은 독수정 14경을 한글로 풀이하여 게시한 점이다.

獨守亭독수정은 전남 담양군 남면 연천리 산음동에 위치하고 있으며 여기로 오르는 길은 좌우에 두 길이 있다. 이 정자는 고려 말 충신인 전신민全新民 장군이 세웠던 것으로 알려지고 있으며 그들의 자손(종가)의 묘가 여기에 있다. 전신민은 고려 말의 장수로 호는 서은瑞隱 본관은 천안天安이며 고려 공민왕 때 북도접무사 겸 병마원수를 거쳐 병무상서를 지낸 사람이다. 병부상서는 고려시대 정삼품의 벼슬이다.

고려의 국운이 기울고 포은 정몽주가 선죽교에서 살해당하자 시대의 흐름을 선각하고 두문동 72현인과 함께 두 나라를 섬기지 않겠다는 불사이군不事二君의 정신으로 벼슬을 버리고 담양 남면 산음동에 내려와 조그마한 정자를 짓고 그 이름을 독수정이라 하고 여기에서 생을 마쳤다고 한다.

두문동72현(杜門洞七十二賢)

　　두문동 72현은 고려가 망하고 조선이 건국되자 고려의 사람이 조선 사람이 될 수 없다고 충절을 지켜 조선에 나가 벼슬을 하지 않고 두문동에 모여 살면서 학문에만 정진하였다는 72명의 충신을 일컫는 말인데 당시 72인은 명단이 모두 있는 것이 아니고 임선미林先味, 조의생曹義生, 성사제成思齊, 박문수朴門壽, 민안부閔安富, 김충한金忠漢, 이의李倚 등의 이름만 전하여 오고 있다. 그럼 두문동杜門洞이 어느 곳이냐는 학설은 정설이 없으나 경기도 개풍군 광덕면 광덕산 서쪽 기슭에 있던 옛 지명이거나 개성 부근 보봉산寶鳳山북쪽 10리쯤에 있는 곳이라는 설이 있다.

　　우리의 속담에도 두문불출杜門不出이라는 속담이 있다. 속상하면 밖에 나가지 않고 안에 들어 박혀 있는 것을 말하는데 여기서 나온 고사가 아닌가 한다.

눈 덮인 독수정 풍경

독수정을 둘러보고

전남 담양 하면 가사문학의 산실이라고 하고, 또는 뜻있는 선비들의 안식처라고도 한다. 조선중기에 세워진 면앙정, 송강정, 식영정, 환벽당, 소쇄원 등등. 그러나 독수정은 아마도 성산지역에서 제일 먼저 정자라는 이름으로 선비가 내려와 은둔처를 마련했던 곳이 아닌가 생각된다. 특징적인 것은 정자의 정면이 북향을 하고 있다는 것인데 이는 아마도 충절에 의한 임금을 향한 그리움이 아니였던가 생각된다. 전신민은 아침마다 송도(지금의 개성)를 향해 곡배를 하였다고 한다. 김인후, 정철, 송순 모두가 임을 향한 마음이 똑같지 않았겠는가. 그러나 다른 정자와는 다르게 찾는 이가 드물다. 처음 와서 느끼는 분위기도 쓸쓸했다. 본인에서부터 후손들까지의 가족묘가 있고, 가족에 대한 충효의 표상이 분명히 있는 정자는 이 정자가 아닌가 생각된다.

독수정에 오르는 길

독수정에 오르기 위해서는 돌다리를 통해서 오르는 길이 있고, 또 하나는 독수정 동쪽의 오솔길을 통해서 오르는 길이 있다. 원래의 길은 현재 돌다리를 건너서 독수정에 오르는 길로 훨씬 운치 있고 또 옛날의 길 흔적을 더듬어 볼 수 있다. 지금은 정자로 가는 길에 민가가 한 채 있지만 옛날에는 집이 없이 단지 정자만 있었으리라.

정자로 오르는 길은 다른 정자와 비슷하지만 조금더 가파르고 길어 보인다.

정자 주변의 경치가 봄, 여름, 가을, 겨울 너무 다르기 때문에 계절에 따라 느끼는 감각이 다를 수 있다.

이른 봄에는 매화와 산수유꽃이 만발하고 여름이면 숲이 우거져 아름다운 원림이 된다.

겨울이 되면 독수정에 오르기도 힘들겠지만 올라가보면 뭔가 삭막한 분위기를 연출한다.

獨守亭述懷 并序
往年風雨遂望家南下卽瑞石之北巖十許里也因以爲居而亂代孤臣不勝風泉之感只恨未死無以寓懷乃於村之東慈高廬溪之委曲上頭撝得一小亭名以獨守蓋永矢杜門不出之意也且種松於後園移竹於前階每值雪白之朝月明之夕盤桓嘯詠以爲消遣之一端云爾
風塵漠漠我思長
何處雲林寄老叅
千里江湖雪滿天
勞草傷春恨老亭
子花做暎月光
卽此靑山可埋骨
誓將獨守

獨守亭述懷 幷序 **독수정에서 회포를 서술함** 서문을 겸함
독 수 정 회 술 병 서

往年風雨遂挈家南下卽瑞石之北麓十許里也因以爲居而亂代孤臣盆不勝風泉之感只恨未
死無以寓懷乃於村之東麓高處溪之委曲上頭構得一小亭名以獨守盖永矢杜門不出之意也且
種松於後園移竹於前階每値雪白之朝月明之夕盤桓嘯詠以爲消遣之一端云爾

　　지난 해 비바람이 몰아치자 가족을 데리고 남하하니 바로 서석산 북쪽 기슭 십여 리쯤이
다. 그로 인해 거처로 삼았는데 어지러운 시대의 외로운 신하가 풍천지감^{風泉之感1)}을 이기지
못하고, 다만 죽지도 못하고 회포를 붙일 길 없는 것이 한스러웠다. 이에 마을의 동쪽 기슭
높은 곳이요 개울의 굽이진 곳 위에 조그만 정자를 짓고 '독수정^{獨守亭}'이라 하였으니, 대체
로 영원히 두문불출하겠다고 결심하는 의미를 담고 있다. 또 후원에 소나무를 심고 앞 계단
에 대나무를 옮겨 심으니, 매양 하얗게 눈 내리는 아침과 휘영청 달 밝은 밤이면 서성이며
읊어 회포를 푸는 일단으로 삼을 따름이다.

---

1) 풍천지감(風泉之感) : 《시경(詩經)》 〈회풍(檜風)〉의 〈비풍편(匪風篇)〉과 〈조풍(曹風)〉의 〈하천편(下泉篇)〉을 가리키는 것으로, 이 시들은 모두 제후국의 사람들이 주(周) 나라를
생각하여 지은 시다. 여기에서는 망한 고려를 그리워하는 마음을 이른다.

風塵漠漠我思長　　티끌은 아득하고 나의 감회는 깊은데
풍 진 막 막 아 사 장

何處雲林寄老蒼　　운림 어느 곳에 늙은 몸 의탁할가
하 처 운 림 기 로 창

千里江湖雙鬢雪　　천리 강호에 두 귀밑머리 희어지고
천 리 강 호 쌍 빈 설

百年天地一悲凉　　백년 천지에 한결같이 슬프고 처량하네
백 년 천 지 일 비 량

王孫芳草傷春恨　　왕손은 꽃다운 풀에 봄의 한 속상하고
왕 손 방 초 상 춘 한

帝子花枝叫月光　　두견새는 꽃가지에서 달빛에 우는구나
제 자 화 비 규 월 광

卽此靑山可埋骨　　이 청산 뼈를 묻을 만하니
즉 차 청 산 가 매 골

誓將獨守結爲堂　　홀로 지조 지키려고 이 집을 지었다네
서 장 독 수 결 위 당

未死遯臣全新民　　죽지 못하고 은둔한 신하 전신민
미 사 둔 신 전 신 민

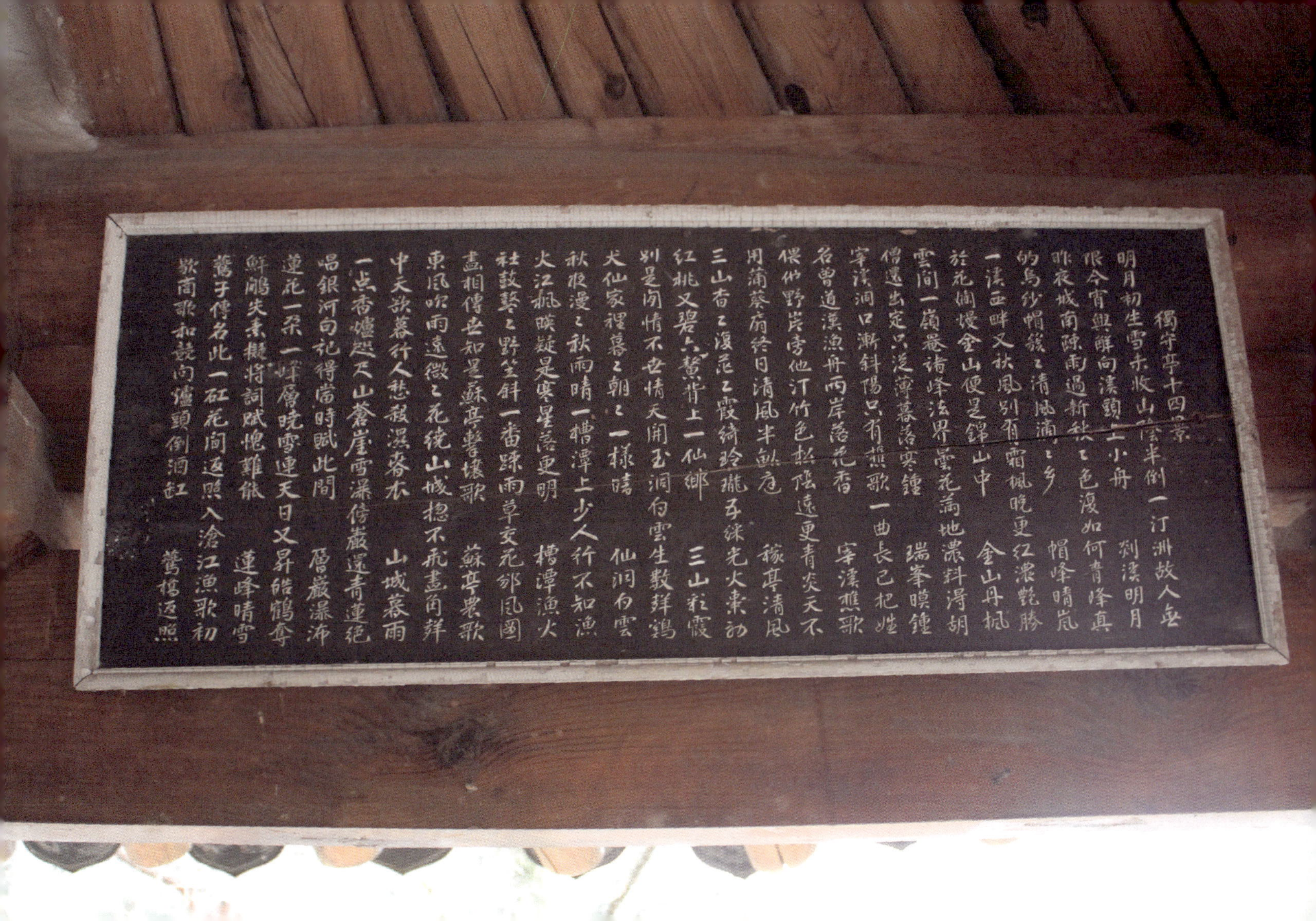

獨守亭十四景
明月初生雪未收山陰半倒一汀洲故人無
限今宵興醉向溪頭上小舟 剡溪明月
昨夜城南疎雨過新秋々色淡如何青峰真
的烏紗帽幾々清風滿々多 帽峰晴嵐
一溪西畔又秋風別有霜楓晚更紅濃艶勝
於花爛熳金山便是錦山中 金山丹楓
雲間一嶺疊諸峰法界曇花滿地濃斜渴胡
僧還出定只從薄暮落寒鐘 瑞峯暝鐘
牢溪洞口漸斜陽只有樵歌一曲長已把姓
名曾道漢漁舟兩岸落花香 牢溪樵歌
偎他野岸旁他汀竹色然陰遠更青炎天不
用蒲葵扇終日清風半敞庭 稼亭清風
三山杳々復花々霞綺玲瓏弄綵光火棗初
紅桃又碧六鼇背上一仙鄉 三山彩霞
別是閑情不世情天開玉洞白雲生數群鶴
犬仙家裡暮々朝々一樣晴 仙洞白雲
秋水漫々秋雨晴一槽潭上少人行不知漁
火江楓晚疑是寒星落更明 槽潭漁火
社鼓聲々野笠斜一番疎雨草交花豳風圖
畫相傳無知是蘇亭擊壤歌 蘇亭農歌
東風吹雨遠微々花繞山城總不飛畫角聲
中天欲暮行人愁殺濕春衣 山城暮雨
一點香爐起天山蒼崖雪瀑傍巖還青蓮絕
唱銀河句祀得當時賦此間 層巖瀑布
蓮花一朵一峰層曉雪連天日又昇皓鶴奪
鮮鷗失素擬將詞賦愧難能 蓮峰晴雪
鷺子傳名此一矼花間返照入滄江漁歌初
歇商歌和競向爐頭倒酒缸 鷺橋返照

獨守亭十四景　독수정 14경

독 수 정 　 1 4 경

明月初生雪未收 명 월 초 생 설 미 수	밝은 달 떠오르는데 눈 그치지 않아
山陰半倒一汀洲 산 음 반 도 일 정 주	산그늘은 저 물가에 반쯤 드리웠네
故人無限今宵興 고 인 무 한 금 소 흥	오늘 밤은 친구 생각 한이 없어
解向溪頭上小舟 해 향 계 두 상 소 주	시냇가에 가서 작은 배에 오르네

剡溪明月　섬계의 밝은 달
섬 계 명 월

昨夜城南疎雨過 작 야 성 남 소 우 과	어젯밤 성남에 성근 비 지났으니
新秋秋色復如何 신 추 추 색 부 여 하	새로운 가을빛 어떠할까
靑峰眞的烏紗帽 청 봉 진 적 오 사 모	푸른 산봉우리 꼭 오사모[1] 같으니

簇簇淸風滴滴多 족 족 청 풍 적 적 다	촉촉한 맑은 바람에 축축히 젖으리

帽峰晴嵐　모봉의 맑은 아지랑이
모 봉 청 람

一溪西畔又秋風 일 계 서 반 우 추 풍	시내 서쪽 언덕에 가을바람 불어오니
別有霜楓晩更紅 별 유 상 풍 만 갱 홍	별스런 단풍나무 늦게야 더욱 붉네
濃艶勝於花爛熳 농 염 승 어 화 난 만	활짝 핀 꽃보다 농염하니
金山便是錦山中 금 산 변 시 금 산 중	금산이 바로 금산(錦山) 중이네

金山丹楓　금산의 단풍
금 산 단 풍

---

1) 오사모(烏紗帽) : 검은 비단으로 만든 관원의 모자.

雲間一嶺罨諸峰　구름 사이 한 고개 모든 봉우리 가렸는데
운 간 일 령 엄 제 봉

法界曇花滿地濃　법계의 담화2) 온 땅에 짙네
법 계 담 화 만 지 농

料得胡僧還出定　생각해보니 호승이 선정에서 나와
요 득 호 승 환 출 정

只從薄暮落寒鐘　어스름에 차가운 종 치는가 보다
지 종 박 모 락 한 종

瑞峯暝鐘　서봉의 저문 종소리
서 봉 막 종

宰溪洞口漸斜陽　재계동 어귀에 해 저물어 가는데
재 계 동 구 점 사 양

只有樵歌一曲長　나무꾼의 노래 한 곡조만 길어라
지 유 초 가 일 곡 장

已把姓名曾道漢　이미 이름을 가지고 한을 말하니
이 파 성 명 증 도 한

漁舟兩岸落花香　고깃배 두 언덕에 꽃 떨어져 향기롭네
어 주 양 안 낙 화 향

宰溪樵歌　재계의 나무꾼 노래
재 계 초 가

偎他野岸傍他汀　아득한 들 언덕 물가에
외 타 야 안 방 타 정

竹色松陰遠更靑　대나무 빛 솔 그림자 멀고도 푸르네
죽 색 송 음 원 갱 청

炎天不用蒲葵扇　무더위에도 부채 필요 없으니
염 천 불 용 포 규 선

終日清風半畝庭　온종일 맑은 바람 뜰에 불어오네
종 일 청 풍 반 묘 정

稼亭清風　가정의 맑은 바람
가 정 청 풍

三山杳杳復茫茫　삼산 까마득하고도 아득해
삼 산 묘 묘 부 망 망

霞綺玲瓏五綵光　붉은 비단 영롱하여 오색 빛이네
하 기 영 롱 오 채 광

火棗初紅桃又碧　대추 처음으로 붉고 복숭아 푸르니
화 조 초 홍 도 우 벽

大鰲背上一仙鄉　큰자라 등 위의 신선 세계라네3)
대 오 배 상 일 선 향

三山彩霞　삼산의 물든 노을
삼 산 채 하

別是閑情不世情　특별히 한가한 정 세속을 초탈하니
별 시 한 정 불 세 정

天開玉洞白雲生　하늘이 옥동을 열어 흰구름 피어나네
천 개 옥 동 백 운 생

數聲鷄犬仙家裡　신선 집에 닭 개소리 나는데
수 성 계 견 선 가 리

暮暮朝朝一樣晴　아침이나 저녁이나 맑게 개었네
모 모 조 조 일 양 청

仙洞白雲 선동의 흰구름
선 동 백 운

秋夜漫漫秋雨晴　가을밤 길고 가을비는 개었는데
추 야 만 만 추 우 청

一槽潭上少人行　조담 가에는 다니는 사람 적구나
일 조 담 상 소 인 행

不知漁火江楓暎　고기잡이 불이 강가 단풍 비추는 줄 모르고
부 지 어 화 강 풍 영

疑是寒星落更明　찬별 떨어져 밝은 것인가 의심하네
의 시 한 성 락 갱 명

槽潭漁火 조담의 고기잡이 불
조 담 어 화

社鼓鼕鼕野笠斜　두레 북 둥둥 초립 비스듬한데
사 고 동 동 야 립 사

一番疎雨草交花　한 차례 뿌린 비에 풀과 꽃 어울렸네
일 번 소 우 초 교 화

邠風圖畵相傳世　빈풍의 그림 세상에 전하니
빈 풍 도 화 상 전 세

知是蘇亭擊壤歌　소정의 격양가가 바로 이것일세
지 시 소 정 격 양 가

蘇亭農歌 소정의 농가
소 정 농 가

東風吹雨遠微微　동풍이 비를 몰아 멀리 희미한데
동 풍 취 우 원 미 미

花繞山城摠不飛　꽃이 산성을 둘러 날리지 못하네
화 요 산 성 총 불 비

畵角聲中天欲暮　화각 소리에 해 저물어 가는데
화 각 성 중 천 욕 모

行人愁殺濕春衣　행인은 봄옷 젖을까 걱정하네
행 인 수 쇄 습 춘 의

山城暮雨 산성의 저문 비
산 성 모 우

一点香爐咫尺山　　일점 향로봉 지척에 있어
일 점 향 로 지 척 산

蒼崖雪瀑傍巖還　　푸른 언덕의 하얀 폭포 바위 곁을
창 애 설 폭 방 암 환　　돌아오네

靑蓮絶唱銀河句　　청련이 절창한 은하 글귀[4]는
청 련 절 창 은 하 구

記得當時賦此間　　기억하건대 당시에 여기에서 읊은
기 득 당 시 부 차 간　　것이리

層巖瀑布　층암의 폭포
층 암 폭 포

蓮花一朶一峯層　　한 송이 연꽃같은 봉우리 우뚝 솟아
연 화 일 타 일 봉 층

曉雪連天日又昇　　새벽 눈 가득한데 해가 솟아오르네
효 설 연 천 일 우 승

皓鶴奪鮮鷴失素　　백학이 고운 빛 빼앗기고 흰꿩이
호 학 탈 선 한 실 소　　흰빛 잃으니[5]

擬將詞賦愧難能　　사부를 지으려니 어려운 게 부끄럽네
의 장 사 부 괴 난 능

蓮峯晴雪　연봉에 갠 눈
연 봉 청 설

燕子傳名此一矼　　이 돌다리 제비가 이름 전하는데
연 자 전 명 차 일 강

花間返照入滄江　　꽃 사이 저녁노을 푸른 강에 들어가네
화 간 반 조 입 창 강

漁歌初歇商歌和　　어부노래 그치자 상인의 노래 화답하니
어 가 초 헐 상 가 화

競向爐頭倒酒缸　　다투어 화롯가에 모여 술병 기울이네
경 향 로 두 도 주 항

燕橋返照　연교의 저녁노을
연 교 반 조

2) 담화(曇花) : 불교 전설에 나오는 우담발화(優曇鉢花)로, 3천 년에 한 번 꽃이 핀다고 하는데, 이 꽃이 피면 금륜명왕(金輪明王)이 나와 태평 시대가 열린다고 한다.

3) 큰 자라 …… 세계라네 : 옛날 발해(渤海) 동쪽에 신선이 사는 다섯 개의 산이 조류(潮流)에 밀려 표류하자, 천제(天帝)가 큰 자라 열다섯 마리로 하여금 머리로 그 산들을 떠받치게 하였는데, 용백국(龍伯國)의 거인(巨人)이 낚시질하여 여섯 마리를 잡아가는 바람에 지금은 아홉 마리가 세 개의 선산(仙山)을 머리에 이고 있다는 전설이 있다. 《列子 湯問》

4) 청련이 …… 글귀 : 청련(靑蓮)은 당(唐) 나라 때 시인 이백(李白)의 호이니, 자신이 태어난 고향의 현명(縣名)을 따서 청련 거사(靑蓮居士)라 호하였다. '은하의 글귀'는 이백의 시 〈여산 폭포를 바라보며〉를 이르니, "태양 비친 향로봉 붉은 연기 피어날 제, 바라보니 폭포수 냇물 위에 걸리었네. 물길 날려 삼천 척을 곧장 내리 쏟아지니, 아니 어찌 구천에서 은하수가 떨어지나.〔日照香爐生紫煙 遙看瀑布掛前川 飛流直下三千尺 疑是銀河落九天〕" 하였다. 《李太白文集 卷18》

5) 백학이 …… 잃었도다 : 남조 송(宋)의 사혜련(謝惠連)의 〈설부(雪賦)〉에서 눈이 하얗게 덮인 풍경을 형용하여 "뜰에는 옥 섬돌이 늘어섰고 숲에는 옥 나무가 솟았으니, 백학이 고운 빛 빼앗기고 백한이 흰 빛을 잃었도다.〔庭列瑤階 林挺瓊樹 皓鶴奪鮮 白鷴失素〕" 하였다. 《文選 卷7》

先亭遺墟有感

山陰洞府郡南開十世奇蹤此一臺水護空巖龍目老境連
近寺鳳猶未烟霞去卷多喬木風雨道塼半綠苔荒徑轉深
敗毃在只今悵怡意難哉
　后孫　權中樞

獨守芳名百立長爲詢興廢東舍之微香盈掬何時採葵穗
傷心暮雨涼窗有溪山依舊態更着塗權新光客寀杜宇
殼中立野草連迤離月滿堂
　校理　金東洙

探薇歌罷闇意凌長哭向空山萬木蒼洞鎖桃花春閣寂門連
辛色雨蕭涼幾多醜復浮雲影一倍凌寒逝水光指點于今
匆收在前溪咸月舊時堂
　烏川　鄭雲五

京裡泰伊涼古佗老檟新結子中天逝月役圓光如今若得
柏野家中獨守長山陰山水舊蒼乙五百年前成德逝今是
先生筆搗號空書忠孝堂
　光山　金箕疇

瑞隱先生遯往長貞沈堅白贇天蒼唐堯舊物山存獨晉士
新來露滴涼怳鳥如言千古事雷楄可賞四時光滿庭花樹
倅陰裡萬順君家雜肯堂
　錦山　吳升主

泗氣晼添意更大漢南山色尚蒼乙何年避岳林園邃岑是
逃炎竹戶涼已喜子孫傳舊業卽看文墨雄新光天浩劫滄桑復此地
　文化　柳玎

個坦惝況復君家有此堂
　進士　郭公源

役泰雜乚懷緒長宿言歌此琥蒼乚邪年風雨逝漂落多是
溪谷衙鵬涼繞砌黃花笛日跡滴庭翠盞百容光山陰小墅
清風水竹涼野老猶征談古蹟駿人難得賭餘光千秋不朽
　蔣山　金憲奎　永音

憶昔杜門感涙長而歸萬事付寫蒼光天浩劫滄桑復此地
冰霜節忠石曾年筆搗堂
　吾山　金東圭　進士

亭與山高水又長半千住蹟空蒼乙不揆三公君世業勿言
五月我心涼庭樹淩天涌月色邪禾盆卧動秋光俸盃悵前
鶺鴒咽此地何如杜草堂
　忠州　朴源佑

[이하 좌측 諸聯은 마멸이 심하여 판독 일부 불확실]
清風洞竹涼長獨守之名君取號向北射龍光獨守家庭一方
如水竹涼長存此一堂
寒心此地久且天長夏永長
　思津　宋祖憲

人何庭獨守唯存此一堂
多戴萬炳然千秋義堂
高郭北腔涼堪憑松柏曾文影不用丹青自有先今
山深尊古涸野老如前[illegible]
　完山　李光秀

文物陶花滋長島邦如前闕賜孤忠向北射龍光獨守家庭
光制在夜桐花滋長杜闕賜
莫然平手把我念普心念[illegible]
孤巖雲心念普舍仁空般錄至今守義有先先若木得
杜門想想祁欲飯然禮此堂
祠獄雪一山巖嚴前朝色古[illegible]
惟獻誇漂一山巖嚴前朝色古尨杉松晉日光涼古傷今
逆膽雲心念普舍仁空般錄[illegible]

先亭遺墟有感　**선조의 정자 옛터에 느낀 바가 있어서**
선정유허유감

獨守亭次韻　**독수정 차운**
독수정차운

山陰洞府郡南開　산음 동부[1] 군 남쪽에 열려
산음동부군남개

十世靑氈此一臺　십대의 청전[2]이 누대라네
십세청전차일대

水護空巖龍自老　물이 빈 바위 감싸니 용이 스스로 늙고
수호공암용자로

境連近寺鳳猶來　경계가 가까운 절에 이어져 봉황이
경연근사봉유래　　오히려 오는구나

煙霞古巷多喬木　안개 노을 옛마을에 교목이 많고
연하고항다교목

風雨遺墟半綠苔　비바람 몰아친 유허엔 푸른 이끼
풍우유허반록태　　절반이네

荒徑轉深敗甎在　황폐한 길 점점 깊어 깨진 벽돌뿐이니
황경전심패전재

只今悽愴意難裁　지금껏 슬픈 마음 가눌 길 없어라
지금처창의난재

后孫 權 中樞　후손 권 지음
후손 권 중추

獨守芳名百世長　독수정 아름다운 이름 백세토록 길어
독수방명백세장

爲詢興廢事蒼蒼　흥폐 물으니 창창한 일이로세
위순흥폐사창창

薇香盈掬何時採　한 줌 고사리 향 언제 캤는가
미향영국하시채

麥穗傷心暮雨凉　마음 아프게 하는 보리 이삭 저문
맥수상심모우량　　비에 처량하다

尙有溪山依舊態　시내와 산 옛 모습 그대로인데
상유계산의구태

更看塗艧耀新光　칠한 단청 바라보니 새빛이 빛나네
갱간도확요신광

客來杜宇聲中立　손님이 두견새 소리 속에 섰는데
객래두우성중립

野草迷離月滿堂　들풀 아득하고 달빛 정자에 가득하네
야초미리월만당

校理 金東洙　교리 김동수
교리 김동수

採薇歌関意旋長
채 미 가 결 의 선 장
채미가[3] 마치자 마음 더욱 유장해

哭向空山萬木蒼
곡 향 공 산 만 목 창
빈 산에 곡하니 나무들 푸르네

洞鎖桃花春閒寂
동 쇄 도 화 춘 격 적
마을이 복사꽃 가리니 봄이 적막하고

門連草色雨蕭凉
문 연 초 색 우 소 량
문이 풀빛에 이어져 비가 처량하도다

幾多飜覆浮雲影
기 다 번 복 부 운 영
뜬 구름 그림자에 얼마나 많이 번복[4]했는가

一倍凄寒逝水光
일 배 처 한 서 수 광
흘러가는 물빛 갑절이나 차갑네

指點于今芻牧在
지 점 우 금 추 목 재
지금까지도 목동들이 가리키니

前溪歲月舊時堂
전 계 세 월 구 시 당
앞 시내의 세월이 옛 정자라네

烏川 鄭雲五 오천 정운오
오 천 정 운 오

柏軒家中獨守長
백 헌 가 중 독 수 장
백헌의 집안에 독수정 오래되었으니

山陰山水鬱蒼蒼
산 음 산 수 울 창 창
산음의 자연 울창하도다

五百年前成隱逸
오 백 년 전 성 은 일
오백년 전에 은일을 이루었고

一東京裡奏伊凉
일 동 경 리 주 이 량
하나의 동경에서 이량[5]을 연주하네

古院老梅新結子
고 원 노 매 신 결 자
옛정원의 늙은 매화 새로이 열매 맺고

中天迷月復圓光
중 천 미 월 부 원 광
중천의 희미한 달 다시 환해지네

如今若得先生筆
여 금 약 득 선 생 필
지금 선생의 붓 얻는다면

揭號宜書忠孝堂
게 호 의 서 충 효 당
마땅히 충효당이라 쓰리라

光山 金箕疇 광산 김기주
광 산 김 기 주

瑞隱先生遯往長 　서은 선생 은둔한 지 이미 오래니
서 은 선 생 둔 왕 장

貞忱堅白質天蒼 　곧은 충정 굳은 절개 하늘이 내셨네
정 침 견 백 질 천 창

唐堯舊物山存獨 　당요의 옛 물건 산 홀로 남았고
당 요 구 물 산 존 독

晉士新乘露滴凉 　진나라 선비의 새 수레 이슬이
진 사 신 승 로 적 량 　차갑게 적시네

怪鳥如言千古事 　괴조는 천고의 일을 말하는 듯 하고
괴 조 여 언 천 고 사

層欄可賞四時光 　층란은 사시의 풍광 감상할 만하네
층 란 가 상 사 시 광

滿庭花樹餘蔭裡 　뜰에 가득한 꽃 나무 남은 음덕 속에
만 정 화 수 여 음 리

爲賀君家繼肯堂 　그대의 집안 선대의 업 완성을 축하하네
위 하 군 가 계 긍 당

錦山 吳升圭 금산 오승규
금 산 오 승 규

酒氣晩添意更長 　술기운 오르니 마음 더욱 유장한데
주 기 만 첨 의 갱 장

溪南山色尙蒼蒼 　시내 남쪽 산빛은 지금도 창창하네
계 남 산 색 상 창 창

何年避世林園邃 　어느 해 동산 깊은 곳으로 은둔하셨나
하 년 피 세 임 원 수

今夏逃炎竹戶凉 　올 여름 대사립 서늘한 곳에서
금 하 도 염 죽 호 량 　더위를 피하네

已喜子孫傳舊業 　기쁘다 자손들 옛일 전하는 것이
이 희 자 손 전 구 업

卽看文墨耀新光 　지금 보니 문묵이 새빛을 발하네
즉 간 문 묵 요 신 광

平泉花石猶堪惜 　평천장의 꽃과 돌 오히려 아낄 만하나
평 천 화 석 유 감 석

況復君家有此堂 　더구나 그대 집안엔 이 정자 있다네[6]
황 부 군 가 유 차 당

進士 鄭公源 진사 정공원
진 사 정 공 원

彼黍離離懷緒長　저 기장 우거져 회포 유장한데
피 서 리 리 회 서 장

寤言歌此號蒼蒼　깨어나 맥수가[7]노래하며 하늘을 부르네
오 언 가 차 호 창 창

那年風雨遰漂落　어느 해 비바람에 멀리 떠내려 왔는고
나 년 풍 우 하 표 락

多是溪岑獨踽凉　많은 세월 시내와 산에서 홀로 외로웠네
다 시 계 잠 독 우 량

繞砌黃花留日跡　섬돌 두른 국화엔 해의 자취 남아있고
요 체 황 화 류 일 적

滿庭翠盖自春光　온 뜰의 푸른 일산[잎] 봄빛이 완연하네
만 정 취 개 자 춘 광

山陰小墅菟裘在　산음의 작은 별장에 은거한 곳 있으니
산 음 소 서 토 구 재

百世賢仍護一堂　백세토록 후손이 이 정자를 지키리
백 세 현 잉 호 일 당

文化 柳堉　문화 유육
문 화 유 육

憶昔杜門感淚長　옛날에 문닫은 일 생각하면 눈물이 흐르니
억 석 두 문 감 루 장

南歸萬事付穹蒼　호남으로 돌아와 모든 일 하늘에 맡겼지
남 귀 만 사 부 궁 창

先天浩劫滄桑變　선천의 호겁[8]은 창상이 변하고
선 천 호 겁 창 상 변

此地淸風水竹凉　이 땅의 맑은 바람은 수죽[9]이 서늘하네
차 지 청 풍 수 죽 량

野老猶能談古蹟　들 늙은이는 지금도 고적을 이야기하고
야 로 유 능 담 고 적

騷人難得睹餘光　시인들은 남은 빛을 보기가 어렵네
소 인 난 득 도 여 광

千秋不朽氷霜節　천추에 썩지 않을 얼음 서리같은 절개
천 추 불 후 빙 상 절

心石曾年筆揭堂　심석이 예전에 당에 써서 걸었네
심 석 증 년 필 게 당

蔚山 金憲奎 承旨　울산 김헌규 승지
울 산 김 헌 규 승 지

亭與山高水又長	정자와 산은 높고 물은 또 긴데	山深亭古澗流長	산 깊고 정자 오래되고 시냇물은 길어
정 여 산 고 수 우 장		산 심 정 고 간 류 장	
半千往蹟空蒼蒼	반천년 지난 자취 공연히 창창하네	獨守令名問彼蒼	독수정 아름다운 이름 하늘에 묻네
반 천 왕 적 공 창 창		독 수 영 명 문 피 창	
不換三公君世業	삼공을 바꾸지 않을 그대의 세업이요	魯士遠蹤東海蹈	노중련의 원대한 자취 동해를 밟고[11]
불 환 삼 공 군 세 업		노 사 원 종 동 해 도	
勿言五月我心凉	오월 말할 것 없이 내마음 서늘하네	陶翁高節北牕凉	도연명의 높은 절개 북창이 서늘하네[12]
물 언 오 월 아 심 량		도 옹 고 절 북 창 량	
亭樹參天漏月色	하늘 닿을 듯한 뜰 나무에 달빛 새어들고	堪憐松柏曾交影	어여쁜 솔과 잣나무 그림자 얽혀있고
정 수 참 천 루 월 색		감 련 송 백 증 교 영	
郊禾盈畝動秋光	이랑에 가득한 들의 벼엔 가을 빛 일렁이네	不用丹靑自有光	단청 쓰지 않아도 저절로 빛이 나네
교 화 영 무 동 추 광		불 용 단 청 자 유 광	
停盃悵聞鵑聲咽	목메어 우는 두견새 소리 잔 놓고 슬프게 듣노니	今日增修多感舊	증수한 오늘 감회 많으니
정 배 창 문 견 성 열		금 일 증 수 다 감 구	
此地何如杜草堂	이곳이 두초당[10]과 어떠한고	炳然千秋義堂堂	당당한 절의 천추에 빛나리
차 지 하 여 두 초 당		병 연 천 추 의 당 당	

忠州 朴源佑 충주 박원우
충 주 박 원 우

善山 金秉圭 進士 선산 김병규 진사
선 산 김 병 규 진 사

獨守亭高積恨長
독 수 정 고 적 한 장
독수정 높고 쌓인 한 길어

孤忠不滅亘窮蒼
고 충 불 멸 긍 궁 창
불멸할 외로운 충정 하늘에 닿았네

四面皆山松韻滴
사 면 개 산 송 운 적
사방이 모두 산이라 소나무 운치 젖어들고

一方如水竹陰凉
일 방 여 수 죽 음 량
한쪽은 물 같아 대 그늘 서늘하네

取號元非司馬樂
취 호 원 비 사 마 락
호를 취한 건 사마의 즐거움 아니요

隱居跡伴董生光
은 거 적 반 동 생 광
은거한 자취는 동생[13]의 영광과 같네

眼前草木多精彩
안 전 초 목 다 정 채
눈앞의 초목 광채가 많으니

不墜家聲是肯堂
불 추 가 성 시 긍 당
세업 이루어 가문의 명성 실추하지 않았네

恩津 宋祖憲 은진 송조헌
은 진 송 조 헌

把酒登亭感更長
파 주 등 정 감 갱 장
술 가지고 정자에 오르니 감회 더욱 유장해

先生往蹟轉蒼蒼
선 생 왕 적 전 창 창
선생의 지난 자취 더욱 창창하네

擬看孤節庭松翠
의 간 고 절 정 송 취
외로운 절개 보려니 뜰 소나무 푸르고

更挹淸風澗竹凉
갱 읍 청 풍 간 죽 량
맑은 바람 감도니 시냇가 대나무 서늘하네

禽鳥那知前國事
금 조 나 지 전 국 사
새들이 어찌 이전 국사를 알리오

峯巒自在舊時光
봉 만 자 재 구 시 광
산봉우리는 옛 빛 그대로네

歷年五百人何處
역 년 오 백 인 하 처
오백년 지났는데 사람은 어디 있는고

獨守惟存此一堂
독 수 유 존 차 일 당
독수정 정자만이 남았구려

蔚山 金琦煥 울산 김기환
울 산 김 기 환

寒心地久且天長 / 한 심 지 구 차 천 장 — 굳은 지조 땅과 하늘처럼 영원한데
漢水滔滔漢嶽蒼 / 한 수 도 도 한 악 창 — 한강물 도도하고 남산은 푸르도다
一部春秋空寂寞 / 일 부 춘 추 공 적 막 — 한 권 춘추는 공연히 적막하고
列朝文物鞠荒凉 / 열 조 문 물 국 황 량 — 열성조의 문물은 모두 황량하도다
殘夢歸西咽鵑泣 / 잔 몽 귀 서 열 견 읍 — 서쪽으로 돌아가는 쇠잔한 꿈 두견새 울음에 목메고
孤忠向北射龍光 / 고 충 향 북 사 용 광 — 북쪽을 향한 외로운 충정 용의 빛 쏘도다[14]
獨守家庭先訓在 / 독 수 가 정 선 훈 재 — 홀로 지킨 가정에 선훈이 남아
後嗣鞅掌構斯堂 / 후 사 앙 장 구 사 당 — 후손들 부지런히 이 정자 중수했네

恩津 宋珏憲 은진 송각헌
은 진 송 각 헌

翼然亭子記年長 / 익 연 정 자 기 년 장 — 우뚝한 정자 몇 해나 되었나
石砌苔痕老復蒼 / 석 체 태 흔 로 부 창 — 섬돌의 이끼 자국 말랐다간 푸르네
獨守幽忠多寂寞 / 독 수 유 충 다 적 막 — 홀로 지킨 충정 적막하고
孤臣詞賦讀凄凉 / 고 신 사 부 독 처 량 — 외로운 신하의 글 읽으니 처량해
一山薇蕨前朝色 / 일 산 미 궐 전 조 색 — 온 산의 고사리 이전 왕조의 색이요
舊墓杉松昔日光 / 구 묘 삼 송 석 일 광 — 옛 묘소의 소나무 전날의 빛이로다
懷古傷今惟有淚 / 회 고 상 금 유 유 루 — 옛일을 생각하고 오늘을 슬퍼함에 눈물이 나니
後人能不愧斯堂 / 후 인 능 불 괴 사 당 — 후인들은 이 집에 부끄럽지 않기를

完山 李光秀 완산 이광수
완 산 이 광 수

遙瞻松岳我懷長
요 첨 송 악 아 회 장

멀리 송악을 바라보니 내 마음 유장한데

一脈王春萬古蒼
일 맥 왕 춘 만 고 창

한 줄기 봄기운 만고에 푸르도다

滄海三桑雲氣暮
창 해 삼 상 운 기 모

창해의 삼상[15]엔 구름 기운 저물고

山陰孤棹雪心凉
산 음 고 도 설 심 량

산음의 외로운 배 깨끗한 마음 서늘하네

念昔居仁宜後祿
염 석 거 인 의 후 록

예전에 인에 거했으니 후손의 복록
마땅하고

至今守義有先光
지 금 수 의 유 선 광

지금까지 의를 지켜 선조의 영광
간직했네

若人未得杜門想
약 인 미 득 두 문 상

두문불출 아무나 못할 것이니

那欲輕然踵此堂
나 욕 경 연 종 차 당

어찌 경솔히 이 정자에 오를까

長澤 高漢柱　장택 고한주
장 택 고 한 주

1) 동부(洞府) : 본래는 신선이 산다는 선경(仙境)을 가리킨 말인데, 전하여 여기서는 산촌의 풍광을 선경에 빗대서 한 말이다.

2) 청전(靑氈) : 청전구물(靑氈舊物)의 준말로, 으뜸가는 선조(先祖)의 유물(遺物)이라는 뜻이다. 진(晉)나라 왕헌지(王獻之)의 집에 좀도둑이 들었을 때, 다른 물건을 훔칠 때에는 모르는 체하고 누워 있다가, 탑상(榻牀)에 올라 손을 대려 하자, "그 청전(靑氈)은 우리 집안의 구물(舊物)이니 그냥 놔둘 수 없겠는가."라고 말하여, 도둑을 깜짝 놀라게 했다는 고사에서 나온 것이다. 《晉書 卷80 王獻之列傳》

3) 채미가(採薇歌) : 주 무왕이 은나라를 멸망시키자, 백이(伯夷), 숙제(叔齊)가 주나라 곡식을 먹을 수 없다 하여 수양산(首陽山)에 들어가서 고사리를 캐 먹다가 죽음에 임박하여 노래를 지어 부르기를, "저 서산에 올라가서 고사리를 캐도다. 폭력으로 폭력과 바꾸면서 자기의 그릇됨을 모르도다. 신농과 우순과 하우가 이제는 없으니 나는 어디로 돌아갈거나[登彼西山兮 採其薇矣 以暴易暴兮 不知其非矣 神農虞夏忽焉沒兮 我安適歸矣]." 한 것을 말한다.

4) 두보(杜甫)의 빈교행(貧交行)에, "손 뒤집으면 구름이요 손 엎으면 비로다. 경박한 작태 분분함을 어찌 셀 거나 있으랴.[翻手作雲覆手雨 紛紛輕薄何須數]"라고 한 데서 온 말로, 즉 세인(世人)들의 교의(交誼)가 변화무쌍함을 비유한 것이다.

5) 이량(伊凉) : 이주(伊州)와 양주(凉州)의 두 악곡(樂曲). 《악원(樂苑)》에 "이주는 상(商)에 해당한 곡조요 양주는 궁(宮)에 해당한 곡조이다."고 하였다.

6) 평천장(平泉莊)의 …… 있다네 : 당(唐)나라의 정승 이덕유(李德裕)가 세운 평천장(平泉莊)의 기화요초(琪花瑤草)와 기암괴석(奇岩怪石)이 좋기는 하나, 독수정보다는 못하다는 뜻이다.

7) 맥수가(麥秀歌) : 은(殷) 나라가 망한 뒤, 기자(箕子)가 주(周) 나라에 조회 가는 길에 은 나라의 옛터를 지나다 보니, 궁실이 다 허물어진 폐허에 벼와 기장 등의 곡식이 무성하게 자라고 있으므로, 기자가 이것을 보고 매우 상심한 나머지, 맥수가(麥秀歌)를 지어 노래했던 데서 온 말로, 전하여 고국(故國)의 멸망을 통한(痛恨)하는 뜻으로 쓰인다. 그 맥수가에 "보리가 패서 까끄라기가 나옴이여, 벼와 기장이 무성하도다. 저 교활한 아이는, 나를 좋아하지 않았도다.[麥秀漸漸兮 禾黍油油兮 彼狡童兮 不與我好兮]"라고 하였다.

8) 호겁(浩劫) : 불교에서 말하는 인간의 큰 재화(災禍).

9) 수죽(水竹) : 물가에 대나무가 있는 한적한 곳을 말하는데, 두보(杜甫)의 봉수엄공기제야정지작(奉酬嚴公寄題野亭之作) 시에, "습유가 일찍이 두어 줄의 서신 아뢰었거니, 게으른 성질이 본래 수죽 곁에만 살 뿐이라오.[拾遺曾奏數行書 懶性從來水竹居]"라고 한 데서 온 말이다.

10) 두초당(杜草堂) : 당(唐)나라의 대시인 두보(杜甫)가 거처하던 초당(草堂)을 가리키는 것으로, 두보의 〈조추고열퇴안상잉(早秋苦熱堆案相仍)〉 시에, "매번 밤마다 전갈로도 충분히 시름겨운데, 가을이 온 뒤에도 매미까지 기승이네.[每愁夜中自足蝎 況乃秋後轉多蠅]" 하였다.

11) 노중련의 …… 밟았고 : 전국 시대 때 제(齊) 나라의 고사(高士) 노중련(魯仲連)이, 진(秦) 나라에서 황제를 자처하는 꼴을 보기보다는 차라리 동해에 빠져 죽겠다.[蹈東海而死]고 말한 고사가 있다. 《史記 卷83》

12) 도연명의 …… 서늘하네 : 도연명(陶淵明)이 전원 생활을 즐기면서 "여름철 한가로이 북창가에 잠들어 누웠다가 삽상한 바람이 불어 와 잠을 깨고 나면 문득 태고적의 사람인 것처럼 느껴지곤 한다.[夏月虛閑 高臥北窓之下 淸風颯至 自謂羲皇上人]"고 하였다. 《晉書 隱逸傳 陶潛》

13) 동생(董生) : 당(唐) 나라 때의 은사(隱士)인 동소(董召)를 이름. 동소의 집이 매우 가난하였으므로, 개도 새끼를 먹일 것이 없어 어미가 먹이를 구하러 나간 사이에 닭이 와서 벌레를 쪼아가지고 개 새끼를 먹이려 하였으나, 개 새끼는 먹지 않고 슬피 울기만 했다는 고사가 있다. 《韓昌黎集 董生行》

14) 용의 빛 쏘도다 : 진(晉)나라 무제(武帝) 때의 문장가로 천문(天文), 방기(方技) 등의 글에도 정통했던 장화(張華)가 일찍이 북두와 견우 사이에 자기(紫氣)가 뻗치는 것을 보고, 뇌환(雷煥)을 그 서기(瑞氣)의 출처인 예장(豫章)의 풍성현(豊城縣)으로 보내 풍성현의 옛 옥사(獄舍) 터를 발굴해서 용천(龍泉)과 태아(太阿)의 두 명검(名劍)을 얻었던 고사가 있다. 《晉書 卷36 張華列傳》 왕발(王勃)의 〈등왕각서(滕王閣序)〉에 "물건의 정화는 천연의 보배이니 용천검의 광채가 북두와 견우의 자리를 쏘아 비추고[物華天寶 龍光射牛斗之墟]"라고 하였다.

15) 삼상(三桑) : 전설 속의 세 그루 뽕나무를 이름. 가지가 없고 길이가 백인(百仞)이라고 함. 《山海經·海外北經》《北山經》, 《大荒北經》

忠壯祠

충장사

忠壯祠

忠壯祠

충장사는 임진왜란壬辰倭亂 때 의병義兵을 일으켜 국난을 극복한 의병장義兵將 충장공忠壯公 김덕령金德齡 장군(1568~1596)의 사우祠宇 및 묘역墓域이다. 김덕령 장군은 조선朝鮮 선조宣祖 원년(1568)에 광주광역시 북구 충효동(충효리忠孝里, 옛 이름 석저촌石底村)에서 김붕섭金鵬變의 둘째 아들로 태어났다. 자라면서 당대 석학 우계牛溪 성혼成渾 선생에게 수학하였다. 선조 25년(1592) 임진왜란이 일어나자 담양潭陽 지방에서 의병 5000명을 모집하여 출정하였다. 이에 당시 전주(全州)에 내려와 있던 광해군光海君으로부터 익호장군翼虎將軍의 군호軍號를 받았다. 선조 28년(1595) 고성固城지방에 상륙하려는 왜군을 격퇴하여 선조로부터 충용군忠勇軍이란 군호軍號를 받았다. 이후 장문포에서 충무공忠武公 이순신李舜臣과 수륙 연합전에 참가한 것을 비롯하여 진해鎭海, 고성固城지방을 방어하였다. 또한 의병장 곽재우郭再祐장군과 여러 차례에 걸쳐 왜군을 무찌르니 장군의 위명威名은 날로 높아갔다. 선조 29년(1596) 이몽학李夢鶴의 반란을 토벌하였으나 그와 내통한 충청도 순찰사의 무고로 투옥되어 옥사하였다.

현종 2년(1668) 장군의 억울함이 신원되어 복구되었다. 그리고 현종 9년(1668)에는 병조참의兵曹參議에 숙종肅宗 6년(1680)에는 병조판서兵曹判書에, 정조正祖 13년

(1789)에는 의정부議政府 좌찬성左贊成에 추
증되었다. 정조 12년(1788)에는 장군의 드
높은 충효忠孝를 기리고자 사당祠堂을 건립
하여 배향하는 한편 충장공忠壯公의 시호諡號
를 내렸다. 그리고 장군이 태어난 마을 석저
촌을 충효리로 바꾸도록 하고, 표리비를 내
려 이를 널리 알리도록 하였다. 본 사우와 묘
역은 1975년 2월 정비되었다.

김덕령 장군의 묘소가 안장되어 있는 충장사 전경, 무등산자락의 명당자리에 모셔 있다.

광산김씨와 충효리(석저촌)

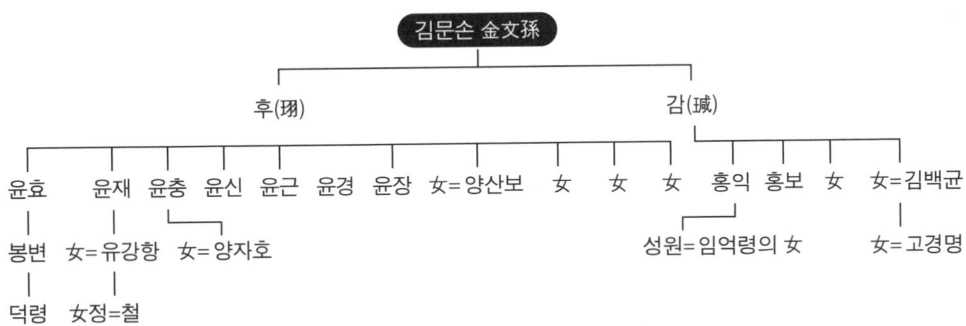

광산김씨는 조선조 초기 성밖인 광주 광역시 서구 금호동 지역에서 살다가 1470년(성종 1) 무렵에 광주 노씨 처가 마을인 석저촌(지금의 충효리)으로 옮겨 왔다. 이때 여기에 이주한 주요 인물이 김문손이다. 그의 아들 김후는 진사 시험에 합격하여 호조좌랑, 현감을 역임하였고, 11남매나 되는 많은 자녀를 두었다. 11남매 가운데 둘째인 김윤제는 문과 급제 후 나주목사를 지냈으며 소쇄원 맞은편에 있는 환벽당의 주인인데 나이가 비슷한 양산보와 김윤제는 각별한 처남 매부지간이었다. 양산보는 김후의 장녀인 광산김씨와 결혼하였으며 김후의 셋째아들인 김윤충은 양산보의 서자인 양자호를 사위로 두었다. 또 김윤제의 딸을 정철의 장인된 유강항에게 시집보냈다. 둘째 김감은 2남 2녀를 두었는데 큰아들 홍익은 김성원을 낳고, 성원은 임억령의 딸과 결혼했으며, 둘째딸은 김백균과 결혼하여 딸을 낳고 이 딸이 고경명과 결혼하였다. 이처럼 얽히고 설킨 가족관계가 이루어지면서 지역 토후가 형성된다. 충장공 김덕령 장군은 김후의 증손자이다.

해남 녹우당 전경

녹우당

綠雨堂

　　고산孤山 윤선도尹善道, 1587~1671의 유적지를 돌아보기 위해서는 우선 해남의 녹우당과 완도의 보길도를 찾아야 한다. 해남 녹우당을 둘러보고 완도 보길도로 가서 세연정을 구경하고 돌아볼 수도 있지만, 1박 2일 코스로 윤선도의 삶의 흔적을 더듬어 볼 수 있는 좋은 기회를 만들 수 있다. 남도 여행에서 빼놓을 수 없는 것이 녹우당과 세연정 코스일지도 모른다. 물론 시간의 여유가 있다면 주위의 명소로 알려진 다산 초당도 함께 들려보면 알뜰한 여행이 될 수 있을 것이다. 고산 윤선도에 대하여 자세한 설명을 드리자면 오히려 매력이 떨어지고 스스로 공부해서 지금까지의 알고 있는 실력을 대비해서 구경하며 즐겨도 충분하리라고 본다. 다행스럽게도 고산 유적에 대하여 해남군과 해남 윤씨 집안에서 유산 보존과 관람객을 위해서 많은 역사적 고증의 볼거리를 만들어 놓았으니, 각 전시관을 돌면서 충분히 역사 공부를 할 수 있다.

고산 윤선도의 연보(年譜)

- 1587년 6월 22일 한성부 동부 연화방漢城府 東部 蓮花坊에서 태어남

- 6세 학문學文 시작

- 8세 큰집으로 양자 감(한성부 남부 명례방종현 소재)

- 26세 진사시進士試에 1등으로 합격함

- 30세 12월 집권파執權派 전권란정專權亂政을 상소丙辰上疏하다

- 31세 1월 함경도 경원咸鏡道 慶源으로 귀양

- 37세 인조반정仁祖反正으로 귀양에서 풀림

- 42세 봄 별시문과別試文科의 초시初試에 장원급제

- 42세 3월 봉림대군鳳林大君과 인평대군麟坪大君의 사부가 됨

- 50세 12월 병자호란丙子胡亂이 일어남

- 51세 보길도에 들어감

- 52세 6월 경상도 영덕慶尙道 盈德으로 귀양감

- 53세 2월 귀양 풀림

- 56세 해남 금쇄동海南 金鎖洞에서 산중신곡山中新曲 19수 지음

- 65세 완도 보길도 부용동甫吉島 芙蓉洞에서 어부사시사漁父四時詞 40수 지음

- 66세 18월 예조참의禮曹參議

- 74세 함경도 삼수咸鏡道 三水로 귀양감

- 81세 귀양 풀림

- 85세 1671년 6월 11일 보길도 부용동 낙서재甫吉島 芙蓉洞 樂書齋에서 85세로 세상을 뜨고
  이 해 9월 22일 해남군 현산면 문소동 금쇄산성하海南郡 縣山面 聞簫洞 金鎖山城下에 묻힘

- 1675년 숙종肅宗1 2월 이조판서吏曹判書에 증직贈職되고

- 1679년 숙종肅宗5 8월 충헌忠憲의 시호諡號가 내려짐

고산 윤선도 유적지를 찾아오시려면

600년을 이어온 남도의 종가 해남 윤씨가
명문가(名文家)의 시작

녹우당을 이어온 이 집안은 600년 이상을 이어온 해남 윤씨가이다. 한 터에서 이처럼 600년 이상 가문을 유지해 온 점은 세계에 자랑할 전통이다. 시조 윤존부^{尹存富}는 고려 문종 (1046~1083) 때의 인물이고, 그 후손인 녹우당 가문은 12대 효정^{孝貞}에 이르러 강진을 떠나 해남에 터를 잡고 가문 부흥의 기초를 다진 이후 지금에 이른다.

해남에 정착하다.

해남윤씨의 득관조^{得官祖}로 알려진 윤효정은 해남 정씨 귀영의 딸과 혼인을 하였고, 이 혼인으로 강진의 덕정동에서 생활하다가 그곳을 떠나 해남 백련동 연동마을로 옮겨 왔다. 해남으로 터전을 옮긴 윤효정은 점필재를 도와 해남 지역을 학문과 예의 고장으로 이끄는 데에 크게 기여하였다. 최부는 《동국통감》과 《동국여지승람》 편찬에 참여하였고, 《표해록》을 저술한 인물로서 그를 통하여 윤효정의 집안이 영남 사림파에 연결되었다.

윤효정 이후로 윤구·윤복·윤홍중·윤의중·윤유기·윤선도에 이르기까지 모두 과거에 급제하여 중앙정계에 진출하면서 해남 윤씨가는 명문가로서의 기틀을 마련하였다.

옥문을 세 번 열다. 삼개옥문(三開獄門 : 윤효정)

흉년이 들어 백성들이 세금을 내지 못해 옥에 갇히는 경우가 많다는 소식을 들은 윤효정은 관아에 찾아가 백성들의 세금을 대신 내어주고 풀어주는 일을 세 번이나 했다. 이 일로

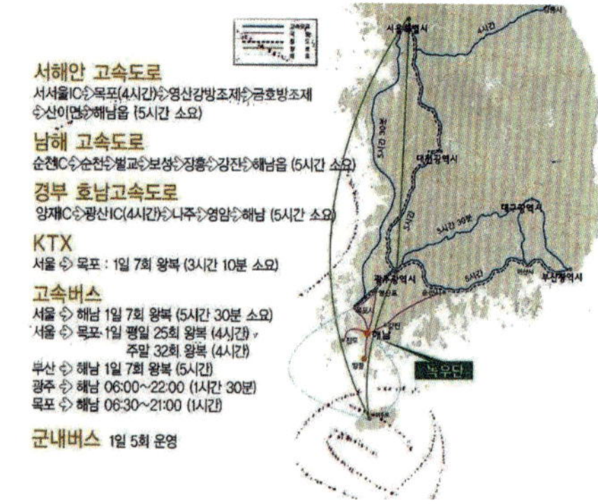

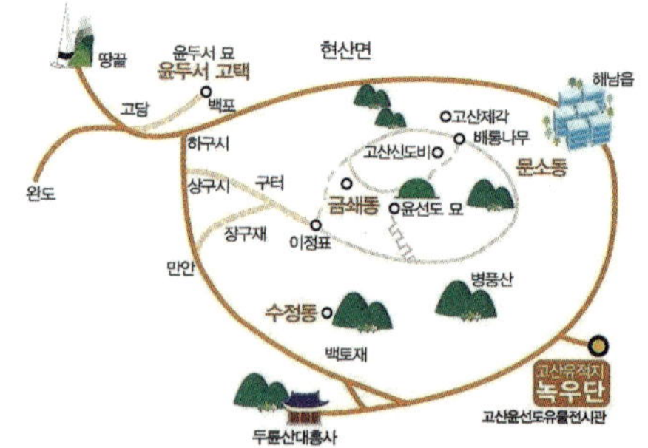

인하여 해남윤씨가는 '삼개옥문 적선지가三開獄門 積善之家'라는 칭호를 얻게 되었다.

녹우당을 구경하기 위해서 해남군 녹우당 길을 따라서 주차장에 내리면 제일 먼저 백련지와 소나무 숲을 볼 수 있다. 물론 그 당시에는 녹우당이 배산이 되어 있고 득수가 되지 않았기 때문에 배산 득수의 풍수설에 따라서 녹우당 앞에 큰 연못을 파고 백련을 심었는지도 모른다. 이 연못에서 흰 연꽃이 피어서 이 마을의 이름을 백련동이라고 불렀다고 한다. 연지는 연못을 파고 나온 흙으로 동산을 마음 심心형태로 조성하였다고 한다. 이것은 성리학적 이상향을 추구하고자 했던 어초은의 세계관을 엿볼 수 있다. 소나무가 심어져 있는 연지 가운데 섬에 처음에는 정자가 있었다고 전해오고 있다.

백련지와 소나무 숲

明申齋

명월정(明月亭)

 명월정은 원래 정자는 아닌 듯하다. 그러나 주위의 풍경과 어울리는 정자인 것이다. 더욱이 명월이라는 현판이 주위의 분위기와 함께 훨씬 짜임새 있게 어울린다. 지나가는 길손의 지친 발걸음을 잠깐 쉬어가게 하는 데 적격의 정자였다.

고산윤선도유물전시관
GOSAN YUNSEONDO ARTIFACT MUSEUM

　현재의 유물전시관은 새롭게 단장한 지 얼마 되지 않았으며, 녹우당으로 올라가는 길을 그대로 따라서 올라가다 보면 오른쪽에 옛날에 고산의 유물을 전시하여 놓았던 고산 유물관을 볼 수 있다. 이곳이 현재 유물관이 지어지기 전까지 모든 작품을 소장하고 있었던 것 같다. 옛날의 유물전시관이 유물과 유적을 보관하기에는 여러 가지 문제점이 있었는데 새롭게 유물전시관을 열 수 있었다고 하니 참으로 다행스러운 일이다.

　녹우당 바로 앞에는 400~500년 된 은행나무가 옛 역사의 흔적을 다 품고서 장엄하게 서 있다. 때론 녹우당의 푸를綠과 비雨가 은행나무에 떨어지는 빗방울이 아니었겠나 하는 사람들도 있겠으나 꼭 그렇지는 않은 것 같다.

　녹우당에 이르는 길에 가을 운치가 정연하다. 지금은 담장이 옛것과 오늘을 함께해서 만들어진 것 같다. 아마도 그 당시에는 흙과 돌로만 만들어진 흙돌담이 아니었겠는가. 언제나 오늘 우리는 수백년 전의 모습을 연상하면서 그때 그 사람으로 돌아가서 옛 흔적을 더듬어 보아야 고증하는 즐거움과 고전을 읽고 보는 재미가 있지 않을까 생각한다. 녹우당으로 들어가는 정문인 솟을 대문의 좌우로 행랑채가 'ㄱ'자형과 우측 아래쪽에 건립된 '一'자 형의 고채가 있다.

녹우당(綠雨堂)

　공재 윤두서 선생과 절친한 사이였던 옥동玉洞 이서李漵, 1662~1723의 글씨다. 녹우당의 당호가 유래된 것은 여러 이야기가 있는데 그 중 '녹우당 앞의 은행나무 잎이 바람이 불면 비처럼 떨어지기 때문'에 유래되었다는 이야기와 '집 뒤의 대나무 숲에서 부는 바람을 표현한 것'이라고도 한다.

정관(靜觀)

선비는 조용히 홀로 있을 때에도 자신의 흐트러진 내면의 세계를 살펴 고친다는 의미를 담고 있으며 원교^{員嶠} 이광사^{李匡師, 1705~1777}의 글씨다.

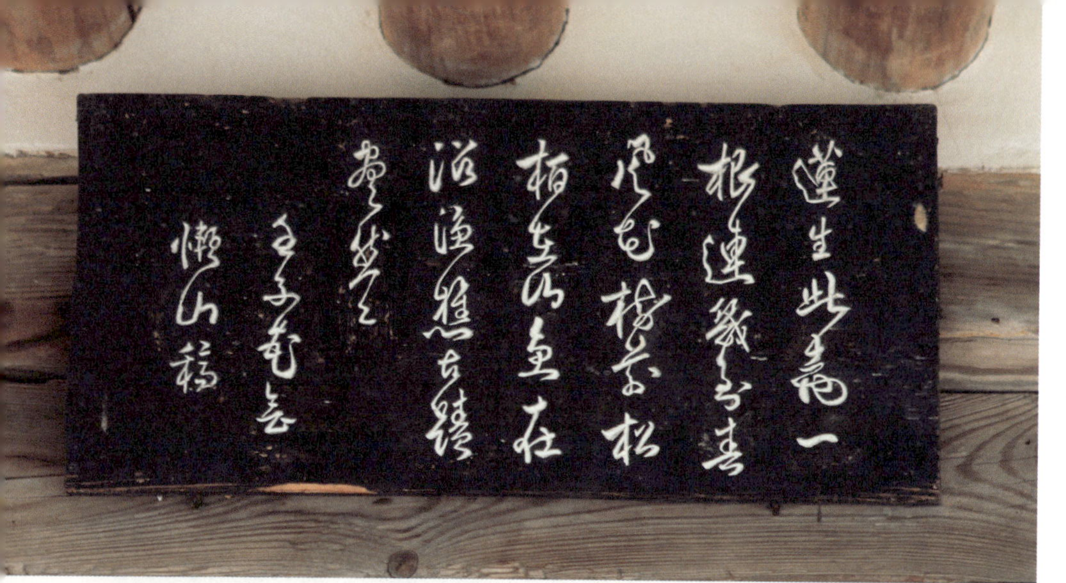

운업(芸業)

‘운'은 잡초를 가려 뽑아 숲을 무성하게 한다는 의미가 있고, ‘업'은 일이나 직업, 학문, 기예의 뜻을 지니고 있어 늘 곧고 푸르며 강직한 선비라는 의미로 해석 할 수 있어 녹우당 선대 당주들의 이상과 뜻을 담고 있다.

한시(無題)

　　졸재 윤행의 11대손인 나산(윤성호, 자는 도원)이 쓴 글로 알려지고 있으며 어초은 윤효정의 은덕을 나타내는 뜻을 담고 있다.

蓮生此地一根連
연 생 차 지 일 근 련　　연은 이 땅에서 나서 한 뿌리로 이어지는데

幾到春風花樹前
기 도 춘 풍 화 수 전　　몇 번이나 봄바람이 꽃과 나무에 불었던고

松柏在山魚在沼
송 백 재 산 어 재 소　　산에는 소나무 잣나무가 무성하며 연못에는 물고기가 놀고

漁樵古蹟盡然然
어 초 고 적 진 연 연　　어초은 옛 터전 다 그대로 끝없이 이어가리

壬子花會懶山稿
임 자 화 회 나 산 고　　임자년 화수회에서 나산 쓰다

산중신곡(山中新曲)

(1) 山水間(산수간) 바회 아래 뛰집을 짓노라 하니
그 모론 남들은 웃는다 한다마는
어리고 햐암의 뜻에는 내 분인가 하노라. 〈漫興(만흥) 一〉

(2) 보리밥 픗나물을 알마초 머근 後(후)에
바횟긋 물가에 슬카지 노니노라.
그나믄 여나믄 일이야 부롤 줄이 이시랴. 〈漫興 二〉

(3) 잔들고 혼자안자 먼 뫼흘 바라보니
그리던 님이 오다 반가옴이 이러하랴.
말삼도 우움도 아녀도 몯내 됴하 하노라. 〈漫興 三〉

(4) 누고셔 三公(삼공)도곤 낫다하더니 萬乘(만승)이 이만하랴.
이제로 헤어든 巢父(소부) 許由(허유) ㅣ 냑돗더라.
아마도 林泉閑興(임천한흥)을 비길 곳이 업세라. 〈漫興 四〉

(5) 내 셩이 게으르더니 하날히 아라실사
人間(인간) 萬事(만사)를 한 일도 아니 맛뎌
다만당 다토리 업슨 江山(강산)을 딕히라 하시도다. 〈漫興 五.〉

(6)　江山(강산)이 됴타한들 내 分(분)으로 누얻느냐.
　　님군 恩惠(은혜)를 이제 더욱 아노이다.
　　아모리 갑고쟈 하야도 해올 일이 업세라. 〈慢興 六〉

(7)　月出山(월출산)이 놉더니마는 픠운 거시 안개로다.
　　天王(천왕) 第一峰(제일봉)을 一時(일시)에 가리와다.
　　두어라 해 퍼딘 휘면 안개 아니 거드랴. 〈朝霧謠(조무요)〉

(8)　비오는데 들희 가랴 사립 닷고 쇼 머겨라
　　마히 매양이랴 잠기 연장 다스려라.
　　쉬다가 개는 날 보아 사래 긴 밧 가리라. 〈夏雨謠(하우요) 一〉

(9)　심심은 하다마는 일 업슬손 마히로다.
　　답답은 하다마는 閑暇(한가)할 손 밤이로다.
　　아해야 일즉 자다가 東(동) 트거든 닐거라. 〈夏雨謠 二〉

(10)　夕陽(석양) 넘은 후에 山氣(산기)는 됴타마는
　　黃昏(황혼) 갓가오니 物色(물색)이 어둡는다.
　　아해야 범 므셔온데 나다니지 마라라. 〈日暮謠(일모요)〉

녹우당의 푸른 록은 대나무 밭에 떨어지는 빗방울 소리가 아닌가도 생각되는데

오우가(五友歌)

내 버디 몃치나 ᄒ니 수석(水石)과 송쥭(松竹)이라
동산(東山)의 ᄃᆞᆯ 오르니 긔 더옥 반갑고야
두어라 이 다ᄉᆞᆺ 밧긔 또 더ᄒᆞ야머엇ᄒᆞ리

구룸 빗치 조타 ᄒᆞ나 검기를 ᄌᆞ로 ᄒᆞᆫ다
ᄇᆞ람 소ᄅᆡ 묽다 ᄒᆞ나 그칠 적이 하노매라
조코도 그츨 뉘 업기ᄂᆞᆫ 믈뿐인가 ᄒᆞ노라

고즌 므스 일로 픠며셔 쉬이 디고
플은 어이 ᄒᆞ야 프르ᄂᆞᆫ 듯 누르ᄂᆞ니
아마도 변티 아닐순 바회뿐인가 ᄒᆞ노라

더우면 곳 픠고 치우면 닙 디거ᄂᆞᆯ
솔아 너ᄂᆞᆫ 얻디 눈서리를 모ᄅᆞᄂᆞᆫ다
九泉(구천)의 불휘 고ᄃᆞᆫ 줄을 글로 ᄒᆞ야아노라

나모도 아닌 거시 플도 아닌 거시
곳기ᄂᆞᆫ 뉘 시기며 속은 어이 뷔연ᄂᆞᆫ다
뎌러코 四時(사시)예 프르니 그를 됴하 ᄒᆞ노라

쟈근 거시 노피 떠서 만물을 다 비취니
밤듕의 광명(光明)이 너만ᄒᆞ니 또 잇ᄂᆞᆫ냐
보고도 말 아니 ᄒᆞ니 내 벋인가 ᄒᆞ노라

녹우당 안채

녹우당 안채

　안채는 현재 고산의 14대 종손이 거처하고 있으며, 'ㄷ'자형 집에 사랑채를 덧붙인 독특한 'ㅁ'자형 구조를 이루고 있다. 건물은 서쪽으로 중앙에 3칸 대청을 두고 좌·우 아래로 방과 부엌, 창고 등을 적절히 배치하고 있다. 안채에서 특징적인 것은 안방의 아래쪽 부엌과 건너방 부엌 상부에 설치한 솟을지붕 형태의 환기용 구조물이다. 안채의 마당 가운데에는 작은 굴뚝과 함께 여러 가지 화초가 심어져 있는 화단이 만들어져 있어 안채의 좁은 공간속에서도 자연을 직접 느낄 수 있게 하고 있다.

해남 윤씨를 부흥시킨 어초은(漁樵隱) 윤효정(尹孝貞) 사당

어초은漁樵隱 윤효정尹孝貞, 1476~1543은 해남 지역의 향리층이었던 해남 정씨 귀영貴瑛과 결혼하면서 막대한 경제력을 확보하였고, 강진 덕정동에서 해남 백련동으로 터전을 옮겼다. 금남錦南 최부崔溥, 1454~1504에게 학문을 배웠고, 1501년 생원시에 합격하였으며, 이후에는 과거보다는 교육에 힘써 최부와 함께 해남 지역을 학문과 예의 고장으로 이끄는 데에 크게 기여하였다. 이후 많은 후손들이 문과에 급제하여 관직에 오르게 되었다. 첫째 아들 윤구尹衢, 1495~1549는 최산두崔山斗, 1483~1536 · 유성춘柳成春과 함께 호남 3걸로 이름이 났으며, 성균관 사성을 역임하였고, 막내아들인 윤복尹復, 1512~1577은 안동 부사 · 사헌부 치평 · 충청도 관찰사를 지냈다. 윤구의 두 아들 중 윤홍중尹弘中, 1518~1572은 예조 정랑과 영광 군수의 자리에 올랐으며, 둘째 아들 윤의중尹毅中, 1524~1592은 평안도 관찰사 · 공조 판서 · 예조 판서 · 좌참찬 등의 벼슬을 지내고, 1559년에는 동지사로 명나라에 다녀왔다. 윤홍중의 둘째 아들인 윤유기尹唯幾, 1554~1619는 사헌부 지평 · 사간원 헌납 · 강원도 관찰사 등의 벼슬을 거쳤다. 윤유기의 대를 이은 윤선도는 강직한 성품과 해박한 지식으로 가문을 대표하는 인물이 되었다. 훗날 효종이 되는 봉림대군의 사부師傅를 비롯하여 많은 벼슬을 거치면서 가문의 명예를 높였고, 유배와 은거생활 동안 창작한 시가문학은 오늘날 국문학사에서 가장 빛나는 위치에 있다. 윤선도의 증손자인 윤두서尹斗緖, 1668~1715는 뛰어난 그림과 글씨로 이름을 드높였으며, 박학을 추구하는 가문의 전통을 이어 실학의 선구자로서 인정받고 있다. 해남 윤씨 가문은 어초은 윤효정 이후로 해남에 뿌리를 내리고 중앙에 진출하였으며 정치 · 학문 · 예술 · 경제 등의 각 분야에서 조선 문화를 대표하는 가문이 되었다.

고산사당

　고산 사당은 영조 3년(1727)에 불천지위
不遷之位로 지정되어 모셔지고 있다. 불천지
위는 4대조를 모시고 묘로 가는 대신 영구
히 사당에서 모실 수 있게 하는 것인데, 보통
국가에서 공이 인정될 때 나라에서 허락한
신위이다. 매년 음력 6월 11일 이곳에서 고
산에 대한 기제사를 지낸다.

어초은 윤효정의 묘

어초은 윤효정의 묘

어초은 윤효정은 이곳 녹우당에 처음 터를 잡아 어초은공파의 파조派祖가 되며 해남 윤씨가 이후 번창하게 기틀을 마련한 인물이다. 묘역은 녹우당 뒤편 적송이 우거진 숲 속에 자리 잡고 있다. 특히 적선을 많이 하여 '삼개옥문 적선지가三開獄門 積善之家'라는 이름을 남겼다.

해남 윤씨의 뿌리를 찾아서

해남 윤씨의 시조는 고려 문종(1046~1083)때의 윤존부尹存富이다.

탐진(지금의 강진) 덕정동에서 살았다고 한다. 지금의 강진군 도암면 덕정동이다. 탐진에서 12대째 살아오다 어초은 윤효정이 해남 정씨의 귀영의 딸과 혼인하여 강진의 덕정동을 떠나 해남의 백련동 연동마을로 옮겨왔다. 윤효정은 학문이 대단하여 점필재 김종직의 문인이자 처사촌 동서인 금남 최부에게 학문을 배웠고 당시 해남지역의 성리학, 도학의 중심 인물이 되었다. 이러한 인연으로 인해서 윤효정은 영남 사림과의 연결고리를 형성하게 되어 그의 후광을 입어 후손들이 모두 과거에 급제하여 집안의 기틀을 잡는다. 윤효정 이후 윤구 · 윤복 · 윤홍중 · 윤의중 · 윤유기 · 윤선도에 이르기까지 모두 과거에 급제하여 해남 윤씨의 기반을 튼튼히 닦았다. 그 후 고산 윤선도의 증손자인 공재 윤두서가 나타나 식어가는 해남 윤씨의 가문을 빛낸다. 공재 윤두서는 서화, 승화에 능하시고 천문지리 금석학, 병가서에 식견이 넓었다. 조선 중엽의 유명 화가 삼재三齋인 공재, 겸재, 현재 중의 한 분으로 본인의 자화상을 비롯하여 〈동국여지지도〉, 〈일본여도〉, 〈해남윤씨가전고화첩海南尹氏家傳古畵帖〉등을 남겼으며 다산 정약용의 외증조부이다.

해남 윤씨는 윤존부→윤효정→윤선도→윤두서의 특출한 인물을 배출하면서 600년 가문을 이어오게 했다.

해남 윤씨 가문의 가훈(家訓)

근검과 적선의 삶을 가르치다. 근검적선(勤儉積善 : 윤선도)

　윤선도는 자손들에게 당부한 가훈^{기대아서}에서 한나라의 무제와 경제의 예를 들면서 근검과 적선을 가장 강조하였다. 이것이 곧 집안을 융성하게 하는 최고의 덕목임을 후손들에게 전달하면서, 본인 역시 그러한 삶을 살았다. 경기도 양주에 머물던 당시 백성들의 상소문을 대신 써주었던 일은 적선을 실천한 대표적 예의 하나다.

백성을 소중하게 생각하다. 애민(愛民 : 윤두서)

　윤두서의 생애를 쓴 행장을 보면 "마을 사람들을 시켜 합동으로 나무를 벌채하고 소금을 구워 살 길을 찾도록 했다."는 기록이 보인다. 이를 통해 윤두서는 백성을 구제할 근본적인 대안을 마련하고, 백성들이 스스로 살아갈 길을 열어주고자 했음을 알 수 있다. 어린 시절 어머니의 심부름으로 밀린 빚을 받으러 갔다가 가난한 백성들의 삶을 보고 채권을 찢어버렸다는 미담이나 추운 날에도 얇은 홑옷을 입고 침실에는 병풍을 치지 않았다는 일화는 백성을 사랑하는 마음과 근검한 삶의 모습을 잘 보여준다.

해남 윤씨가의 삶의 터전

해남 윤씨가의 시조인 윤존부로부터 12대 윤효정대까지의 거주 지역은 탐진으로 오늘날의 강진이다. 이후 윤효정이 해남 백련동에 정착하면서 그 자손들이 뿌리를 내리게 되었다. 현재 강진 덕정동에는 집터와 함께 추원당이 있으며, 한천동에는 8대 중시조 윤광전의 묘와 함께 영모당이 있다.

백련동 연동마을

전라남도 해남읍에 위치한다. 백련동은 덕음산을 뒤로하여 성매산 · 옥녀봉 · 호산이 둘러싸고 동쪽 계곡에서 시작된 개울이 마을 앞을 흘러 나가는 명당자리다.

어부사시사(漁父四時詞)

춘사(春詞)

압개예 안개 것고 뒷뫼희 히 비췬다
   비 떠라 비 떠라
밤믈 거의 디고 낟믈 미러 온다.
   至지匊국悤총 至지匊국悤총 於어思ᄉ臥와
江강村촌 온갓 고지 먼 빗치 더옥 됴타.

날이 덥도다 믈 우희 고기 떳다
   닫드러라 닫드러라
굴먹이 둘식 셋싯 오락가락 ᄒᄂ고야
   至지匊국悤총 至지匊국悤총 於어思ᄉ臥와
아희야 낙되ᄂᆫ 쥐여잇다 탁주병(濁酒瓶) 시럿ᄂ냐

동풍(東風)이 건듯 부니 물결이 고이 인다
   돋ᄃ라라 돋ᄃ라라
동호(東湖)를 도라보며 서호(西湖)로 가쟈스라
   至지匊국悤총 至지匊국悤총 於어思ᄉ臥와
두어라 압뫼히 지나가고 뒷뫼히 나아온다

우ᄂᆫ 거시 벅구기가, 프른 거시 버들숩가
   이어라 이어라
漁어村촌 두어집이 닛 속의 나락들락
   至지匊국悤총 至지匊국悤총 於어思ᄉ臥와
말가ᄒᆫ 기픈 소희 온간 고기 뛰노ᄂ다.

고은 볃티 쬐얀ᄂ듸 물결이 기름ᄀ다.
   이어라 이어라
구믈을 주어두랴 낙시를 노흘일가
   至지匊국悤총 至지匊국悤총 於어思ᄉ臥와
아희야 탁영가(濯纓歌)의 흥(興)이 나니 고기도 이즐노다

석양(夕陽)의 빗겨시니 그만ᄒ여 도라가쟈
   돋디여라 돋디여라
안류정화(岸柳汀花)ᄂᆫ 고븨고븨 싯롭고야
   至지匊국悤총 至지匊국悤총 於어思ᄉ臥와
엇더타 삼공을 불를소냐 만ᄉ를 싱각ᄒ랴

방초(芳草)를 ᄇ라보며 난지(蘭芷)도 쓰더보쟈
   빈셰여라 빈셰여라

일엽편주(一葉扁舟)에 시른 거시 무스것고
　　至지菊국悤총 至지菊국悤총 於어思ᄉ臥와
두어라 갈제는 내뿐이오 올제는 들 뿐이로다

취(醉)하야 누엇다가 여흘아릭 ᄂᆞ리거다
　　빅미여라 빅미여라
낙홍(落紅)이 흘너오니 도원(桃源)이 갓갑도다
　　至지菊국悤총 至지菊국悤총 於어思ᄉ臥와
아희야 인세홍진(人世紅塵)이 언미나 가럇ᄂᆞ니

낙시줄 거더노코 봉창(蓬窓)의 들을 보쟈
　　닫디여라 닫디여라
ᄒᆞᄆᆞ 밤들거냐 자규(子規)소릭 묽게 ᄂᆞᆫ다
　　至지菊국悤총 至지菊국悤총 於어思ᄉ臥와
두어라 남은 흥(興)이 무궁(無窮)ᄒᆞ니 갈길흘 이젓쯧다

내일(來日)이 ᄯᅩ 업스랴 봄밤이 몃덧ᄉᆞ리
　　빅브려라 ᄇᆞ브려라
낙딕로 막딕삼고 시비(柴扉)를 츠쟈보자
　　至지菊국悤총 至지菊국悤총 於어思ᄉ臥와
두어라 어부생애(漁父生涯)ᄂᆞᆫ 이렁구렁 지닉노라

하사(賀詞)

구즌비 머저 가고 시낻물이 묽아온다.
　　빅 떠라 빅 떠라
낫대를 두러메니 기픈 興흥을 禁금 못 ᄒᆞ되
　　至지菊국悤총 至지菊국悤총 於어思ᄉ臥와
烟연江강疊텹嶂쟝 뉘라서 그려 낸고

연(蓮)닙희 밥싸두고 반찬(飯饌)으란 장만마라
　　닫드러라 닫드러라
청약립(靑蒻笠)은 쎠잇노라 녹사의(綠蓑衣)를 가져오냐
　　至지菊국悤총 至지菊국悤총 於어思ᄉ臥와
무심(無心)ᄒᆞᆫ 백구(白鷗)ᄂᆞᆫ 내 좃ᄂᆞᆫ가 제 좃ᄂᆞᆫ가

마람닙희 ᄇᆞ람나니 봉창(蓬窓)이 셔늘코야
　　돋ᄃᆞ라라 돋ᄃᆞ라라
녀름버람 뎡ᄒᆞᆯ소냐 가ᄂᆞᆫ딕로 빈시겨라
　　至지菊국悤총 至지菊국悤총 於어思ᄉ臥와
아희야 북포남강(北浦南江)이 어딕아니 됴흘너니

묽결이 흐리거든 발을 싯다어더ᄒᆞ리
　　이어라 이어라

吳오江강의 가쟈ㅎ니 千천年년怒노濤도 슬플로다.
　　至지匊국恩총 至지匊국恩총 於어思ㅅ臥와
楚초江강의 가쟈ㅎ니 魚어腹복忠튱魂혼 낙글셰라.

만류녹음(萬柳綠陰) 어린그듸 일편태기(一片苔磯) 기특(奇特)ㅎ다
　　이어라 이어라
드리에 다둣거든 어인쟁도(漁人爭渡) 허물마라
　　至지匊국恩총 至지匊국恩총 於어思ㅅ臥와
가다가 학발노옹(鶴髮老翁) 맛나거든 뇌택양거효측(雷澤讓居效則)
ㅎ쟈

긴 날이 져므는 줄 흥(興)의 미쳐 모로도다
　　돋디여라 돋디여라
비대를 두두리고 수조가(水調歌)를 블너보쟈
　　至지匊국恩총 至지匊국恩총 於어思ㅅ臥와
엇더타 관내성중(款乃聲中)에 만고심(萬古心)을 긔 뉘 알고

석양(夕陽)이 됴타마는 황혼(黃昏)이 갓갑거다
　　비셰여라 비셰여라
바회 우희에 구분 길 솔 아리 빗겨 잇다
　　至지匊국恩총 至지匊국恩총 於어思ㅅ臥와
어듸셔 벽수앵성(碧樹鶯聲)이 곳곳이 들이는다

모래 우희 금을 널고 쒸밋티 누어 쉬쟈
　　비미여라 비미여라
모긔를 뮙다ㅎ야 창승(蒼蠅)이 엇더ㅎ이
　　至지匊국恩총 至지匊국恩총 於어思ㅅ臥와
진실로 담안 흔 근심(勤心)은 상대부(桑大夫) 힝혀 들을 쎄라

밤싸이 풍랑(風浪) 닐 쑬을 밀이 어이 짐작(斟酌)ㅎ리
　　닫디여라 닫디여라
야도횡주(夜渡橫舟)를 뉘라서 닐럿는고
　　至지匊국恩총 至지匊국恩총 於어思ㅅ臥와
어즙어 간변유초(澗邊幽草)는 진실(眞實)로 보기 죠홰라

와실(蝸室)을 브라보니 백운(白雲)이 둘너있다
　　비붓텨라 비붓텨라
부들부쳐 フ로쥐고 석경(石逕)으로 올라가쟈
　　至지匊국恩총 至지匊국恩총 於어思ㅅ臥와
아마도 어옹(漁翁)이 한가(閑暇)터냐 이거시 구실이라

추사(秋詞)

物물外외예 조흔 일이 漁어父부生생涯애 아니러냐
　　비 떠라 비 떠라
漁어翁옹을 욷디마라 그림마다 그렷더라.
　　至지匊국恩충 至지匊국恩충 於어思ᄉ臥와
四사時시 興흥이 ᄒᆞᆫ가지나 秋츄江강이 읃듬이라.

수국(水國)이 ᄀᆞ슬이 드니 고기마다 슬져있다
　　닫드러라 닫드러라
만경징파(萬頃澄波)의 슬ᄏᆞ지 용여(容與)ᄒᆞ쟈
　　至지匊국恩충 至지匊국恩충 於어思ᄉ臥와
인간(人間)을 도라보니 머도록 더욱 죠타

백운(白雲)이 이러나니 나무 긋치 흔덕인다
　　돋ᄃᆞ라라 돋ᄃᆞ라라
밀물에 동호(東湖)가고 혈물에 서호(西湖)가자
　　至지匊국恩충 至지匊국恩충 於어思ᄉ臥와
백빈홍료(白蘋紅蓼)는 곳마다 景이로다

기러기 떳는 밧긔 못보던 뫼 뵈는고야
　　이어라 이어라

낙시질도 ᄒᆞ려니와 취(醉)한거시 이 흥(興)이라
　　至지匊국恩충 至지匊국恩충 於어思ᄉ臥와
두어라 석양(夕陽)이 ᄇᆞ이니 천산(千山)이 금수(錦繡) l 로다

은순옥척(銀脣玉尺)이 멋치나 걸넌ᄂᆞ니
　　이어라 이어라
노화(蘆花)에 불부러 글히여 구어노코
　　至지匊국恩충 至지匊국恩충 於어思ᄉ臥와
아희야 질병을 거우러로혀 박국이에 부어다고

녑ᄇᆞ람 고이분이 들은 돗게 돌아왓다
　　돋디여라 돋디여라
暝色은 나아오되 淸興이 멀어잇다
　　至지匊국恩충 至지匊국恩충 於어思ᄉ臥와
어인지 綠樹淸江이 슬믜지도아녜라

흰 이슬 빗겨ᄂᆞᆫ듸 붉은 달 도다온다
　　비셰여라 비셰여라
봉황루(鳳凰樓) 묘연(渺然)ᄒᆞ니 청광(淸光)을 눌을 줄고
　　至지匊국恩충 至지匊국恩충 於어思ᄉ臥와
어듸셔 옥토(玉兔)의 찐ᄂᆞᆫ 약(藥)을 호객(豪客)을 먹이고쟈

건곤(乾坤)이 제금인가 이거시 어듸메오
　　비미여라 비미여라
서풍진(西風塵) 못미츠니 부체ᄒᆞ야 무엇ᄒᆞ리
　　至지菊국恩총 至지菊국恩총 於어思ᄉ臥와
두어라 드른 말이 업서시니 귀씨셔 무엇ᄒᆞ리

옷 우희 서리 오듸 치운 줄을 모를로다.
　　닫 디여라 닫 디여라
釣됴船션이 좁다ᄒᆞ나 浮부世셰와 얻더ᄒᆞ니
　　至지菊국恩총 至지菊국恩총 於어思ᄉ臥와
ᄂᆡ일도 이리ᄒᆞ고 모뢰도 이리ᄒᆞ쟈

송간석실(松間石室)의 가 효월(曉月)을 보쟈ᄒᆞ니
　　빈브려라 빈브려라
공산낙엽(空山落葉)의 길흘 엇지 아라볼고
　　至지菊국恩총 至지菊국恩총 於어思ᄉ臥와
아희야 백운(白雲)이 조츠오니 여라의(女蘿衣) 무겁고야

동사(冬詞)

구룸 거든 후의 힌빛치 두텁거다
　　빈 떠라 빈 떠라
天텬地디閉폐塞ᄉᆡ 호듸 바다흔 依의舊구ᄒᆞ다.
　　至지菊국恩총 至지菊국恩총 於어思ᄉ臥와
ᄀᆞ업슨 믉결이 깁 편듯 ᄒᆞ여 잇다
주대도 다슬이고 빗밥을 박앗ᄂᆞᆫ야
　　닫드리라 닫드리라
소상동졍(瀟湘洞庭)은 그물이 언다ᄒᆞᆫ다
　　至지菊국恩총 至지菊국恩총 於어思ᄉ臥와
암아도 잇쌔 어조(漁釣)야 이만ᄒᆞᆫ듸 잇시랴

여튼 갠 고기들히 먼 소ᄒᆡ 다 갇ᄂᆞ니
　　돈 드라라 돈 드라라
져근덛 날 됴흔 제 바탕의 나가보쟈
　　至지菊국恩총 至지菊국恩총 於어思ᄉ臥와
밋기 곧다오면 굴근 고기 믄다 ᄒᆞᆫ다.

간밤의 눈긴 후(後)에 경물(景物)이 달낫고야
　　이어라 이어라
압희ᄂᆞᆫ 만경유리(萬頃琉璃) 뒤희ᄂᆞᆫ 천첩옥산(千疊玉山)

至지菊국恩총 至지菊국恩총 於어思ᄉ臥와
이거시 선계(仙界)ㄴ가 불계(佛界)ㄴ가 인간(人間)이 아니로다

그믈낙시 니저두고 빗젼을 두드린다
  이어라 이어라
압내를 건너봇야 몃 번(番)인아 혜여본고
  至지菊국恩총 至지菊국恩총 於어思ᄉ臥와
어듸셔 무단(無端)흔 된ᄇ람이 힝여 안이 불어올까

나라가는 가마괴 몃친아 지나건이
  돈디여라 돈디여라
압낄이 어두온이 모셜(暮雪)이 즈자졌다
  至지菊국恩총 至지菊국恩총 於어思ᄉ臥와
뉘라셔 그 죠흔 아압지(鵝鴨池)에 초본고(草本苦)을 씻건이

단애취벽(丹崖翠壁)이 병풍(畵屛)ᄀ치 둘너는듸
  비셰여라 비셰여라
거구세린(巨口細鱗)을 낫그나 못낫그나
  至지菊국恩총 至지菊국恩총 於어思ᄉ臥와
아희야 고주사립(孤舟蓑笠)에 흥(興)겨워 안잣노라

붉ᄀ의 외로온 솔 혼자어이 싁싁흔고
  빈ᄆ여라 빈ᄆ여라
머흔구룸 한(恨)티마라 세상(世上)을 ᄀ리온다
  至지菊국恩총 至지菊국恩총 於어思ᄉ臥와
파랑성(波浪聲)을 염(厭)티마라 진훤(塵喧)을 막는도다

창주(滄洲)에 울이도(道)를 녜붓터 닐럿는이
  닫디여라 닫디여라
칠리양구(七里羊裘)는 그 엇더 흔이런고
  至지菊국恩총 至지菊국恩총 於어思ᄉ臥와
모름이 삼천육백(三千六百) 낙씨는 손곱을쩨 어잇턴고

어화 졈을어간다 언식(偃息)이 맛당토다
  비붓텨라 비붓텨라
ᄀ는눈 ᄲ린 길히 흥(興)침여 돌아와셔
  至지菊국恩총 至지菊국恩총 於어思ᄉ臥와
서봉(西峰)에 들 넘어가도록 죽창(竹窓)에 빗겨잇노라

금쇄동 고산 윤선도의 묘

금쇄동 고산 윤선도의 묘

당초 이 무덤 터는 윤선도와 인척 관계였던 당시 유명한 지관인 이의신이 잡아놓은 터였는데 고산이 이곳에 자신의 무덤 터를 잡게 된 사연이 있다. 이의신은 묘자리로 쓰기위해 말을 타고 매일 금쇄동을 찾았었는데 어느 날 이의신이 낮잠을 자는 틈을 타 고산이 말을 타고 가니, 그 말이 습관적으로 자신이 늘상 다니던 곳으로 갔다. 그 자리의 지세를 보니 천하 명당자리인지라 고산은 자신의 묘자리로 삼기로 하고 말뚝을 박고 묘자리를 표시한 후, 이의신에게 자신이 보아둔 묘자리가 있다며 이의신을 데려가니 이의신이 웃으면서 "자리에는 임자가 모두 따로 있는데 자신이 괜스레 헛고생을 했다"며 포기했다고 한다. 김두규 교수가 지은 《조선 풍수학인의 생애와 논쟁》이라는 글에서 고산선생 묘의 가장 두드러진 특징은 무덤까지 이어지는 산줄기(용)이다. 이 명당의 태조산이라 할 수 있는 해남군 삼산면 두륜산(대흥사 위치)이 자리한 남쪽에서 시작하여 동쪽으로 방향을 바꾸었다가 다시 북쪽으로 이어지다가 또다시 방향을 틀어 서쪽으로 돈다. 그리고 다시 한번 몸을 360도 돌려 거의 정북에 가깝게 좌향을 정하고 있다. 대개 용들은 변화를 보이기는 하지만 전체적으로 보면 일직선으로 흐르는 것이 보통이다. 그러나 이 경우 마치 달팽이 껍질이나 소라 껍질 마냥 나선형으로 뱅뱅 돌아가다가 맨 끝에서 하나의 혈을 맺는다. 이렇게 나선형으로 뱅뱅 감아 들어가는 경우를 특정으로 치며 큰 명당이 성국된다. 이 무덤의 안산과 조산에 해당되는 산들은 이 무덤에서 거꾸로 거슬러 360도를 돌아나가면 도달할 수 있다. 이러한 형국의 용을 회룡回龍 혹은 반룡盤龍, 뱀이 똬리를 틀고 있는 모습과 같은 산줄기이라 부른다. 많은 풍수지리서의 물형도(명당의 형상을 사물에 유추하여 그려놓은 명당도)에서는 이를 반사형盤蛇形, 뱀이 똬리를 틀고 있는 형국, 회룡고조혈回龍顧祖穴, 자신이 처음 출발하였던 산을 되돌아 보는 형국 혹은 반룡은산혈盤龍隱山穴, 똬리를 틀어 명당을 숨기는 형국 등으로 표현한다. 고산선생의 무덤이 자리한 혈장은 그 크기가 왕릉에 버금간다. 고산선생의 풍수지리술을 엿볼 수 있는 곳이다. (따온 글)

고산 윤선도의 묘지 답사길

　대부분의 관광객이나 뜻이 있어 찾아오는 사람들은 대개 해남의 녹우당을 찾아보는 것이 윤선도의 유적지를 둘러보았다고 한다. 물론 녹우당 주위에 윤선도 대대로 내려오는 터의 자리이기 때문에 이 자리에 고산에 대한 유적이며 유품이 많이 전시되어 있다. 그러나 고산에 대한 답사를 하였다고 하면 녹우당과 보길도의 세연정 그리고 고산이 영면하고 있는 고산의 묘가 있는 금쇄동일 것이다.

금쇄동 가는 길

428

고산 윤선도의 제각

흔히 이 세 유적지 중 녹우당과 세연정은 아주 잘 알려져 있기 때문에 찾기가 쉬우나 금쇄동을 찾는 것은 쉽지가 않다. 금쇄동의 주소는 전남 해남군 현산면 구시리 문소동이라고 쓰여져 있지만 실제 네비(길안내)를 쳐서 이 곳을 찾기는 쉽지가 않다.

목적지에 거의 도착 했을 때 표지판

고산은 금쇄동에서 세 차례에 걸쳐 약 9년 간 은거 생활을 하면서 오우가, 산중신곡 19수, 속 산중신곡 2수, 기타 5수 해서 모두 26수의 시가 詩歌와 금쇄동기라는 수필을 썼다.

　그러나 아쉬운 것은 고산이 당시 누리고 있었던 자연 환경과 고산의 유적을 찾아볼 수 없다는 것이다. 단 한 가지 확실한 것이 있다고 하면 현재 남아있는 고산의 묘소이다. 나는 풍수에 밝지 못하기 때문에 고산의 묘소가 명당인지 아닌지 알 수 없으나 풍수지리 학자들은 이 자리가 우리나라 최고의 명당이라고 한다.

고산의 묘소에서 정중한 마음으로 인사를 드리며

금쇄동에서 바라본 주위 풍경

그러나 지금 금쇄동을 찾아오는 사람들은 왜 이곳을 고산이 하늘이 내려준 명소라고 하였을까 하는 의구심을 갖게 된다. 그 연유는 고산이 금쇄동에 자리를 잡았을 때의 금쇄동의 자연 환경과 지금의 자연환경이 너무 차이가 나기 때문이다. 고산이 금쇄동을 발견하고 지은 '초득금쇄동'이라는 작품에 보면 "귀신이 다듬고 하늘이 감춰온 이곳 그 누가 알랴 선경인 줄을. 깎아 지르나니 신선굴이요, 에워 두르나니 산과 바다로다. 뛰는 토끼 나는 까마귀 산봉우리 넘나들고 올라와 보니 전날 밤의 꿈과 같음을 알겠구나. 옥황상제께서는 무슨 공으로 내게 석궤를 주시는고"라고 했으니 고산이 금쇄동의 경치에 얼마나 반했는지 짐작이 가고 그때의 금쇄동의 경치가 짐작이 간다.

　금쇄동을 찾아가는 길은 우선 해남군 현
산면 사무소에 전화하여 안내를 받으면 좋
지만, 네비에 찍으려면 해남군 현산면 구시
리 원천동 8-1번지를 꼭 찍어야 한다. 처음
찾는 사람들은 찾아오기가 힘들게 되어있다.
　광주에서 완도(해남 땅끝 가는 길) 국도
를 타고 가면 해남군 현산면이 나오고 조금
더 가면 표지판에 구시리 교차로가 나오고
완도로 가는 표지와 두륜산 도립공원이라
는 표지가 보이는데, 여기에서 두륜산 도립
공원 쪽으로 방향을 틀어서 올라가다 보면
왼쪽으로 큰 저수지를 하나 감싸고 돌면서
산고개길을 넘는다.

광주↔완도 땅끝 가는 국도 표지판

　여기에는 아무런 표지판이 없기 때문에
약 4km정도 넘어가면 길 오른쪽에 시골 교
회가 있고 100m쯤 더 내려가면 상구시리←
원천동→만안리라는 표지판이 보이는데
원천동 밑에 보면 작은 글씨로 금쇄동이라
고 쓰여 있다.

해남군 현산면 원천동 금쇄동 입구

금쇄동에 오르기 전 안내판

이 길을 따라서 계속해서 들어가면 되는데 여기에도 금쇄동의 표기가 잘 되어있지 않기 때문에 여쭈어 볼 사람이 없을 땐 여기인가 아닌가 할 수도 있다. 그래도 계속해서 들어가 금쇄동에 거의 도착하면 확실한 금쇄동 안내판이 보인다.

　　금쇄동을 찾아보고 고산의 흔적을 고산
이 즐겼던 역사의 흔적과 현장이 금쇄동 설
명판에만 있지 어느 한 곳을 찾아볼 수 없다
는 게 너무 안타까웠다. 영국 사람들은 영국
의 문호 셰익스피어를 인도와 바꾸지 않는
다. 우리 문학사의 금자탑을 이룬 윤고산의
역사 유적을 이렇게 허술하게 관리하고 있
는 사실에 더욱 안타까운 마음이 들었다.

윤 고산 묘비

　더욱이 외부에서 방문하는 관광객들이
쉽게 찾아볼 수 있도록 되어있지 않다는 것
에 대해서 문화재 관리국에게는 좀 서운함
이 앞서기도 했다. 물론 해남군에서도 잘했
으면 좋았겠지만 우리 국문학사에 큰 별이
며 세상의 어떤 문학자와 비교하여도 손색
이 없는 분인데 후학들의 연구가 너무 소홀
하지 않았나 생각하니 스스로 죄책감이 앞
섰다.

고산에 대해서 연구해 보고 싶다면서 정중히 인사드리는 손자

손자와 함께 고산의 묘 앞에서

　너무나 가보고 싶었던 곳이 금쇄동 윤선도의 묘소였다. 녹우당과 세연정을 찾아보고는
또 다른 감회가 들었다. 마침 중학교에 다니는 손자와 함께 하는 길이여서 더더욱 즐거웠다.
손자에게도 윤고산에 대한 이야기를 해주면서 어려서부터 관심을 갖고 공부하면 우리나라
에서 윤고산 연구의 대가大家가 될 수 있다고 했더니 손자 녀석도 너무 흐뭇해 했다. 손자의
손을 꼭 잡고 둘이서 고산 윤선도 선생에게 정중하게 인사 드렸다.

세 연 정

洗然亭

보길도 하면 고산 윤선도가 떠오르지 않을 수 없다. 옛날에는 보길도를 간다는 것이 쉽지가 않았다. 내가 대학 다닐 때에 보길도를 가는데 완도에서 배를 타고 노화도로 가서 노화도에서 다시 배를 타고 보길도에 가야했다. 그러나 지금은 땅끝이나 완도에서 큰 철선을 타고 바로 보길도에 갈 수 있다. 이제 노화도와 보길도는 하나의 다리로 연결되어 교통이 편리해졌다. 지금부터 몇 백 년 전 고산 윤선도가 우연인지 필연인지 몰라도 제주로 가다가 보길도의 수려함에 반해서 여기에 머무르게 되었다고 하니 어찌보면 귀양살이가 우리에게는 도움이 되었는지도 모른다.

우린 가끔 조선시대의 사색당파에 대하여 좋지 않은 시각을 가질 수 있으나 실로 우리문학(조선시대)은 유배 때문에 발전이 있지 않았나 생각이 든다. 가깝게는 다산 정약용, 고산 윤선도, 송강 정철 모두가 유배 문학의 용소가 아닐까 한다. 어찌되었든 보길도와 윤선도는 우리 유배문학과 아주 밀접한 관계가 있다고 하겠다.

땅끝 앞 전경

보길도로 가려면 두 갈래의 길이 있다.
하나는 해남 땅끝에서 출발하는 것이고 하나는 완도에서
직접 출발하는 것이다.
어느 쪽에서 출발하든 여행객의 일정에 따라서 출발하면 된다.
– 땅끝에서 출발하여 보길도로 향하는 뱃전에서

동대(東臺)

세연정에서 바라보아 오른쪽 판석보 옆에 위치해 있고
그 규모는 가로 6.7m와 세로 7.5m의 장방형으로, 높이는 약 1.5m이며
자연석으로 쌓아 올렸다. 어부사시사가 불러워지면 여러 사람이 어울려
군무群舞를 즐겼던 곳으로 평형이다.

서대(西臺)

현재는 나선형으로 세단이 남아 있으며,
그 규모는 축단(築壇)의 한 변이 7.5m정도의 정방형이며,
그 높이는 2.2m에 이른다.
동대와 대칭을 이루고 있는 곳을 동대에서
행했던 군무를 췄던 곳으로 춤을 추며 돌면
정상에 오르도록 나선형 계단을 이뤘다.

판석보(板石洑)

우리나라 조원 유적 중 유일한 석조보(造洑)로 일명 '굴뚝다리'라 부르며,
세연지의 저수를 위해 만들었으며, 건조할 때는 돌다리가 되고 우기에는 폭포가 되어 일정한 수면을 유지하도록 만들었다.
보(洑)의 구조는 양쪽에 판석을 견고하게 세우고 그 안에 강회를 채워서 물이 새지 않게 한 다음
그 위에 판석으로 뚜껑돌을 덮었다.

회수담(回水潭)

　세연정 동쪽 축단 밑에 계담에서 인공연못으로 흘러드는 터널석 수입구(水入口)가
있다. 계담쪽에서 물이 들어가는 수구(水口)는 다섯 구멍이며, 인공 연못 쪽으로
나오는 수구는 세 구멍이다. 이를 '五入三出'이라 하는데 이 구조는 아주 독특한데
물막이 석축에 다섯 곳의 흡수구를 만들어 흐르는 물을 받아들이되 배출하는
구멍은 세 곳만 만들어 들어오고 나가는 수량을 조절할 수 있또록 만든 구조이다.

비홍교(飛虹橋)

《보길도지》에는 "세연정이 못의 중앙에 있었다."고 기록되어 있고 "정자 서쪽·
제방 동쪽 겨우 한 간쯤의 넓이에 물이 고여 있으며, 중앙에는 거북이가 엎드려
있는 형상의 암석이 있다. 거북이 등에 다리를 놓아 누樓에 오른다."고
기록하고 있어 이 다리를 비홍교라 불렀다. 지금은 그 자리에 잡석을 쌓아
호안과 방단(方壇)이 연결되어 있어 흔적을 찾기가 어렵다.

사투암(射投岩)

세연정 주변의 잘생긴 바위 일곱을 지칭하여 칠암七岩이라 불렀는데,
그중 하나인 사투암은 '옥소대를 향하여 활을 쏘는데 발받침 역할을 하였다.'고
전해지는 바위로 연못쪽이 들려진 모습이다. 들려진 부분에 발을 딛고
옥소대쪽 과녁을 향하여 활을 쏘았다는 전설이 전해져 오고 있다.

세연정(洗然亭)

   세연(洗然)이란 '주변 경관이 물에 씻은 듯 깨끗하고 단정하여 기분이 상쾌해 지는 곳'이란 뜻으로 〈고산연보(孤山年譜)〉에서는 1637년 고산이 보길도에 들어와 부용동을 발견했을 때 지은 정자라 하고 있다. 정자의 중앙에 세연정(洗然亭), 동쪽에 호광루(呼光樓), 서쪽에 동하각(同何閣), 남쪽에 낙기란(樂飢欄)이란 편액을 걸었으며, 또 서쪽에는 칠암헌(七岩軒)이라는 편액을 따로 걸었다.

혹약암(惑躍岩)

세연지 계담溪潭에 있는 칠암중의 하나이다. 이 바위는《역경易經》의
건乾에 나오는 '혹약재연惑躍在淵'이란 효사之辭에서 따온 말로,
"뛸 듯 하면서 아직 뛰지 못하고 있다."는 뜻이다. 즉 혹약암은 마치 힘차게
뛰어갈 것 같은 큰 황소의 모습을 닮은 바위를 말한다.

어부사시사

봄 노래

앞강에 안개 걷고 뒷산에 해 비친다
　배 띄워라 배 띄워라
썰물은 밀려가고 밀물은 밀려온다
　찌거덩 찌거덩 어야차
강촌에 온갖 꽃이 먼 빛이 더욱 좋다

여름 노래

궂은 비 멈춰가고 시냇물이 맑아온다
　배 띄워라 배 띄워라
낚싯대를 둘러메고 깊은 흥이 절로난다
　찌거덩 찌거덩 어야차
산수의 경개를 그 누가 그려낸고

가을 노래

물외에 좋은 일이 어부생애 아니던가
　배 띄워라 배 띄워라
어옹을 웃지 마라 그림마다 그렸더라
　찌거덩 찌거덩 어야차
사철 흥취 한가지나 가을 강이 제일 좋아

겨울 노래

구름 걷은 후에 햇볕이 두텁도다
　배 띄워라 배 띄워라
천지가 막혔으니 바다만은 여전하다
　찌거덩 찌거덩 어야차
끝없는 물결이 비단을 편 듯 고요하다

보길도와 고산 윤선도의 인연

윤선도尹善道, 1587~1671년는 조선 중기의 시인이자 문신으로 본관은 해남, 자는 약이約而, 호는 고산孤山이다.

고산孤山은 한성부서윤漢城府庶尹 등 여러 관직을 지내다 정쟁廷爭에 휘말려 파직되어 낙향, 해남海南에서 지내다 병자호란 때인 1637년 왕(인조)를 돕기 위해 식솔食率을 거느리고 강화도로 향하던 중 삼전도三田渡의 치욕恥辱 소식을 듣고 이에 통분痛忿하여 세상을 멀리하고자 뱃머리를 탐라耽羅로 돌려 항해 도중 보길도를 지나다 수려한 경치에 이끌려 황원포黃原浦에 정박 보길도에 머물게 되었다. 이때 고산의 나이 51세로 이후 1671년 돌아가실 때까지 7차례 보길도를 왕래 13년 간 머물면서 국문학사에 길이 남을 어부사시사漁父四時詞 40수와 32편의 한시漢詩를 창작하였으며 격자봉 아래에 낙서재樂書齋와 무민당無悶堂을 짓고 그곳에서 생활하면서 학문에 몰두하고 제자를 가르치며 세상의 근심을 잊었다. 고산의 5대손 윤위尹偉, 1725~1756의 《보길도지甫吉島識》에 의하면 부용동 일대에 주 생활 공간인 낙서재와 무민당 외에 소은병小隱屛, 동천석실洞天石室, 곡수당曲水堂, 낭음계朗吟溪, 세연정洗然亭 등 25채 건물과 정자 연못이 있으며, 곡수당은 고산의 휴식 장소로 초당草堂, 석가산, 평대, 연지, 다리, 화계, 월하단이 있으며, 그 옆 서재에는 고산의 아들들과 제자들이 기거하였다고 한다. 동천석실은 낙서재 건너편 험한 바위산 경승지에 자리잡고 있는데 독서와 사색의 장소로 고산은 이곳을 부용동 제일승경으로 여겼다 한다. 세연정 지역은 10,000여 m^2 넓이의 계원溪苑으로 부용동 입구(현재위치)에 있으며 크게 연못과 계담溪潭, 판석제방, 동대, 서대, 옥소대, 칠암, 비홍교 등이 있고 동백나무, 대나무, 소나무 등이 울창하게 우거져 아름답다. 고산 선생은 이곳에서 악공들에게 음악을 연주하게 하고 동대, 서대에서 춤을 추게 하거나 동자에게 배를 타고 어부사시사를 부르게 하기도 하고 때로는 낚시도 즐기며 유유자적悠悠自適 풍류風流를 즐겼다. 흐르는 물에 잔을 띄우고 시를 짓는 유상곡수流觴曲水를 행하던 낭음계, 용이 승천하는 승용대昇龍臺 등 부용동 일대에 산재해 있는 시설물을 보면 그 면모를 짐작해 볼 수 있다. 이곳이야말로 고산의 기발한 생각과 자연의 절묘함이 만나 이루어진 한국 최고, 최대 별서조원別墅造園의 아름다운 조영造營을 엿볼 수 있는 곳이다.

보길도를 찾아와 둘러 볼만한 곳

　　보길도를 찾아오는 관광객에게 시간의 여유가 얼마나 있느냐에 따라 구경할 수 있는 곳이 다를 수 있다. 잠깐 세연정만 구경하고 가는 경우는 당일로 가능할 수도 있고, 시간의 여유가 있어 1박 2일이 가능하다면 그래도 서운하지 않게 구경할 수가 있다. 물론 보길도의 주요 관광지는 세연정을 중심으로한 주위의 환경이지만 이외에도 고산과 관련이 없더라도 가볼만한 곳이 꽤 많이 있다. 더욱이 시간의 여유가 있으면 차분하게 며칠 쉬면서 고산의 정취에 흠뻑 젖을 수도 있으리라. 우선 보길도를 한 바퀴 돌아보면서 빼놓지 않고 구경해야 할 곳을 찾아보면 누구나가 꼭 통과해야 하는 보길대교이다(옛날에는 이 다리가 없었기 때문에 배를 타고 이동했어야 했다.). 다음으로 찾고자 하는 곳이 보길도의 대표적 관광물인 세연정이다. 세연정은 주위에 관광을 할 만한 여러 가지의 기념 표지가 있기 때문에 그걸 읽으면서 구경하면 충분히 의미 있는 구경거리가 되지 않을까 한다. 다음으로는 곡수당인데 이는 산에서 내려오는 작은 개울을 중심으로 해서 초당, 석정, 석가산, 평대, 연자, 다리, 화계 등이 좌우로 조성되어 있었던 곳으로 윤선도가 아들과 함께 휴식하는 자리로 만들어졌다고 한다. 낙서재는 고산의 주된 공간인데 고산이 보길도에 처음 들어와서 풍수지리를 보고 격자봉 아래 초가 3칸을 지은 것이다. 다음으로 동천석실은 부용동의 제일승이라 할 만큼 경치가 아름다운 곳으로 윤선도가 자주 들러 명상에 잠겼던 곳이다. 연지, 석담, 석천은 동천석실 정자 오른쪽 암벽사이에서 솟아나는 석간수를 받아 모으는 연지가 있고, 벼랑쪽은 석담이라하고 바깥쪽 연지를 석천이라 한다. 다음으로 글 쓴 바위가 있는데 동쪽 끝의 백도리 해변 석벽으로 우암 송시열 선생이 1689년 숙종 때 제주도로 귀양 가던 중 풍랑을 만나 상륙하였던 곳으로 자신의 처지를 한탄한 시가 새겨져 있다. 마지막으로 고산 문학 체

험 공원이 있는데 오솔길을 따라 어부사시가 40수를 읽을 수 있으며 옛날 고등학교 때나 배웠던 시구들을 읽어볼 수 있다. 이 이외에도 고산과 관계가 없지만 보길도 관광에서 꼭 들러보아야 할 곳이 백련암으로 가는 길에 있는 백련사 터, 잘 지어져 경관이 수려한 남은사, 예송리와 보옥리 사이의 큰 기미 절벽 바위, 추자도와 제주도가 한눈에 보이는 보죽산(뾰족산), 예작도와 당사도 사이에 있는 복생도 卜生島, 이는 임금 왕(王)자에 점을 찍은 섬이라고도 한다. 등이 있다. 그리고 갯돌이 공룡 알을 닮은 것처럼 되어 있는 공룡 알 해변, 우리나라에서 가장 아름다운 일몰을 볼 수 있다고 하는 땅 끝 전망대와 여름 관광지로 소문난 통리 해수욕장, 예송리 해수욕장, 중리 은모래 해변 등 다양한 관광거리가 있다. 이러한 구경거리를 마음 놓고 보기 위해서는 휴가를 보길도에서 보내는 것도 큰 의미가 있으리라 생각된다.

◎ 보길도의 세연정을 찾아 오시는 길 (서울, 대구, 부산)

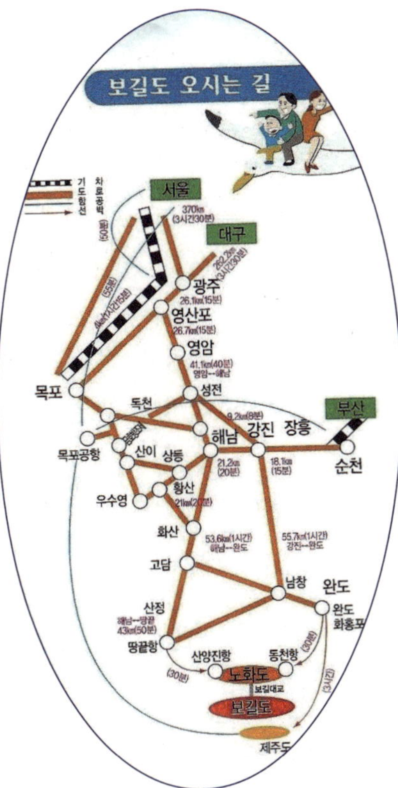

신발을 벗고
올라가십시오

다산초당

茶山草堂

茶山艸中堂

다산의 생애

    조선 후기 실학을 집대성한 대학자 다산茶山 정약용丁若鏞은 영조英祖 38년(1762), 6월 16일, 경기도 광주군 초부면 마현 오늘의 남양주군 조안면 능내리에서 9대를 연달아 문과 급제하여 옥당玉堂에 들어간 명문 집안, 진주목사 정재원丁載遠의 넷째 아들로 태어났다. 본관은 압해押海, 羅州 정씨로 어릴 때의 자字는 귀농歸農, 미용美庸 또는 송보頌甫이며, 호는 다산茶山 · 사암俟菴, 당호堂號는 여유당與猶堂이고, 시호諡號는 문도文度이다. 어머니는 해남 윤씨로 고산孤山 윤선도尹善道의 후손이며, 시詩 · 서書 · 화畵 삼절三絶로 유명한 공재恭齋 윤두서尹斗緒, 1668~1715의 손녀이다.

귤동을 출발하여 오솔길을 따라 오르다 보면 돌계단이 나타난다. 아마 옛날에는 이러한 돌계단마저 없었으며 길도 더 좁고 숲은 더 우거져 있었으리라 생각된다. 지금 우리가 걷는 이 길을 다산은 어떤 심정으로 걸어 올라갔을까. 계단마저 없는 험한 비탈길이었을 텐데.

다산 茶山 정약용 丁若鏞 선생께서 유배를 당해 다산초당에서 지내면서 많은 사려에 심취하였을 것이다. 유배가 풀렸다는 소식을 듣고 나서 丁石이라고 쓴 것인지 유배 생활을 하면서 시간이 있을 때마다 정신통일을 하기 위해서 새긴 것인지 몰라도 丁石 이 두 글자 내에는 다산의 유배 생활의 희노애락이 다 함축되어 있는 듯하다. 다산도 조각에 소질이 있었을까?

다산초당에 오르는 길

　동암 뒤쪽으로 백련사 가는 길로 접어들기 전에 위치한 지금의 천일각은 강진만이 내려다보이고 주위의 경치가 화려해서 여러 가지 묵상에 젖기에 좋은 자리이다. 당시 정약용은 흑산도로 귀양간 형 약전을 그리워하면서 자주 동암에서 공부하다 지치거나 형이 보고 싶고 고향생각, 조정의 임금님 생각이 날 땐 꼭 여기에서 멀리 강진만을 바라보면서 묵상에 잠겼다고 한다. 천일각이라는 이름은 '하늘 끝 한 모퉁이'라는 뜻의 천애일각 天涯一閣을 줄인 것이다.

다산초당茶山草堂이 어떻게 지어졌을까? 200년 전에 다산은 여기에서 누구를 만났으며 어떤 생활을 하였을까. 타임머신을 이용해서 한번 눈을 감고 그 당시의 시대상을 상상해 봄직하다. 이런 생각을 하면서 초당에서 절대 빼놓을 수 없는 보물인 다산 4경이 있다. 고적한 유배생활의 정취가 서려있는 정석, 약천, 다조, 연지석가산은 나라와 백성을 위하는 다산 실학이 구상되던 도량道場이요 산실이다. 초당에 이르는 길은 수백 년 된 소나무 뿌리들이 서로 뒤엉켜 세월의 흔적을 보여주고 있다.

　　다산초당은 본채(다산초당)와 다산이 기거하며 집필에 주력했던 동암과 또 제자들의 거처로 사용했던 서암西庵 또는 다성각茶星閣으로 이루어져 있다. 동암東庵은 송풍루라고도 불린다. 다산이 저술에 필요한 2천여 권의 책을 갖추고 기거하며 손님을 맞았던 곳이다. 다산은 초당에 있는 동안 대부분의 시간을 이곳에 머물며 집필에 몰두했으며, 목민관이 지녀야 할 정신과 실천 방법을 적은《목민심서》도 이곳에서 완성했다. 1976년 서암과 함께 다시 세웠는데, 현판 중 보정산방은 추사의 친필을 모각한 것이고 다산동암은 다산의 글씨를 집자한 것이다.

다산초당 옆에 인공 연못을 만들어서 붕어나 잉어를 키우기도 하고 주위에 화초를 가꾸기도 했으며, 산 위에서 내리는 물을 이용하여 인공폭포를 만들어서 연못으로 떨어지게 했다. 연못 안에는 연지석가산蓮池石假山이라는 인위적인 산을 만들어 조화를 이루고 있다. 소쇄원의 연못에도 가산假山을 만든 것을 보면 아마 당시의 유행이랄까 아니면 가산을 만드는 배경이 있지 않았겠는가.

다산 선생께서 시간이 나면 丁石을 파고 그래도 시간이 나면 정원의 가산을 쌓고 그래도 시간이 나면 천일각 자리에 올라 임금을 생각하지 않았을까. 그곳이 아마 다산일우茶山一隅가 아니겠는가.

안전 제일

다산초당 서암은 해남 윤씨 윤단의 산정이었다고 한다. 그러니 당시에 해남 윤씨 종친에서 운영하는 조그마한 정자가 하나 있지 않았나 한다. 물론 다산초당을 만들어 준 것도 다산의 외가 해남 윤씨의 배려이다. 현판은 추사 김정희의 친필을 집자해서 모각한 것이다. 서암은 윤종기 등 18인의 제자가 기거하던 곳이다. 차와 벗하며 밤늦도록 학문을 탐구한다는 뜻으로 다성각이라고 했으며, 1808년에 지어져 잡초 속에 흔적만 남아 있던 것을 1975년 강진군에서 다시 세웠다.

만덕산에는 예로부터 야생차나무가 많았다고 한다. 다산은 여기에 초
당을 짓고 백련사에 해장선사(1772~1811)와 왕래하면서 다도茶道에 대
해서도 많은 공부를 했지 않나 생각된다. 다조茶竈는 다산이 이곳에 오기
전부터 있던 것인데 이 돌은 차 달이는 부뚜막으로 쓰던 것이라 한다. 다
산은 이곳에서 약천의 물을 떠다 솔방울로 숯불을 피워 찻물을 만들었다
한다.

　　강진은 조선 후기 실학자 다산 정약용이 유배되어 18년간 머문 곳이다. 그 중 가장 오랜 기간(11년) 머물며 후진 양성과 실학을 집대성한 성지가 바로 이곳 다산초당茶山草堂이다. 그를 아끼던 정조가 세상을 떠난 후인 1801년(순조 원년) 신유박해에 뒤이은 황사영백서사건에 연루되어 강진으로 유배된 다산은 사의재, 고성사보은산방 등을 거쳐 1808년에 외가(해남윤씨)에서 마련해 준 이곳으로 거처를 옮겼다. 유배가 풀리던 1818년까지 다산은 이곳에 머물며 제자를 가르치고 글 읽기와 집필에 몰두하여《목민심서牧民心書》,《경세유표經世遺表》,《흠흠신서欽欽新書》등 600여 권의 저서를 남겼다.

다산이 거처하는 동암의 굴뚝이다.
당시에는 나무를 지펴서 불을 피웠으리라 본다.

　다산의 살아온 길이 험했던 것처럼 초당에 이르는 길도 험하다. 울퉁불퉁한 나무뿌리가 고스란히 드러나 다산의 삶을 표현해 주는 것
같다. 시인 정호승은 뿌리의 길이란 이 詩에서 다산초당을 읊조린다.

다산초당으로 올라가는 산 길
지상에 드러낸 소나무의 뿌리를
무심코 힘껏 밟고 가다가 알았다
지하에 있는 뿌리가
더러는 슬픔 가운데 눈물을 달고
지상으로 힘껏 뿌리를 뻗는다는 것을
지상의 바람과 햇볕이 간혹
어머니처럼 다정하게 치맛자락을 거머쥐고
뿌리의 눈물을 훔쳐준다는 것을
나뭇잎이 떨어져 뿌리로 가서

다시 잎으로 되돌아오는 동안
다산이 초당에 홀로 앉아
모든 길의 뿌리가 된다는 것을
어린 아들과 다산초당으로 가는 산길을 오르며
나도 눈물을 닦고
지상의 뿌리가 되어 눕는다
산을 움켜쥐고
지상의 뿌리가 가야 할
길이 되어 눕는다

강진만의 명소 백련사와 다산초당의 발자취를 더듬어

강진만이 내려다보이는 임천 배수장에서 날아드는 철새를 구경하고 약 2km정도 걷다보면 백련사 입구에 이른다.

여기에서 만덕산 중턱에 자리 잡은 백련사까지는 약 1.5km의 가파른 길을 올라가야 한다. 백련사는 고려시대 귀족불교에 대한 반발로 백련결사 운동을 펼친 본거지이다. 백련사 주위에는 예로부터 야생차나무가 많아 다산(茶山)으로 불렸는데 여기에 초당을 짓고 지내면서 이런 연유로 본인의 호를 다산이라고 했다. 아마도 이 곳이 정약용이 1762~1836년까지 18년간 귀양살이를 한 마음의 고향이었는지도 모른다. 여기 백련사에서 만덕산 중턱을 따라서 1km정도의 산 속 오솔길을 따라가면 다산초당에 이른다. 이 오솔길은 백련사 스님이었던 혜장선사와 정약용이 서로 왕래하면서 차에 대한 다도와 불경, 유교경전에 대하여 문답을 했다고 하니 학식이 높은 다산과 혜장스님과의 친밀한 관계를 엿볼 수 있다. 귀양살이를 하고 있던 다산에게는 혜장스님이 큰 벗이 되지 않았겠는가. 웃긴 이야기지만 혜장선사는 음주로 인하여 세상을 빨리 떠났다고 하니 다산의 절친한 관계로 보면 다산과 혜장은 술과 차의 여유로 어우러지지 않았겠는가 하는 생각이 든다.

다산은 정조대왕의 후광을 입고 승승장구하던 중 1801년 신유박해 그 이후에 황사영 백서사건에 연루되어 강진으로 유배를 오게 된다. 지금 생각하면 당시 유배오지 않고 벼슬길에 머물러 있었다고 하면 600권에 이르는 저서가 우리 역사에 남을 수 있었을까 반문해 본다. 강진에 유배된 초창기에는 사의재 고상사 보은산방 등에서 머물렀으나 1808년 이곳 초당에서 10년 정도 머물면서 후학 양성에 힘을 기울였다. 이 초당은 본래 귤동마을(유자나무가 많아서 붙여진 이름)에 터를 잡고 살던 다산의 외가쪽 해남 윤씨 집안의 산정으로 쓰던 별장이었다. 다산은 1818년 9월 유배 생활이 풀릴 때까지 여기에서 학문에 열중하여 목민심서, 흠흠신서, 경세유표 등 이른바 다산학으로 일컬어지는 방대한 저술(600여권)을 하였다.

신유박해

　신유사옥辛酉邪獄이라고도 한다. 1801년 순조1년 신유년에 일어난 천주교 박해사건이다. 중국에서 들어온 천주교는 당시 성리학적 지배 원리의 한계성을 깨닫고 새로운 원리를 추구한 일부 진보적 사상가와 부패하고 무기력한 봉건 지배 체제에 반발한 민중을 중심으로 퍼져나가면서, 18세기 말 교세가 크게 확장되었다. 특히, 1794년 청국인 신부 주문모周文謨가 국내에 들어오고 천주교도에 대한 정조의 관대한 정책은 교세 확대의 중요한 계기가 되었다.

　그러나 가부장적 권위와 유교적 의례 · 의식을 거부하는 천주교의 확대는 유교사회 일반에 대한 도전이자 지배 체제에 대한 중대한 위협이었다. 때문에 정조가 죽고 이른바 세도 정권기에 들어서면서 천주교도에 대한 탄압이 본격화되었다. 1801년 정월 나이 어린 순조가 왕위에 오르자 섭정을 하게 된 정순대비貞純大妃는 사교邪敎 · 서교西敎를 엄금 · 근절하라는 금압령을 내렸다.

　이 박해로 이승훈 · 이가환 · 정약용 등의 천주교도와 진보적 사상가가 처형 또는 유배되고, 주문모를 비롯한 교도 약 100명이 처형되고 약 400명이 유배되었다. 이 신유박해는 급격히 확대된 천주교세에 위협을 느낀 지배 세력의 종교 탄압이자, 또한 이를 구실로 노론老論 등 집권 보수 세력이 당시 정치적 반대 세력인 남인을 비롯한 진보적 사상가와 정치 세력을 탄압한 권력다툼의 일환이었다.

황사영의 백서

1801년, 천주교도를 모질게 탄압한 신유박해를 피해 충북 제천시 봉양읍에 숨어든 황사영은 토굴에 몸을 숨기고 이제까지 조선에서 일어난 천주교 박해의 실상을 가로 62*cm*, 세로 38*cm*의 비단에 깨알같이 써 내려갔다. 이를 '황사영의 백서'라고 부른다.

황사영 백서黃嗣永帛書는 1801년(순조 1) 신유사옥 때 천주교신자 황사영이 중국 천주교회 북경교구의 천주교 주교에게 혹독한 박해의 전말 보고와 그 대책을 흰 비단에 기입한 밀서密書였다.

황사영은 그 글에서 참혹한 탄압을 끝내고 신앙의 자유를 획득하기 위해 청나라에 도움을 요청하였다. 황사영은 후일 황심이라는 인물을 통해 백서를 청나라 북경의 주교에게 전하려고 했지만, 황심이 체포되어 뜻을 이루지 못하고 백서도 압수당한다. 결국 황사영도 체포되어 대역부도죄로 능지처참을 당하게 된다.

황사영은 경상도 창녕昌寧 사람으로 정약현丁若鉉, 정약용의 맏형의 사위이다. 중국 천주교회 사제인 주문모周文謨신부에게 알렉산드로라는 세례명으로 영세를 받았다. 그는 어려서부터 재주가 뛰어났으며, 1791년(정조 15) 17세의 어린 몸으로 진사에 합격하여 시험관을 놀라게 하였고, 정조로부터 그의 학문적인 재능에 대한 칭찬과 학비를 받았다.

1798, 9년경에는 한양에 머물면서 나이 많은 여러 교우들에게 천주교회 교리를 가르쳐 주고 교리서를 등사하였다. 주문모 신부가 들어오자 그를 도와 전교에 힘썼으며, 중국에까지 그의 심부름을 갔다. 신유박해가 일어나자 충청북도 제천군 봉양면鳳陽面 배론舟論이라는 토기를 만드는 천주교인들의 마을에 가서 토굴 속에 숨었다. 황심黃心이라는 열렬한 천주교 신자와 황사영이 연락이 닿아 위기에 놓인 조선 천주교회를 구출할 방책을 상의했다.

그들은 조선 천주교회가 박해받은 실정을 자세히 기록하고, 천주교회의 재건책을 호소하는 편지를 황심黃沁과 옥천희玉千禧로 하여금 음력 10월에 떠나는 동지사 일행에 끼어서 중국 천주교회 북경교구의 주교에 전달하려고 하였으나 도중에 적발되었다.

백서에 사용된 편지지는 길이 62cm, 너비 38cm의 흰 비단이었으며, 한 줄에 110자씩 121행, 도합 1만 3천여 자를 먹으로 썼다. 백서에는 발송인 황심의 이름만이 씌어 있으며, 지은 날짜는 〈천주 강생 후 1801년. 달두 첨례 후 1일(음력 9월 22일 : 양력 1801년 10월 29일)〉이라고 적혀 있다.

이 밀서를 지은 황사영은 음력 9월 29일에 잡혀 한양으로 끌려 올라와 음력 11월 5일에 처형되었으며, 가산을 몰수당하고 어머니는 거제도, 처는 제주도, 아들은 추자도에 각각 귀양갔다. 먼저 잡힌 황심과 옥천희도 황사영이 처형되기 며칠 전에 각각 처형되었다. 백서는 관헌의 손에 넘어가 조정을 아연케 하고, 천주교의 탄압은 한층 엄준하게 되었다. 그러나 조정에서도 문제의 심각성에 비추어 사건 전말의 변명책을 보였다. 조정에서는 원 기록에서 불리한 중국인 천주교 사제 주문모 신부의 처형 등에 관한 기사는 되도록 빼고 고쳐서 겨우 1행에 65자 15행, 도합 860여 자로 만들었는데, 이 편지는 동지사 겸 진주사陳奏使 편에 북경 청나라 황제에게 보고되어 황제의 양해를 구하였다. 오늘날 전하는 백서는 원본과 사본의 2종이 있으며, 이것은 신유박해 후 근 백 년 동안 의금부 창고 속에 보관되어 오다가 1894년 갑오경장 뒤 발견되어 당시 조선 천주교회를 지도하던 뮈텔 주교의 손으로 넘어갔다. 1925년 7월 5일 로마에서 조선 천주교회의 순교복자 79명의 시복식이 거행될 때에 교황에게 전달되어 지금은 로마 교황청에 보관되고 있다. 현재 영인본이 있으며 불어로 번역된 것도 있다.

다산 정약용선생 상 앞에서

경기도 광주군 초부면 마현리 마재마을(남양주군 조안면 능내리 마재마을) 정약용의 생가 전경. 정약용은 생가 여유당(與猶堂)에서 어린시절 학문을 익혔다.

목민심서 12편의 내용을 보면

1. 부임육조(赴任六條): 수령이 임명을 받고 임지에 가서 처음으로 수령의 사무를 처리하기까지 명심해야 할 일
2. 율기육조(律己六條): 자기의 몸을 단속하고 자신을 바르게 관리하는 일
3. 봉공육조(奉公六條): 수령의 가장 초보적이고 기초적인 복무기율
4. 애민육조(愛民六條): 수령이 백성을 보살피는 일
5. 이전육조(吏典六條): 인사에 관한 일
6. 호전육조(戶典六條): 호전에 규정된 사항 중, 군현에 관한 일
7. 예전육조(禮典六條): 제사와 손님 접대, 교육, 학문, 신분 제도 등에 관한 일
8. 병전육조(兵典六條): 군정(軍政)과 군사에 관한 일체의 일
9. 형전육조(刑典六條): 모든 형벌에 있어 공정하고도 정확한 처리를 요하는 일
10. 공전육조(工典六條): 산림(山林), 천택(川澤), 영선(營繕), 도로 행정 등에 관한 일
11. 진황육조(賑荒六條): 흉년에 백성을 돌아보는 일
12. 해관육조(解官六條): 수령이 바뀌어 돌아갈 때의 태도와 그 뒤에 남긴 치적

1. 부임6조(赴任六條)

제1조[제배(除拜)] 임관 발령과 부임(赴任)

제2조[치장(治粧)] 부임길의 검소한 행장(行裝)

제3조[사조(辭朝)] 조정(朝廷)에 대한 하직 인사

제4조[계행(啓行)] 부임지로의 여정(旅程)

제5조[상관(上官)] 수령의 자리에 취임

6. 호전6조(戶典六條)제1조 [전정(田政)]] : 농지(農地) 행정

　제2조 [세법(稅法)] : 조세의 부과 및 징수

　제3조 [곡부(穀簿)] : 환곡(還穀)의 관리

　제4조 [호적(戶籍)] : 호수(戶數)와 인구의 기록

　제5조 [평부(平賦)] : 부역의 공평한 부과

　제6조 [권농(勸農)] : 농사의 권장

7. 예전6조(禮典六條)

　제1조 [제사(祭祀)] : 수령이 주관할 제례 의식

　제2조 [빈객(賓客)] : 공적인 손님의 접대

　제3조 [교민(敎民)] : 백성들의 교화(敎化)

　제4조 [흥학(興學)] : 학문과 교육의 부흥

　제5조 [변등(辨等)] : 위계질서(位階秩序)의 확립

　제6조 [과예(課藝)] : 과거제도의 운용(運用)

8. 병전6조(兵典六條)

　제1조 [첨정(簽丁)] : 군역의 부과 및 징집(徵集)

　제2조 [연졸(練卒)] : 군졸(軍卒)들의 훈련

　제3조 [수병(修兵)] : 병기(兵器)의 관리

　제4조 [권무(勸武)] : 무예(武藝)를 권장함

　제5조 [응변(應變)] : 변란(變亂)에 대한 대응

　제6조 [어구(禦寇)] : 적침(敵侵)의 방어

9. 형전6조(刑典六條)

　제1조 [청송(聽訟)] : 송사(訟事)를 다룸

　제2조 [단옥(斷獄)] : 옥사(獄事)에 대한 판단

　제3조 [신형(愼刑)] : 형벌의 신중한 처리

　제4조 [휼수(恤囚)] : 수인(囚人)에 대한 배려

　제5조 [금포(禁暴)] : 세력가들의 횡포에 대한 단속

　제6조 [제해(除害)] : 백성들의 각종 피해 제거

10. 공전6조(工典六條)

　제1조 [산림(山林)] : 조림(造林)에 관한 정책

　제2조 [천택(川澤)] : 치수(治水)에 관한 정책

　제3조 [선해(繕廨)] : 관청의 수리

　제4조 [수성(修城)] : 병란에 대비한 성곽(城郭)축조

　제5조 [도로(道路)] : 도로의 개설 및 관리

　제6조 [장작(匠作)]: 각종 도구와 용기의 제작

11. 진황6조(賑荒六條)

제1조 [비자(備資)] : 물자(物資)의 비축(備蓄)

제2조 [권분(勸分)] : 재해 의연(義捐)의 권장

제3조 [규모(規模)] : 진휼(賑恤)의 합리적 처리

제4조 [설시(設施)] : 진청의 설치 및 진휼의 시행

제5조 [보력(補力)] : 흉년에 대비한 식량정책

제6조 [준사(竣事)] : 진황(賑荒) 정책의 끝마무리

12. 해관6조(解官六條)

제1조 [체대(遞代)] : 수령의 교체(交遞)

제2조 [귀장(歸裝)] : 체임되어 돌아가는 수령의 행장

제3조 [원류(願留)] : 수령의 유임에 대한 청원

제4조 [걸유(乞宥)] : 백성들이 수령의 구명을 호소

제5조 [은졸(隱卒)] : 수령의 재임중의 사망

제6조 [유애(遺愛)] : 송덕(頌德)과 선정비(善政碑)

경기도 남양주군 조안면 능내리 마재마을 유산(酉山)에 모셔있는 다산의 묘지

필암서원

筆巖書院

光風霽月　清水芙蓉

筆巖書院 周邊整備 紀念

조선왕조가 사액을 한 사적 제242호 필암서
원은 도학·문장·절의를 겸비한 하서 김인후金麟
厚선생(1510~1560)의 본원으로 서원이
유구한 세월이 흘러 노후되었고 주변이 협소하여
문화재청의 지원을 받아 주변을 정비 하였으니
이제는 순국의 서원으로 전국에서 손꼽히는 모습
을 갖추었다
아―우동사의 문향 내음과 청절당의 글 읽는 소
리는 확연루 삼연정의 광풍제월光風霽月과 함께
천년에 걸서 영원할것이며 사계절 선비들은 숙연
히 옷깃을 여미고 시인·묵객들은 저절로 걸음을
멈출것이다
유유히 흐르는 저 황룡강은 오늘의 기념비 건립
을 축하하는 노래를 연주하는 듯 하다
2006. 5. 4
민선 1·2·3대
장성군수　金興植

필암서원은 전라남도 장성군 황룡면 필암리에 있는 서원. 사적 제242호. 1590년(선조 23) 호남 유림들이 김인후金麟厚의 도학을 추모하기 위해 장성읍 기산리에 사우祠宇를 창건하여 위패를 모셨다.

1597년 정유재란으로 소실되자 1624년에 복원하였으며, 1662년(현종 3) 지방 유림들의 청액소請額疏에 의해 '필암'이라고 사액賜額되어 서원으로 승격되었다. 1672년 현재의 위치로 이건하고 1786년에는 양자징梁子澂을 추가 배향配享하였다. 대원군의 서원철폐시 훼철毀撤되지 않은 47개 서원 중의 하나이다. 경내의 건물로는 사우·신문神門·동서 협문夾門·전사청典祀廳·장서각藏書閣·경장각經藏閣·진덕재進德齋·숭의재崇義齋·청절당淸節堂·확연루廓然樓·장판각藏板閣·한장사汗掌舍·고직사雇直舍·행랑·창고·홍살문·계생비繫牲碑와 하마석下馬石 2개 등이 있다.

사우의 중앙에는 김인후의 위패가, 왼쪽에는 양자징의 위패가 봉안되어 있으며, 전사청은 향례享禮 때 제수祭需를 마련해 두는 곳이다. 경장각에는 인종이 하사한 묵죽판각墨竹板刻이 보관되어 있고, 진덕재와 숭의재는 동재·서재로 수학하는 유생들이 거처하는 곳이다.

청절당은 서원의 강당으로, 원내의 모든 행사와 유림의 회합, 학문의 토론 장소로 사용되었다. 장판각에는《하서집河西集》구본 261판과 신본 311판을 비롯한 637판의 판각이 보관되어 있으며, 장서각에는 인종이 하사한 묵죽과《하서집》등 1,300여 권의 책과, 보물

제587호인 노비보奴婢譜 외에 문서 69점이 소장되어 있다.

계생비는 향사에 제물로 쓸 가축을 매어 놓는 비로, 제관祭官들이 그 주위를 돌면서 제물로 쓸 것인가의 여부를 결정한다. 1957년 사우를 우동사佑東祠라 현액하였으며, 1975년에 사적 제242호로 지정되었다. 유물로는 벼루와 기준奇遵이 방문 기념으로 기증한 붓 등이 있으며, 재산은 전답 1만 2700평과 임야 10정보가 있다. 사적으로 지정된 이 서원은 남북 자오선을 중심축으로 하여 중요 전각들을 좌우 대칭으로 배치하였다. 남북이 길게 장방형으로 담장을 쌓고 정면 중앙에 누문樓門인 확연루를 두었으며, 그 중심축선상 북쪽에 청절당을 배치하였다.

강당 뒤쪽 좌우 대칭되는 곳에 동재와 서재를, 그 북쪽 따로 쌓은 담장 중앙에 내삼문內三門을 두고 안쪽으로 사당을 건립함으로써 전학후묘前學後廟의 배치수법을 이루고 있다.

확연루는 정면 3칸, 측면 3칸의 중층 팔작기와집으로, 낮은 장대석 기단 위에 막돌초석을 놓고 두리기둥을 세워 주두·첨차·소로(접시받침)·쇠서(소의 혀 모양으로 된 장식)로 결구한 이익공식二翼工式을 이루고 있다. 처마는 겹처마이고, 후면 양측 추녀의 사래를 활주로 받치고 있다.

정면 5칸, 측면 3칸으로 된 청절당은 중앙에 정면 3칸, 측면 3칸의 대청을 두고 이의 좌우에 정면 1칸, 측면 3칸의 온돌방을 하나씩 둔 것으로 보아, 본래 이 건물은 진원현珍原縣의 객사였던 것을 1672

년에 옮겨 온 것이라는 기록을 입증하고 있다.

이 청절당은 장대석으로 마무리한 낮은 기단 위에 막돌초석을 놓고 민흘림 두리기둥을 세웠는데, 기둥 위에는 주두를 놓고 쇠서 하나를 내어 초익공식初翼工式으로 꾸몄다.

가구架構는 오량五樑으로 대들보를 앞뒤의 평주平柱 위에 걸고, 판대공으로 종도리를 받친 일반적인 가구수법을 이루고 있다. 처마는 홑처마이며, 맞배지붕으로 되어 있다. 우동사는 정면 3칸, 측면 1칸 반으로, 전면 반 칸은 툇간退間으로 개방하였고 나머지는 통간通間으로 하였다.

장대석은 바른층쌓기로 처리한 기단 위에 돌초석을 놓고 두리기둥을 세웠는데, 전면 툇간의 초석은 단면이 팔각형인 장주형 초석長柱形礎石을 이루고 있다.

기둥 위에는 주두를 놓고 쇠서 두 개를 놓아 이익공식 구조로 되어 있으며, 처마는 부연附椽을 단 겹처마이고 맞배지붕의 양쪽 박공에는 풍판風板을 달았다. 이들 중요 전각 외에 진덕재·숭의재는 단순한 민도리집양식으로 되어 있고, 목판고는 이익공식의 팔작기와집이다.

維康熙元年歲次壬寅二月乙巳朔十六日

庚申

國王遣臣橙曹正郎尹衡故

諭余于先王匱金牌石之靈爐煌明松風凡

殊姿九苞粲然儀于德輝除遇明時式賚弘猷

真尚溫如和平不流金牛王署燈沃溪勿貴雄

陳菩雍容吁佛天胡降割

二聖繼陛陰邪闢然伺隙燦隱君子羽翼之

休進退隨時與道俱謀見絕而作不殁終固便

逶衡沁碩人之軸龍蟠鳳逸抱德懷貞穆君

一硯金石精誠身雖在野忠藎志心清風峻

卿貞氏之歡鄉人起慕建祠安靈爼豆時修

永有嘉名爰錫之額真此非薄裒與靈不眛

右

歆子同酌

頌除文

傳教

辛未八月初十日

上敕曰憶設庠序學校以養四方之士者蓋為
其講明正學擇善修身本乎人倫明乎物
理者也豈徒作文干祿而已故昔顓孫師
學干祿子曰多聞闕疑慎言其餘則寡尤
多見闕殆慎行其餘則寡悔誠能學之博
擇之精守之約則祿不干而自至矣此豈
非萬世之格言乎竊觀近來世降俗末士
習不古經明行修曉達治體者少而尚文
辭遺經業趨祿利者滔滔有之斯豈惟我
祖宗興學作人之本意哉予於此未嘗不為
世道發一慨也予記昔安定胡公寄為蘇
湖敦授教惟諗其子弟之辭氣異乎常
曰伊濟濟章甫寧通尺五上下情志諧
發流通誘掖激勵寧不在茲咨爾多士敬
聽予言服膺勿失漸摩成就則其為國
家斯文之幸可勝言哉豈出心腹且各猛
省

崇禎紀元八十三年庚寅九月下澣刊

* 확연루 : 서원의 정문으로 우암 송시열의 친필 편액이 걸려있다.

* 홍살문 : 옛날 사당, 관아 앞에 경의를 표하는 뜻으로 지붕 없이 세워놓은 붉은 문

* 하마석 : 필암서원에 오셨던 선비들이 말에서 내리는 곳. 이 돌을 하마석이라 한다.

賜額
壬寅正月
日
華嚴書院

진덕재 역시 동재·서재 하는 기숙사의 일종으로 청절당을 중심으로 해서 서편에 있는 것이 진덕재이고 동편에 있는 것이 숭의재이다.

白鹿洞學規

父子有親　君臣有義　夫婦
有別　長幼有序　朋友有信

右五教之目　堯舜使契為司徒敬敷五教即此是也學
者學此而已而其所以學之之序亦有五焉其別如左

博學之　審問之　慎思之
明辨之　篤行之

右為學之序　學問思辨四者所以窮理也若夫篤行之
事則自修身以至于處事接物亦各有要其別如左

言忠信行篤敬　懲忿窒慾遷
善改過

右修身之要

正其誼不謀其利　明其道不
計其功

右處事之要

己所不欲勿施於人　行有不
得反求諸己

右接物之要

熹竊觀古昔聖賢所以教人為學之意莫非使之講明
義理以修其身然後推以及人非徒欲其務記覽為詞章
以釣聲名取利祿而已也今人之為學者則既反是矣然聖
賢所以教人之法具存於經有志之士固當熟讀深思而
問辨之苟知其理之當然而責其身以必然則夫規矩禁防
之具豈待他人設之而後有所持循哉近世於學有規其
待學者為已淺矣而其為法又未必古人之意也故今不復
以施於此堂而特取凡聖賢所以教人為學之大條列
如右而揭之楣間諸君其相與講明遵守而責之於
身焉則夫思慮云為之際其所以戒慎恐懼者必有
嚴於彼者矣其有不然或出於此言之所棄則彼所
規者必將取之固不得而略也諸君其亦念之哉

附　先生讀白鹿洞規詩

世遠人亡經殘教弛眾有末陶文治真儒生應
期瀛洛發開鍵敗翁宏其規者彼白鹿洞舊有庠
序基荒蕪久不修講討無生師結撰躍躅故跡吾我育
中坻惟天敘五倫降此民秉彝唐虞湯治焉不
出于兹學問且思辨篤行在先知身修而可推應
接皆沕宜此乃為學要儒者當效楣間揭明訓
聖途無他歧云何世上士舍此而不為爭將耀浮
藻利祿相追隨三復朱子規千古空於戲

崇禎紀元八十三年庚寅九月下澣利

숭의재는 유생들이 기숙하며 학습하는 장소로 동재라고 한다. 지금의 기숙사와는 조금
다르지만 굳이 이야기한다면 기숙사 정도라 할 수 있다.

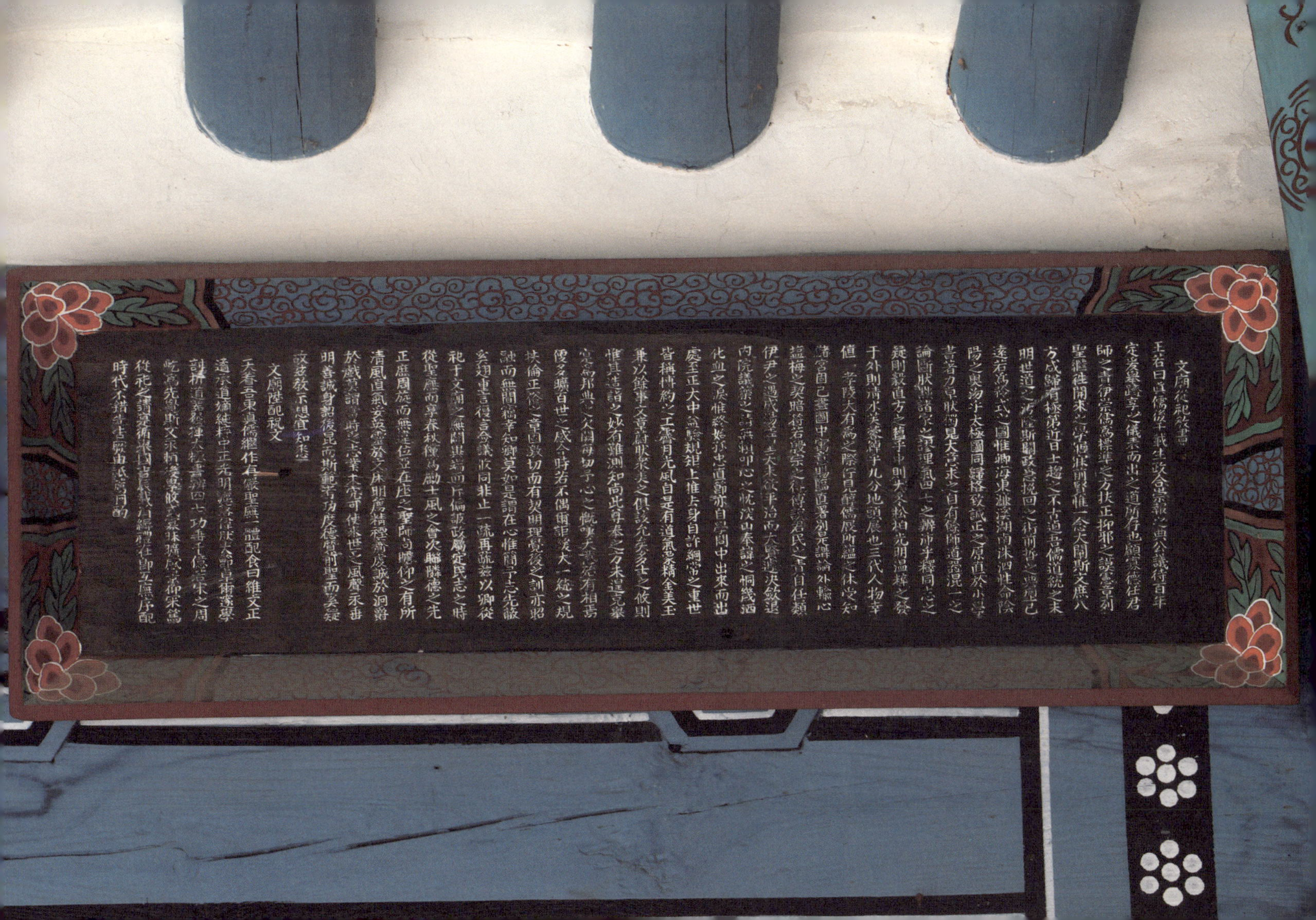

文廟從祀敎書
王若曰道儒後千載生政合崇報之典公議待百年
定爰擧縟享之儀表而出之道所存也顧惟德任君
師之責伊宗儒爲標準之方扶正抑邪之謨奠彝列
聖繼往開來之學涵泳前賢惟一念大開斯文庶八
方成歸有極第近日士趨之不古道吾儒道統之末
明世道之汚隆斯闢政愚挽回之衍前哲之輿型已
陽之奧湯于大極圖同歸格致誠正之原直於小學
遠若爲裕式之圖惟卿海東濂溪湖南洙泗性命陰
書者力原狀惘見大淸求之自有條師道器混一之
論斷狀惟諸宗之涇渭氣四七之辨沛手釋同志之
疑剛毅直方之藥于中則大炙松柏光明溫粹之發
于外則淸水芙蓉繹于九分地頭展也三代人物幸
值 孝陵大有爲之際行見醇儒展所蘊之休受知
儲宮固己畵圖中宵萲明臨直署別是講論外輸心
蓋梅之契暗待若毁宗之行傅說君民之旨自任類
伊尹之遇戍湯主去天未欲平治而大賢含遺決歛退
融而無間僑幸知卿莫如是謂在心惟簡于志先敲
爰翅違言侵言令議收同非止一疏再疏炁以卿從
祀于文廟之無間與端而斥偏詖政屬定民志之時
從聖應而亨春秋衡爲勵士風之會次聯隣德之先
正庭周旋而無建位亞在座之聖師勾瞻仰之有所
淸風直氣安英靈於文林明鷹精程新及誠於洞爵
於戲莫謂者時之志業未究可使來世之風聲永垂
明善誠身謟後昆而斯範考功度德聲前聖而英疑
故玆敎示想宜知悉
文廟陸配祝文

경장각(敬藏閣)

하서 김인후 선생을 문묘에 배향코자 할 때 정조대왕께서 내탕금內帑金으로 경장각을 세웠으며 인종이 하사하신 묵죽도墨竹圖의 판각을 보관하고 있다. 주심포柱心包식 팔작지붕으로 귀공포와 네모서리에 3마리의 용머리가 돋보인다. 편액은 정조대왕의 친필 초서이므로 벌레 등의 침입을 막기 위해 망이 처져 있다.

내삼문과 계생비

내삼문 안에 있는 우동사

筆巖書院敬次
清陰族祖韻
真同清聖可為師肯
北山人跡太齋竹外
窮蒼留　寶墨寸心
惟省歲寒知
後學安東金時祭

文廟從祀頌敎文

王若曰天降生民儒不聞之明之運德合崇報丰興焉
享之儀庸副其情先敢于言念聖廟配儒賢之典
寶爲斯文明道統之要夫子之宮橋斯尊非盛德而
孰與後學之模範收在庶正路之不迷肆于自承
祖宗洪基鞏固須若師丕丕貴末路之習尚已痼奈趨向
之或歧先哲之闡域難寬恐識論之易謹行期皇道
同歸而援么理平生心契獨推天地間一人本原工
覃根而摸久理平生心契楓慟而寓丹心資近生知傍
大專在大小學兩卸理諸說綱常曰任末孰則至正大中規
一物之非剖析諸說綱常曰任末孰則至正大中規
矩是循踐復則下學上達是以百世師表之許已爲
一時公共之論其道也經濂溪開後人之功于時則
際 孝隆太平之治溫溫出入已自青邱而受知
龍光優蕃褓錫靈靈而靄蒼漁水 爸乧之契幸有其
人輔贊協贊之休行見當世邦章上天之不吊遂自
下呂而宗歸七月龜山幾酒蒼梧之克淚一片短嫣
不改玉果之舊街嗟事業未展於當時而功化尚頼
於末學備道德節義之盛況三代上典型明君臣
父子之偏允矣下載下楪軰撑天之大綱永樹隔晨
之曠感棠茇祥瑞鳳之依幾切時不同之恨良金
溫四之質貴有知者希之嘆終始進退之間惟義是
甜莊崧岳處之際無跡可寄於是孟氏之統有傳始
知子思之功爲大瞻樂嶽山 扠復之所非無安靈之祠
之或歧先哲之班且備畋
云如其而出之若天意之有用
云芠森廳厚從社于之廟國
中自依歸接末洞洽聞之流衍逸千前迺年粟
之洌春民輩暨盛文在玆叱故百自此不隆青我
吳叱仜行作典之休於紳往聽執熟新盛之灸效茲
敎示坦燈知志

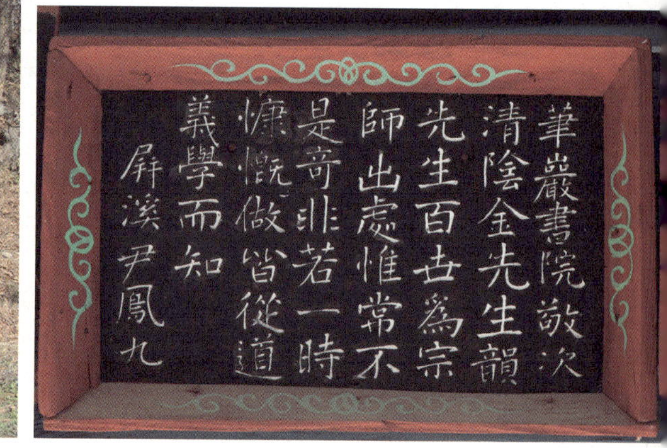

장성 김인후 난산비(長城 金麟厚 卵山碑)

　　하서河西 선생이 인종仁宗의 억울한 죽음을 애통해 하면서 난산卵山에 통곡단痛哭壇을 세우고 그 사실을 새겨서 남쪽 입구에 세운 비이다.(백화원에서 잘보이는 산)

　　1793년 무렵에 석제碩齋 윤행임尹行恁이 비문을 지었으나 비를 세우지 못하였는데, 1843년에 그의 아들 교리 윤정현尹定鉉이 추기追記를 쓰고 광주목사 조철영趙徹永이 비를 세웠다.

난산 통곡대

난산은 맥동 앞들을 건너 남쪽에 달걀같이 생긴 조그만 산이다. 하서는 인종仁宗이 승하하신 7월 1일이면 이곳에 엎드려 종일 통곡하였다. 하서의 이같은 충절을 기리기 위해 세운 단이 통곡대이며 그 옆에 난산비가 있다.

하서 김인후 신도비

장성 김인후 신도비
(長城金麟厚神道碑)

이 신도비는 하서 김인후(1510~1560)선생을 기리기 위해 1742년에 세운 것으로 비의 글은 1682년에 송시열宋時烈이 지었으며, 1742년에 원당산願堂山 묘소 아래에 있다. 글씨는 이재李縡가 썼다.

신도비문에 '하늘이 우리나라를 도와 태어나게 하신 하서 김선생은 태산북두泰山北斗와 같은 백세百世의 스승'이라 쓰여 있다. 저 멀리 하서 김인후의 묘가 보인다.

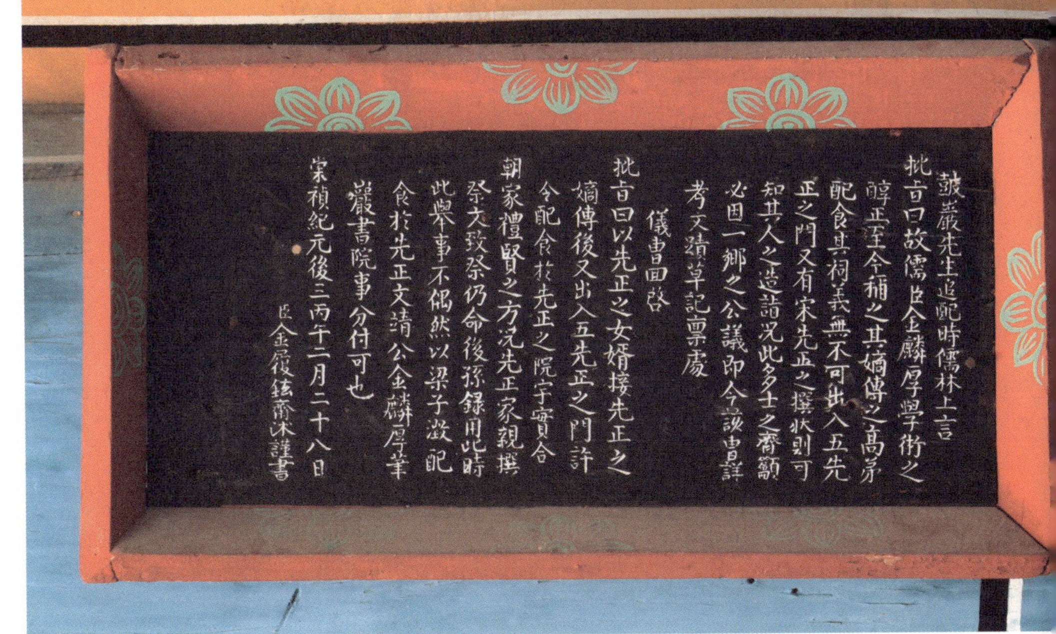

하서 김인후의 묘

　　하서의 묘소는 황룡면 맥호리 맥동 원당산에 위치하고 있으며 맥동 앞 도로를 따라서 서쪽으로 1km쯤 가면 하서 묘소가 있다. 하서 묘소 위에는 아버지 김영의 묘소가 있는데 비문은 면앙정 송순이 썼다.

　　하서가 태어난 맥호리 맥동의 입구에 들어서면 붓처럼 생긴 바위에 필암筆巖이라고 쓰여져 있다. 예부터 붓모양의 바위가 있는 곳에서 위대한 문장가가 태어난다는 전설이 있다.

御製賜祭文
孝陵有臣曰金學士宮紬古墨
盛際繪事千載省識筠碧心丹
年年七月淚入喬山竹外窺簷
楚騷蘭猗碩人藹軸君子明夷
煌煌鈐印紫陽壹編抱書徜徉
光霽無邊遂倡絕學大本中正
隻手三綱聞者起敬看花玉欄
左右仙寢滿腔衷赤泣訴敷祉
珠丘躬煙聖祖誕辰頎仰宿昔
愉慕彌新閱刼障子雲水同白
留後人觀案歆擊節乃命有司
乃酹于廟英靈上征帝鄉香香
正宗丙午四月初四日
遣左副承旨朴天行致祭

호남 사림의 형성

하서는 호남의 풍요롭고 활달한 분위기와 낭만적 정조를 시가詩歌로 즐겨 나타냈던 호남가단湖南歌壇의 중요한 인물이었다.

그는 호남가단의 최초 형성기에 주도적 역할을 했던 면앙정俛仰亭 송순宋純의 가르침을 받았고, 호남가단을 완성시킨 인물이라고 할 수 있는 송강 정철松江 鄭澈이 자신의 문하를 드나들었던 것에서 하서가 호남가단의 형성과 전개에 어떤 역할을 했는가를 짐작하게 된다. 호남가단에서 활동한 주요 인물로는 면앙정의 주인공 송순과 이른바 식영정息影亭 사선四仙으로 알려진 석천 임억령 등이 있다. 하서의 국문시가 작품 활동은

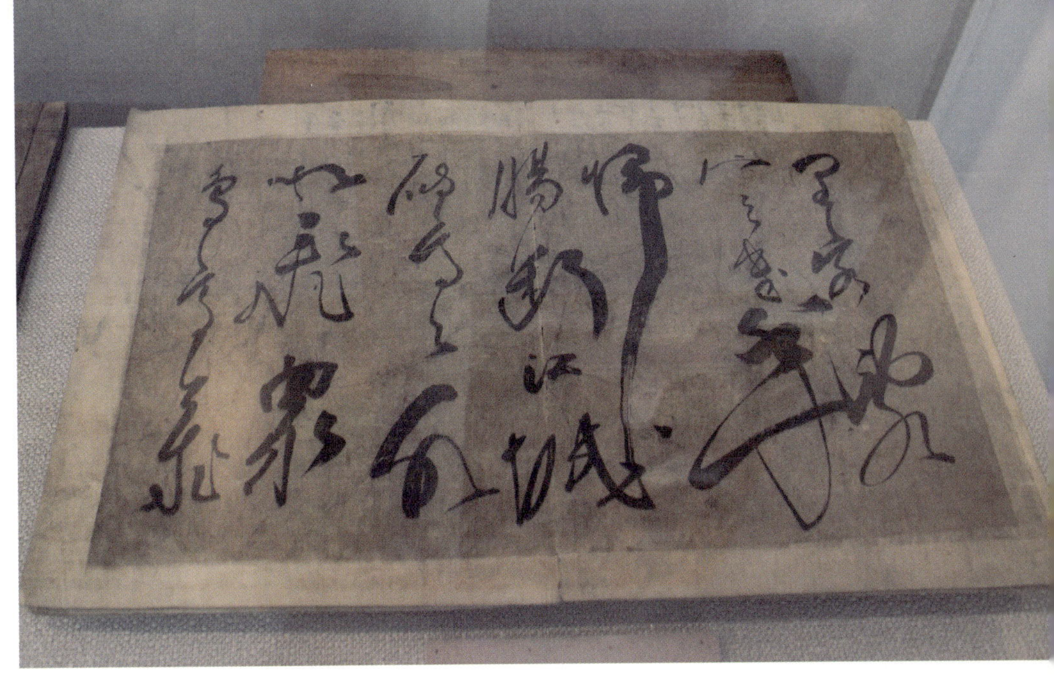

송순, 정철에 비해 다소 뒤지지만 한시 활동에 있어서는 양인을 훨씬 능가하였다. 하서는 도학자로서 재도문학載道文學의 굴레에 얽매이지 않고 자연과 더불어 살아가면서 일세逸世의 정취情趣를 평담平淡하면서도 호방豪放하게 시화詩化하는데 충실하였다고 할 수 있다. 그의 대표적인 호남가단의 활동 작품을 보면 〈어암잡영漁巖雜詠〉 20수와 〈소쇄원 48영瀟灑園四十八詠〉과 〈면앙정 30영俛仰亭三十詠〉 등의 자연시를 들 수 있다.

호남 사림의 형성

　'호남'이라는 말이 전라도를 가리키는 별칭으로 불린 것은 조선 초기까지 올라가지만 본격적으로 쓰인 것은 16세기 중반부터였다. 이 시기는 재지 중소 지주로서 성리학적 소양을 강하게 지닌 사림이 향촌 사회에 뿌리내리기 시작한 시기이기도 하다. 기묘사화와 을사사화로 호남학파 김식·최산두·양팽손·박상·고운·윤구·유운·유성춘·임형수·유희춘·송순 등 많은 인물들이 유배나 파직당하고 심지어 죽기까지 하였으나 호남사림은 재지적 기반을 바탕으로 학문적으로나 정치적으로 활발한 활동을 하였다.

김굉필 계열

김굉필→최산두·유계린·윤신·최충성·유맹권→김인후·유성춘·유희춘

최부 계열

최부→윤효정·임우린·유계린→윤구·윤항·윤행·윤복→이중호

송흠 계열

송흠→양팽손·나세찬·송순·안처성→양응정

박상 계열

박상→송순·임억령·정만종·채중길·박순

이항 계열

이항→김천일·기효간·김제민·백광홍

김안국 계열

김안국→김인후·유희춘

서원의 성립과 발달 과정

서원의 성립

　고려말 이후 성리학이 확산되면서 선비들은 지방에 서재書齋라는 학교를 세우고 자제들을 가르쳤다. 16세기에 사화가 빈번히 일어나자 선비들은 유명한 유학자들을 기리고 제사하는 사당과 서재의 교육기능을 합하여 '서원'이라는 새로운 교육시설을 만들어냈다. 서원 건립은 지방 선비들이 앞장섰으나, 기능이 인재양성과 교화정책에 깊이 연관되어 조정에서 서원의 명칭을 부여한 현판과 서적·노비 등을 내렸으니, 이를 '사액서원'이라 한다. 1550년 이황李滉, 1501~1570의 요청으로 명종이 '백운동서원'에 대하여 〈소수서원紹修書院〉이라는 현판과 서적·노비를 부여한 것이 효시가 되었다.

서원의 발달과정

　서원의 발달과정은 명종까지의 초창기, 선조~현종에 이르는 발전기, 숙종~영조 초까지의 남설기濫設期, 영조17년 이후의 쇠퇴기 및 철폐기 등의 4단계로 나눌 수 있다. 서원은 16세기 중엽에 등장하여 양반사족들의 교육기관이자 향촌기구로 존속해 왔다. 17세기 이후에는 서원이 당쟁의 배후기지로도 활용되어서 당색과 양반들의 이해관계가 결합하여 곳곳에서 남설되었고 사액이 남발되어 여러 가지 폐단이 일어나자, 영조 17년에는 사설된 서원 일부가 철훼되었고, 그 뒤 대원군에 의하여 만동묘의 철폐, 미사액서원의 철폐, 사액서원의 철폐라는 단계를 거쳐 47개만 남기고 모두 정리되었다.

서원의 개요

    서원은 선현에 대한 제례와 학생에 대한 교육을 수행해 온 교육기관이었다. 서원이 제도로 정해진 것은 송宋나라에 들어와서이다. 특히 주자가 도학연마의 도장으로 세운 백록동서원이 유명하다. 우리나라의 경우 중종 38년(1543)풍기군수 주세붕이 고려 말 학자 안향을 배향하고 유생을 가르치기 위하여 백운동서원을 창건한 것이 효시이다. 서원은 제례와 교육이라는 두 가지 기능 외에도 원임과 유생들이 모여 향촌과 나라에 관한 일들을 논의하고 여론을 형성하는 장소였으며, 도서를 간행하고 보관하는 곳이기도 했다. 조선시대 사회에서 서원은 정치사적, 사회사적으로 중요한 위치를 차지해 왔으며 현재까지도 역사 연구의 대상이 되고 있다.

하서 김인후 선생

중종 5년(1510)~명종 15년(1560)

　본관은 울산이며 자字는 후지厚之이고, 호號는 하서河西 · 담재澹齋이다. 호남 유림의 종장宗匠으로 추앙받는 김인후 선생은 성균관에 들어가 이황李滉과 함께 학문을 닦았다. 중종 35년(1540)에는 별시문과別試文科에 급제하고 홍문관 부수찬副修撰이 되었고, 중종 38년(1543)에는 세자시강원世子侍講院의 설서設書가 되어 인종의 세자 시절 스승의 중임을 전담專擔하였다. 인종 1년(1545) 인종이 승하하시고 을사사화乙巳士禍가 일어난 뒤에는 병을 이유로 고향인 장성에 돌아가 성리학 연구에 정진하였고, 누차 교리校理 등에 임명되나 취임하지 않았다. 성경誠敬의 실천을 학문의 목표로 하고, 이항李恒의 이기일물설理氣一物說에 반론하여, 이기理氣는 혼합混合해 있는 것이라고 주장하였다. 천문 · 지리 · 의약 · 산수 · 율력律曆에도 정통하였다. 문집에《하서전집》, 저서에《주역관상편周易觀象篇》,《서명사천도西銘四天圖》,《백련초해百聯抄解》등이 있다.

고암 양자징 선생

중종 18년(1523)~선조 27년(1594)

　본관은 탐라^{耽羅}이며, 자子는 중명仲明이고, 호는 고암鼓嚴이다.

　소쇄원 주인 양산보梁山甫의 아들로 창평 출신이다. 어렸을 때부터 《소학小學》 공부를 철저히 하여 실천하였으며, 하서 선생의 제자가 되어 선생의 딸을 처로 맞아들이고, 학업에 더욱 더 정진하였다. 퇴계 이황退溪 李滉 선생 문하門下에서 수학하였고 율곡 이이栗谷 李珥 선생과 우계 성혼牛溪 成渾 선생에게서 강의를 받았다. 선조宣祖 때 박순朴淳 등의 천거를 받아 관직에 나아가 의영고직장義盈庫直長, 거창 현감, 석성 현감 등을 역임하였다. 임진왜란 때 아들 양천운을 시켜 금전과 식량을 의병장이던 김천일과 고경명 장군에게 실어 보내기도 하였다. 정조 10년(1786)에 양자징 선생은 필암서원에 배향되었다.

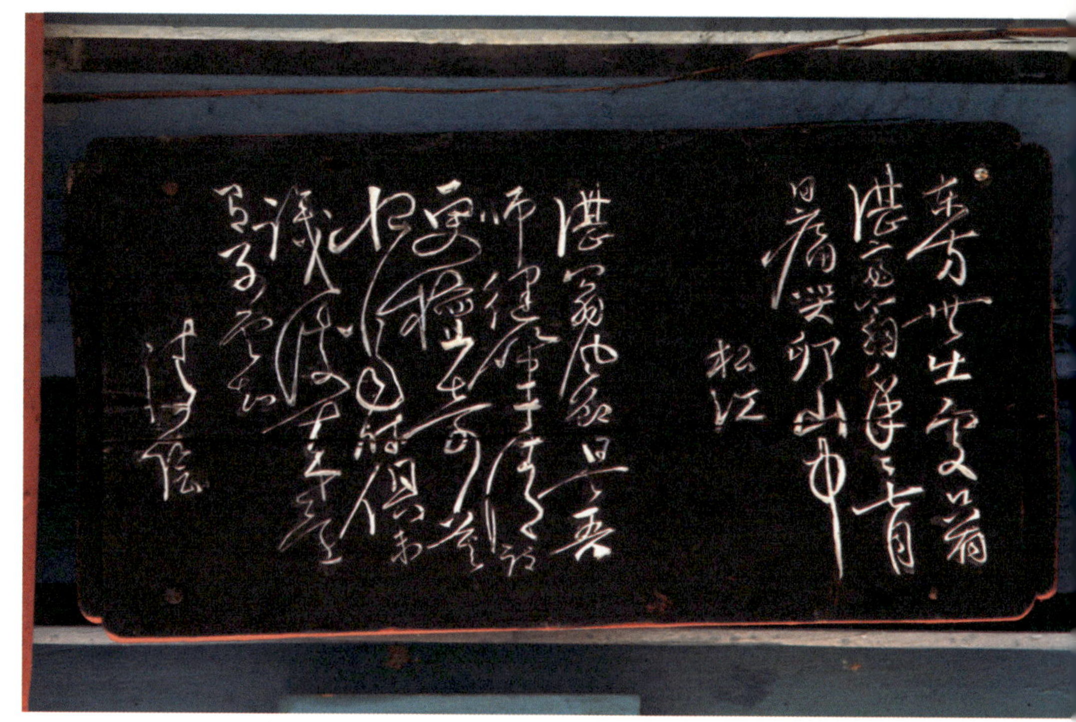

호남 제일(第一)의 사액(賜額) 서원

필암서원

　필암서원은 하서 선생에 대한 제사의 공간과 교육 및 학문 수련의 공간, 그밖에 장서 공간이나 지원 시설 공간 등 조선시대 서원의 기본 구조를 모두 갖추고 있는 전형적인 서원이다. 이곳은 호남 지방의 유종儒宗으로 추앙받는 하서河西 김인후金麟厚, 1510~1560와 그의 제자이자 사위인 고암鼓巖 양자징梁子澂, 1523~1596을 배향하고 있다. 김인후 선생이 죽은 후 30년이 지난 선조 23년(1590), 호남의 유림들은 그의 도학을 기리기 위해 장성읍 기산리에 사우祠宇를 짓고 그의 위패를 모셨다. 그러나 1597년 정유재란 때 서원이 소실되자 인조 2년(1624)에 황룡면 증산동으로 옮겨 세웠다. 효종 10년(1659)에는 유생들의 요청에 따라 '필암筆巖'이라는 액호를 하사받고 사액서원으로 승격되었다. 그러나 또다시 수해를 입어 현종 13년(1672)에 지금의 위치로 옮겨 지어졌고, 1786년에 양자징도 함께 모셔졌다. 1868년 대원군의 서원 철폐 때도 없어지지 않고 오늘에 이른다. 정문의 2층 누각인 확연루 정면에 나붙은 현판은 우암 송시열에 쓴 것이며, 필암서원 청절당 및 동재와 서재에는 동춘당 송준길의 글씨로 청절당의 당호와 진덕재, 숭의재라 쓴 현판이 걸려 있고, 숭의재 옆으로 인종이 하사한 묵죽墨竹의 판각板刻이 소장되어 있는 자그마한 경장각이 있는데, 경장각의 현판은 정조의 어필御筆을 하사한 것이다.

백화정(百花亭)

　　백화정百花亭은 1552년에 건립된 하서선생河西先生의 외헌外軒이다. 민씨閔氏할머니께서 낙남落南하여 손수 잡은 이 집터에서 태어나신 선생은 선고先考의 유명遺命을 받들어 복상중服喪中에 서둘러 사당祠堂과 외헌外軒을 짓고 안채를 개축하였다. 난산卵山을 바라보며 죽림竹林에 둘러싸인 백화정은 선생의 지극한 효성孝誠과 충절忠節이 서려있는 곳이다. 선생은 1569년에 순창淳昌에서 〈대학강의발大學講義跋〉과 〈천명도天命圖〉를 짓고 1550년에 맥동본가麥洞本家로 돌아 온 후 10년 동안 오로지 학문에 전심하셨다. 노소제盧蘇齋, 이일제李一齋, 기고봉奇高峰과의 강론과 질정質正, 선생의 심오한 도학道學을 집약한《주역관상편周易觀象篇》과《서명사천도西銘事天圖》의 저술이 모두 여기에서 이루어졌다. 뜰에 서면 백화百花를 심어 완상하고 천시天時를 살펴 천명天命에 화순和順함을 노래한 자연가自然歌가 들리는 듯하다

百花亭

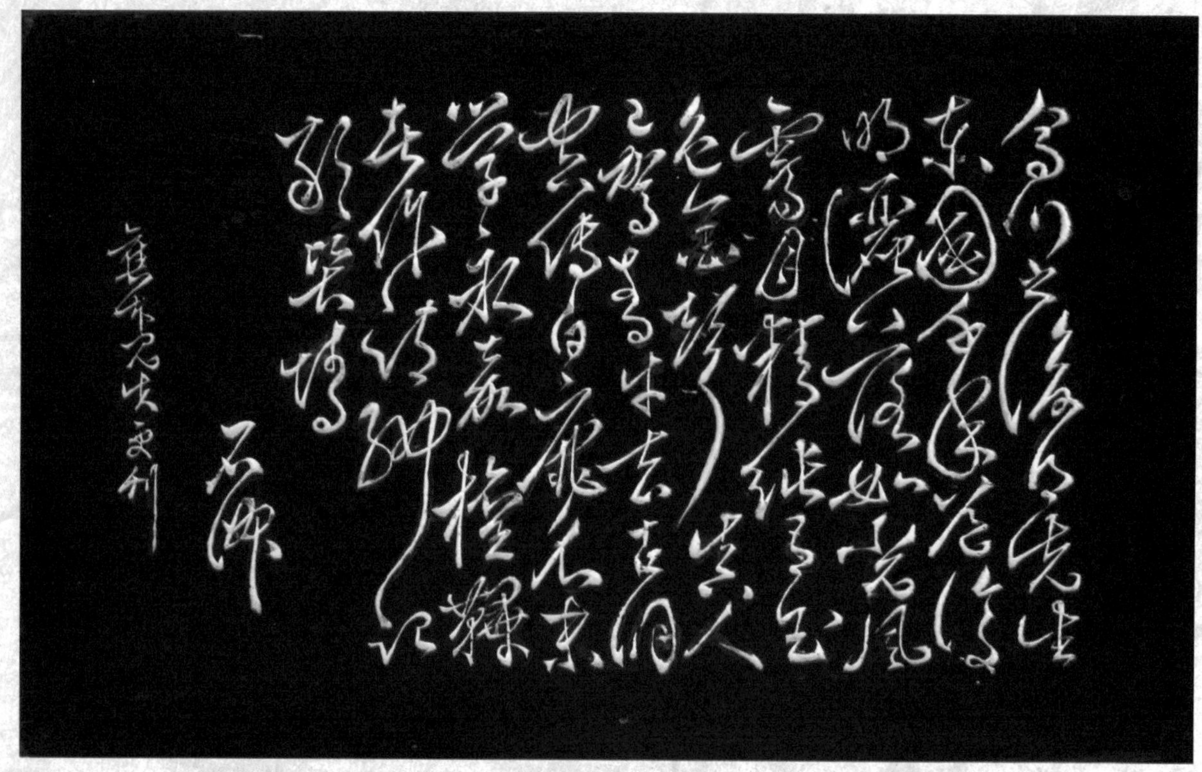

烏川之後得先生
오 천 지 후 득 선 생

東國千年道復明
동 국 천 년 도 부 명

灑落如光風霽月
쇄 락 여 광 풍 제 월

精純有玉色金聲
정 순 유 옥 색 금 성

眞人已駕靑牛去
진 인 이 가 청 우 거

古洞空傳白鹿名
고 동 공 전 백 록 명

末學永嘉權韠者
말 학 영 가 권 필 자

作詩聊記景賢情
작 시 료 기 경 현 정

石洲　석주권필(權韠, 1569~1612)
석 주

오천[1] 이후에 선생을 얻어

우리 나라 천년의 도가 다시 밝았네

시원하기가 맑은 바람에 달이 씻긴 듯하고

정순함은 옥 빛깔 종소리 같네[2]

진인이 이미 청우[3]를 타고 가버렸으니

옛 마을에 공연히 백록[4]의 이름만 전하네

후학인 영가[5]의 권필은

시를 지어 어진이를 숭배하는 마음 적어두네

1) 오천(烏川) : 연일(延日)의 옛 이름으로, 연일 정씨(延日鄭氏)인 포은(圃隱) 정몽주(鄭夢周)를 가리킨다.

2) 옥 빛깔 …… 같네[玉色金聲] : 옥빛처럼 변치 않고 징 소리처럼 맑다는 말로 고결한 인품과 굳은 지조를 비유하는 말로 쓰인다. 주희(朱熹)의 〈정명도찬(程明道贊)〉에 "양기로 만물을 다습게 하듯 하고 산처럼 우뚝 섰으며, 옥빛처럼 아름답고 종소리처럼 쟁쟁했다.[揚休山立 玉色金聲]"라고 한 데서 온 말이다.

3) 청우(靑牛) : 노자가 서쪽으로 길을 떠나 함곡관(函谷關)에 거의 이르렀을 때, 관령(關令) 윤희(尹喜)가 누대에 올라 사방을 바라보다가, 보라색 기운[紫氣]이 관문 위로 떠 오는 것을 살펴보고, 분명히 진인(眞人)이 올 것이라고 예측을 하였는데, 얼마 뒤에 과연 노자가 푸른 소[靑牛]를 타고 왔다는 고사가 전한다. 《列仙傳 上》《關令內傳》

4) 백록(白鹿) : 노자(老子)가 흰 사슴을 타고 내려와 이모(李母)를 통해 태어났다는 기록이 전한다. 《藝文類聚 卷95 鹿》 또 선인(仙人) 한중(韓衆)이 흰 사슴이 끄는 수레[白鹿車]를 타고 다녔다는 기록이 있다. 《神仙傳 劉根》

5) 영가(永嘉) : 안동(安東)의 옛 이름. 권필의 본관은 안동임.

高矣河西子
고 의 하 서 자
높구나 하서 선생이여

如天不可階
여 천 불 가 계
하늘 오를 수 없는 것과 같네[1]

斯人今寂寞
사 인 금 적 막
이 분께서 이제 돌아가시니

此道已沈埋
차 도 이 침 매
우리 도가 묻혀버렸네

寶稿披蘭雪
보 고 피 란 설
보배로운 원고 난설[2]을 헤치고

虛襟罄沐齋
허 금 경 목 재
텅빈 마음 목욕재계를 다했네

文章方日下
문 장 방 일 하
문장이 도성에 있어

三復有餘懷
삼 복 유 여 회
세 번 반복하니 남은 회포가 있네

霽峯 제봉[고경명(高敬命, 1533~1592)]
제 봉

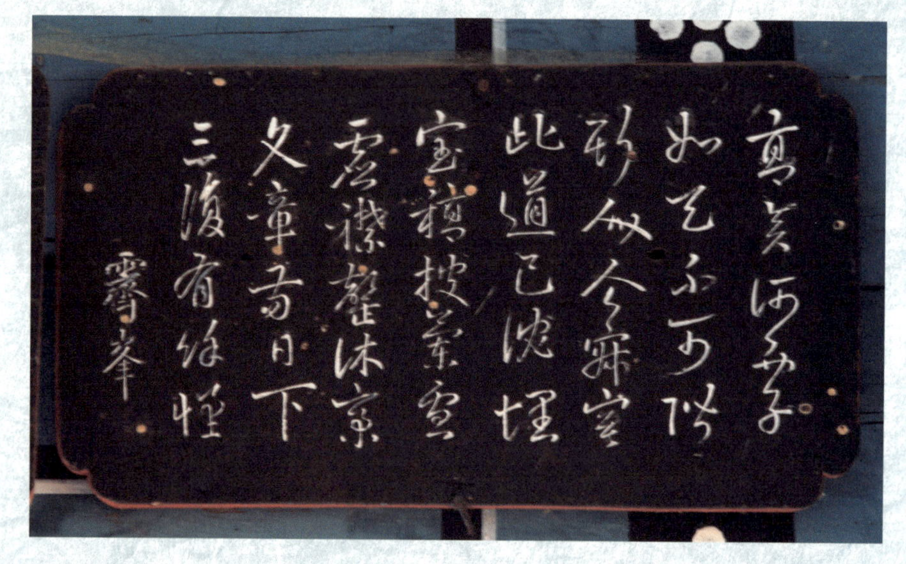

---

1) 하늘 …… 없네 : 《논어》에 자공(子貢)이 말하기를 "선생님께 도저히 미칠 수 없는 것은 하늘을 사다리 타고 오를 수 없는 것과 같다.[夫子之不可及也 猶天之不可階而升也]"고 하였다.

2) 난설(蘭雪) : 난초나 눈과 같이 맑고 시원함을 말한다.

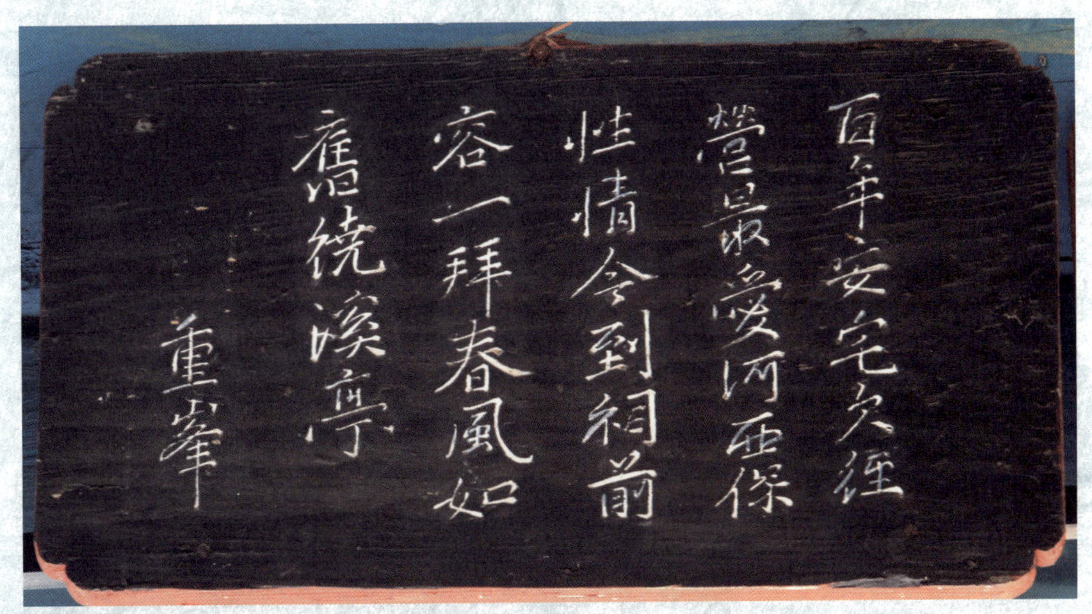

百年安宅欠經營　　　백년의 편안한 집 경영하지 않으니
백 년 안 택 흠 경 영

最愛河西保性情　　　성정을 보존한 하서가 가장 사랑스러워
최 애 하 서 보 성 정

今到祠前容一拜　　　이제 사당에 와 절을 올리니
금 도 사 전 용 일 배

春風如舊繞溪亭　　　예전 같은 봄바람 시내 정자를 둘렀네
춘 풍 여 구 요 계 정

重峯　중봉[조헌(趙憲, 1544~1592)]
중 봉

東方無出處	동방에 출처[1]가 없더니
동 방 무 출 처	
只有湛齋翁	다만 담재옹[김인후]이 있어
지 유 담 재 옹	
年年七月日	해마다 인종 승하하신 칠월이면
연 년 칠 월 일	
痛哭卵山中	난산에서 통곡하셨네
통 곡 난 산 중	

松江　송강[정철(鄭澈, 1536~1593)]
송 강

湛翁風節是吾師	담옹의 풍기와 절개 바로 우리의
담 옹 풍 절 시 오 사	사표이니
健筆淸詩更擅奇	힘찬 필치와 맑은 시 더욱 기이하네
건 필 청 시 갱 천 기	
莫恨當時俱未識	당시에 몰라본 것 한하지 말지니
막 한 당 시 구 미 식	
後來還有子雲知	후세에 자운[2]이 있어 알아주리라
후 래 환 유 자 운 지	

淸陰　청음[김상헌(尚憲, 1570~1652)]
청 음

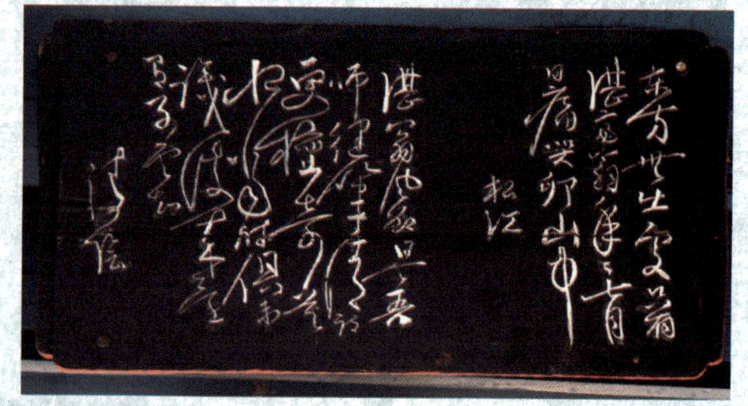

1) 출처(出處) : 세상에 쓰일 수 있을 때에는 나가고, 그렇지 않을 때에는 들어와서 사는 것을 말한다.

2) 자운(子雲) : 한(漢)나라 성제(成帝) 때의 사람인 양웅(揚雄)의 자(字)이다. 양웅은 젊어서부터 문장을 잘하여 이름을 떨쳤으며, 학문을 좋아하여 《양자법언(揚子法言)》, 《태현경(太玄經)》 등 많은 저서를 남겼다.

暖翁河山先生書院
近六年華彦亭
生王亥来必在最上今
坤版亭免不鸟目月
不中律厥彦八室
子坐知次亭最通出
又久会史
石次檀石卯
氣津孫石胜倉
雲棟攀玄師注發扣
石次檀石卯

東方出家肇成绩名
彭河庭兰亳更受
峻生客形生遠支
余涛在悟梯同同末
寄涛江佳支擧唯歌
矛吴唐琛客室夢雖
暖中

按氣弓生乃高
茅房悦史柳四铜
戊年春潘于琛

瞻拜河西先生書院
첨배하서선생서원

하서선생의 서원에 우러러 절함

德水千年應篤生
덕수천년응독생

덕수 천년에 응당 돈독히 태어나

工夫半世在明明
공부반세재명명

반평생의 공부 밝고도 밝았네

乾坤醉裏身爲度
건곤취리신위도

건곤 술 취한 속에 몸이 법도가 되고

日月閒中律厥聲
일월한중율궐성

세월 한가한 가운데 시율은 명성을 날렸네

入室升堂知次第
입실승당여차제

방에 들고 당에 오름[1]에 순서를 알고

窮通出處久全名
궁통출처구전명

궁통과 출처에 이름을 온전히 하였네

聖神際會酬詩畫
성신제회수시화

성신과 만나 시와 그림 주고받으니

和氣冲瀜寫性情
화기충융사성정

온화한 기운 충만하여 성정을 쏟아내네

右次權石洲 위는 권석주(권필)의 운을 차운한 것임
우 차 권 석 주

東方出處肇成蹊
동방출처조성혜

동방의 출처 비로소 길을 이루니

千載河淸吾道西
천재하청오도서

천년만에 황하 맑아[2] 우리의 도 깃들었네

美質生知形上下
미질생여형상하

아름다운 자질과 생지[3] 상하를 형용하고

遺書入德履階梯
유서입덕리계제

남긴 글과 입덕 계단을 밟았네

同圓新霽千江月
동원신제천강월

새로 갠 천강의 달 똑같이 둥글고

交翠時觀百草泥
교취시관백초니

때로 보는 온갖 풀 진흙은 서로 푸르네

親炙當年雖未及
친자당년수미급

당시에 직접 배울 수는 없었지만

院中瞻拜妄思齊
원중첨배망사제

서원에서 우러러 절하며 망녕되이 생각하네

右次柳西坰 위는 유서경(유근)의 운을 차운한 것임
우 차 유 서 경

戊午春洪千璟 무오년(1618) 봄에 홍천경(洪千璟)[4]
무 오 춘 홍 천 경

潭苑先生怡悦诗缘平望
東坡雄河西清新俊
逸方言蔵情約探蒼浮呂
楊毛上汽学空昆斗會
空堂馮参泥山魏花祠
宇瞻如庄安淂依歸

勉興齋

第一厝丁巳之仲夏下澣
澄笙柳根書

後死長悲失路蹊 내 길을 잃어 길이 슬퍼하노니
사 후 장 비 실 로 혜

平生未及拜河西 평생에 하서 선생을 미처 뵙지 못했네
평 생 미 급 배 하 서

清新俊逸詩無敵 청신하고 준일한 시 대적할 자 없고
청 신 준 일 시 무 적

博約操存學有梯 박약하고 조존한[5] 학문 계제가 있었네
박 약 조 존 학 유 제

天上徒勞望星斗 천상에 한갓 북두성을 바라보니
천 상 도 로 망 성 두

人間奚啻隔雲泥 인간 세상에 어찌 운니[6]의 차이 뿐이랴
인 간 해 시 격 운 니

巋然祠宇瞻如在 우뚝한 사당 계신 듯이 우러르니
규 연 사 우 첨 여 재

安得依歸勉與齊 어떻게 하면 의지하여 같아지도록
안 득 의 귀 면 여 제 힘쓸까

萬曆丁巳之仲夏下澣 만력 정사년(1617) 오월 하순에
만 력 정 사 지 중 하 하 한

後學 柳根 書 후학 유근[7] 씀
후 학 유 근 서

1) 방에 …… 오름 : 마루에 오르고 방에 들어가는 것으로 유학의 경지에 조예가 높음을 비유하는 말이다. 《논어》〈선진
(先進)〉에 “자로(子路)는 마루에는 올랐으나 아직 방에는 들어오지 못했다.〔由也, 升堂矣, 未入於室也.〕”하였다.
2) 천년만에 …… 맑아 : 삼국 시대 위(魏)나라 이강(李康)의 〈운명론(運命論)〉에 “황하가 맑아지면 성인이 출현한다.〔夫
黃河淸而聖人生〕”라는 말이 나오는데, 그 주(註)에 “황하는 천 년에 한 번 맑아지는데, 그 상서(祥瑞)에 응하여 성인이
나온다고 세상에서 전한다.〔世傳黃河千年一淸 淸則聖人生於此時也〕”라고 하였다.
3) 생지(生知) : 생이지지(生而知之)의 준말로, 태어나면서부터 사람의 도리를 저절로 아는 것을 일컫는다. 《중용장구》
에 “어떤 이는 태어나면서부터 알고 어떤 이는 배워서 알고 어떤 이는 애를 태운 뒤에 알기도 하나, 그 앎에 미쳐서는
똑같다.〔或生而知之, 或學而知之, 或困而知之, 及其知之, 一也.〕”하였는데, 태어나면서부터 저절로 아는 것은 성인
만이 가능하다 하였다.
4) 홍천경〔洪千璟, 1553년(명종 8)~1632년(인조 10)〕 : 조선 중기의 문신. 본관은 풍산(豊山). 자는 군옥(群玉), 호는 반환
당(盤桓堂). 기대승(奇大升) · 이이(李珥) · 고경명(高敬命)의 문하에서 배워 유학에 조예가 깊고, 충의의 정신이 강하
였다.
5) 박약(博約)하고 조존(操存)한 : 박약은 학문을 널리 배워서 사리를 구명하고, 예의로써 이것을 실천하여 정도(正道)
에서 벗어나지 않게 하는 것을 말하며, 조존은 마음을 보존하기 위해 노력함을 말한다. 마음이 신명(神明)하여 그 작용
을 헤아릴 수 없음에 대하여 공자가 사람 마음의 속성을 두고서 “잡으면 존재하고 놓으면 없어져서, 출입하는 것이 때
가 없어 그 향하는 바를 알 수 없다.〔操則存 舍則亡 出入無時 莫知其鄕〕”고 한 데서 유래하였다. 《孟子 告子上》
6) 운니(雲泥) : 사이가 현격함을 말한 것으로, 구름은 하늘에 있고 진흙은 땅에 있으니 즉 천지의 차(差)란 말과 같은
뜻이다.
7) 유근〔柳根, 1549년(명종 4)~1627년(인조 5)〕 : 조선 중기의 문신. 본관은 진주(晉州). 자는 회부(晦夫), 호는 서경(西
坰). 유영문(柳營門)의 아들이며, 진사 유광문(柳光門)에게 입양되었다. 황정욱(黃廷彧)의 문인이다. 문집으로 《서경
집》을 남겼다. 시호는 문정(文靖)이다.

筆甍玄妙敬次西岡
柳相公韵
未孝悌興於芳室鎮逢人
狠乃說河西光辉同己
說此恐揩級我乜石西
楙具务传老寬似海尔
此仔必辞水泥固兵杰
蓋起于古绿中诗名
李杜二中
型去谈二爰恭虚
先生不玩弓诺传韵府
丹吉咢务途新檬我
牢目二老盖爱令而頼
清賢河涂土木知物議
言谷儒生鉴而传司僕
皂未廊力贵而未燈敬写
奇时近
後學雲山金友便

筆巖書院敬次西坰柳相公韻
필 암 서 원 경 차 서 경 유 상 공 운

필암서원에서 서경 유상국[유근]의 운을 차운함

末學悠悠茅塞蹊
말 학 유 유 모 색 혜

말학은 길이 막혀 아득한데

逢人頻得說河西
봉 인 빈 득 설 하 서

만나는 사람마다 하서 선생을 이야기 하네

光輝同玉誰能點
광 휘 동 옥 수 능 점

옥 같이 찬란한 빛을 누가 더럽히랴

堦級猶天不可梯
계 급 유 천 불 가 제

하늘같은 계단 오를 수 없네

鼎水倘無寃似海
정 수 당 무 원 사 해

정수 없어지니[1] 원통함이 바다 같은데

卵山何必醉如泥
난 산 하 필 취 여 니

난산에서 하필 정신없이 취하셨는가

固知忠節超千古
고 지 충 절 초 천 고

참으로 천고를 뛰어넘는 충절 알겠으니

餘事詩名李杜齊
여 사 시 명 이 두 제

여사인 시의 명성은 이백 두보와 같네

題書院重營後
제 서 원 중 영 후

서원을 중건한 후에 지음

先生心跡有誰傳
선 생 심 적 유 수 전

선생의 마음 자취 누가 전할까

祠廟丹靑野水邊
사 묘 단 청 야 수 변

단청한 사당 물가에 있네

新構初年因二老
신 구 초 년 인 이 로

처음 사당을 건립할 적엔 두 어르신 덕분이고

重營今日賴諸賢
중 영 금 일 뢰 제 현

오늘 중수한 것은 제현들에 힘입었네

河汾土木功將訖
하 분 토 목 공 장 흘

하분[2]의 토목 공사 곧 마치니

雲谷儒生業可專
운 곡 유 생 업 가 전

운곡의 유생들 공부에 전념하겠네

自惜近來筋力盡
자 석 근 래 근 력 진

요사이 근력이 다한 것 애석하니

未堪敦事歲時遷
미 감 돈 사 세 시 천

돈사를 감당하지 못하고 세월만 흘렀네

後學光山金友伋
후 학 광 산 김 우 급

후학 광산 김우급[3]

筆巖書院謹次松江先生韻 **필암서원에서 삼가 송강 선생의 운을 차운함**
필 암 서 원 근 차 송 강 선 생 운

學問與出處　학문과 출처에 대해
학 문 여 출 처

吾祖說河翁　우리 할아버지는 하서를 말씀하셨네
오 조 설 하 옹

今來香一瓣　이제 와서 향을 올리니
금 래 향 일 판

耿耿宿心中　예전부터 마음에 걸렸었다네
경 경 숙 심 중

後學金鎭玉　후학 김진옥[4] 지음
후 학 김 진 옥

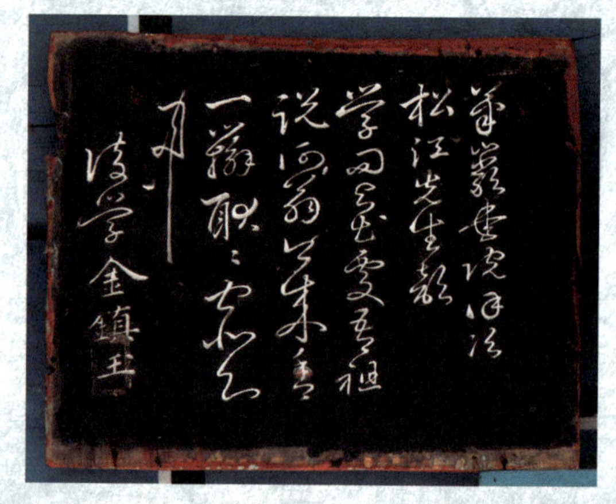

1) 정수(鼎水) 없어지니 : 정수는 정호(鼎湖)로, 임금이 죽은 것을 말한다. 옛날에 황제(黃帝)가 형산(荊山)의 정호에서 정(鼎)을 주조하였는데, 정이 완성되자 하늘에서 용이 내려와 황제를 맞이했다. 황제는 신하와 후궁 70여 명과 함께 용을 타고 하늘로 올라갔다. 나머지 신하들은 올라타지 못하고 용의 수염을 붙잡았는데, 수염은 떨어져 버렸고 이때 황제의 활도 함께 떨어졌다. 백성들은 그 활과 수염을 껴안고 통곡했다고 한다. 《史記 卷28 封禪書》 여기서는 인종이 죽은 것을 뜻한다.

2) 하분(河汾) : 하분은 황하(黃河)와 분수(汾水)의 병칭인데, 수(隋)나라 때 대유(大儒) 왕통(王通)이 일찍이 장안(長安)에 들어가서 태평십이책(太平十二策)을 올렸으나 쓰이지 않자, 그 후 하분 사이에 은거하면서 후진들을 교수(敎授)했던바, 당(唐)나라 초기의 명신(名臣)인 방현령(房玄齡), 위징(魏徵) 등이 모두 그 밑에서 배출되었으며 당시 그에게서 수업한 사람이 1000여 인에 달했다고 한다. 《新唐書 卷164》전하여 여기서는 곧 학덕이 높은 스승의 문하를 의미하는데 김인후를 왕통에 견준 표현이다.

3) 김우급[金友伋, 1574년(선조 7)~1643년(인조 21)] : 자는 사익(士益), 호는 추담(秋潭), 추담거사(秋潭居士). 본관은 광산(光山). 1618년(광해군 10) 폐모론(廢母論)에 반대하여 유적(儒籍)에서 삭거되고, 대책문(對策文)이 수석을 차지하였으나 방(榜)에서 삭제 당한 이후 과거를 보지 않다. 변이중(邊以中)의 문인이고, 기처겸(奇處謙), 이익(李瀷) 등과 교유하였다. 《추담집(秋潭集)》이 있다.

4) 김진옥(金鎭玉) : 생졸년 미상. 조선 후기의 문신. 본관은 광산(光山). 자는 백온(伯溫), 호는 유하(柳下) · 온재(韞齋). 고조부는 김장생(金長生), 할아버지는 이조판서 김익희(金益熙), 아버지는 승지 김만균(金萬均)이다. 송시열(宋時烈)의 문인이다. 저서로는 《사계연보(沙溪年譜)》와 《온재유고》가 전한다.

筆巖書院謹次曾祖韻 필암서원에서 삼가 증조부의 운을 차운함
필 암 서 원 근 차 증 조 운

韜光未欲作人師　사람의 스승 되려고 은둔한 건 아니니
도 광 미 욕 작 인 사

難掩千秋出處奇　출처의 기이함 천추토록 가릴 수 없네
난 엄 천 추 출 처 기

一幅霜筠宸翰在　한 폭의 묵죽도에 임금의 글 있으니
일 폭 상 균 신 한 재

此翁心事此君知　이 어르신의 마음 차군[1]이 알아주네
차 옹 심 사 차 군 지

崇禎後丁酉安東　숭정 후 정유년(1717)에 안동
숭 정 후 정 유 안 동

後學金昌翕謹題　후학 김창흡[2]이 삼가 지음
후 학 김 창 흡 근 제

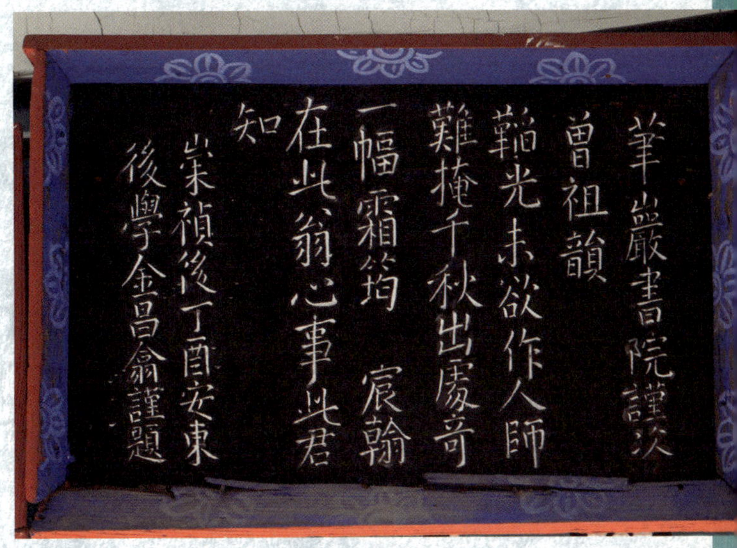

---

1) 차군(此君) : 대나무의 별칭이다. 동진(東晉) 왕휘지(王徽之)가 텅 빈 집에 기거하면서 문득 대나무를 심으라고 하자, 그 이유를 물으니, 그가 대나무를 가리키면서 "나는 이 자가 없으면 하루도 살 수가 없다.[何可一日無此君邪]"고 말한 고사가 있다. 《晉書 卷80 王徽之列傳》

2) 김창흡[金昌翕, 1653년(효종 4)~1722년(경종 2)] : 조선 후기의 유학자. 본관은 안동(安東). 자는 자익(子益), 호는 삼연(三淵). 좌의정 김상헌(金尙憲)의 증손자이며, 영의정 김수항(金壽恒)의 셋째아들이다. 형은 영의정을 지낸 김창집(金昌集)과 예조판서·지돈령부사 등을 지낸 김창협(金昌協)이다. 저서로는 《삼연집》·《심양일기(瀋陽日記)》 등이 있다. 시호는 문강(文康)이다.

筆巖書院敬次淸陰先生韻 필암서원에서 삼가 청음 선생의 운을 차운함
필 암 서 원 경 차 청 음 선 생 운

先生百世爲宗師
선 생 백 세 위 종 사

선생은 백세토록 종사가 되었으니

出處惟常不是奇
출 처 유 상 불 시 기

출처는 상도라 기이한 것 아니로세

非若一時慷慨做
비 약 일 시 강 개 주

만약 한 때의 강개함 아니었더라면

皆從道義學而知
개 종 도 의 학 이 지

모두들 추종하여 도의를 배워
알았을 텐데

屏溪尹鳳九　병계 윤봉구[1]
병 계 윤 봉 구

1) 윤봉구[尹鳳九, 1681년(숙종 7)~1767년(영조 43)] : 조선 후기의 문신 · 학자. 본관은 파평(坡平). 자는 서응(瑞膺), 호는 병계(屏溪) 또는 구암(久菴). 호조참판 윤비경(尹飛卿)의 손자로, 윤명운(尹明運)의 아들이며, 우참찬 윤봉오(尹鳳五)의 형이다. 권상하(權尚夏)의 문인이며, 저서로 《병계집》이 있다. 시호는 문헌(文獻)이다.

筆巖書院敬次淸陰族祖韻 필암서원에서 삼가 청음 족조의 운을 차운함
필 암 서 원 경 차 청 음 족 조 운

眞同淸聖可爲師　　참으로 청성[1]과 같아 스승 될 만한데
진 동 청 성 가 위 사

肯比山人跡太奇　　산골 사람과 함께하니 자취 너무도
긍 비 산 인 적 태 기　기이해

竹外窮簷留寶墨　　대밭 너머 오두막집에 보묵[2] 남았으니
죽 외 궁 첨 류 보 묵

寸心惟有歲寒知　　마음을 오직 세한에 알겠네
촌 심 유 유 세 령 지

後學安東金時粲　　후학 안동 김시찬[3]
후 학 안 동 김 시 찬

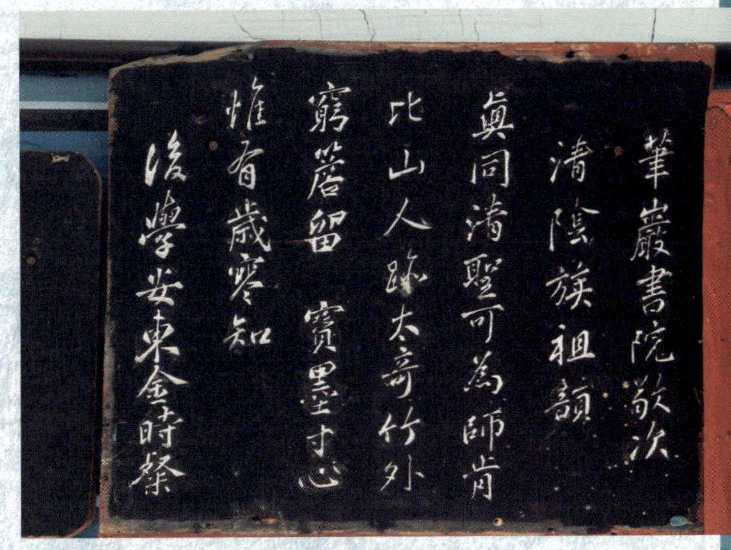

1) 청성(淸聖) : 깨끗한 성인(聖人)이라는 뜻으로, 맹자(孟子)는 일찍이 이윤(伊尹)과 백이(伯夷), 유하혜(柳下惠)와 공자(孔子)의 행적을 열거하고, "이윤은 성인 중에 천하를 구제하기로 자임한 자이고, 백이는 성인 중에 깨끗한 자이고, 유하혜는 성인 중에 화(和)한 자이고, 공자는 성인 중에 때에 알맞게 행한 자이다.[伊尹聖之任者也 伯夷聖之淸者也 柳下惠聖之和者也 孔子聖之時者也]" 하였다. 《孟子 萬章下》
2) 보묵(寶墨) : 인종이 동궁으로 있을 때 직접 그려 준 묵죽도(墨竹圖)를 가리킨다.
3) 김시찬(金時粲, 1700년(숙종 26)~1767년(영조 43)] : 조선 후기의 문신. 본관은 안동(安東). 자는 치명(穉明), 호는 초천(苕川). 김상용(金尙容)의 현손으로, 아버지는 좌랑 김성도(金盛道)이다. 저서로는 《초천집》이 있으며, 시호는 충정(忠正)이다.

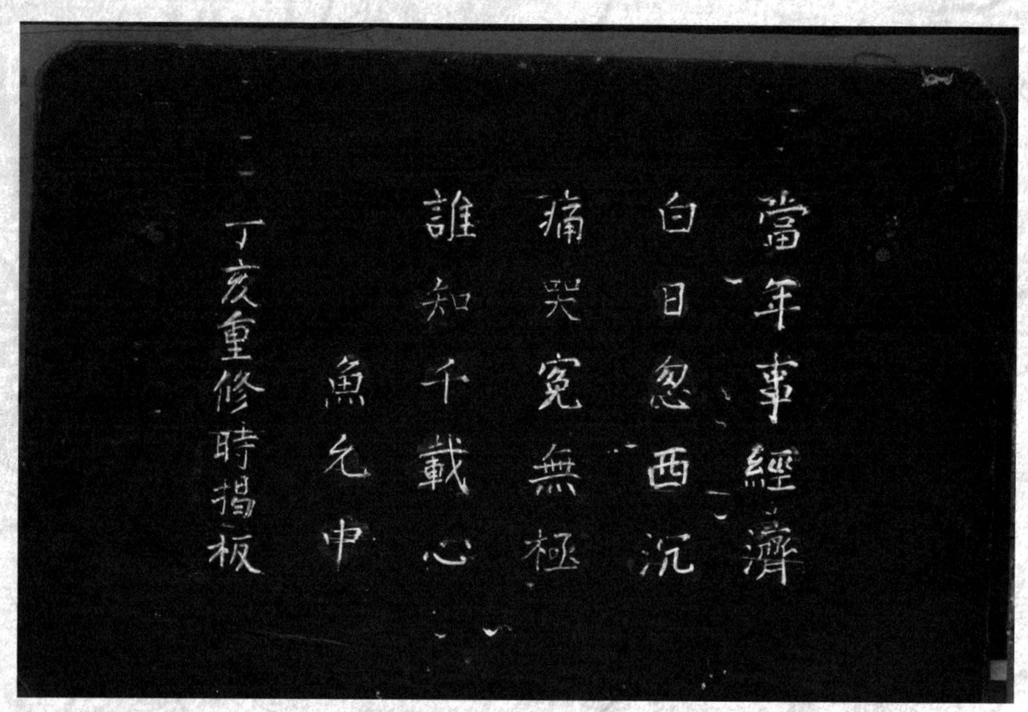

當年事經濟
白日忽西沉
痛哭寃無極
誰知千載心
魚兒中
丁亥重修時揭板

當年事經濟　당시에 경세제민 일삼았는데
당 년 사 경 제

白日忽西沈　임금께서 갑자기 승하하셨네
백 일 홀 서 침

痛哭冤無極　통곡해도 원통함 끝이 없으니
통 곡 원 무 극

誰知千載心　천추의 충성심 누가 알랴
수 지 천 재 심

魚允中　어윤중[1]
어 윤 중

丁亥重修時揭板　정해년 중수할 때 현판을 걸었음.
정 해 중 수 시 게 판

---

1) 어윤중[魚允中, 1848년(헌종 14)~1896년] : 개화기의 정치가. 본관은 함종(咸從). 자는 성집(聖執), 호는 일재(一齋). 충청북도 보은 출신. 저서로는 《동래어사서계(東萊御史書啓)》·《수문록(隨聞錄)》·《서정기(西征記)》·《간독요초(簡牘要抄)》·《종정연표(從政年表)》 등이 있다. 근년에 《어윤중전집》이 간행되었다.

참고문헌

단행본

김덕진, 《소쇄원 사람들》, 2007, 다할미디어.

김흥규, 《한국문학의 이해》, 1986, 민음사.

박선홍, 《무등산》, 2003, 다지리.

박언곤, 《한국의 정자》, 1989, 대원사.

박영주, 《고집불통 송강평전》, 2003, 고요아침.

박준규, 《유배지에서 부르는 노래》, 1997, 중앙M&B.

박준규, 《호남시단의 연구》, 1998, 전남대출판부.

송강유적보존회, 《국역 송강집》, 1988, 제일문화사.

안진오, 《호남유학의 탐구》, 1996, 이회.

유홍준, 《나의 문화유산 답사기》, 1993, 창작과 비평사.

윤동환 역, 《전환기에 다시보는 해설 목민심서》, 2007, 다산기념사업회 다산문화진흥원.

윤동환, 《삶따라 자취따라 다산 정약용》, 2009, 다산기념사업회 다산문화진흥원.

이강로 · 장덕순 · 이경선 공저, 《문학의 산실 누정을 찾아서 I》, 1987, 시인사.

이병주, 《송강 · 고산문학론》, 1979, 이우출판사.

이재수, 《윤고산연구》, 1955, 학우사.

임형택, 《실사구시의 한국학》, 2000, 창작과 비평사.

정동오, 《전남의 조경문화》, 1988, 전라남도.

정 민, 《한시미학산책》, 1996, 솔출판사.

정　민,　《다산의 재발견》, 2011, 휴머니스트.

정재훈,　《소쇄원》, 2000, 대원사.

조동일,　《한국문학통사》, 1983, 지식산업사.

천득염,　《한국의 명원 소쇄원》, 1999, 발언.

한국문화유산답사회 엮음, 《답사여행의 길잡이5-전남》, 1995, 돌베개.

김동수,　〈전남지역의 누정조사연구 I 〉,《호남문화연구》14, 1985, 전남대 호남문화연구소.

박준규,　〈한국의 누정고〉,《호남문화연구》17, 1987, 전남대 호남문화연구소.

이향준,　〈양산보의 소쇄기상론〉,《호남문화연구》32 · 33, 2003, 전남대 호남문화연구소.

이해준,　〈기묘사화와 16세기 전반의 호남학파〉,《전통과 현실》2, 1991, 고봉학술원.

조원래,　〈16세기초 호남사림의 형성과 사림정신〉,《금호문화》8월호, 1989.

성형외과 전문의 **이원구** 원장

- 연세대학교 의과대학 외래교수
- 조선대학교 의과대학 졸업 동대학원 석·박사
- 조선대학교 대학원 경제학과(경제학박사)
- 서울대학교 경영대학 최고위 경영자 과정 수료
- 연세대학교 보건대학원 최고위 정책과정 수료
- 조선대학교 의과대학 외래교수·겸임교수·초빙교수
- 영호남 성형외과 학회 회장·이사장
- 국국동해 병원장
- 대한미용성형외과 학회 회장
- 광주 보훈병원 5. 6대 병원장
- 대한의사협회 고문
- 조선대학교 총동창회 회장

"아름다움으로 이어집니다."

진료상담 062-376-4114
www.surgeon.co.kr

상무역 4번출구 세정아울렛옆 스타벅스 2층

- 서울 아산병원 출신의 젊고 세련된 감각의 조화
- 쾌적하고 안전한 수술환경과 사후 관리를 약속합니다.
- 바쁜 직장인을 위한 야간진료와 1:1 메세지·카톡 서비스
- 토탈케어 에스테틱-제모, 피부, 체형 여의사 시술
- 최첨단 레이져 장비 보유
- 체형별 맞춤 가슴 성형-내시경을 이용한 안전한 물방울 가슴성형
- 여직원이 동행한 안전한 귀가 리무진 서비스

성형외과 전문의 **이상혁** 원장

- 성형외과 전문의
- 서울아산병원 성형외과 전공의과정 수료
- 대한성형외과학회정회원
- 대한미용성형외과학회정회원
- 대한의학레이저학회정회원
- 서울아산병원 성형외과 수련의 수료
- 2011미스코리아 광주지역/제주지역 심사위원

어떻게 하면 우리 선열들의 진주 같은 정자속의 현판을 잘 보존할 수 있을까 고민하면서 남도묵향을 출간했다.

이 책에서 밝히고자 하는 바는 현판속의 당시 우리선열들의 주옥같은 시구를 보는 것도 의미가 있지만, 더욱 중요한 것은 정자마다 누구누구의 시 몇 수가 이 정자 안에 남아 있는 가 하는 것이 더욱 의미 있다고 생각했다.

시의 내용은 읽는 사람이나 시대상에 따라서 다를 수도 있다. 그러나 많은 세월이 흘러도 지금 보존되어 있는 현판이 먼 훗날까지 그대로 있을까 해서 책으로나마 보존하고자 정자 속의 현판을 알맹이로 엮어 보았다.

면암정에 15개, 송강정에 9개, 서하당에 5개, 식영정에 14개, 광풍각에 4개, 제월당에 7개, 취가정에 현판 7개에 석판하나, 환변당에 3개, 독수정에 12개, 풍암정에 9개, 명옥헌에 4개 등 현재 총 90개의 현판이 걸려있으며, 그 자(字)의 자태도 잘 나타내어 보일 수 있게 사진으로 남기고, 알기 쉽게 정자(正字)로 옮겨 실었다.

송강정의 중수기를 읽어보면, 송강정의 흔적이 없어져 자료를 찾아서 다시 짓는데 무척 힘들었다는 이야기를 들었다. 역사는 기록으로 남겨지지 않으면 설화가 되고 만다.

이 책은 내용보다는 정자 속의 현판을 오랫동안 있는 그대로 잘 보존하자는데 그 뜻을 두었다.

내용이 부족하지만 많은 품을 팔아서 만든 책이니 내용이 충분하지 않더라도 시간의 여유가 있을 때 한번 읽어주었으면 한다.

無公山房主人 雲谷 李元求